Sozialwissenschaften und Berufspraxis

Reihe herausgegeben von

Berufsverband für Soziologie in Deutschland e.V., Recklinghausen, Deutschland

Die Reihe **Sozialwissenschaften und Berufspraxis** wendet sich an Personen mit sozialwissenschaftlichem Hintergrund, die ihre Erkenntnisse im beruflichen Alltag nutzen bzw. selbst an der Genese sozialwissenschaftlicher Erkenntnisse beteiligt sind. Darüber hinaus wendet sich die Reihe an Personen, die ihre sozialwissenschaftlichen Kenntnisse an Hochschulen oder auch in einem nicht akademischen beruflichen Umfeld erwerben, anwenden oder weitergeben. Veröffentlicht werden in den Sammelbänden, die in der Regel einmal im Jahr erscheinen, sozialwissenschaftlich reflektierte empirische und theoretische Beiträge aus unterschiedlichen gesellschaftlichen Handlungsfeldern. Damit macht die Reihe Sozialwissenschaften und Berufspraxis da weiter, wo die renommierte wissenschaftliche Fachzeitschrift des BDS gleichen Namens, kurz SuB, Ende 2015 aufgehört hat.

Herausgeber der Reihe Sozialwissenschaften und Berufspraxis ist der Berufsverband für Soziologie in Deutschland e.V. (BSiD). Der BSiD vertritt die beruflichen und berufspolitischen Interessen von Absolventinnen und Absolventen soziologischer und sozialwissenschaftlicher Studiengänge. Der Verband arbeitet mit einem wissenschaftlichen **Kreis von Herausgeberinnen und Herausgebern** zusammen:

Birgit Blättel-Mink · Corinna Onnen ·
Michael Opielka · Bastian Roet ·
Katrin Späte · Rita Stein-Redent
(Hrsg.)

Potenziale soziologischer Praxis

Springer VS

Hrsg.
Birgit Blättel-Mink
Institut f. Soziologie
Goethe-Universität
Frankfurt am Main, Hessen, Deutschland

Corinna Onnen
Fak. II: Natur und Sozialwissenschaften
Universität Vechta
Vechta, Niedersachsen, Deutschland

Michael Opielka
Institut für Sozialökologie gem. GmbH
Siegburg, Nordrhein-Westfalen,
Deutschland

Bastian Roet
Berlin, Deutschland

Katrin Späte
Institut für Soziologie
Universität Münster
Münster, Nordrhein-Westfalen,
Deutschland

Rita Stein-Redent
Sozialwissenschaften
Universität Vechta
Vechta, Niedersachsen, Deutschland

ISSN 2942-7312 ISSN 2941-9913 (electronic)
Sozialwissenschaften und Berufspraxis
ISBN 978-3-658-51995-7 ISBN 978-3-658-51996-4 (eBook)
https://doi.org/10.1007/978-3-658-51996-4

Die Deutsche Nationalbibliothek verzeichnet diese Publikation in der Deutschen Nationalbibliografie; detaillierte bibliografische Daten sind im Internet über https://portal.dnb.de abrufbar.

Springer VS ist ein Imprint der eingetragenen Gesellschaft Springer Fachmedien Wiesbaden GmbH und ist ein Teil von Springer Nature.
Die Anschrift der Gesellschaft ist: Abraham-Lincoln-Str. 46, 65189 Wiesbaden, Germany

Wenn Sie dieses Produkt entsorgen, geben Sie das Papier bitte zum Recycling.

Inhaltsverzeichnis

Potenziale soziologischer Praxis: Beiträge zur Soziologie der Gesellschaft

Katrin Späte, Birgit Blättel-Mink, Corinna Onnen, Michael Opielka, Bastian Roet und Rita Stein-Redent

K. Späte (✉)
Institut für Soziologie, Universität Münster, Münster, Deutschland
E-Mail: spaete@uni-muenster.de

B. Blättel-Mink
Institut für Soziologie, Fachbereich Gesellschaftswissenschaften, Goethe-Universität, Frankfurt am Main, Deutschland
E-Mail: B.Blaettel-Mink@soz.uni-frankfurt.de

C. Onnen
Fak. II: Natur und Sozialwissenschaften, Universität Vechta, Vechta, Niedersachsen, Deutschland
E-Mail: corinna.onnen@uni-vechta.de

M. Opielka
ISÖ – Institut für Sozialökologie gemeinnützige GmbH, Siegburg, Deutschland
E-Mail: michael.opielka@isoe.org

B. Roet
Berlin, Deutschland
E-Mail: bastian@roet.de

R. Stein-Redent
Sozialwissenschaften, Universität Vechta, Vechta, Niedersachsen, Deutschland
E-Mail: rita.stein-redent@uni-vechta.de

C. Onnen
Universität Vechta, Vechta, Deutschland

B. Blättel-Mink et al. (Hrsg.), *Potenziale soziologischer Praxis*, Sozialwissenschaften und Berufspraxis,
https://doi.org/10.1007/978-3-658-51996-4_1

Wehrpflicht oder Wiedervernässung von Moorböden, AI-Literacy oder Kryptowährungen, soziologische Einsichten und Zugänge gibt es zu vielen gesellschaftlichen Herausforderungen und Themen. Sowohl bei der Analyse klassischer Felder wie der Sozialpolitik, als auch bei neuen Entwicklungen durch sozialen und technologischen Wandel bewährt sich eine soziologische Herangehensweise. Soziologische Expertise ermöglicht dabei nicht nur wissenschaftlich fundierte und praxisbezogene Beschreibungen und Einsichten, sondern bietet zahlreiche Anknüpfungspunkte für solche Problemlösungen, die den Einfluss gesellschaftlich bedingter Prozesse und Strukturen mitreflektieren.

Ein Ziel der Schriftenreihe „Sozialwissenschaften und Berufspraxis" des Berufsverbandes für Soziologie in Deutschland (BSiD) ist es, diese praxisbezogenen Beschreibungen und Einsichten sichtbar zu machen und dabei Brücken zwischen der akademischen, hochschulischen Soziologie und der (angewandten) Soziologie in unterschiedlichen gesellschaftlichen Handlungsfeldern zu bauen. Auf diese Weise sollen Potenziale der Anwendung, Diffusion und Multiplikation soziologischen Fachwissens, soziologischer Theorien und Methoden in ihrer Breite und unterschiedlichen organisationalen Einbettung verdeutlicht werden. Dieses Anliegen wird aus einer soziologiegeschichtlichen Perspektive heraus jeweils thematisch unterschiedlich gerahmt.

1 Zum Gründungskontext des Berufsverbands

Bereits zur Zeit der Gründung des „Berufsverband deutscher Soziologen e. V."[1] (BDS) im Jahr 1976 fanden nicht alle Absolvent:innen der Soziologie bzw. der Sozialwissenschaften ihren beruflichen Verbleib an Hochschulen und es war eine „große Dynamik in der Berufsfeldorientierung" zu beobachten (Alemann 1995, S. 273). Die 16 Soziolog:innen[2], die sich zur Gründung des Verbands in Mannheim zusammenfanden, setzten es sich zum Ziel die beruflichen Interessen der außeruniversitär tätigen Soziolog:innen zu vertreten, die Berufsrolle von Soziolog:innen deutlich zu konturieren und die Anwendung von soziologischem Wissen in der Praxis zu fördern (Alemann 1996, S. 74; Voigt et al. 2016). Eine […] gezielte Öffentlichkeitsarbeit zur Verbesserung des Image der Soziologie […]" (Alemann, ebd.) wurde bei der Gründung ebenfalls in den Blick

[1] Im Jahr 2024 wurde der Berufsverband umbenannt in „Berufsverband für Soziologie in Deutschland" (BSiD).

[2] Darunter u. a. auch die Kriminalsoziologin Susanne Karstedt als zweite stellvertretende Vorsitzende (Alemann 1996, S. 74).

genommen. Heine von Alemann ordnete in seinem Bericht auch das Verhältnis des Berufsverbands, dessen erster Vorsitzender der Medizinsoziologe Rainer Welz wurde, zur Deutschen Gesellschaft für Soziologie e. V. (DGS) ein: „Der Verband versteht sich ausdrücklich nicht als eine Konkurrenz zur Deutschen Gesellschaft für Soziologie. Dies wird auch von der DGS so gesehen, denn Friedhelm Neidhardt, der als Mitglied des Vorstandes der DGS an der Gründungsversammlung teilnahm, machte deutlich, daß die DGS den neuen Verband aktiv unterstützen will." (Alemann 1996, S. 75). Nicht Konkurrenz, sondern wertschätzende Kooperation prägt seitdem das Verhältnis der beiden Soziologieverbände, die insbesondere über einen gemeinsamen Ethik-Kodex und eine gemeinsame Ethik-Kommission im Jahr 1992 auch einen institutionellen Rahmen fand (zur Geschichte der Ethik-Kommission: Krekel in diesem Band).

2 Praxis- und Anwendungsorientierung als Aufgaben der Soziologie

Praxis- und Anwendungsorientierung von Soziologie wurden Anfang der 1970er Jahre aus verschiedenen Perspektiven zum stark diskutierten Thema, es entstand eine Professionalisierungsdebatte, die ein Jahrzehnt später mit der Gründung der Zeitschrift „Sozialwissenschaften und Berufspraxis" (SuB) ein weiteres Forum fand. In seiner Untersuchung des Praxisbezugs im Soziologiestudium unterschied Joachim Matthes im Jahr 1973 sieben Reformaspekte mit Blick auf die Anforderungen „von Feldern gesellschaftlicher Praxis" (Matthes 1973, S. 47) und unterstrich die Notwendigkeit, dass auch die Praxis an den Hochschulen selbst als „eine Praxis eigener Art"[3] (ebd.) reflektiert werden müsse und diese Reflexion der hochschulischen Praxis ein wichtiger Bestandteil des Studiums sein sollte. Für die außerhochschulische Praxis stellte Matthes folgende Überlegung an: „Felder gesellschaftlicher Praxis, in denen Soziologen tätig werden können und sollen [...] sind vielmehr im Wege einer Prüfung des soziologischen Wissensbestandes auf seine Umsetzbarkeit in Praxis zu *bestimmen*." (ebd.) Diesen Ansatz, der seit den letzten Jahrzehnten wieder stark mit dem Begriff „Transfer" geführt wird (Warsewa et al. 2020) als Teil der „Third Mission" von Hochschulen neben Forschung und Lehre, unterzogen Ulrich Beck und

[3] Der Praxisbegriff hat in der Soziologie nach Ausrufen des „practice turn" (Schmidt 2012, S. 24 f.) zwar Hochkonjunktur, eine Erforschung der *soziologischen* Praxis im Anschluss an den Praxisbegriff der soziologischen Praxistheorie im Sinne einer Vollzugswirklichkeit diskursiv-materieller, körperlicher Handlungen und ihrer komplexen Vollzugsbedingungen steht aber noch aus (Späte 2016, S. 4).

Wolfgang Bonß (1989) im Rahmen des DFG-Schwerpunktprogramms „Verwendungszusammenhänge sozialwissenschaftlicher Ergebnisse" einer differenzierten Analyse. In einer „Ortsbestimmung der Verwendungsforschung" unterscheiden sie drei Positionen in Bezug auf „Das Unbehagen an der soziologischen Praxis" (Beck und Bonß 1984, S. 381). Unter der ersten Position subsumieren sie Stimmen, die der Soziologie eine „Überlastung durch Praxisansprüche" bescheinigen (ebd.). Andere wiederum erkennen „mangelnde(n] Praxis- und Professionalisierungsbemühungen" (Beck und Bonß 1984, S. 382), darunter vornehmlich der Berufsverband. Und die dritte Position zeichne sich durch den Vorwurf an die Soziologie einer „falschen Professionalisierung" aus (ebd.). Beck und Bonß betonen in ihrer Untersuchung das Problem der *Wissenschaftszentrierung* in der Auseinandersetzung mit Fragen von „Praxis" und „Praxisbezug". Lange Zeit sei die Frage von „Verwendung" nach dem Modell „Sandrieseln im Stundenglas" (Beck und Bonß 1984, S. 383) verhandelt worden: das sozialwissenschaftliche Wissen sickere von der Wissenschaft in die Gesellschaft, in die Praxis hinein wie der Sand im Stundenglas sich durch den schmalen Hals seinen Weg nach unten bahne. Das Verhältnis von Sozialwissenschaft und Gesellschaft bzw. Praxis habe sich allerdings durch die Dialektik von Wissenschaft und Gesellschaft im Zuge der Versozialwissenschaftlichung verändert und könne nicht länger einfach nur hierarchisch weitergedacht werden. Ein Ergebnis ihrer Forschung ist diese Erkenntnis:

> „Während in den Debatten über die Praxis wie selbstverständlich von einer ‚Überlegenheit' des wissenschaftlichen Wissens ausgegangen wird, zeigten die konkreten Analysen, dass die Differenz zwischen beiden nicht *hierarchisch,* sondern *qualitativ* zu denken ist. Wissenschaft liefert nicht notwendig ein besseres, zunächst einmal ein *anderes* Wissen." (Beck und Bonß 1989, S. 196).

Eine Erkenntnis, die beispielsweise in der Aufforderung „Wissenschaft neu denken" (Nowotny et al. 2004) Ausdruck gefunden hat und für eine Wissenschaft im „Mode 2" wirbt, die Forschungsfragen und Forschungsprobleme im Austausch mit vielen organisational unterschiedlich eingebundenen Akteur:innen bearbeitet und solche Fragen und Probleme fokussiert, die gesellschaftlich relevant sind und dabei helfen die dringlichen Probleme auf der Erde zu lösen, indem „sozial robustes Wissen" geschaffen wird.

3 Themen und Foren im Berufsverband

Der Berufsverband für Soziologie in Deutschland (BSiD) folgt mit seinen etablierten Foren wie der „Tagung für angewandte Sozialwissenschaften" (TAS), den Tagungen der einzelnen Fachgruppen im Verband und der Schriftenreihe „Sozialwissenschaften und Berufspraxis" in gewisser Weise einem solchen Wissenschaftsverständnis. Dort wird der Austausch zwischen „Berufspraktiker:innen" oder „Praxissoziolog:innen", die in außerhochschulischen Einrichtungen tätig sind, und den akademisch an Hochschulen tätigen Soziolog:innen institutionalisiert. Zudem werden die Unterschiede zwischen den verschiedenen soziologischen Praxen eben nicht hierarchisch, sondern inhaltlich, mit Beck und Bonß gesprochen also qualitativ gedacht.

Die TAS wurde wenige Jahre nach der Gründung des Verbands im Jahr 1981 als „Tagung für angewandte Soziologie" ins Leben gerufen und findet bis in die Gegenwart hinein alle zwei Jahre statt ebenso wie die Tagungen der zahlreichen Fachgruppen im Verband, darunter beispielsweise die Fachgruppen „Beratung", „Berufliche Bildung", „Gesundheit" sowie „Öffentliche Verwaltung" (Stark und Marquardt 2008). Im Jahr 1983 folgte die Gründung der Zeitschrift „Sozialwissenschaften und Berufspraxis", die seit dem Jahr 2016 als diese Schriftenreihe fortgeführt wird. Hinzu traten Sammelbände, die Studierenden mit einem Abschluss in Soziologie eine Orientierung über die Vielfalt möglicher beruflicher Wege geben wie „Was werden mit Soziologie. Das Berufshandbuch des BDS", herausgegeben von Wolfram Breger und Sabrina Böhmer (2007), „Beruf: Soziologe?!" (Späte 2007), das „Handbuch Sozialwissenschaftliche Berufsfelder" (Breger et al. 2016) und „Typisch Soziologie!?" (Obermeier und Dürkop-Henseling 2018). Der Sammelband „Soziologie als Beruf? Soziologische Beratung zwischen Wissenschaft und Praxis", herausgegeben von Birgit Blättel-Mink und Ingrid Katz (2004), erkundete soziologische Beratung zwischen Wissenschaft und unterschiedlichen organisationalen Praxen und zeigt in vielerlei Hinsicht Nutzen und Grenzen soziologischer Beratungstätigkeiten und ihre jeweiligen Bedingungen. Das Feld „Soziologische Beratung" stellte bereits Mitte der 1990er Jahre einen Arbeitsschwerpunkt des Verbands dar. So wurde die IX. Tagung für angewandte Soziologie dem Thema „Soziologische Beratung" gewidmet und erfasste zahlreiche Praxisfelder und Perspektiven. Die Tagung wurde im Jahr 1996 mit einem Schwerpunktheft der „Sozialwissenschaften und Berufspraxis" dokumentiert (Alemann und Vogel 1996). Anschließend gewann auch der durch die Sozialforschungsstelle in Dortmund angeregte Ansatz sozialer Innovationen für die Aktivitäten des Berufsverbands an Bedeutung (Howaldt und

Jacobsen 2010; Voigt et al. 2016). Im Rahmen der Schriftenreihe „Sozialwissenschaften und Berufspraxis" erschienen bisher drei Bände zu diesem Thema (Franz und Kaletka 2018; Franz et al. 2020; Schröer et al. 2023).

4 Potenziale soziologischer Praxis

Die Erkundungen von Potenzialen soziologischer Praxis, die mit diesem Band unternommen werden, verorten sich nicht unbedingt in der Nähe von Beiträgen, die „Wozu noch Soziologie?" (Dreitzel und Kamper 1983) fragen und den gesellschaftlichen Nutzen oder auch den Gebrauchswert von Soziologie verhandeln. Dieser Band ist nicht als Legitimierungsstrategie soziologischer Expertise und Forschung konzipiert, wenngleich es gegenwärtig in Anbetracht weltpolitischer Entwicklungen durchaus Anlass zur Sorge um die Zukunft der Wissenschaft im Allgemeinen und der Soziologie im Besonderen gibt, andererseits ein soziologisch geprägtes Wissen mehr denn je gefordert ist. So diagnostizieren die Herausgeber:innen eines Special Issue der Verbandszeitschrift der British Sociological Association mit dem Titel „Sociology Under Attack" nicht nur für den US-amerikanischen Kontext das fatale Zusammentreffen von autoritären staatlichen Formationen und Neoliberalismus, was dazu führt, dass das Hochschulstudium und seine Finanzierung zunehmend unter ökonomischen Gesichtspunkten beurteilt werden (Themelis et al. 2025, S. 1025). Im Rahmen von Kulturkämpfen stehe insbesondere der sogenannte „war of woke" im Mittelpunkt (ebd.), womit die Neue Rechte unter anderem demokratischen Schutz und demokratische Teilhabe nicht nur von Minderheiten zu untergraben suche. Im deutschsprachigen Raum mehren sich ebenfalls Angriffe gegen Wissenschaft, gegen die Freiheit von Forschung und Lehre. Insbesondere betroffen davon sind die Geschlechterforschung (Hark und Villa 2015) und die Umweltsoziologie (Brunnengräber 2017). Gleichzeitig ist jedoch ein hohes und stetiges öffentliches Interesse an soziologischen Deutungsangeboten zu beobachten. So sind in den letzten zehn Jahren eine ganze Reihe soziologischer Veröffentlichungen zu Bestsellern geworden, darunter beispielsweise Hartmut Rosa mit „Resonanz" (2016), Steffen Mau, Thomas Lux und Linus Westheuser mit „Triggerpunkte" (2023) oder Carolin Amlinger und Oliver Nachtwey mit „Zerstörungslust" (2025). Dies bedeutet allerdings nicht, dass die akademische Soziologie vor etwaigen Kürzungen in Zeiten knapper Haushaltsbudgets von Universitäten geschützt sei. Nicht nur Professuren, sondern auch und vor allem junge Wissenschaftler:innen erleben durch aktuelle Kürzungen eine weitere Prekarisierung ihrer Lebenssituation (Krause et al. 2023).

Als Herausforderung der Gegenwart geht es also in diesem Band darum, zu dokumentieren und zu reflektieren, *welche* Themen durch soziologische Beobachtung, soziologisches Denken und Forschen in welchen Bereichen erstens überhaupt sichtbar und zweitens in einer solchen Weise beschreib- und damit bearbeitbar gemacht werden, dass das erarbeitete Fachwissen weiter verwendet werden kann, auch wenn es in den jeweiligen konkreten Praxen dann *pragmatische* Anpassungsveränderungen an die spezifischen Bedarfe, Konstellationen, Rahmenbedingungen, Situationen, Strukturen und Ziele durch die jeweilig beteiligten Personen erfährt. Das ist kein leichtes Unterfangen, denn es verlangt auch über die zur Verfügung stehenden soziologischen „Werkzeuge" in Form von Theorien und Methoden sowie über das eigene soziologische Tun zu reflektieren, in Abgrenzung zu anderen (sozial-)wissenschaftlichen Disziplinen und im Hinblick auf die Bedingungen soziologischer Wissensproduktion selbst. Diese Form der Selbstbeobachtung, die „Soziologie der Soziologie", hat eine lange Tradition, die nicht zuletzt in dem Werk „Le métier de sociologue" aus dem Jahr 1968 (dt. Soziologie als Beruf) des Autorenkollektivs Pierre Bourdieu, Jean-Claude Chamboredon und Jean-Claude Passeron (Bourdieu et al. 2005) eine wissenschaftstheoretische und wissenschaftssoziologische Grundlegung erfahren und bis heute nicht an Bedeutung verloren hat.

Im Hinblick auf thematische Schwerpunktsetzungen in diesem Band zeigt sich ein Fokus auf „Soziales" in seinen unterschiedlichen Bedeutungsweisen, jedoch mit einem klaren Fokus auf jenes „Soziale", das in Verbindung mit Vorstellungen von einer „guten Gesellschaft" steht. So sind Fragen struktureller sozialer Ungleichheit und Benachteiligung, positiv gewendet das Streben nach sozialer Gerechtigkeit für alle Menschen, nach der gesellschaftspolitischen Umsetzung des Anspruchs von Gleichheit und Freiheit aller Menschen und der dafür notwendigen Aufklärungsarbeit, in den hier versammelten Beiträgen ein Movens für das berufliche und forschende Engagement. Die Beiträge in diesem Band haben wir in zwei thematische Blöcke geordnet, die mit *„Handlungsfelder soziologischer Expertise und ihre Potenziale"* und *„Potenziale soziologischer Reflexion"* überschrieben sind. Während der Blick im ersten Block der Handlungsfelder auf Themen soziologischer Beobachtung und ihrer Potenziale ausgerichtet ist wie Sozialpolitik, soziale Ungleichheit oder sozial-ökologische Transformation, sind die Beiträge im zweiten Block stärker reflexiv auf die Beobachtung der Soziologie selbst ausgerichtet.

Den Block *„Handlungsfelder soziologischer Expertise und ihre Potenziale"* eröffnet Michael Opielka mit seinem Beitrag *„Sozialpolitische Reformen als soziologische Praxis. Reflexionen zur Aktualität eines Konstitutionsprozesses der*

Soziologie". Opielka schließt in seinem Beitrag an die Methode der autobiographischen Soziologie (Autosozio(bio)graphie) an, wie sie die französische Soziologie, angelehnt an Pierre Bourdieu und Didier Eribon in den 2010er Jahren, hervorbrachte. Kennzeichnend für diese – zumeist in der Literatursoziologie verwendete – Methode ist die Reflexion der persönlichen Biographie mit soziologischer Theorie zur Analyse sozialer Strukturen und Machtverhältnisse aus der Perspektive des Individuums. Opielka akzentuiert – im Gegensatz zu klassischen Modellen – nicht individuelle Lebensläufe, sondern sozialpolitische Reformprozesse in Deutschland und hier insbesondere die Reform der Grundeinkommenssicherung und die Verknüpfung von Sozial- und Klimapolitik. Die Perspektive eines wissenschaftlichen Akteurs, der in diesen Prozessen aktiv war, aber reflektierend und machtfern bleibt, ermöglicht somit eine kritische Einbindung der eigenen Forschungspraxis, wonach Soziologie, so Opielka nur dann relevant ist, wenn sie normative Diskurse über eine gerechte Gesellschaft anregt. Die Reflexion der eigenen Forschungskarriere versteht der Autor somit nicht als biographische Erzählung, sondern als soziologische Praxis, die gesellschaftliche Gestaltungspotenziale sichtbar macht.

In seinem Beitrag *„Sozialplanung als Handlungsfeld praxisorientierter Soziologie. Zu den Potenzialen der Soziologie im Kontext kommunaler Sozialplanung am Beispiel der sozialen Wohnraumversorgung der Stadt Karlsruhe"* dokumentiert und demonstriert Martin Lenz differenziert Potenziale soziologischer Praxis auf der kommunalen Verwaltungsebene. Auf langjährige Gestaltungserfahrungen als ehemaliger Bürgermeister der Stadt Karlsruhe und zahlreiche eigene Publikationen im Bereich der Wohnungspolitik zurückgreifend, zeigt Lenz in welcher Weise das Soziale im Rahmen von „Sozialplanung" in Stadtplanungs- und Stadtentwicklungsämter hineingetragen und dort verankert werden kann. Dabei sind es nicht nur die vielen verschiedenen Möglichkeiten der Erhebung und Analyse von quantitativen Daten, etwa als sozialraumbezogene Daten und Sozialindikatoren, Daten statistischer Erhebungen wie beispielsweise die Wohnungslosenstatistik und der Einbezug theoretischer Konzepte, die die Sozialplanung auf der kommunalen Ebene mitgestalten, sondern auch die Befragung von Bürger:innen durch Interviews, deren Erfahrungen und Perspektiven auf das Leben in Stadtteilen eine Stimme bekommen, Teilhabe ohne Stigmatisierung zum Beispiel im Fall von wohnungslosen Menschen angeboten wird und in der Planung von städtebaulichen und sozialpolitischen Maßnahmen so besser berücksichtigt werden können. Anhand weiterer Fallbeispiele aus der eigenen soziologischen Praxis entwirrt Lenz die Komplexität soziologischer Datenerhebung und kommunalen Verwaltungshandelns.

Der Beitrag von Bernhard Mann untersucht die Potenziale soziologischer Praxis anhand der Felder Qualitätsmanagement, Sozialmanagement und Public Health. Ausgehend von einer theoretischen Bestimmung soziologischer Praxis als theoriegeleitet, methodisch reflektiert und gesellschaftsbezogen wird deren Beitrag zu interdisziplinären Handlungsfeldern herausgearbeitet. Im Zentrum steht die Analyse der Wechselwirkungen zwischen sozialen Strukturen, organisationalen Prozessen und fachlichen Steuerungsinstrumenten. Anhand der drei Anwendungsfelder wird gezeigt, dass Management- und Steuerungskonzepte ohne soziologische Perspektiven verkürzt werden, wenn soziale Dynamiken, Machtverhältnisse und kulturelle Kontexte unberücksichtigt bleiben. Der Beitrag plädiert für eine stärkere Integration soziologischen Wissens in praxisorientierte und interdisziplinäre Kontexte.

Jens Jetzkowitz analysiert die Governance der Wiedervernässung entwässerter Moorböden in Deutschland als zentrale klimapolitische Maßnahme, deren Umsetzung tiefgreifende gesellschaftliche Veränderungen erfordert, die über staatliche Steuerung hinausgehen und auf breiter gesellschaftlicher Akzeptanz basieren müssen. Der Autor betont die Bedeutung des Governance-Begriffs, um eine umfassende Analyse hybrider und polyzentrischer Steuerungsformen (inkl. Märkte, Netzwerke, Selbstregulierung und rechtlicher Rahmenbedingungen) für eine sozial-ökologische Transformationen zu ermöglichen. Entscheidend ist die Verbindung staatlicher Impulse mit den bislang wenig erforschten Alltagswirklichkeiten, Interessen und kulturellen Vorstellungen der betroffenen Akteur: innen wie Landnutzende, Eigentümer: innen und Anwohner: innen. Jetzkowitz kritisiert, dass Letztere oft nur als „Stakeholder" oder „Innovatoren" adressiert werden, ohne ihre sozialen und kulturellen Handlungslogiken zu erfassen. Der Beitrag betont die zentrale Rolle sozialwissenschaftlicher Erkenntnisse für eine evidenzbasierte, partizipative Governance und schlägt eine systematische Methode zur Erforschung der Träger:innengruppen vor, um die gesellschaftlichen Voraussetzungen für nachhaltige Transformationen zu verstehen.

Martin Elbe geht in seinem Beitrag: *„Dienst an der Gesellschaft? Zur Wiedereinführung der Wehrpflicht in Deutschland"* insbesondere auf solche militärsoziologischen Aspekte und Fragestellungen ein, die die Gesellschaft insgesamt bewegen. Er zeigt u. a. auf, welche aktuellen Diskussionen in der Politik, in den Medien und in der Bevölkerung zur Wiedereinführung der Wehrpflicht geführt werden. Elbe nimmt dabei Bezug auch auf die historische Genese der Wehrpflicht. Ebenso wird das Problem der Wehrgerechtigkeit in diesem Beitrag analysiert. Elbe verweist hier auf soziologische Phänomene, wie die Unterscheidung von Dienst und Dienen, das Verständnis von Berufung und schließlich das

Konzept des militärischen Berufes. Hierfür bedarf es seiner Ansicht nach weiterführender Forschungen und Erkenntnisse aus anderen Wissenschaftsdisziplinen. Militärsoziologie, so ein Fazit von Elbe, bedarf heute mehr denn je mehr Aufmerksamkeit im wissenschaftlichen wie im öffentlichen Diskurs und sollte aus der Nische einer wenig beachteten Teildisziplin der Soziologie „hervorgeholt" werden.

In ihrem Beitrag *„The Smart Migrant – Die Schwierigkeit dem Fachkräftemangel mit einer Work-and Stay-Agentur zu begegnen"* widmet sich Nicole Köck der regierungspolitischen Maßnahme zur Anwerbung qualifizierter Arbeitskräfte für den Erwerbsarbeitsmarkt in der Bundesrepublik Deutschland: der Einrichtung einer Agentur, die Barrieren qualifizierter Zuwanderung durch Harmonisierung bürokratischer Prozesse absenken soll. Köck zeigt mittels ihrer Analyse deutlich die weiterhin bestehende Erwerbsarbeitszentrierung, das „Stay", das Bleiben von Menschen in der lebensweltlichen Dimension, wird nicht hinreichend in den Blick genommen. Und selbst bei einem Fokus auf Erwerbsarbeit als „Work", zeigt sich die Beharrlichkeit diskriminierender Strukturen für den migrantischen Idealtypus des Smart Migrant: strukturelle Zugangsbarrieren auf dem Erwerbsarbeitsmarkt, fehlende Anerkennung ausländischer Qualifikationen und eine traditionelle, geschlechtsspezifizierte Arbeitsteilung sowie Ungleichheit verstärkende Strukturen zuungunsten von Frauen. Die smarte Republik für den Smart Migrant bleibt der Autorin folgend ein Zukunftsprojekt.

„Krypto und Blockchain: Zwischen Ideologie und Kommerzialisierung", in diesem Spannungsfeld erkundet Juliane Demuth die Blockchain-Technologie und Kryptowährungsökonomie. Demuth greift dabei nicht nur auf technik- und finanzsoziologische Grundlagen zurück, sondern auch auf ihre eigenen Erfahrungen als Akteurin im Feld der Blockchain– und Kryptoindustrie. Im Fokus ihres Interesses steht die Diskussion der Veränderung der Blockchain-Philosophie durch ihre zunehmende Einbettung in die traditionellen Finanzmärkte der „Old Economy" als digitales Finanzinstrument. Die ursprünglich mit der Technologie verbundenen Ziele wie Dezentralisierung und Autonomie, werden durch die Verflechtung mit etablierten finanzmarktpolitischen Instrumenten aus ihrer Sicht unterlaufen. Demuth bietet mit ihrem Beitrag einen Zugang zu den Grundlagen und Fachbegriffen der Blockchain-Technologie sowie den unterschiedlichen Finanzprodukten der Kryptoindustrie. Ihr soziologischer Blick ist dabei auch ausgerichtet auf die Rolle des Vertrauens für Transaktionen in diesem Feld.

Max Reinhardt entfaltet in seinem Beitrag *„Habitussensibilisierung: Mikroprozesse, Barrieren und Möglichkeiten der Überwindung sozialer Ungleichheit im Bildungssystem für junge Menschen"* den Habitusansatz nach Pierre Bourdieu, der zur Frage der soziologischen Analyse der Reproduktion sozialer Ungleichheiten zu einem klassischen Ansatz avanciert ist. Wenngleich die Diagnose sozialer Ungleichheit im Bildungsbereich seit den 1960er Jahren intensiv bildungssoziologisch immer wieder aufs Neue vermessen wird, sind Fortschritte zur Überwindung zwar vorhanden, bleiben aber bescheiden. Reinhardt geht mit der Analyse von Mikroprozessen in Kindergarten, (Berufs-)Schule und Hochschule der „black box“ der Ungleichheitsreproduktion nach und fokussiert auf die Möglichkeiten, die eine Habitussensibilisierung pädagogischen Fachpersonals bewirken könnte. Das analytische Potenzial des Bourdieu'schen Ansatzes für dieses soziologische Kernthema wird dabei deutlich.

In „Ungleichheit durch AI-Literacy? Wie eine kapitaltheoretische Perspektive im KI-Zeitalter Bildungsungleichheiten sichtbar machen kann“ untersuchen Alexandra Gössl und Robert Pham Xuan die Fähigkeit („literacy“) im Umgang mit generativer Künstlicher Intelligenz aus einer ungleichheitstheoretischen Perspektive. Ausgehend von der Kritik an einem individualisierenden Kompetenzverständnis wird AI Literacy mithilfe von Bourdieus Kapitaltheorie als Form digitalen Kapitals konzeptualisiert. Im Zentrum steht die Analyse der sozialen Voraussetzungen, unter denen AI Literacy erworben, genutzt und wirksam werden kann. Die Autor:innen zeigen, dass KI-gestützte Bildungspraktiken bestehende Ungleichheitsstrukturen nicht automatisch auflösen, sondern unter bestimmten Bedingungen reproduzieren oder verstärken können. Der Beitrag leitet daraus einen Auftrag für die soziologische Berufspraxis ab und plädiert für eine systematische Analyse und Evaluation digitaler Bildungsprozesse im Hinblick auf ihre ungleichheitsrelevanten Effekte.

Fiona Schmidbauer, Niklas Oesterle, Daniel Hepperle und Matthias Wölfel wenden sich in ihrem Beitrag *„Lehr- und Lernpraktiken in sozialer und virtueller Realität: Methodische Überlegungen aus soziologischer Perspektive“* einem Gegenstand zu, der Bezug nimmt auf eine soziale virtuelle Realität. Dies geschieht anhand einer virtuellen Vorlesung, die sie durch eine viersemestrige Forschungsarbeit begleiten. Dabei werden für die Analyse des ausgewählten Gegenstandes soziale Prozesse, deren Abläufe, digitale Spuren und Kontexteinbettungen untersucht, die sich aus der Verflechtung von Subjekt und Technologie ergeben. Mithilfe eines ethnografischen Ansatzes werden Lehr- und Lernpraktiken untersucht und reflektiert über einen eigens hierfür entwickelten VR Campus, der eine dreidimensionale Lernumgebung simuliert. Damit kann eine so konzipierte soziale virtuelle Realität über u. a. soziotechnologische Prozesse erfasst werden und aufzeigen, welche Konsequenzen sich für derartige Lernräume ergeben. Dies nicht nur, was die Qualität solch einer Realität angeht, sondern auch im

Hinblick auf die Wahrnehmungs- und Interaktionsgegebenheiten, Beteiligungsabläufe, gruppendynamischen Prozesse und Interaktionsmuster über videobasierte Beobachtungen und deren Einordnungen. Ziel der Autor:innen ist es, auf die Notwendigkeiten fortzuführender sozialwissenschaftlichen Forschungen hinzuweisen, die mit einer zunehmenden Digitalisierung von Lehr- und Lernräumen einhergehen und die die Entwicklung inhaltlich wie methodisch einordnen helfen. Mit ihren Erkenntnissen geben die Autor:innen Impulse für die soziale Praxis bei der Ausgestaltung, Erfassung und Analyse virtueller Lehr- und Lernpraktiken und liefern hier einen wichtigen Beitrag für die Diskussion zu einem überaus aktuellem Thema in der Lehr- und Lernforschung.

In ihrem Beitrag „Emotionserinnerungen und digitale Exklusion – Technik im Alter als soziale Emotionspraxis" analysieren Florian Pap und Bill Pottharst Technikaneignung im höheren Lebensalter aus einer emotionssoziologischen Perspektive. Auf Grundlage qualitativer Gruppendiskussionen wird das Konzept der „Emotionserinnerungen" entwickelt, das verkörperte und affektiv geprägte Erfahrungen früherer Technikbegegnungen beschreibt. Im Zentrum steht die These, dass diese Emotionserinnerungen gegenwärtige Aneignungsprozesse strukturieren und digitale Teilhabe maßgeblich beeinflussen. Die empirischen Ergebnisse zeigen, dass Technik häufig nicht als neutrales Instrument, sondern als sozial und emotional aufgeladene Praxis – etwa als Zumutung oder Ausschlussmarkierung – erfahren wird. Der Beitrag leistet damit einen theoretischen und empirischen Beitrag zur Analyse digitaler Ungleichheit und eröffnet Perspektiven für eine inklusionsorientierte Gestaltung digitaler Innovationen.

Die letzten vier Beiträge in diesem Band sind unter dem Titel „Potenziale soziologischer Reflexion" zusammengefasst und reflektieren Potenziale konzeptionell stärker theoretisch ausgerichtet als die Beiträge im ersten Block.

So untersuchen Karina Maldonado-Mariscal und Antonius Schröder in *„Sozialwissenschaften: Anwendungsorientierte Forschung zur Entwicklung praxisorientierter Aktivitäten für gesellschaftliche Herausforderungen"* den Beitrag einer anwendungsorientierten sozialwissenschaftlichen Forschung in Bezug auf die Bewältigung der „Triple Transition" als Verschränkung ökologischer, digitaler und sozialer Transformationsprozesse. In der Verknüpfung technologischer Innovationen mit sozialen Innovationen am Beispiel der Industrie 5.0 sehen sie einen zentralen Ansatz zur Gestaltung von Transformationen durch praxisorientierte Lösungsansätze seitens der Sozialwissenschaften und geben dafür zahlreiche Beispiele.

Der Beitrag von Birgit Blättel-Mink: „Der soziologische (Neo)Institutionalismus und seine Sicht auf das Verhältnis von Organisation und Gesellschaft. Eine kritische Analyse" hat als einen wichtigen Baustein die

Skizzierung des soziologischen Neo-Institutionalismus und dessen Organisationsverständnis zum Inhalt. Organisationen werden in diesem theoretischen Ansatz als offene soziale Gebilde verstanden, die auf Ressourcen aus den unterschiedlichsten Umwelten angewiesen sind mit den damit einhergehenden notwendigen Erwartungserwartungen. Die Autorin macht, ausgehend von solch einem Verständnis, in ihrem Aufsatz deutlich, welchen Stellenwert Rationalität in Organisationen zukommt und wie diese zu verstehen ist. Sie diskutiert anhand von Beispielen wie Schule, Kliniken und Hochschulen wie in Organisationen mit häufig inkonsistenten Erwartungen umgegangen wird und welchen Platz dabei kulturelle Prägungen der Organisationsmitglieder einnehmen. Blättel-Mink verweist des Weiteren auf aktuelle Herausforderungen von Organisationen und Institutionen aus Sicht ihres Forschungsoeuvres. Zwei Themen sind ihr hier wichtig und finden durch eine kritische Reflexion Eingang in ihren Aufsatz – dies sind zum einen die Hindernisse bei der Umsetzung ökologischer Innovationen und zum anderen die Barrieren bei der Herstellung der Gleichstellung der Geschlechter an Hochschulen und in der Wissenschaft. Sie zeigt, welchen Beitrag der soziologische Neo-Institutionalismus zum Verständnis dieser Sachverhalte leisten kann. Neben der Würdigung dieses Ansatzes ist die Debatte um Struktur und Handlung, Struktur und Akteur, das Verhältnis Umwelt und Organisation, die Frage nach Wandel von Organisationen und deren Erwartungshorizonten unter den Bedingungen der vielfältigen gesellschaftlichen Problemlagen bzw. Krisen zu öffnen, um den soziologischen Herausforderungen von heute zu genügen.

Elisabeth M. Krekel („Der Ethik-Kodex in der Soziologie: Professionalisierung und aktuelle Entwicklungen“) untersucht die Entstehung, Entwicklung und aktuelle Bedeutung des Ethik-Kodex in der Soziologie. Ausgehend von den Professionalisierungsdebatten der 1980er und 1990er Jahre wird die Verabschiedung des Kodex im Jahr 1992 als Reaktion auf die wachsende außeruniversitäre Praxis rekonstruiert. Im Zentrum stehen die Darstellung zentraler Leitprinzipien wie Integrität, Transparenz und der Schutz der Studienteilnehmenden sowie die Beschreibung der institutionellen Rolle der Ethik-Kommission. Ein vergleichender Blick auf Ethik-Kodizes verwandter Disziplinen und Organisationen zeigt die zunehmende Bedeutung forschungsethischer Standards. Krekel arbeitet heraus, dass der Kodex über eine reine Regelsetzung hinaus als dynamischer Orientierungsrahmen für Forschung und Praxis fungiert und im Kontext internationaler und interdisziplinärer Entwicklungen weiter an Bedeutung gewinnt.

In ihrem Beitrag „Agile Professionalität. Zum Spektrum soziologischen Könnens“ diskutiert Katrin Späte die Besonderheiten soziologischen Wissens. Sie grenzt die Soziologie von anderen Disziplinen ab, hebt die frühen Bemühungen des Faches hervor, sich an den „harten“ Wissenschaften zu messen und fragt, welche Kompetenzen die Absolvent:innen der Soziologie, auch und gerade angesichts der aktuellen gesellschaftlichen Herausforderungen, auszeichnen. Bei aller Multiparadigmatik des Faches scheint es einen Konsens bezüglich der Methodenlehre zu geben. Soziologisches Alleinstellungsmerkmal wäre sodann die Fähigkeit ein wissenschaftliches (und häufig auch gesellschaftliches) Problem mit systematischer methodischer Analyse zu bearbeiten. Späte hebt außerdem Kontingenzbewusstsein und Multiperspektivität als Dimensionen soziologischen Könnens hervor. Das erschwert die Messbarkeit soziologischen Wissens, zeichnet es aber auch aus, wenn es darum geht, die Komplexität gesellschaftlicher Wirklichkeit zu verstehen.

Die Herausgeber:innen danken allen Autor:innen dafür, das Projekt *„Potenziale soziologischer Praxis“* in dieser Breite und Originalität für die zukünftige fachliche Auseinandersetzung eröffnet zu haben.

Literatur

Alemann, H. von (1995). Berufschancen und Berufsfelder von Soziologen. In B. Schäfers (Hg.), *Soziologie in Deutschland* (S. 273- 294), Leske+Budrich.

Alemann, H. von (1996). Ein Rückblick auf den Anfang: 20 Jahre BDS. In *Sozialwissenschaften und Berufspraxis*, 19 (3), 72–76. https://nbn-resolving.org/urn:nbn:de:0168-ssoar-48937

Alemann, H. von & Vogel, A. (1996). *Soziologische Beratung*. Praxisfelder und Perspektiven. IX. Tagung für angewandte Soziologie, Springer VS. https://doi.org/10.1007/978-3-322-97362-7

Amlinger, C., & Nachtwey, O. (2025). *Zerstörungslust. Elemente des demokratischen Faschismus*. Suhrkamp.

Beck, U., & Bonß, W. (1989). Zum Strukturwandel von Sozialwissenschaft und Praxis. *Soziale Welt*, 40 (1/2), 196-214.

Beck, U., & Bonß, W. (1984). Soziologie und Modernisierung. Zur Ortbestimmung der Verwendungsforschung. *Soziale Welt*, 36 (4), 381–406.

Blättel, Mink, B.& Katz, I. (2004) (Hrsg.). *Soziologie als Beruf? Soziologische Beratung zwischen Wissenschaft und Praxis.* Springer VS.

Bourdieu, P., Chamboredon, J.C., Passeron, J.C. (2005). Le métier de sociologue. Préalables épistémologiques. Contient un entretien avec Pierre Bourdieu recueilli par Beate Krais, cinquième édition, Mouton de Gruyter. https://doi.org/10.1515/9783110895131

Breger, W, & Böhmer, S. (Hrsg.) (2007). *Was werden mit Soziologie. Berufe für Soziologinnen und Soziologen, Das Berufshandbuch des BDS*. Lucius und Lucius.

Breger, W., Späte, K., & Wiesemann, P. (Hrsg.) (2016), *Handbuch sozialwissenschaftliche Berufsfelder. Modelle zur Unterstützung beruflicher Orientierungsprozesse*. Springer. https://doi.org/10.1007/978-3-658-10457-3

Brunnengräber, A. (2017). Klimaskeptiker im Aufwind. Wie aus einem Rand- ein breiteres Gesellschaftsphänomen wird. In O. Kühne, F. Weber (Hrsg.), *Bausteine der Energiewende* (S. 271–292). Springer VS. https://doi.org/10.1007/978-3-658-19509-0

Dreitzel, H.-P., & Kamper, D. (1983). Wozu noch Soziologie? Zur Situation eines überstrapazierten Fachs, *Süddeutsche Zeitung*, Nr. 220, 23./24.9.1983.

Franz, H. W. & Kaletka, C. (2018). *Soziale Innovationen lokal gestalten.* Springer VS. https://doi.org/10.1007/978-3-658-18532-9

Franz, H.W., Beck, G., Compagna D., Dürr, P., Gehra W., & Wegner, M. (Hrsg.) (2020). *Nachhaltig Leben und Wirtschaften. Management sozialer Innovationen als Gestaltung gesellschaftlicher Transformation.* Springer VS. https://doi.org/10.1007/978-3-658-29379-6

Hark, S., Villa, P.I. (2015). *Anti-Genderismus: Sexualität und Geschlecht als Schauplätze aktueller politischer Auseinandersetzungen.* transcipt. https://doi.org/10.1515/9783839431443

Howaldt, J. & Jacobsen, H. (Hrsg.) (2010). *Soziale Innovation. Auf dem Weg zu einem postindustriellen Innovationsparadigma.* Springer VS.

Krause, I., Blättel-Mink, B. & Delitz, H. (2023). Soziologie als.Beruf – zwischen gesellschaftlicher Relevanz und Prekarität. *Soziologie* 52 (3), 340–352.

Mau, S., Lux, T. & Westheuser, L. (2023). *Triggerpunkte. Konsens und Konflikt in der Gegenwartsgesellschaft, Warum Gendersternchen und Lastenfahrräder so viele Menschen triggern.* Suhrkamp.

Nowotny, H., Scott, P., & Gibbons, M., (2004). Wissenschaft neu denken. Wissen und Öffentlichkeit in einem Zeitalter der Ungewißheit. Velbrück.

Obermeier, C., & Dürkop-Henseling, L. (Hrsg.) (2018). *Typisch Soziologie!? Sozialwissenschaft zwischen Wissenschaft und Praxis.* Beltz.

Rosa, H. (2016). *Resonanz: Eine Soziologie der Weltbeziehung*. Suhrkamp.

Schmidt, R. (2012). *Soziologie der Praktiken.* Konzeptionelle Studien und empirische Analysen. Suhrkamp.

Schröer, A., Blättel-Mink, B., Schröder, A., & Späte, K. (Hrsg.) (2023). *Soziale Innovationen in und von Organisationen. Sozialwissenschaftliche Studien zur Transformation von Organisation.* Springer VS. https://doi.org/10.1007/978-3-658-40695-0

Späte, K. (2016). Sozialwissenschaftliche Berufsfelder. Modelle zur Unterstützung beruflicher Orientierungsprozesse. In W. Breger, P.. Wiesemann, K. Späte (Hrsg.), *Sozialwissenschaftliche Berufsfelder. Modelle zur Unterstützung beruflicher Orientierungsprozesse* (S. 3–10). Springer VS.

Späte, K. (Hg.) (2007). *Beruf: Soziologe?! Studieren für die Praxis*, UTB.

Stark, C. & Marquardt, U. (Hrsg.) (2008). *Soziologie in der öffentlichen Verwaltung. Ausbildung, Beratung, Anwendung.* Books on Demand.

Themelis, S., Bhattacharyya, G., & Rostas, I. (2025). How and Why Sociology Is under Attack. In Sociology, 58 (6), 1025-1035. https://doi.org/10.1177/00380385251372714

Voigt, I., Bork, R., & Kubitza, M., 2016. *40 Jahre BDS, Chronik des Berufsverbandes Deutscher Soziologinnen und Soziologen e. V.* (Eigendruck).

Warsewa, G., Bleses, P., & Güldner, M. (2020). Der Transfer von sozialwissenschaftlichem Wissen als Forschungsgegenstand, *Soziologie*, 49 (3), 287–307.

Dr. Katrin Späte, Soziologie, Institut für Soziologie an der Universität Münster; Vertretungsprofessuren in Gießen und Paderborn; Schwerpunkte Allgemeine Soziologie, Bildungssoziologie, Migrationssoziologie. Aktuelle Publikation: Späte, Katrin (2025). Transformation des Nationalstaats – Persistenz des Nationalen? In B. Blättel-Mink, C. Onnen, T. Noack, K. Späte & R. Stein-Redent (Hrsg.), *Trans-formationen in Krisenzeiten* (S. 53–72), Springer VS. https://doi.org/10.1007/978-3-658-46717-3_4

Birgit Blättel-Mink, Prof. i.R. Dr., Dipl.-Soz., Professur für Soziologie mit dem Schwerpunkt Industrie- und Organisationssoziologie am Fachbereich Gesellschaftswissenschaften der Goethe-Universität Frankfurt am Main. For-schungsschwerpunkte: (Soziale) Innovation, Nachhaltiger Konsum, Transdisziplinarität und Gleichstellung an Hochschulen. Aktuelle Publikation: Blättel-Mink, B., & Brandl, B. (2025). Innovation in Business. In I. Schulz-Schaeffer, A. Windeler, & B. Blättel-Mink (eds), Handbook of Innovation. Springer, Cham. https://doi.org/10.1007/978-3-031-25143-6_6-1

Michael Opielka, Prof. Dr., Soziologe; Arbeitsschwerpunkte: Soziale Nachhaltigkeit, Sozialpolitik, Sozialtheorie, Kultursoziologie; Wissenschaftlicher Leiter des ISÖ – Institut für Sozialökologie gGmbH in Siegburg, 2000 bis 2025 Professur für Sozialpolitik an der Ernst-Abbe-Hochschule Jena. Aktuelle Publikation: Opielka, M. (2025). Ist Lohnarbeitszentrierung der Sozialpolitik ein Mythos? Diskurse, empirische Verschiebungen und theoretische Perspektiven. In *Vierteljahreshefte zur Arbeits- und Wirtschaftsforschung*, VAW, Vol. 2 (4), 417-436.

Handlungsfelder soziologischer Expertise und ihre Potenziale

Sozialpolitische Reformen als soziologische Praxis

Reflexionen zur Aktualität eines Konstitutionsprozesses der Soziologie

Michael Opielka

Der vorliegende Beitrag gehört zum Genre der autobiographischen Soziologie, der Autosoziographie, wie sie durch Autoren wie Didier Eribon oder Pierre Bourdieu beeinflusst wurde. Es handelt sich dabei um einen Forschungsansatz, der persönliche Lebenserfahrungen, die Autobiographie, mit soziologischer Theorie und Analyse verknüpft. Er zielt darauf ab, soziale Strukturen, Machtverhältnisse und soziale Mobilität durch die Linse des Individuums zu verstehen und nähert sich einem in der Ethnologie weit verbreiteten Ansatz, der die Subjektivität des Forschenden einbezieht. Sowohl Untersuchungsgegenstand wie -perspektive unterscheiden sich nicht unerheblich von den bisherigen Protagonisten des Genres. Gegenstand ist im vorliegenden Text der Prozess einiger sozialpolitischer Reformen im Deutschland der letzten Jahre, vor allem auf dem Feld der Reform der Grundeinkommenssicherung sowie des Zusammenhangs von Sozialpolitik und Klimapolitik. Perspektive ist die eines Autors, der als wissenschaftlicher Akteur in diesen Prozessen involviert war und ist, zugleich aber machtfern und reflexionsnah operieren konnte (Opielka 2026). Die Reflexion einer Forschungskarriere bzw. von Forschungsprojekten wird als Ausdruck soziologischer Praxis verstanden. Der Autor dieses Beitrags steht damit nicht allein. In seiner unveröffentlichten Schrift „A Short Account of my Professional Life, Including Facets of Its Context" schrieb Claus Offe: „I have also been convinced that social science

M. Opielka (✉)
ISÖ – Institut für Sozialökologie gemeinnützige GmbH, Siegburg, Deutschland
E-Mail: michael.opielka@isoe.org

B. Blättel-Mink et al. (Hrsg.), *Potenziale soziologischer Praxis*, Sozialwissenschaften und Berufspraxis,
https://doi.org/10.1007/978-3-658-51996-4_2

research is virtually worthless unless its findings provoke, throw light on, or can serve as arguments in normative discourses on the nature of a ‚well-ordered society' and its defining features of the reasonable use of freedom and distributive justice. A key goal must be to propose, in the mode of thoughtful wishing rather than that of wishful thinking, ways to achieve that end.“ (Hertie School 2026). Der Geist des „thoughtful wishing“ leitet auch die folgenden Überlegungen.

1 Begriffsklärung und Problemstellung

Soziologische Praxis entfaltet sich nicht nur in Beratung, Evaluation oder Organisationsentwicklung, sondern auch in der Mitgestaltung gesellschaftlicher Institutionen. Sozialpolitik ist hierfür ein herausragendes Feld. Sie betrifft und verantwortet Fragen von Gerechtigkeit, Teilhabe, Nachhaltigkeit und demokratischer Legitimation. In Zeiten digitaler Transformation, ökologischer Krisen und multipler sozialer Ungleichheiten wird deutlich, wie sehr Reformprozesse als nicht nur politische Akte, sondern als komplexe gesellschaftliche Lernprozesse gelten müssen, in denen wissenschaftliche Expertise eine eigenständige Rolle spielt.

Die Rede von „Reform“ ist der Sozialpolitik vertraut. Von den Bismarck'schen Sozialversicherungen über die Renten- oder Gesundheitsreformen des 20. Jahrhunderts bis zu den jüngsten Debatten um Bürgergeld oder Pflegeversicherung gilt Reform als Inbegriff zielgerichteter, politisch-institutioneller Veränderung. Parallel dazu hat sich in den letzten zwei Jahrzehnten die Sprache der „sozialen Innovation“ etabliert. Gemeint sind damit Ansätze, Methoden und Projekte, die gesellschaftliche Probleme auf neuartige Weise bearbeiten – häufig aus der Zivilgesellschaft initiiert, lokal erprobt und partizipativ getragen (Howaldt und Schwarz 2010).

Beide Begriffe – Sozialreform und Soziale Innovation – klingen ähnlich, sind aber nicht identisch. In der Praxis wie in der Wissenschaft kommt es zu Unschärfen, die ein analytisches und normatives Problem bergen. Denn während Reform auf institutionelle Verbindlichkeit und rechtliche Durchsetzung zielt, bleibt Innovation zunächst auf Experiment und Möglichkeitsräume beschränkt. Diese Differenz soll im Folgenden erhellt und zugleich das Verhältnis von Reform und Innovation in der sozialpolitischen Entwicklung unserer Zeit bestimmt werden. Besonderes Augenmerk wird dabei auf die Rolle soziologischer Praxis in diesen Prozessen gelegt.

Der Begriff Sozialreform geht auf die Auseinandersetzung mit der „sozialen Frage“ im 19. Jahrhundert zurück. In Deutschland verband sich damit der

Aufbau der Sozialversicherungssysteme unter Reichskanzler Bismarck, die als Antwort auf Industrialisierung und Arbeiterbewegung eingeführt wurden (Ritter 1991). Sozialreform war hier nicht bloß eine Reihe von Maßnahmen, sondern ein umfassendes Projekt der Befriedung sozialer Konflikte durch staatlich organisierte Sicherheit (Opielka 2008). Zugleich war Sozialreform auch ein evolutionäres Programm gegen revolutionäre gesellschaftliche Umwälzungen, ein spannungsvoller Konflikt vor allem innerhalb der Linken und der Arbeiterbewegung.

Im 20. Jahrhundert etablierten sich unterschiedliche Modelle des Sozialstaats: der sozialdemokratische Wohlfahrtsstaat Skandinaviens, der liberale Typus angelsächsischer Prägung und der konservative Typus in Kontinentaleuropa (Esping-Andersen 1990). Sozialreform war in diesen Kontexten ein politisch-parlamentarischer Prozess, getragen von Parteien, Gewerkschaften und Verbänden, verankert in Gesetzen und Institutionen. Sozialreform bedeutet somit strukturelle, institutionalisierte Veränderung, die nicht nur punktuell wirkt, sondern dauerhafte soziale Ordnung begründet.

Sozialreform war jedoch stets mehr als eine bloße Antwort auf ökonomische Krisen. Sie stellte ein Gesellschaftsprojekt dar, das normative Fragen nach Gerechtigkeit, Solidarität und sozialer Teilhabe zu beantworten versprach. Der Beveridge-Report von 1942 etwa formulierte den Anspruch, die „fünf Riesen“ – Not, Krankheit, Unwissenheit, Elend und Müßiggang – zu überwinden, und legte damit den Grundstein für den britischen Wohlfahrtsstaat (Beveridge 1942). In der Bundesrepublik verband sich Sozialreform mit der Programmatik des „Sozialstaatsgebots“ des Grundgesetzes und später mit Reformprojekten wie der Rentenreform von 1957 oder den Arbeitsmarktreformen der 2000er Jahre. Allerdings haben jene Arbeitsmarktreformen der sogenannten „Agenda 2010“ mit der Einführung von „Hartz 4“ das Narrativ von „Reform“ in der deutschen Bevölkerung negativ getrübt. Während bis dahin Reformen als ein Zukunftsversprechen galten, trafen sie von da an auf ein Misstrauen der Bevölkerung gegen die „neoliberalen“ Eliten. Zahlreiche Studien haben sich mit diesem Spannungsfeld von Reformhoffnung und Reformenttäuschung beschäftigt (Rüb et al. 2009, Heinrich et al. 2016).

Demgegenüber steht die Semantik der Sozialen Innovation, die aus der technologieorientieren Innovationsforschung und der Sozialökonomie in die Sozialpolitik importiert wurde. Unter Sozialer Innovation versteht man Prozesse, in denen neue Ideen, Praktiken und Arrangements entstehen, die auf soziale Bedürfnisse reagieren und zugleich neue soziale Beziehungen hervorbringen (Mumford 2002). Beispiele sind inklusive Stadtteilprojekte, neue Formen solidarischer Ökonomie, digitale Plattformen für Selbsthilfe oder partizipative Pflegekonzepte.

Soziale Innovationen sind in der Regel nicht durch Gesetzesakt entstanden, sondern aus Initiativen der Zivilgesellschaft, aus kommunalen Programmen oder aus Pilotprojekten in Wohlfahrtsverbänden. Sie zeichnen sich durch Experimentiercharakter, Netzwerkeffekte und oftmals auch durch zeitliche Begrenztheit aus. Ihre Tragfähigkeit hängt davon ab, ob sie Anschluss an institutionelle Strukturen finden, ob also aus Innovation Reform wird (Howaldt et al. 2016). Viele Projekte entstehen in Kooperation mit Kommunen oder Stiftungen, werden zeitlich befristet gefördert und dienen dazu, auf neue Problemlagen flexibel zu reagieren. Ein Beispiel ist die Quartiersarbeit in der Altenpflege, die auf nachbarschaftliche Netzwerke und digitale Unterstützung setzt, aber erst durch Reformen im Pflegeversicherungssystem strukturell abgesichert werden könnte. Insbesondere in Verbindung mit einer Sozialen Digitalisierung (Opielka und Erfurth 2025) finden sich eine Vielzahl sozialer Innovationen („smart communities", „smart cities").

Reformen zielen auf institutionelle Verbindlichkeit und rechtliche Kodifizierung, soziale Innovationen auf experimentelle Suchbewegungen. Beide Dimensionen sind komplementär. Innovation generiert Impulse, Reform sichert Dauerhaftigkeit. Für die Soziologie bedeutet dies, sowohl experimentelle Praxisräume zu analysieren als auch institutionelle Ordnungsfragen zu reflektieren. Gerade im Kontext Sozialer Nachhaltigkeit – der systematischen Verknüpfung von Sozial- und Klimapolitik – zeigt sich die Notwendigkeit dieser Doppelperspektive.

2 Sozialreform und Innovation im Lichte Sozialer Nachhaltigkeit

In *Soziales Klima* (Opielka 2023) habe ich die Verbindung von Sozialpolitik und Nachhaltigkeit untersucht. Sozialreform war historisch der Versuch war, die Externalisierung sozialer Folgekosten des Kapitalismus zu begrenzen. Analog dazu steht die ökologische Nachhaltigkeitsbewegung heute vor der Aufgabe, ökologische Folgekosten zu internalisieren (bereits Polanyi 1944). Soziale Innovationen können in diesem Kontext als Laboratorien für Nachhaltigkeit verstanden werden: Sie erproben neue Formen des Zusammenlebens und der Teilhabe. Sozialreform hingegen institutionalisiert nachhaltige Strukturen, indem sie universelle Rechte und Pflichten kodifiziert. Beides zusammen – Innovation als Suchbewegung, Reform als Verbindlichmachung – bildet den Kern einer modernen Politik Sozialer Nachhaltigkeit.

Die von mir vorgeschlagene vierte Wohlfahrtsregimeformation des „Garantismus" knüpft hier an (Opielka 2008). Garantistische Sozialpolitik sichert menschenrechtliche Minima, unabhängig von Erwerbsstatus oder Familienzugehörigkeit. Sie verbindet universelle Bürgerversicherungen mit Grundsicherungsformen wie Bürgergeld oder Grundeinkommen. Sozialreform im garantistischen Sinn bedeutet institutionelle Absicherung dieser Rechte; soziale Innovation liefert kreative Impulse, wie Teilhabe neugestaltet werden kann (Opielka 2023).

Angenommen, für das 21. Jahrhundert gelte etwas strukturähnliches wie für das 20. Jahrhundert, das der Soziologe Ralf Dahrendorf einmal das „sozialdemokratische Jahrhundert" nannte. Er meinte, ganz ähnlich wie Max Weber, die Modernisierung des Kapitalismus durch die Sozialpolitik und den sozialen Wandel hin zum modernen, heute globalen Wohlfahrtsstaat. Dass der Wohlfahrtsstaat aufgrund der Fiskalautorität der Nationalstaaten trotz seiner globalen Ausbreitung und einer zumindest in Teilen wirksamen regulativen globalen Sozialpolitik (ILO, WHO, Sozialversicherungsabkommen usf.) noch immer wesentlich nationalstaatlich verfasst ist, nehmen wir trotz des Wissens um die Globalisierung sozialökonomischer Problementstehung hin. Nehmen wir aber an, dass im 21. Jahrhundert über die soziale eine ökologische Modernisierung des Kapitalismus geboten erscheint, dann lässt sich ein Primat des Nationalen systemisch nicht mehr begründen.

Auf der Ebene der Weltgesellschaft, repräsentiert durch die Vereinten Nationen, ist diese Erkenntnis angekommen. Die in unmittelbarer Folge der Pariser Klimakonferenz im Herbst 2015 von der UN-Vollversammlung verabschiedete „Agenda 2030" mit den „Sustainable Development Goals (SDG)" ist Ausdruck dieser erstmalig systematischen Verklammerung von Sozial- und Umweltpolitik (Opielka 2017; Opielka und Renn 2017). Auf nationaler Ebene findet sich seit längerem eine Vielzahl solch sozialökologischer Projekte. Wenn wir jedoch mit dem Blick der großen Modernisierung des Kapitalismus darauf blicken, erstaunt nach wie vor, dass der Zusammenhang von Sozialpolitik und Umwelt- bzw. Klimapolitik ähnlich stiefmütterlich behandelt wird, wie das Erfordernis globaler Kooperation angesichts reüssierender Nationalismen.

Konkret wurde dies, als ich mit Stefan Bach vom DIW im Auftrag des DIFIS ein Projekt zum Verhältnis der beiden Politikfelder in der aktuellen deutschen Politik durchführte (Bach und Opielka 2023). Es war außerordentlich schwierig, kompetent am jeweilig komplementären Politikfeld Interessierte zu finden. Sozial- wie Umweltpolitik sind versäult. Ähnliches konnte ich als Revieweditor des *APCC Special Report Strukturen für ein klimafreundliches Leben* (Görg et al. 2023) beobachten: vor allem die Sozialpolitik mit ihren Teilpolitiken zu Arbeitsmarkt, Gesundheit oder Wohnen sieht in der Umweltpolitik eher Ressourcenkonkurrenz als Modernisierungspartner.

Diese große Versäulung hat zweierlei Effekte: Sozial- und Klimapolitik werden zum einen als Konkurrenten betrachtet, auf der politischen Ebene führt dies dazu, dass grüne Parteien von Links- bis Rechtspopulismus, einschließlich strukturkonservativer Sozial- und Christdemokratie wie Liberalen, als Hauptgegner adressiert werden. Der zweite Effekt ist soziologisch hoch relevant: Modernisierung, überhaupt das Konzept des sozialen Fortschritts als Befreiung von Individuen und Gruppen hin zu Autonomie, wird von einem breiten Bündnis von politischem Autoritarismus bis zu digitalem Cyborgismus (der Transhumanismus der Cyborgs) als überlebt konzipiert.

Es ist daher kein Wunder, dass um die Nachhaltigkeit des Sozialen immer wieder heftige Konflikte ausbrechen. In *Soziales Klima* habe ich versucht, diese Konflikte lösungsorientiert zu analysieren (Opielka 2023). Mir scheint dabei entscheidend, die Sozialpolitik als Referenzpunkt für Soziale Nachhaltigkeit zu nehmen, wie es mehr als ein Jahrhundert früher Max Weber für die erste große Modernisierung des Kapitalismus gemacht hat. Die Sozialpolitik muss dabei sehr weit konzipiert werden (Opielka 2008), im Grunde, hier an Ferdinand Tönnies und Talcott Parsons anschließend, als institutionalisierte Gemeinschaft der Gesellschaft (Opielka 2006).

Die Soziologie kann zu dieser Neuformulierung der „öko-sozialen Frage" (Opielka 1985) Wesentliches beitragen. Sie entstand als wissenschaftliche Disziplin nicht zur Legitimation der Wertebasis des Kapitalismus, sondern zu seiner Analyse. Dazu benötigt sie ein Konzept von Gesellschaft, das sie insgesamt in den Blick nimmt, die Akteurs- wie die Systemperspektive (Opielka 1990, 2023). Bruno Latour hat das versucht, zwar mit geringerer Genauigkeit in Bezug auf die soziale Frage, doch am Lebensende verfasste er mit Nikolaj Schultz ein Memorandum, das die Brücke schlug (Latour und Schultz 2022; dazu Opielka 2023, S. 145 ff.). Zunehmend untersuchen Soziolog:innen den Zusammenhang von Wohlfahrtsstaat und Klimakrise (Schoyen et al. 2022). Optimismus ist also erlaubt, dass die Soziologie die Voraussetzungen für Soziale Nachhaltigkeit erfüllt.

Die Agenda 2030 der Vereinten Nationen und ihre 17 Nachhaltigkeitsziele (SDGs) bieten einen globalen Referenzrahmen. Sie verlangen sowohl institutionelle Reformen – etwa Sozialversicherungssysteme in Entwicklungs- und Schwellenländern – als auch innovative Ansätze zur Armutsbekämpfung, Bildungsgerechtigkeit und Klimaanpassung. Zum ersten Mal wurden hier global Sozialpolitik und Klimapolitik zusammengedacht (Opielka 2023).

Gerade in Zeiten multipler Krisen – Klimawandel, Digitalisierung, demographischer Wandel – ist es entscheidend, dass Sozialreform und Soziale Innovation nicht gegeneinander ausgespielt werden. Vielmehr gilt es, ihre Wechselwirkung bewusst zu gestalten. Sozialreform und Soziale Innovation sind insoweit zwei Seiten einer Medaille. Reform institutionalisiert, Innovation inspiriert. Ohne Reform keine Verbindlichkeit, ohne Innovation keine Dynamik. Wer Sozialpolitik als Beitrag zu einer nachhaltigen Gesellschaft versteht, darf sich nicht auf eines der beiden Konzepte beschränken. Der Wohlfahrtsstaat des 21. Jahrhunderts wird sowohl umfassende Reformen brauchen – etwa im Sinne eines garantistischen Sozialmodells – als auch die Offenheit für vielfältige soziale Innovationen, die aus Zivilgesellschaft und Praxis entstehen.

3 Akteure sozialpolitischer Reformen und Innovationen

Zumindest in Bezug auf die Entwicklung sozialer und gesundheitlicher Dienste begann Sozialstaatlichkeit in Deutschland – aber auch in einer Reihe anderer Länder – aus zivilgesellschaftlichen Initiativen, teils neben staatlichen, vor allem kommunalen Initiativen der Armen- und Gesundheitspflege, teils in enger Kooperation. Thomas Bahle hat diese Entwicklung in seiner lesenswerten soziologischen Studie *Wege zum Dienstleistungsstaat. Deutschland, Frankreich und Großbritannien im Vergleich* (Bahle 2007) zumindest für die sozialen Dienste im engeren Sinn kenntnisreich nachgezeichnet.

Konsequenterweise hat sich als ein zentraler Akteur die freie Wohlfahrtspflege schon früh als Stakeholder lobbyistisch in die Sozialpolitik eingebracht. Bereits die Gründung der Wohlfahrtsverbände verknüpfte verbandliche Innen- und sozialpolitische Außenwirksamkeit. Die Gründung der großen Wohlfahrtsverbände in Deutschland erfolgte überwiegend zwischen dem späten 19. und frühen 20. Jahrhundert. Sie vereinten private, gemeinwohlorientierte Hilfsangebote zu Spitzenverbänden. Die Kernverbände entstanden überwiegend im Zeitraum 1848 bis 1925, oft getragen von sozialen Reformern oder kirchlichen Initiativen. 1924 wurde als Dachverband die *Deutsche Liga der freien Wohlfahrtspflege* gegründet, im Nationalsozialismus zerschlagen, 1948 als Arbeitsgemeinschaft wiederbelebt und seit 1961 als *Bundesarbeitsgemeinschaft der Freien Wohlfahrtspflege* firmierend (Tennstedt 1992). Der sozialpolitische Lobbyismus der Freien Wohlfahrtspflege verband sich mit den staatlichen Wohlfahrtsinitiativen im *Deutschen Verein für öffentliche und private Fürsorge,* der bereits 1880 als *Deutscher Verein für Armenpflege und Wohlthätigkeit* gegründet wurde.

Diese historische Erinnerung markiert die Kontinuität sozialpolitischer Debattenmitwirkung durch die Freie Wohlfahrtspflege. Inwieweit aus der Mitwirkung auch eine Gestaltungskraft im Konzert der vielen Stakeholder des Wohlfahrtsstaates abgeleitet wurde, ist Gegenstand umfassender zeithistorischer Forschungen und durchaus umstritten (Schmid und Mansour 2007; Trein 2024). Die Beurteilung dieser Wirksamkeit, und damit die Evaluation des sozialpolitischen Lobbyismus der Freien Wohlfahrtspflege ist insgesamt ein Desiderat. Im (neo)korporatistischen Wohlfahrtsstaat wirken zahlreiche Akteure zusammen, auch professionelle Organisationen und die Wissenschaft spielen wichtige Rollen. Kausale Wirkungsketten sind schwer auszumachen.

Gleichwohl soll hier nicht in Komplexitätsresignation verfallen, sondern eine These weiterverfolgt werden, die der genannte Thomas Bahle als eine Art Resümee seiner Arbeit vertrat: „Ohne Zweifel beginnen sich überall die Beziehungen zwischen den wohlfahrtsstaatlichen Sicherungen und der Arbeitswelt zu lösen, die als zentrales Erbe der Industriegesellschaft für den Wohlfahrtsstaat betrachtet werden können. Die sozialen Dienste spielen in dieser Hinsicht eine Pionierrolle, auch deshalb, weil sie niemals eng mit den Erwerbsstrukturen verbunden waren. Insofern können die Sicherungsformen, die sich heute in diesem Bereich ausprägen, durchaus modellgebend für andere Bereiche des Wohlfahrtsstaates sein. (…) Nicht Klassenkonflikte und Statussicherung, sondern die Kooperation zwischen Akteuren und das Ziel der Gleichheit haben die sozialen Dienstleistungen langfristig geprägt. Auf dieser Grundlage könnte es dem Wohlfahrtsstaat gelingen, eine neue institutionelle Basis für das gegenwärtige Jahrhundert zu finden.“ (Bahle 2007, S. 31) Bahle betont die Nicht-Erwerbszentrierung und damit die Bürgerzentrierung der Sozialen Dienste. In der Tat stellt sich die Frage, inwieweit die Lohnarbeitszentrierung vor allem des deutschen Sozialstaats zunehmend zu einem Mythos wurde (Opielka 2025).

Hier soll ein spezifischer Aspekt dieser Umorientierung des Sozialstaats betrachtet werden, die Verschiebung vom Kausalprinzip zum Finalprinzip. Das Kausalprinzip bestimmt Finanzierungs- und Leistungslogik vom sozialrechtlichen Status und der Tatbestandslogik, die Versäulung des Sozialstaats nach Berufsgruppen und Problemabsicherungen führt zu erheblichen Leistungsunterschieden. Das Finalprinzip wiederum orientiert sich am Ergebnis, sozialrechtliche Regelungen gelten nicht der Herkunft, sondern der Zukunft.

Was haben diese grundsätzlichen und systematischen Überlegungen mit den Sozialstaatsdebatten der Gegenwart zu tun? Dies kann exemplarisch an den Vorschlägen der sogenannten Sozialstaatskommission gezeigt werden, die im Januar 2026 Empfehlungen zur Neuordnung der steuerfinanzierten Leistungen insbesondere Grundsicherung, Wohngeld und Kinderzuschlag vorlegte (BMAS 2026). Die Kommission bestand ausschließlich aus Vertretern der Gebietskörperschaften, die Parteien der Bundesregierungskoalition waren in einem Beirat vertreten,

Wissenschaftler wurden in Sitzungen angehört, ebenso Vertreter der Freien Wohlfahrtspflege. Doch aktiv eingebunden waren weder Wissenschaft noch Wohlfahrt. Das erstaunt, da zumindest die Freie Wohlfahrtspflege ein hoch relevanter Akteur in diesem Feld ist.

Der deutsche Sozialstaat befindet sich in einem grundlegenden Paradigmenwandel, der sich als Verschiebung vom Kausalprinzip zum Finalprinzip beschreiben lässt. Das Kausalprinzip bindet Leistungen an Ursachen, Status, Tatbestände und vergangene Lebensläufe. Es strukturiert den Sozialstaat entlang versäulter Rechtskreise und erzeugt erhebliche Unterschiede in Leistungsniveau, Zugangsbedingungen und sozialer Anerkennung. Das Finalprinzip hingegen orientiert sich an Zielen, Ergebnissen und zukünftigen Lebenslagen. Sozialpolitik wird nicht mehr primär als Reaktion auf definierte Risiken verstanden, sondern als gestaltende Investition in soziale Teilhabe.

Diese Verschiebung ist kein bloßes theoretisches Konstrukt, sondern prägt zunehmend konkrete Reformdebatten. Die seitens der erwähnten Sozialstaatskommission (BMAS 2026) angestrebte Zusammenlegung von Grundsicherung, Wohngeld und Kinderzuschlag folgt weniger der Logik getrennter Rechtskreise als dem Ziel einer wirksamen, effizienten und administrativ handhabbaren Existenzsicherung. Damit wird implizit ein finalprinzipieller Zugriff gewählt, auch wenn dieser im Bericht selbst nicht explizit reflektiert wird.

Der von uns entwickelte Vorschlag eines integrierten Steuer- und Sozialtransfersystems (ISTS) verdeutlicht, wie konsequent ein finalprinzipieller Ansatz gedacht werden kann (Strengmann-Kuhn, Opielka, & Bach 2025). Durch die Integration von Transferleistungen in das Steuersystem werden Anspruchsrechte automatisiert, Nichtinanspruchnahme reduziert und Stigmatisierung vermieden. Existenzsicherung wird so weniger als Fürsorge, sondern als Bestandteil sozialer Bürgerrechte gestaltet. Der Zweck – Sicherung sozialer Teilhabe – bestimmt hier ausdrücklich die Wahl der institutionellen Mittel. Die aktuelle Sozialstaatsdebatte ist daher mehr als eine technische Reformdiskussion. Sie berührt Grundfragen sozialstaatlicher Ordnung, demokratischer Legitimation und sozialer Solidarität (Parijs and Vanderborght 2017). Ob der Zweck tatsächlich die Mittel heiligt, hängt letztlich davon ab, ob Effizienzgewinne mit sozialer Inklusion, normativer Reflexion und demokratischer Beteiligung verbunden werden.

4 Zur Soziologie der Niederlagen

Das „Bürgergeld“ der Ampel-Koalition war ein klassisches Beispiel inkrementalistischer Sozialreformen, mit kleinen Schritten, die in einem komplexen Sozialsystem notwendig zu Reibungen und Widersprüchen führen (Opielka & Strengmann-Kuhn 2022). Unser Vorschlag eines integrierten Steuer- und Sozialtransfersystems (ISTS) bleibt zwar auf der Ebene inkrementalistischer Reformen, reicht aber insoweit weiter, als er mit dem Instrument des am existierenden Kindergeld orientierten „Basisgeld“ ein „partielles Grundeinkommen“ als „Negative Einkommensteuer“ entwickelt und sich dadurch markant beispielsweise von den Vorschlägen der „Sozialstaatskommission“ unterscheidet (Opielka et al. 2026).

Um die Spielräume des Konkreten besser ermessen und bewerten zu können, gab es in den vergangenen Jahrzehnten eine Vielzahl von Vorschlägen für mehr oder weniger weitreichende Sozialreformen. Sobald solche Sozialreformen innerhalb staatlicher Institutionen oder Programmräte diskutiert wurden, wurde das Thema Grundeinkommen als ein zentrales Element Sozialer Nachhaltigkeit bislang nicht oder in keinem Fall ergebnisoffen mit erörtert oder berechnet. Weder Rentenkommissionen noch andere staatliche Kommissionen zur Zukunft von Gesundheitswesen, Pflege oder zur Arbeitsmarktpolitik bezogen das Thema Grundeinkommen systematisch ein.

Das Projekt *Zukunftslabor Schleswig-Holstein* (Opielka und Peter 2020; Opielka 2023) war das erste Forschungsprojekt überhaupt, das das Thema Grundeinkommen im Kontext der Zukunft der Sozial- und Fiskalsysteme untersuchen sollte, zugleich als ein Projekt der partizipativen Zukunftsforschung konzipiert, unter Einbezug der relevanten Stakeholder. Es war die Folge des Koalitionsvertrages der Jamaika-Koalition in Kiel im Jahr 2017, politisch durchgesetzt wesentlich von Robert Habeck, damals Vizeministerpräsident, der dann allerdings in den Parteivorsitz nach Berlin wechselte.

Das Zukunftslabor wurde im Sommer 2018 ausgeschrieben. Wir hatten damals gerade ein recht großes Forschungsprojekt zur Zukunft der Altenhilfe in Schleswig-Holstein mit der Diakonie abgeschlossen (Opielka und Peter 2018). Die Ausschreibungsfrist war kurz und ich wollte mich unbedingt beteiligen. Das Projekt bot die Chance, mit ausreichend Ressourcen das Thema Grundeinkommen zu positionieren, diskutieren und mit Simulationen zu berechnen. Ich gewann in der kurzen Zeit ein Konsortium aus Institutionen und Kollegen, die breit und dabei kooperativ aufgestellt waren. Zum Konsortium gehörten in der Antragsphase neben dem ISÖ das Deutsche Institut für Wirtschaftsforschung (DIW), Dr. Bruno Kaltenborn und Prof. Dr. Alexander Spermann. Zwischen Interessenbekundung und der Aufforderung zum Antrag ereilte mich erst ein Netzhautriss, dann eine Netzhautablösung. Ich beteiligte mich dennoch, bei der Vorstellung des Konsortiums vor den Staatssekretären der Interministeriellen Arbeitsgruppe in Kiel konnte ich nur auf einem Auge sehen, das andere war noch gefüllt mit Gas. Wir bekamen den Zuschlag, meinen Augen ging es besser, aber dann tauchte ein Menetekel auf, das ein Mitglied des Konsortiums klar erkannte: Das von den Liberalen geführte Sozialministerium wollte die Moderation des Beirats des Zukunftslabors entgegen unserem vom Ministerium angenommenen Angebot selbst in die Hand nehmen. Wir wunderten uns, mein Kollege fürchtete Schlimmstes, verwies auf seine Gesundheit und kündigte den Ausstieg an. Auch ich hätte es erkennen müssen, auch meine Gesundheit bedurfte der Fürsorge. Kaum hatten wir im Ministerbüro den Vertrag unterzeichnet, wechselten wir in den Sitzungssaal zum Beirat des Zukunftslabors. Ich hätte als Projektleiter erkennen müssen, dass angesichts der skeptischen Stimmung eines Großteils der Soziallandschaft des Landes gegenüber dem Projekt Zukunftslabor und vor allem gegenüber der Sozialpolitik der Jamaika-Koalition und ihrer Repräsentanten ein partizipativer Prozess als für die moderne Zukunftsforschung konstitutiv sehr schwierig wird. Als meine Mitarbeiterin das Protokoll jener ersten Beiratssitzung schrieb, waren wir beide alarmiert. Aber wir haben keine Konsequenzen gezogen.

Ein Jahr später kündigte das federführende Sozialministerium die Kündigung an. Damit war der Prozess blockiert, Zahlungen wurden nicht mehr geleistet. Wir waren im Konsortium erfahrene Forschende, doch so etwas hatten wir noch nicht erlebt. Im Sommer 2019 war die erste Veröffentlichung erschienen (Opielka 2019), wir bereiteten gerade den Zwischenbericht vor, der dann auch erschien (Opielka und Peter 2020), doch von der Landesregierung sofort per einstweiliger Verfügung verboten wurde. Die Sicht der Forschenden sollte nicht in die Öffentlichkeit. So einfach ist das in einer Demokratie natürlich nicht durchzusetzen, Wissenschaft ist frei und so haben wir auf einer Fachtagung zur Zukunftsforschung den Prozess mit den einschlägigen Kolleginnen und Kollegen diskutiert und auch veröffentlicht (Hutflesz und Opielka 2020). In dieser Veröffentlichung und über eine Reihe von online verfügbaren Vorträgen über die Website des ISÖ (www.isoe.org) ist nachprüfbar, was geschah und warum wir den Bericht der Landesregierung an den Landtag, mit dem sie die Kündigung rechtfertigte, für wissenschaftlich falsch und auch politisch für unklug hielten. Denn angesichts der in jenen Monaten startenden Corona-Pandemie wären für deren sozialpolitische Bewältigung die Ergebnisse des Zukunftslabors äußerst nützlich gewesen. Die Hauptkritik der Regierung war, dass wir die im Auftrag geforderten Zukunftsszenarien in einer partizipativen, mehrstufigen Delphi-Studie entwickelten und diese sei nicht repräsentativ. Aber das ist eine Delphi-Studie nie, sie ist eine

Art Experten-Panel. Soziologische Methoden sind einer auf Machtabsicherung orientierten Politik fremd.

Unterdessen liegt das Ende des Zukunftslabors mehr als fünf Jahre zurück, im Jahr 2024 schlossen wir vor dem zuständigen Landgericht einen Vergleich mit der Landesregierung, der finanziell zufrieden stellte, doch das wissenschaftliche Anliegen nicht erfüllen konnte. Zwischenzeitlich hatte die Regierung gewechselt, eine andere Partei hatte das Sozialministerium übernommen, die sich – so die womöglich überoptimistische Annahme – sozialer Nachhaltigkeit widmet, und eine Ministerin, die einst für ein Grundeinkommen und das Zukunftslabor eintrat. Doch Opportunismus oder Machtkämpfe in Landesregierung oder Regierungspartei verhinderten die Weiterführung des Zukunftslabors. Auch ich habe Fehler gemacht. Hätten wir auf Partizipation verzichten müssen und stattdessen den Elfenbeinturm bevorzugen sollen? Ich war zu optimistisch, dass in jener politischen Konstellation etwas geht, was selten geht, ein offener Diskurs über die Zukunft der Sozialpolitik.

Niederlagen sind Quellen für Lernen. Aus soziologischer Sicht ist eine Niederlage ein Konflikt zwischen normativ angestrebtem Soll-Zustand und empirischer Wirklichkeit. Der normative Soll-Zustand des Zukunftslabors waren konzeptionell vertiefte, theoretisch begründete und ökonomisch berechnete Szenarien zur Zukunft des Sozialstaats in seiner Gesamtheit. Die empirische Wirklichkeit war eine mit sich hadernde Landesregierung, die als Auftraggeber anspruchsvoll auftrat (die Leistungsbeschreibung wurde in Opielka 2019 dokumentiert), aufgrund ihrer Unzuständigkeit für einen Großteil der zu verhandelnden Reformen jedoch interne Führungskompetenz aufweisen musste, die nach mehreren Personalwechseln im Projektverlauf auf der Ebene von Minister und Staatssekretär fehlte. Wir hätten vor dem Hintergrund dieser Wechsel das Projektdesign zwingend adaptieren müssen. Leider bemerkten wir diese empirische Notwendigkeit zu spät.

5 Zur Soziologie sozialpolitischer Reformen

Sozialpolitik galt für Weber als angewandte Soziologie. Diese Annahme motivierte auch die vorliegenden Überlegungen. Sie lassen sich für die hier vorgestellte Untersuchung in mehreren Ebenen systematisieren: der Akteursebene, der Institutionenebene und der analytischen Systemebene.

Auf der **Akteursebene** handelt es sich bei dem Autor dieses Textes um einen Vertreter der Stakeholdergruppe Wissenschaft, deren Interessen und Chancen systemisch erheblich von denjenigen anderer Stakeholdergruppen der Sozialpolitik differieren. Dem Handlungswert Wahrheit, dem sich Wissenschaftler:innen verpflichtet fühlen, stehen im Politiksystem Handlungswerte wie Macht (bei Parteien oder Exekutivangehörigen) oder Moral (bei Verbandsvertretern) gegenüber. Zudem unterscheiden sich die Zeithorizonte der Stakeholder. In Bezug auf die Sozialpolitikforschung stellt die Vorgeschichte der Gründung des Deutschen Instituts für interdisziplinäre Sozialpolitikforschung (DIFIS www.difis.org) – sie begann mit einer Akademieinitiative von Stephan Leibfried und Franz-Xaver Kaufmann in den 2010er Jahren – selbst ein komplexes Beispiel für den immer auch prekären Status der Wissenschaft als sozialpolitischer Akteur da. Bis zur Gründung des DIFIS wurde die akademische Sozialpolitikforschung im Wesentlichen in der Sektion Sozialpolitik der Deutschen Gesellschaft für Soziologie organisiert, die Ökonomenvereinigung Verein für Socialpolitik spielte eine geringere, die „Gesellschaft für Sozialen Fortschritt e. V.“ (und deren Zeitschrift „Sozialer Fortschritt“) zumindest für Praxisanbindung eine gewisse Rolle. Mit Gründung des DIFIS im Jahr 2021 wurde die Sozialpolitikforschung explizit interdisziplinär ausgerichtet, eine prägende Rolle der Soziologie ist derzeit nicht mehr zu erkennen (zum Überblick Heilmann et al. 2024).

Auf der **Institutionenebene** stellt die Sozialpolitik ein unterdessen hochkomplexes Geflecht aus Institutionen und Organisationen dar, das weit über die Repräsentanzen des kapitalistischen Klassenkompromisses aus Arbeitgebern und Gewerkschaften und den ihnen parlamentarisch gewogenen Parteien hinausreicht. Seit den 1980er Jahren wird für dieses Geflecht der Begriff des „Neokorporatismus“ namhaft gemacht, die Einbindung organisierter Interessen in staatliche Entscheidungsprozesse. Im Gegensatz zum klassischen Korporatismus handelt es sich um eine freiwillige, kooperative Form, bei der Verbände als Agenturen der Interessenvermittlung agieren, um politische Entscheidungen mitzugestalten. Dies entlastet vorderhand staatliche Institutionen und fördert den Interessenausgleich. Umgekehrt führt die Vielzahl an organisierten Interessen, die sich auch formal als Lobbyisten gegenüber Parlament und Exekutive verstehen, zu immer neuen „Reformblockaden“. Hinzu kommt als vierter Institutionentypus des politischen Systems neben Administrative, Exekutive und Legislative die Judikative, die auf dem Feld der Sozialpolitik zunehmend einflussreich wurde. Nicht zuletzt muss institutionell das Mehrebenensystem berücksichtigt werden, das von der kommunalen bis zur EU-Ebene, bisweilen auch zum Europarat oder auch zu UN-Organisationen, nicht zur Komplexitätsreduktion beiträgt.

Schließlich verdient die **analytische Systemebene** der Sozialpolitik Beachtung, auch wenn sie in dieser Abhandlung nur sehr knapp gewürdigt werden kann. Gemeint ist hiermit einerseits das Verhältnis der Sozialpolitik zu anderen Policy-Bereichen bzw. Politikfeldern wie Wirtschaftspolitik, Umweltpolitik, Migrationspolitik oder Kommunalpolitik (Opielka 2006). Andererseits sind die komplexen Prozesse innerhalb des Feldes der Sozialpolitik gemeint, also die Autonomie und Interdependenz von Teilpolitiken wie Gesundheitspolitik, Bildungspolitik oder Rentenpolitik.

Die in diesem Beitrag untersuchten Reformprozesse liegen quer zu den drei hier kurz skizzierten Ebenen. Als Hochschullehrer für Sozialpolitik in Jena habe ich neben der Lehre und der damit im engeren Sinn verbundenen Beratung beispielsweise der Thüringer Landesregierung eine Vielzahl von Forschungsprojekten mit unmittelbarem und mittelbarem Bezug zur Sozialpolitik geleitet, die im Grunde immer mit sozialen Innovationen oder mit expliziten Reformvorhaben verbunden waren, ob als Evaluation oder als Konzeption. Als Wissenschaftlicher Leiter des ISÖ – Institut für Sozialökologie (www.isoe.org) und zeitweise (2012 bis 2016) auch als Wissenschaftlicher Direktor des IZT – Institut für Zukunftsstudien und Technologiebewertung (www.izt.de) habe ich ebenfalls zahlreiche Drittmittelprojekte insbesondere in der Sozialpolitikforschung geleitet und war mit Vorträgen und Medienauftritten aktiv. Meine Rolle unterschied sich dabei nicht wesentlich von der Gestaltungsrolle, die auch andere Kolleginnen und Kollegen in den letzten Jahrzehnten einnahmen, zahlreiche von ihnen waren bei weitem einflussreicher und institutionell wirksamer.

Wenn ich, um auf den Ausgangspunkt der vorliegenden Überlegungen zurückzukommen, etwas Besonderes beitragen konnte, ist es womöglich die hier präsentierte soziologische Reflexion, die nach einer empirischen und logischen Verknüpfung von Handlungs- und Systemperspektive sucht. Der Gegenstand der Soziologie ist die Gesellschaft. Diese wiederum ist notorisch komplex. Der Teilbereich der Sozialpolitik ist keineswegs leicht überschaubar und damit auch die Reflexion ihrer intentionalen Veränderung durch Reformen. Sozialpolitische Reformen sind ein Laboratorium gesellschaftlicher Selbstbeobachtung. Im kybernetischen Zeitalter gewinnt soziologische Praxis an Bedeutung, weil sie technische Steuerungslogiken mit demokratischer Deliberation verbindet. Die Zukunft des Sozialstaats hängt nicht nur von fiskalischen Ressourcen ab, sondern von der Fähigkeit zur reflexiven Integration. Hier liegt das zentrale Potenzial soziologischer Praxis.

Literatur

Bach, S., & Opielka M. (2023). *Klima-/Umwelt- und Sozialpolitik in der neuen Legislaturperiode – Probleme und Aufgaben. Bericht und Auswertung des Workshops am 9. Juni 2022.* DIFIS-Studie 2023/3. DIFIS. https://www.difis.org/institut/publikationen/publikation/40

Bahle, T. (2007). *Wege zum Dienstleistungsstaat. Deutschland, Frankreich und Großbritannien im Vergleich.* VS Verlag für Sozialwissenschaften. https://doi.org/10.1007/978-3-531-0392-7

Beveridge, W. (1942). *Social Insurance and Allied Services.* HMSO.

BMAS (2026). *Empfehlungen der Kommission zur Sozialstaatsreform.* BMAS.

Esping-Andersen, G. (1990). *The Three Worlds of Welfare Capitalism.* Princeton University Press.

Görg, C, Aigner, E., Madner, V., Muhar, A., Novy, A., Posch, A., & Steininger, K. W., (Hrsg.) (2023). *APCC Special Report Strukturen für ein klimafreundliches Leben.* Springer Spektrum. https://doi.org/10.1007/978-3-662-66497-1

Heilmann, T., Hokema, A., Jaeger, P., Schrader, R., & Vetter, N. (2024). *Sozialpolitik und Sozialpolitikforschung in Deutschland. Herausforderungen, Interdisziplinarität, Wissenstransfer.* Campus.

Heinrich, R., Jochem, S. & Siegel, N. A. (2016). *Die Zukunft des Wohlfahrtsstaates Einstellungen zur Reformpolitik in Deutschland.* Friedrich-Ebert-Stiftung.

Hertie School (2026). *Symposium in memoriam Claus Offe (1940–2025). Social science for a better world.* Abgerufen am 22. Februar 2026 https://www.hertie-school.org/en/events/event-detail/event/symposium-in-memoriam-claus-offe-1940-2025social-science-for-a-better-world

Howaldt, J. & Schwarz, H. (2010). *Soziale Innovation. Konzepte, Forschungsfelder und internationale Perspektiven.* Springer VS.

Howaldt, J, Kaletka, C. & Schröder, A. (2016). *Soziale Innovation und Sozialpolitik.* Springer VS.

Hutflesz, T. & Opielka M. (2020). *Online-Delphi in der Zukunftsforschung zur Sozialpolitik.* ISÖ-Text 2020-3. BoD.

Latour, B., & Schultz, N. (2022). *Zur Entstehung einer ökologischen Klasse. Ein Memorandum.* 2. Aufl. Suhrkamp.

Mumford, M. D. (2002). "Social Innovation: Ten Cases from Benjamin Franklin." *Creativity Research Journal* 14 (2): 253–266.

Opielka, M. (Hrsg.) (1985). *Die öko-soziale Frage. Entwürfe zum Sozialstaat.* Fischer.

Opielka, M. (1990). *Einige Grundfragen sozialökologischer Theorie und Politik.* In *Deutsche Zeitschrift für Philosophie*, 9 (38), S. 824-837 und 10 (38), S. 993-999.

Opielka, M. (2006). *Gemeinschaft in Gesellschaft. Soziologie nach Hegel und Parsons.* 2. Aufl., Springer VS.

Opielka, M. (2007). *Kultur versus Religion. Soziologische Analysen zu modernen Wertkonflikten.* transcript.

Opielka, M. (2008). *Sozialpolitik. Grundlagen und vergleichende Perspektiven.* 2. Aufl. Rowohlt.

Opielka, M. (2017). *Soziale Nachhaltigkeit. Auf dem Weg zur Internalisierungsgesellschaft.* oekom.

Opielka, M. (Hrsg.) (2019), *Zukunftslabor Schleswig-Holstein. Demographie und Digitalisierung #ZLabSH*. Mit Beiträgen von Bruno Kaltenborn, Alexander Spermann, Kathrin Ehmann, Sophie Peter und Michael Opielka. ISÖ-Text 2019-1. BoD.

Opielka, M. (2023). *Soziales Klima. Der Konflikt um die Nachhaltigkeit des Sozialen.* Beltz Juventa.

Opielka, M. (2025): Ist Lohnarbeitszentrierung der Sozialpolitik ein Mythos. In: Vierteljahreshefte zur Arbeits- und Wirtschaftsforschung VAW, Vol. 2, 4, S. 417–436.

Opielka, M. (2026). *Soziologisch leben. Wissenschaft als Berufung und Beruf*. Barbara Budrich. (i.E.)

Opielka, M., Bach, S., & Strengmann-Kuhn, W. (2026). *Ein integriertes Steuer- und Sozialtransfersystem als Reformperspektive für die Sicherung des Existenzminimums.* Vergleich mit den Vorschlägen der Sozialstaatskommission, in: Nachrichtendienst des Deutschen Vereins für öffentliche und private Fürsorge, 3, S. 100–107.

Opielka, M. & Erfurth, C. (Hrsg.) (2025). *Soziale Digitalisierung. Perspektiven zu den Schnittstellen von Technik und Gesellschaft.* Springer VS.

Opielka, M. & Peter S. (2018). *Zukunftsszenario Altenhilfe Schleswig-Holstein 2030/2045. Ergebnisbericht.* ISÖ-Text 2018-1. BoD.

Opielka, M. & Peter S. (2020). *Zukunftslabor Schleswig-Holstein. Zukunftsszenarien und Reformszenarien.* Unter Mitarbeit von Kathrin Ehmann und Timo Hutflesz. ISÖ-Text 2020-1. BoD.

Opielka, M. & Renn, O. (Hrsg.) (2017). *Symposium: Soziale Nachhaltigkeit. Beiträge für das „Symposium: Soziale Nachhaltigkeit" am 2.11.2017, Potsdam (IASS).* ISÖ-Text 2017-4, BoD.

Opielka, M. & Strengmann-Kuhn, W. (2022). *Bürgergeld und die Zukunft des Sozialstaats, Wirtschaftsdienst*, Jg. 102(2), 95-99.

Polanyi, K. (1944). *The Great Transformation.* Farrar & Rinehart.

Ritter, G. A. (1991). *Der Sozialstaat. Entstehung und Entwicklung im internationalen Vergleich.* Oldenbourg.

Rüb, F. W., Alnor, K., & Spohr, F. (2009). *Die Kunst des Reformierens. Konzeptionelle Überlegungen zu einer erfolgreichen Regierungsstrategie.* Bertelsmann Stiftung.

Van Parijs, P. & Vanderborght, Y. (2017). *Basic Income. A Radical Proposal for a Free Society and a Sane Economy.* Harvard University Press.

Schmid, J., & Mansour, J. I. (2007): *Wohlfahrtsverbände. Interesse und Dienstleistung.* In: Winter, T., Willems, U. (Hrsg.) *Interessenverbände in Deutschland.* VS Verlag für Sozialwissenschaften, S. 244--270

Schoyen, M., Hvinden, B., & Leiren, M. D. (2022). *Towards Sustainable Welfare States in Europa. Social Policy and Climate Change.* Edward Elgar.

Strengmann-Kuhn, W., Opielka, M., & Bach, S. (2025). Ein integriertes Steuer- und Sozialtransfersystem zur Absicherung des Existenzuminimums. DIFIS-Studie 2025/9. DIFIS.

Tennstedt, F. (1992): *Die Spitzenverbände der Freien Wohlfahrtspflege im dualen Wohlfahrtsstaat. Ein historischer Rückblick auf die Entwicklung in Deutschland*, In: Soziale Arbeit, Jg. 41 (1992), Heft 10/11, S. 342–356

Trein, P. (2024). *Verbesserung der Politikintegration in Wohlfahrtsstaaten.* DIFIS-Impuls 2024/10. DIFIS.

Michael Opielka, Prof. Dr., Soziologe; Arbeitsschwerpunkte: Soziale Nachhaltigkeit, Sozialpolitik, Sozialtheorie, Kultursoziologie; Wissenschaftlicher Leiter des ISÖ – Institut für Sozialökologie gGmbH in Siegburg, 2000 bis 2025 Professur für Sozialpolitik an der Ernst-Abbe-Hochschule Jena. Aktuelle Publikation: Opielka, M. (2025). Ist Lohnarbeitszentrierung der Sozialpolitik ein Mythos? Diskurse, empirische Verschiebungen und theoretische Perspektiven. In *Vierteljahreshefte zur Arbeits- und Wirtschaftsforschung,* VAW, Vol. 2 (4), 417–436.

Sozialplanung als Handlungsfeld praxisorientierter Soziologie. Zu den Potenzialen der Soziologie im Kontext kommunaler Sozialplanung am Beispiel der sozialen Wohnraumversorgung der Stadt Karlsruhe

Martin Lenz

1 Einleitung

Vor über 50 Jahren formulierte Bernhard Schäfers: „Planung ist die Praxis der Wissenschaft" (1973: 1). Mit diesem Zitat kommt das Verständnis zum Ausdruck, dass mithilfe von Planung wissenschaftliche Erkenntnisse Praxisrelevanz erlangen sollten. Im Kontext der sogenannten Planungseuphorie der 1960er und 1970er Jahre fand in diesem Sinne1970 der Sozialplan Eingang in die Gesetzgebung der bundesdeutschen Städtebauförderung. Mit dem Sozialplan betonte das Städtebauförderungsgesetz die Notwendigkeit der Beteiligung der betroffenen Bürger:innen, um deren Belange in die Planung einzubeziehen. Das grundsätzliche Ziel war, die negativen sozialen Auswirkungen von Sanierungen und Stadterneuerung wie z. B. Verdrängung, Verlust von Lebensqualität zu verringern und die betroffenen Bürger:innen zu mittels Beteiligung zu unterstützen. Diese Verankerung des Sozialen im baulichen Sektor sorgte maßgeblich dafür, dass in kommunalen Stadtplanungs- und Stadtentwicklungsämtern (Stadt-)Soziologie praktische Anwendung erfuhr. Bei der Implementierung des Städtebauförderungsprogramms „Stadtteile mit besonderem Entwicklungsbedarf – die soziale Stadt"

M. Lenz (✉)
Karlsruhe, Deutschland
E-Mail: martin.lenz.beratung@outlook.com

B. Blättel-Mink et al. (Hrsg.), *Potenziale soziologischer Praxis*, Sozialwissenschaften und Berufspraxis,
https://doi.org/10.1007/978-3-658-51996-4_3

ab dem Jahr 1999 war die (Stadt-)Soziologie wiederum „Beratende Wissenschaft" (vgl. Dewe 1991), insbesondere auf kommunaler (Umsetzungs-)Ebene. Analog hierzu kann dies gegenwärtig im Transformationsprozess des Wohnens („Wohnen als soziale Frage") ebenfalls wieder eine Chance für ein ‚Mehr' an praxisorientierter Soziologie sein – dieses im Bereich des Wohnens auch mithilfe der Wohnungsforschung (vgl. etwa Schönig und Vollmer 2020). Am Selbstverständnis der Wohnungsforschung, wie sie etwa an der Bauhaus-Universität in Weimar betrieben wird, lässt sich dies auf deren Homepage ablesen:

„Die Ziele der Weimarer Wohnungsforschung sind:

- Wissenschaftliche Grundlagen aus dem Feld der Stadtforschung zur Analyse der Produktion, Nutzung und Gestaltung von Wohnraum und zur Wohnungspolitik in Deutschland (und im internationalen Vergleich) zu liefern.
- Die Wohnungsforschung langfristig und dauerhaft als interdisziplinäres Forschungsfeld zu etablieren und institutionell zu verankern, trotz zyklischer Aufmerksamkeit der Politik.
- Die öffentliche Diskussion und die politische Entscheidungsfindung mit Strategien zur sozial gerechten Wohnraumversorgung zu bereichern" (Institut für Europäische Urbanistik 2025).

Seit der Industrialisierung (Wohnungspolitik 1.0) ist die soziale Frage des Wohnens nach dem II. Weltkrieg (Wohnungspolitik 2.0) nunmehr zum dritten Mal gesellschaftspolitische Herausforderung in besonderem Maße (Wohnungspolitik 3.0). Auf der Basis der Reflexion der historischen Entwicklung im Städte- und Wohnungsbau, die (sozial-)ökologische Rücksichten etwa im Neubau im Vergleich zur Gegenwart in geringerem Maße nehmen musste, kann die Wohn- und auch die Stadtsoziologie wie die Soziologie allgemein aktuell in der Transformation lösungsorientiert Kommunen, Länder und Bund beraten. Diesbezüglich wurde die Analogie zum Städtebauförderungsprogramm „Stadtteile mit besonderem Entwicklungsbedarf – die soziale Stadt" bereits gezogen (s. o.). Was die Förderkulisse auf Bund-Länder-Ebene anbelangt, kann für die Amtszeit der aktuellen Bundesregierung ein Kommunen-Länder-Bund-Programm „Wohnen" analog dem Bund-Länder-Programm ‚Soziale Stadt' ins Auge gefasst werden. Dies ist auch ein Handlungsfeld von soziologischer Expertise, wie das Beispiel des Städtebauförderungsprogramms „Soziale Stadt" in den 1990er Jahren zeigte wie auch die Städtebauförderung der 1970er Jahre, als der Sozialplan auf Initiative des Göttinger Soziologen Hans Paul Bardt in die entsprechende Gesetzgebung aufgenommen wurde, zeigten.

2 Entwicklung der Sozialplanung in Deutschland

In der Zeit nach dem II. Weltkrieg taucht zum ersten Mal in Deutschland der Begriff „Sozialplan“ auf. Gerhard Mackenroth hatte 1952 auf einer Tagung des Vereins für Sozialpolitik einen Vortrag mit dem Titel „Die Reform der Sozialpolitik durch einen deutschen Sozial-plan“ gehalten. Darin setzt sich Mackenroth für die Implementierung eines sozialen Bundesstaats ein: „So ergeht denn heute mein Aufruf an alle mitzuhelfen, dass Deutschland wieder das werde, was es einmal war und was es nach unserem Grundgesetz auch wieder sein soll: ein sozialer (Bundesstaat. Alle können sie mithelfen: die Politiker, Verwaltungsbeamten und Wissenschaftler, indem sie mitarbeiten an einem guten Sozialplan (Herv. ML), alle anderen aber, Wirtschaftler, Journalisten, Publizisten und ‚Nicht-Betroffene‘, indem sie mit ihrem Teil dazu beitragen, dass diese Fragen in einer von Leidenschaften und Vorurteilen unge-trübten Sachlichkeit erörtert werden“ (1952: 74).

Die Sozialdemokratische Partei Deutschlands fordert im Jahre 1957 ebenfalls einen „Sozialplan für Deutschland“. In diesem ging es nicht auf kommunaler Ebene, sondern auf Bundes-ebene darum, auf der Basis ihrer „Grundlagen des Sozialen Gesamtplanes“ von 1952 einen Entwurf für die soziale Neuordnung Deutschlands auf den Weg zu bringen (vgl. Auerbach et al. 1957). Aktuell knüpft der Nationale Aktionsplan gegen Wohnungslosigkeit der Bundesregierung damit an eine deutsche Tradition an, auf nationaler Ebene die Steuerung sozialer Herausforderungen zu implementieren (vgl. BMWSB 2024, Lenz und Heibrock 2024).

Sozialplanung in dem hier zu behandelnden Kontext rekurriert allerdings auf die kommunale Ebene als „Bühne“ der sozialplanerischen Aktivitäten. Der Deutsche Verein für öffentliche und private Fürsorge hat die Entwicklung der Sozialplanung Deutschlands maßgeblich mit-gestaltet (vgl. Hellwig 2017). Einen Klassiker und Meilenstein kommunaler Sozialplanung stellt das „Handbuch der örtlichen Sozialplanung“ (vgl. Deutscher Verein für öffentliche und private Fürsorge 1986, analog für die Jugendhilfeplanung vgl. Jordan und Schone 2000) dar.

Die erwähnte Aufnahme des Sozialplans in die Gesetzgebung der Städtebauförderung in den 1970er Jahren war ein weiterer bedeutsamer Schritt für die Entwicklung der Sozialplanung in den Kommunen – insbesondere was ihre Professionalisierung anbelangte (vgl. Lenz 2007). Analog besteht nunmehr für Sozialplanung ein halbes Jahrhundert später die Chance, in der Wohnungsbauförderung „mehr Fuß zu fassen“; dieses mit dem Ziel, vor allem der sozialräumlichen Perspektive in der Wohnungsversorgung und Stadt(teil)entwicklung

Gewicht zu verleihen. Ein Blick in die Literatur zu Theorie und Umsetzung des Städtebauförderungspro-gramms „Soziale Stadt“ zeigt, wie dies vonstattengehen könnte, denn damals in den 2000er Jahren war Sozialplanung Koproduzentin zur Städtebauförderung in Städten und Gemeinden Deutschlands (vgl. etwa Becker 2000, Deutsches Institut für Urbanistik 2002, 2003).

Die Frage, was Sozialplanung ist, hat der Deutsche Verein für öffentliche und private Fürsorge (1986) mit folgender Definition beantwortet: „Sozialplanung ist ein Planungs- und Handlungsprozess, der allgemein ausgedrückt in vier Bereichen, die sich zum Teil überlappen, stattfindet, nämlich als:

- soziale Infrastrukturplanung,
- kommunale Sozialpolitik,
- soziale Kommunalpolitik,
- aktive Gesellschaftspolitik.

Die Aufgabe der Sozialplanung ist es,

- den Lebensraum und die Lebensverhältnisse von Einzelnen und Gruppen systematisch zu analysieren;
- (potenzielle) Mängellagen aufzuzeigen [...],
- Planungsentscheidungen in ihrer Umsetzung zu organisieren und schließlich
- die beabsichtigten und unbeabsichtigten Folgen der Planung zu beobachten und bei der weiteren Arbeit zu berücksichtigen“ (1986: 19 ff.).

Soweit zum Verständnis des Deutschen Vereins für öffentliche und private Fürsorge – selbst-verständlich existieren in der Literatur noch zahlreiche weitere Definitionsversuche, weshalb, um mit Nils Diederich zu sprechen, festzuhalten bleibt: „Sozialplanung ist ein weitgespannter und schillernder Begriff“ (Diederich 1985: 11).

Beispielsweise können in der Sozialplanung vielfältig empirische Forschungsmethoden im analytischen Sektor von Sozialplanung Anwendung finden. Deutlicher wird die Notwendigkeit der Anwendung soziologischen Wissens, wenn man sich mit Ursula Feldmann den ideal-typischen Prozess von Planung vor Augen hält:

1. Vorbereitung und Organisation,
2. Zielfindung,
3. Bestandsaufnahme,
4. Bedarfsermittlung,

5. Maßnahmenprogramm,
6. Umsetzung sowie
7. Fortschreibung und Folgenkontrolle (Feldmann 1994: 75 ff.).

Feldmann führt aus, dass bei den genannten Planungselementen als Themenkomplexe jeweils mit zu bedenken sind: Entscheidungsprozesse, Standorte und Flächen sowie Kosten und Finanzierungsmöglichkeiten (vgl. a.a.O.). Betrachtet man den Ansatz von Feldmann als Planungszyklus, so zeigt sich in Krisenzeiten wie der vergangenen Corona-Pandemie, dass eine Komponente hinzugefügt werden muss, nämlich Öffentlichkeitsarbeit als Schritt vor dem der Evaluation. Dieser Schritt ist notwendig, weil die Bevölkerung, die die öffentlichen Maßnahmen betrifft, unmittelbar informiert werden muss. Dies ist in ruhigen Zeiten nicht in dieser Unmittelbarkeit notwendig. Ein weiteres kommt hinzu: Aus einem längerfristigen Planungs- und Umsetzungszeitraum von in der Regel mehreren Monaten wird in Krisenzeiten ein sehr kurzfristiger, mindestens im Wochentakt. So kann beispielsweise anhand der wöchentlichen Zahl wohnungsloser Menschen seismografisch erfasst werden, ob die bestehenden Angebote ausreichen oder ob es zusätzlicher Maßnahmen bedarf. Es muss zudem permanent die Wirkung der getroffenen Maßnahmen überprüft und gegebenenfalls müssen sie kurzfristig neu justiert werden. Ein bestehendes Planungsverständnis und -verfahren ist deshalb in Krisenzeiten eine gute Grundlage für das herausfordernde Sozialmanagement, dem sich eine Kommune gegenübersieht (vgl. Heibrock und Lenz 2025).

Eine Grundlage für ein angemessenes Agieren, gerade in Krisenzeiten, ist ein qualifiziertes Sozialberichtswesen, das auf soziologische Methoden zurückgreift wie z. B.:

- empirische Forschung mittels Interviews, um die individuelle Perspektive etwa von Experten abzubilden, sei es qualitativ oder quantitativ,
- Auswertung sozialraumbezogener Daten und Sozialindikatoren sowie
- Auswertung von lokalen Statistiken (z. B. Wohnungslosenstatistik).

Darauf abzustimmen ist eine Maßnahmenplanung, die auf die besonderen sozialen Probleme und lokalen Gegebenheiten passt. Die theoriebezogene Sozialplanung erstellt zuvor Konzepte, die auch evaluiert werden können. Martin Lenz (2011) und Anselm Böhmer (2015) setzen sich diesbezüglich mit der stadtpolitischen Relevanz von Sozialplanung auseinander, wenn sie die eher praxisorientierte Soziale Arbeit und die tendenziell theoriebezogene Sozialplanung als Unterstützer für die Sozialpolitik ansehen. Böhmer stellt fest, dass Soziale Arbeit und Sozialplanung mit ihrem Praxis- bzw. Theoriebezug „der

Ausgestaltung einer sozial differenzierten Kommunalpolitik“ (a.a.O.: 59) dienen können.

3 Soziologie in der Praxis sozialer Wohnraumversorgung im Sozialraum

In Deutschland waren die Kommunen die „Pioniere“, was die Armutsberichterstattung anbelangt. Die vorläufige Hochzeit erlebten kommunale Armuts- und Sozialberichte insbesondere Mitte bis Ende der 1990er Jahre. Ende der 1990er Jahre wurde die Kinderarmut ein eigen-ständiges Thema in der Berichterstattung. Die Erarbeitung von Armutsberichten erfolgte in den Städten und Gemeinden mithilfe soziologischen „Know-hows“, wie eines der Beispiele, nämlich das der Stadt Karlsruhe zeigt. Dort wurden damals sozialstatistische Analysen angefertigt, die neben anderem die „Infantilisierung“ der Armut belegten, qualitative Interviews mit lokalen Akteuren durchgeführt, die den von Armut Betroffenen eine Stimme gaben, so-dass die individuelle, subjektive Perspektive von Armut neben der „objektiven“ der Sozialhilfestatistik sichtbar werden konnte. Es fand eine Literaturanalyse statt und aus allen Erkenntnissen wurden Bedarfe generiert und darauf aufbauend ein Maßnahmenprogramm zur Armutsbekämpfung entwickelt (vgl. Stadt Karlsruhe 1993). Die „Entdeckung“ der Kinderarmut führte darüber hinaus zum bundesweit ersten Kinderarmutsbericht einer Stadt (vgl. Mardorf 2006: 169 f.). Ein weiterer Schwerpunkt galt der Bekämpfung der Wohnungslosigkeit, weil zeitgleich mit der Vorlage des Armutsberichts in Karlsruhe ein Höchststand der Anzahl an wohnungslosen Menschen zu verzeichnen war (Abb. 1 und 2):

Die Abbildung veranschaulicht die für Karlsruher Verhältnisse außergewöhnliche Anzahl an wohnungslosen Menschen im Jahr 1993. Eine ähnlich hohe Anzahl sollte erst wieder 25 Jahre später verzeichnet werden – auch diese konnte wieder verringert werden. Aus der damaligen Arbeit in den 1990er Jahren entsprang das Gesamtkonzept „Wohnungslosenhilfe ‘97“ (vgl. Stadt Karlsruhe 1997), das als Instrument kontinuierlicher Sozialberichterstattung in evaluatorischem Sinne seit 1999 im Zwei-Jahres-Rhythmus fortgeschrieben wird. Im Jahr 2027 wird der nunmehr 15. Sachstandsbericht dem Karlsruher Gemeinderat zur Diskussion und politischen Bewertung im dritten Jahrzehnt der Bemühungen um die Bekämpfung von Wohnungslosigkeit vorgelegt werden. Im Karlsruher Gesamtkonzept „Wohnungslosenhilfe“ findet die Anwendung soziologischen Wissens statt, es ist sozialplanerisch und (Sozial)politisch lokal verankert. Auf konzeptioneller Ebene

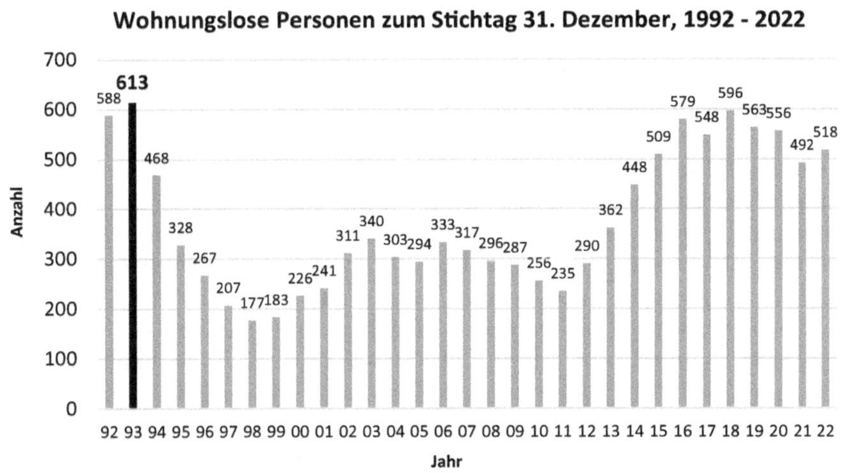

Abb. 1 Anzahl Wohnungslose 1992–2022. (Quelle: Stadt Karlsruhe 2023)

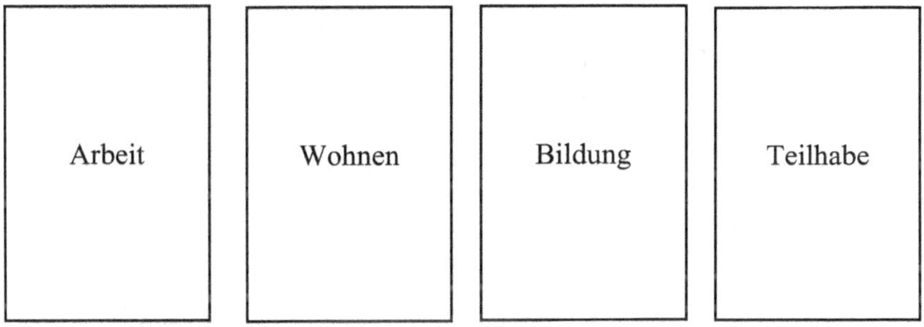

Abb. 2 Vier Handlungsfelder sozialer Integration. (Quelle: Lenz 2026)

stellt das Gesamtkonzept „Wo-nungslosenhilfe“ das Fundament eines integrierten lokalen Hilfesystems für Wohnungsnotfälle dar. Alle Mitwirkenden gestalten in einem partizipativen Prozess zweijährlich die Sach-standsberichte der Stadt Karlsruhe mit. Das Gesamtkonzept erhält und sichert bis heute als Instrument somit diese Netzwerkarbeit.

Drei Jahre vor Implementierung des Städtebauförderungsprogramms „Stadtteile mit besonderem Entwicklungsbedarf – die soziale Stadt“ auf Bundesebene wurde in der Sitzung am 5. Juni 1996 im Sozialausschuss des Karlsruher Gemeinderats ein Diskussionspapier mit dem Titel „Gesamtkonzept Wohnungslosenhilfe – Wohnraumversorgung besonderer Zielgruppen“ (Stadt Karlsruhe 1996a) vorgestellt. Darin war in Form einer Fortschreibung der Konzepte zur Wohnraumversorgung eine Zusammenfassung aller Maßnahmen der Wohnungslosenhilfe enthalten. In konzeptioneller Hinsicht knüpfte das Diskussionspapier an das Karlsruher Obdachlosenprogramm der 1970er Jahre an, weil es die institutionelle Wohnungslosenhilfe der Sozial- und Jugendbehörde mit der sozial-räumlichen Thematik „Wohngebiete mit besonderem Erneuerungsbedarf“ verband. Da die Ausschussvorlage auch Zielperspektiven dar-legte, war vom Sozialausschuss ein Votum notwendig, ob die Sozial- und Jugendbehörde ein Gesamtkonzept „Wohnungslosenhilfe“ entwickeln sollte. Dies befürworteten die Mitglieder des Sozialausschusses und gaben der Sozialverwaltung für die Konzepterarbeitung ein Jahr Zeit. Daraufhin richtete die Sozial- und Jugendbehörde eine Planungsgruppe „Gesamtkonzept Wohnungslosenhilfe“ ein. Diese Planungsgruppe bestand im Fortgang der Konzeptentwicklung aus unterschiedlichen Personen. Prinzipiell waren alle Träger, die sich in Karlsruhe in der Wohnungslosenhilfe engagieren, beteiligt. Für den gesonderten Auftrag der kleinräumigen Beschreibung ausgewählter Wohngebiete hatte die Planungsgruppe zudem Vertreter der jeweiligen Bezirksgruppe des Sozialen Dienstes der Stadt Karlsruhe in die Arbeit einbezogen. Zu Beginn der Erstellung des Gesamtkonzepts teilte sich die Planungsgruppe in zwei Untergruppen „Wohngebiete“ und „Wohnungslosenhilfe“. Während die letztgenannte Arbeitsgemeinschaft sich der Thematik „Reorganisation der Abteilung Wohnungssicherung des Sozialamtes“ widmete, nahm die erstgenannte die Beschreibung und Untersuchung der be-treffenden Wohngebiete in Angriff. Es wurden daraufhin folgende Wohngebiete identifiziert, deren soziale und bauliche Aufwertung nunmehr in Angriff genommen werden sollte: Nußbaumweg, Gewann Kleinseeäcker, Bernsteinstraße 5/7, Durmersheimer Straße/Zeppelinstraße, Wachhausstraße, Elsternweg. Im Nußbaumweg, im Gewann Kleinseeäcker sowie in der Bernsteinstraße bildeten Befragungen von Bewohnerinnen und Bewohnern die Grundlage für die Einschätzungen aus sozialer und baulicher Sicht sowie für die daraus resultierenden notwendigen Erneuerungsmaßnahmen.

Das Gesamtkonzept „Wohnungslosenhilfe“ beinhaltet also nicht nur die Hilfen für wohnungslose Menschen, es beleuchtete die Lebenslagen der Menschen, die in Wohngebieten wohnen, die ursprünglich sog. „Obdachlosensiedlungen“ waren. Die bauliche und soziale Aufwertung dieser Wohngebiete war in diesem sozialräumlichen Kontext erklärtes Ziel. Die stadtsoziologische Vorgehensweise war geprägt von in regelmäßigen Abständen in den Wohngebieten durchgeführten Befragungen der Bewohner:innen mittels Fragebogen, um die subjektiven Perspektiven erfahrbar zu machen. Die vorgenommenen baulichen Verbesserungen fußten auch auf Erkenntnissen dieser Interviews wie auch die Entwicklung der sozialen Infrastrukturen vor Ort bzw. im Stadtviertel, in denen das jeweilige Wohngebiet beheimatet war. Inzwischen sind bis auf eines der sechs Wohngebiete alle abgerissen. Diese baulichen Maßnahmen lagen aufgrund der schlechten Bausubstanz der Wohngebäude nahe. Ein bedeutsamer sozialer Aspekt dieser Maßnahmen war die Auflösung sozialer Exklusion der Bewohner, die mit den notwendigen Auszügen und Umzügen einherging. Die soziale Entmischung wurde aufgrund der Integration der Bewohner in verschiedenen Stadtteilen aufgelöst. Soziale Durchmischung – stadtsoziologische Kategorie im Rahmen der Segregationsforschung – gelang auf diese Weise. Dies geschah nicht „über den Köpfen hinweg" – die Bewohner wurden mittels empirischer Befragungen beteiligt.

Der Verfasser hatte von 1994–2003 mittels einer standardisierten Befragung Ergebnisse generiert, die nun vergleichend dargestellt werden. Den Impuls für die erste Fragebogen-Erhebung gab im Jahr 1994 die damalige Situation auf dem sogenannten „Wohnwagenabstellplatz". Diese war gekennzeichnet von Konflikten, sowohl innerhalb der Bewohnerschaft des Platzes, als auch außerhalb mit Anwohnern, Polizei und der Sozial- und Jugendbehörde, der den Platz verwaltenden Behörde. Die Untersuchung verfolgte die Absicht „in der laufen-den Diskussion zur Zukunft des Wohnwagenabstellplatzes Entscheidungshilfe für die späteren Beschlüsse von Sozialpolitik und -verwaltung zu sein" (Stadt Karlsruhe 1994: 3). Nach zwei Jahren, in denen verschiedene Maßnahmen ergriffen wurden, stellte der Ergebnisbericht „Wohnwagenabstellplatz – 2. Zwischenbericht – Bestandsaufnahme und Perspektiven" auf der Basis einer Nachbefragung zusammenfassend fest, „dass insgesamt eine Beruhigung der Situation auf dem Wohnwagenabstellplatz eingetreten ist" (Stadt Karlsruhe 1996, 1).

Im Anschluss an diese Befragungen der Bewohner:innen zu deren Lebenslage und Sozialstruktur, die in Form von Versammlungen in partizipatorischem Sinne auch Bürger:innen-Beteiligung beinhalteten, kam es 1996 zur Initiierung der Erarbeitung des oben dargestellten Gesamtkonzeptes „Wohnungslosenhilfe ′97". Auch dort sollten Bewohner:innenbefragungen eine verlässliche Ausgangslage darstellen, um adäquate Maßnahmen zur Verbesserung der Wohn- und Lebensbedingungen der Bewohner ergreifen zu können. Es wurde das Prinzip des „Pilotprojekts" Wohnwagenabstellplatz „Befragung und Nachbefragung" übernommen. Was im Kleinräumigen erfolgreich durchgeführt wurde, wurde nunmehr auch in großräumigeren Wohngebieten in Angriff genommen.

Dabei fand ein Fragebogen Verwendung, der als Leitfaden für ein strukturiertes Interview mit den Bewohner:innen diente. Ziel war es, jeden Haushalt persönlich aufzusuchen und gemeinsam mit den jeweiligen Haushaltsmitgliedern den Fragebogen auszufüllen. Damit wurde ein Mix zwischen mündlicher und schriftlicher Befragung angewendet. So konnte eine durchschnittliche Fragebogen-Rücklaufquote von über 90 % erreicht werden. Auf diese Weise wurden 14 Befragungen mit insgesamt N = 1795 Befragten in den Wohngebieten zu verschiedenen Zeitpunkten (siehe Klammer) durchgeführt:

- Gewann Lachäcker (1994, 1995),
- Bernsteinstraße (1996),
- Gewann Kleinseeäcker (1996, 1999, 2001, 2003),
- Nußbaumweg (1996, 1998, 2001, 2003),
- Karl-Flößer-Straße (1998),
- Elsternweg (2000),
- Edelbergstraße (2000).

Grundsätzlich wurde zwischen einem Fragebogen für Erwachsene („Eltern-Fragebogen") und einem Fragebogen für die Kinder unterschieden. Die Fragebogen wurden im Laufe der Jahre fortentwickelt. In der Anlage der Publikation „Auf dem Weg zur sozialen Stadt" (Lenz 2007) ist die Entwicklung der Gestaltung der Fragebogen abzulesen. Hauptsächlich wurden geschlossene Fragen mit Antwortvorgaben gestellt. Wenige Fragen waren offen gestaltet. Im Laufe der Jahre hat der Verfasser zunehmend Items in den jeweiligen Fragebogen aufgenommen, um zuletzt eine Reduzierung auf wesentliche Schlüsselfragestellungen vornehmen zu können. Der Umfang der letzten Fassung des Fragebogens ist so, dass der zeitliche Rahmen zur Durchführung einer Befragung von einer Sozialverwaltung in der Größenordnung Karlsruhes gewährleistet werden kann.

Der Befragung „Edelbergstraße" kommt ein besonderer Status zu. Wurde hier doch bei der Konstruktion des Fragebogens der persönliche Rat Bernd Hungers eingeholt, an dessen Untersuchung „Ostdeutsche Wohnmilieus im Wandel – eine Untersuchung ausgewählter Stadtgebiete als sozialplanerischer Beitrag zur Stadterneuerung", die er gemeinsam mit Ulfert Herlyn durchgeführt hatte (vgl. Herlyn und Hunger 1994), sich in methodischer Hinsicht angelehnt wurde. Der Fragebogen „Edelbergstraße" ist damit der umfassendste. An dieser Stelle kann auf die umfangreichen Ergebnisse der Befragungen lediglich verwiesen werden (vgl. Lenz 2007). Gleichwohl kann mit Blick auf die Ausführungen dem methodischen Fazit zugestimmt werden: „Hierbei zeigte sich sehr deutlich, dass sich Befragungsergebnisse im sozialräumlichen Kontext mithilfe eines Zeitreihenvergleichs besser einordnen lassen als punktuell in einer einmaligen Aktion gewonnene Resultate. Findet eine derartige Methode Anwendung, sind größere Zeiträume einzuplanen. Die Basis hierfür ist in Karlsruhe geschaffen. Allerdings wird die Ausweitung auf mehr Wohngebiete als bislang – auch im Sinne der Weiterentwicklung von Bürger:innen-Beteiligung – notwendig sein, denn: Mit Befragungsergebnissen wird ein Handlungsbedarf erzeugt“ (a.a.O). Wenn die Sozialplanerin Marie-Luise Stiefel mit Blick auf Armutsbekämpfung feststellt „Wer Armut konstatiert, erzeugt auch einen Handlungsbedarf“ (Stiefel 1986: 251), kann hierzu im Kontext benachteiligender Wohnbedingungen analog Irving Rosow zitiert werden: „Heruntergekommene Wohngebiete stellen soziale und finanzielle Verpflichtungen dar, die durch Sanierung und Umsiedlung wesentlich gemildert werden (Rosow 1974: 184).

Es wurde deutlich, dass es richtig ist, kleinräumige Sozialmilieus als Herausforderung planerischen Handelns zu sehen, wenn soziale Ungleichheiten abgebaut werden sollen. Der oben angesprochene Handlungsbedarf muss im Dialog mit den betroffenen Bürger:innen- auch Kindern und Jugendlichen – identifiziert und definiert werden. Mithilfe eines Controllings, wie die Karlsruher Ansätze des sozialräumlichen Monitorings veranschaulichten, können Erfolg und Misserfolg eingeleiteter Maßnahmen dann evaluiert werden. Allerdings ist es notwendig, soziale Maßnahmen zu beschließen, überprüfbare Ziele zu formulieren und entsprechend zu agieren. Die hier skizzierte partizipative Vorgehensweise charakterisiert Ronald Lutz im Kontext der integrativen Sozialraumplanung aufgrund der Beteiligung der Bürger:innen vor Ort als politische Gemeinwesenarbeit zur sozialen Entwicklung (vgl. 2010: 201 ff.), was auch zutrifft.

4 Entwicklung eines Sozialen Wohnungsmarktes als eine soziologische Antwort auf die soziale Frage des Wohnens

Mit Blick auf die Begrifflichkeit des sozialen Arbeitsmarktes im Sektor Arbeit liegt es nahe, in Analogie im Bereich des Wohnens von einem Sozialen Wohnungsmarkt zu sprechen. Denn auch dort existieren begleitende Hilfen wie in der Arbeitsförderung, um eine Integration – hier in den Wohnungs- anstatt in den Arbeitsmarkt – zu ermöglichen. Arbeit und Wohnen sind Schlüsselbereiche der gesellschaftlichen Integration wie auch Teilhabe und Bildung. Der kommunale Sozialstaat orientiert sich an diesen vier Handlungsfeldern lokaler Sozialer

Arbeit, Sozialplanung und Sozialpolitik mit einer entsprechenden Sozialberichterstattung, die den politisch Verantwortlichen einer Kommune aufzuzeigen, an welchen Stellen Integration und Inklusion jeweils nicht gelingt; und dieses mit dem Ziel, angemessen entgegenzusteuern zu können. Im Folgenden wird unter der Perspektive einer aktivierenden kommunalen Sozialpolitik das Konzept eines Sozialen Wohnungsmarktes beschrieben:

Die vier Handlungsfelder sozialen Wirkens bezüglich sozialer Integration auf der kommunalen Ebene sind Wohnen, Arbeit, Teilhabe und Bildung.

„Den Armen bleibt die Straße" lautete 1993 – im Jahr des Erscheinens des ersten Karlsruher Armutsberichts – die Überschrift eines Beitrags in „DIE ZEIT", der parallel zur kommunalen Armutsberichtserstattung im Speziellen in Deutschland auf eine „Neue Wohnungsnot" aufmerksam machte und die staatliche Bauförderung kritisierte, da diese die Kluft zwischen Arm und Reich vergrößerte. Aus der damaligen „neuen" ist aktuell eine verfestigte Wohnungsnot, eine drängende soziale Frage des Wohnens geworden, die Antworten bedarf.

Für Städte und Gemeinden sind diejenigen arbeitslosen Menschen eine vorrangige Zielgruppe, die den Sprung in den sogenannten ersten Arbeitsmarkt nicht selbstständig hinbekommen. Wer seinen Erwerbsarbeitsplatz verliert, kann sich prinzipiell bei der Agentur für Arbeit erwerbslos melden und wird dann ggf. vermittelt, oder findet selbst eine Stelle. Das ist der Bereich des ersten Arbeitsmarktes Demgegenüber wird der zweite Arbeitsmarkt vom Jobcenter, das in Karlsruhe in Trägerschaft der Agentur für Arbeit und der Stadt Karlsruhe agiert, bearbeitet. Das Aktionsfeld des Jobcenters umfasst verschiedene Maßnahmen, die Menschen unterstützen, wieder fit für den ersten Arbeitsmarkt zu werden. Bekannte Beispiele sind die sogenannten Arbeitsbeschaffungsmaßnahmen oder auch die „Ein-Euro-Jobs". Da es aber auch Menschen gibt, die den Anforderungen des zweiten Arbeitsmarkts aufgrund ihrer multiplen Problemlagen nicht gerecht werden können, kam in Karlsruhe bereits im Jahr 2013 die Idee auf, einen „Sozialen Arbeitsmarkt", sozusagen als dritten Arbeitsmarkt einzuführen, und das Gesamtkonzept „Arbeit" wurde aufgelegt. Im Bildungssektor verknüpft sich die städtische mit der staatlichen (schulischen) Perspektive, um Kindern, Jugendlichen und Erwachsenen ein Bildungsangebot zu offerieren, das ihnen eine selbständige Lebensführung ermöglicht. Da Armut nicht nur einen Mangel an finanziellen Ressourcen bedeutet, sondern auch ein Mangel an Teilhabechancen in den gesellschaftlichen Teilbereichen, setzt sich die Stadt Karlsruhe – wie viele andere Städte und Gemeinden auch – bereits seit den 1960er Jahren unter dem Titel „Karlsruher Pass" für die Erhöhung von Teilhabechancen ein. Der Karlsruher Pass und der Karlsruher Kinderpass ermöglichen es finanziell schlechter gestellten Personen, an vielen sozialen, kulturellen,

Freizeit- oder Bildungsangeboten zu ermäßigten Preisen bzw. kostenfrei teilzunehmen. In Karlsruhe gibt es darüber hinaus die Möglichkeit des Erwerbs eines Sozialtickets für den ÖPNV. Im Rahmen der Armutsbekämpfung der Stadt Karlsruhe wurden unter der Überschrift „Teilhabe ermöglichen“ Leitlinien zur Bekämpfung sowohl der Kinderarmut als auch der Altersarmut entwickelt und fortgeschrieben (vgl. Stadt Karlsruhe 2019). Die in diesen Papieren vorgeschlagenen Maßnahmen finden sich in den Sozialpässen wieder. Im Gegensatz zum Sozialen Wohnungsmarkt richtet sich der Fokus des sozialen Arbeitsmarktes auf einen eng definierten Personenkreis, der aufgrund von Langzeitarbeitslosigkeit und multiplen Problemlagen trotz intensiver Bemühungen vonseiten der Sozialen Arbeit und Sozialverwaltung weiterhin arbeitslos ist. Aufgrund der vielfältigen Einschränkungen haben diese Personen kaum Chancen auf eine Integration in den allgemeinen Arbeitsmarkt. Das Prinzip der Freiwilligkeit ist ein wesentliches Abgrenzungsmerkmal des sozialen Arbeitsmarktes zu Eingliederungsmaßnahmen des zweiten Arbeitsmarkts, bei denen Pflichtverletzungen (zum Beispiel Abbruch der Maßnahme, Verweigerung der Teilnahme etc.) zu Sanktionen bei der Gewährung von Arbeitslosengeld 2 führen können.

Ein Sozialer Wohnungsmarkt bedarf wie der soziale Arbeitsmarkt einer ganzheitlichen Strategie auf der jeweiligen lokalen Ebene. Am Beispiel am Wohnungsmarkt benachteiligter Personen wird deutlich, wie in Bereichen der kommunalen Daseinsvorsorge Innovationsmanagement und Sozialwirtschaft verknüpft werden können, um den sozial- und wohnungspolitischen Herausforderungen gerecht werden zu können. Ein solches Konzept stellt die Karlsruher „Wohnraumakquise durch Kooperation“ dar – inzwischen für Bundesländer, Städte, Gemeinden, Kreise und Regionen im deutschsprachigen und internationalen Raum Vorbild, vor allem auch für die Wohnraumversorgung von Geflüchteten (vgl. KGST 2016), im Gesetzgebungsverfahren zum Integrationsgesetz (vgl. Dt. Bundestag 2016, Lenz 2016; Heibrock und Lenz 2016, 2017), oder in der Sozialwissenschaft, wie das Beispiel von Jörg Dittmann und Matthias Drilling belegt, wenn sie feststellen: „Soziale Neubauförderung, Kooperation mit privaten Investoren, die Einführung von Mietpreisbremsen oder die rechtlich erschwerte Wiedervermietung werden in der Fachdiskussion als vielversprechende Ansätze zur Förderung der sozialen Wohnraumversorgung genannt [...] und in einzelnen Städten teilweise umgesetzt. [...] In Karlsruhe startete beispielsweise bereits im Jahr 2005 ein Modell, das Kooperationsverträge zwischen Kommune und Vermieterinnen mit i. d. R. zehnjähriger Laufzeit umfasst (Rexhäuser und Lenz 2009). Die Vereinbarungen umfassen eine Deckelung des Mietpreises, Mietsicherung und begleitende Hilfen.“ (Dittmann und Drilling 2018: 290). Sie akquiriert leerstehende Wohnungen für Wohnungslose mittels Belegungsvereinbarungen zwischen Stadt und Eigentümern. Die Stadt Karlsruhe gewährt für die leerstehende Wohnung einen Sanierungszuschuss und schließt eine zehnjährige Belegungsvereinbarung inklusive Mietausfallgarantie mit den Eigentümern ab. Die Bewohner/-innen bekommen im ersten Jahr die Möglichkeit einer sozialarbeiterischen Begleitung sowie einen Nutzungsvertrag, der nach einem Jahr in einen eigenständigen Mietvertrag übergeht (Heibrock et al. 2023). Die praxisorientierte soziologische Perspektive kommt hier reflexiv zum Tragen, wenn man sich vor Augen hält:

Auf der Mikroebene erschweren es Prozesse der Stigmatisierung und des Othering wohnungsloser Personen, dass sich diese auf dem Wohnungsmarkt behaupten können. Das Karlsruher Programm Wohnraumakquise durch Kooperation fungiert als Scharnier zwischen Makro- und Mikroebene. In diesem Kontext wirkt es als De-Labeling-Strategie, da es über eine dezentrale Wohnraumversorgung über das gesamte Stadtgebiet dazu beiträgt, sowohl der Stigmatisierung von Menschen ohne eigene Wohnung (Mikroebene), als auch einer Stigmatisierung von Stadtteilen z. B. durch soziale Segregation (Makroebene), vorzubeugen. Wohnungslose Menschen erhalten über das Programm einen eigenen (privatrechtlich abgeschlossenen) Mietvertrag und werden somit als eigenständig handelnde Personen behandelt und wahrgenommen. Für Menschen ohne ehemals eigene Wohnung ist dies oft der erste Schritt zu weiteren Integrationsprozessen. Ziel der mit dem Programm gekoppelten Sozialen Arbeit ist es, Menschen zu befähigen, möglichst ohne institutionelle Hilfen leben zu können.

Mit dem Leitsatz „Hundert Prozent Energie in die Prävention – Hundert Prozent Energie in Wohnraumversorgung" (Lenz 2007: 3) kommt zum Ausdruck, was Steuerung im Kontext der Wohnungsnotfallhilfe grundsätzlich ausmachen sollte, nämlich das Handeln nach Konzept. Ohne an dieser Stelle die Möglichkeiten der Prävention von Wohnungsverlust detailliert darstellen zu können, ist evident, dass dies die effizienteste Lösung der Wohnungsnotfallhilfe darstellt. „Ist das Kind erst mal in den Brunnen gefallen", also Wohnungsverlust eingetreten, liegt die beste Lösung darin, rasch eine Wohnung für die Betroffenen zu finden, Übergangswohnraum in Obdachlosenunterkünften als Zwischenlösung möglichst zu vermeiden. Dies ist im Übrigen für Städte und Gemeinden die kostspieligere Lösung. Maßnahmen des präventiven Wohnungserhalts wie auch der Wohnraumversorgung nicht nur aus finanzieller, sondern auch aus sozialer Perspektive die besseren Alternativen. Der Einsatz von Ressourcen, mit deren Hilfe das definierte Ziel „Wohnungslosigkeit bekämpfen" erreicht werden soll, orientiert sich damit an einem sozialplanerisch-basierten Konzept. Mit obigem Satz werden die beiden Pole abgebildet zwischen denen die Gesamtaufgabe „Recht auf Wohnen“ oszilliert und alle Hilfen zu bewerkstelligen sind. Begleitende Hilfen bei der Zurverfügungstellung von Wohnraum sind ein Garant für eine gelingende Integration der ehemals Wohnungs-losen in die jeweilige Umgebung. Was die Wohnraumversorgung anbelangt, bedarf eine Kommune des Zugriffs auf Wohnraum, z. B. in Form von Belegungsbindungen wie bei dem oben beschriebenen Modell „Wohnraumakquise durch Kooperation“.

5 Ein „Mehr“ an Relevanz von Soziologie in kommunalpolitischer Praxis

(Stadt-)Soziologie kann in diesem Jahrzehnt in der Wohnungsforschung wiederum ein „Mehr“ an Praxisrelevanz in der kommunalen (Sozial-)Planung erlangen. Die in der Einleitung erwähnte Weimarer Wohnungsforschung beschreibt als drittes Ziel ihrer Arbeit, dass sie damit die öffentliche Diskussion und die politische Entscheidungsfindung mit Strategien zur sozial gerechten Wohnraumversorgung bereichern möchte (s. o.). Wohnungsforschung und ihre Erkenntnisse kann aber wesentlich mehr als „bereichern“, wenn man sich die in diesen Ausführungen dargelegten Sozialplanungsprozesse, die sich soziologischer Methoden bedienen, vor Augen hält. Bei der Lösung der sozialen Frage des Wohnens auf kommunaler Ebene als Handlungsfeld von Sozialplanung kann Wohnungsforschung, verstanden als Anwendung stadtsoziologischer Erkenntnisse, bei der Lösung der sozialen Frage des Wohnens relevanter Akteur werden.

Dies bedeutet nicht, dass sich die Anwendung soziologischen Wissens nur auf die kommunale Ebene beschränkt. Der fachpolitische Diskurs zwischen Bund, Land und Kommune bedarf der fachwissenschaftlichen Methoden von (Stadt-)Soziologie wie es in den 1970er Jahren in Bezug auf die Neuaufstellung der bundesdeutschen Gesetzgebung zur Städtebauförderung und in stärkerem Maße in den 1990er Jahren bei der Implementierung des Städtebauförderungsprogramms „Stadtteile mit besonderem Entwicklungsbedarf – die soziale Stadt“ zu sehen war. Für die notwendige Schaffung finanzieller Grundlagen durch die politischen Gremien stellt die Soziologie zudem in diesen Kontexten „Begründungswissen“ zur Verfügung. Gleichwohl stellt die (Stadt-Soziologie) strategisches, auf Daten basierendes Wissen bereit, etwa wenn es um Zielformulierungen geht. Dessen bedarf der föderalistische Rahmen, um eine Kommunen-Länder-Bund-Vereinbarung treffen zu können, die die gemeinsame Zielrichtung der Wohnungspolitik in Deutschland für einen zu bestimmenden Zeitraum (z. B. 2027–2030) festlegt. Neben der Zielbestimmung sind ein Rahmenplan und die

Umsetzung desselben zu erarbeiten. Zum Ende des festzulegenden Zeitraums, ist eine Evaluation unabdingbar, um den Erfolg des aus der Vereinbarung resultierenden Programms messen zu können. Als Blaupause kann die Vorgehensweise bei der Implementierung des Programms „Stadtteile mit besonderem Entwicklungsbedarf – die soziale Stadt“ in Anspruch genommen werden. Ohne die Kritik an diesem Programm an dieser Stelle weiter ausführen zu wollen (Greiffenhagen und Neller 2005), kann festgestellt werden, dass damals zum Programmstart ein Mehr an kommunaler Gewichtung von Vorteil gewesen wäre. Da lediglich eine Bund-Länder-Vereinbarung geschlossen wurde, war die kommunale Perspektive nicht ausreichend berücksichtigt worden. Aus den Erfahrungen des Städtebauförderungsprogramms „Soziale Stadt“ und dem im Vorangegangenen Dargelegten resultiert die Idee einer Kommunen-Länder-Bund-Vereinbarung „Wohnen in Deutschland“, die ein Handlungsfeld praxisorientierter Soziologie darstellen kann.

Literatur

Auerbach, W. et al. (1957). Sozialplan für Deutschland, Dietz.

Becker, H. (2000). Das Bund-Länder-Programm „Soziale Stadt“ – Raumbezüge und HandlungsfelderHand-lungsfelder. In Die alte Stadt 2/2000, 139–149.

Böhmer, A. (2015). Konzepte der Sozialplanung. Springer VS.

Bundesministerium für Wohnen, Stadtentwicklung und Bauwesen (Hrsg.) (2024). GemeinsamGemein-sam für ein Zuhause. Nationaler Aktionsplan gegen Wohnungslosigkeit. Berlin: https://www.bmwsb.bund.de/SharedDocs/downloads/Webs/BMWSB/DE/veroeffentlichungen/pm-kurzmeldung/nap-referentenentwurf.pdf. (Abruf 24.5.2024).

Deutscher Bundestag (Hg.) (2016). Öffentliche Anhörung: Entwurf eines Integrationsgesetzes, Ausschussdrucksache 18 (11) (681). Eigenverlag.

Deutscher Verein für private und öffentliche Fürsorge (Hg.) (1986). Handbuch zur örtlichen Sozialplanung, Eigenverlag.

Deutsches Institut für Urbanistik (Hg.) (2002). Die Soziale Stadt – eine erste Bilanz des Bund-Länder-Programms „Stadtteile mit besonderem Entwicklungsbedarf – die soziale Stadt. EigenverlagEi-genverlag.

Deutsches Institut für Urbanistik (Hg.) (2003). Strategien für die Soziale Stadt – Erfahrungen und Perspektiven – Umsetzung des Bund-Länder-Programms „Stadtteile mit besonderem Entwicklungsbedarf – die soziale Stadt“. Eigenverlag.

Dewe, B. (1991). Beratende Wissenschaft, Unmittelbare Kommunikation zwischen SozialwissenschaftlernSozialwis-senschaftlern und Praktikern. Schwartz.

Diederich, N. (1985). Sozialplanung als politisches Instrument – ein Erfahrungsbericht. In K.D Keim,. & L. Vaskovics (Hrsg.), Wege zur Sozialplanung – Erfahrungen und Chancen in der BRD (S. 11–35). Springer.

Dittmann, J. & Drilling, M. (2018). Armut und Wohnungslosigkeit. In P. Böhnke, J. DitmannDit-mann, & J. Göbel (Hrsg.), Handbuch Armut (S. 282–293). Barbara Budrich.

Feldmann, U. (1994). Organisation der kommunalen Sozialplanung aus der Perspektive des Deutschen Vereins. In Verein für Sozialplanung e.V./Stadt Bielefeld (Hg.), Organisation der kommunalen Sozialplanung: Bestandsaufnahme und Perspektiven (S. 75–91). Böllert.

Greiffenhagen, S. & Neller, K. (Hrsg.) (2005). Praxis ohne Theorie? Wissenschaftliche DiskurseDis-kurse zum Bund-Länder-Programm „Stadtteile mit besonderem Entwicklungsbedarf – die Soziale Stadt". VS-Verlag.

Heibrock, R. & Lenz, M. (2016). Integrationsgesetz: Sozialplanung in der Stadtplanung. In Nachrichtendienst des Deutschen Vereins für öffentliche und Fürsorge e. V., 11/2016, 502–507. private.

Heibrock, R. & Lenz, M. (2017). Eigentum verpflichtet!, In S Gillich,.& R. Keicher (Hrsg.), Ohne Wohnung in Deutschland (S. 130–145). Lambertus.

Heibrock, R. & Lenz, M. (2025). Wie die Karlsruher Wohnungslosenhilfe durch die Corona-Krise navigierte, In L. Dürkop-Henseling, M. Horwitz, & K. Späte (Hrsg), SozialwissenschaftlicheSozialwissen-schaftliche Beobachtungen von Krisen (S. 75–96). Springer VS Verlag.

Heibrock, R. et al. (2023). Karlsruher Praxis – Wohnraumakquise im Sozialen WohnungsmarktWohnungs-markt, in: FW 3/2023, 163–166.

Hellwig, Uwe (2017). Sozialplanung als Thema des Deutschen Vereins. In Archiv für WissenschaftWis-senschaft und Praxis der sozialen Arbeit, 1/2017, 100–105.

Herlyn, U. & Hunger (Hrsg.) (1994). Ostdeutsche Wohnmilieus im Wandel – eine UntersuchungUntersu-chung ausgewählter Stadtgebiete als sozialplanerischer Beitrag zur Stadterneuerung. Birk-häuser.

Institut für europäische Urbanistik (Hg.) (2025). Ziele der Weimarer Wohnungsforschung, Homepage der Bauhaus Universität Weimar 2025. https://www.uni-weimar.de/de/architektur-und-urbanistik/institute/ifeu/forschung/forschungsaktivitaeten/weimarer-wohnungsforschung/ (Abruf 16.11.2025).

Jordan, E. & Schone, R. (Hrsg.) (2000). Handbuch Jugendhilfeplanung – Grundlagen, BausteineBau-steine, Materialien. Votum.

Keim, K.D. & Vaskovics, L. (Hrsg.) (1985), Wege zur Sozialplanung – Erfahrungen und Chancen in der BRD. Springer VS.

Kommunale Gemeinschaftsstelle für Verwaltungsmanagement (Hg.) (2016). Wohnraumakquise – Denkanstöße zum kommunalen Flüchtlingsmanagement, (Nr. 4): Wohnraumakquise durch Kooperation. https://www.kgst.de/dokumentdtails?path=/documents/20181/146041/20161011A0036.pdf/e5886429-93bd-47b5-a97e-06b3d00e3dd2 (Abruf 8.11.2025).

Lenz, M. & Heibrock, R. (2024). Auf dem Weg nach 2030, In wohnungslos 4/2024, 136–140.

Lenz, M. (2007). Auf dem Weg zur sozialen Stadt – Abbau benachteiligender Wohnbedingun-gen als Instrument der Armutsbekämpfung. Deutscher Universitätsverlag.

Lenz, M. (2011). Armutsberichterstattung – kommunale Sozialpolitik, Sozialplanung und soziale Arbeit in Karlsruhe, In Soziale Arbeit 10/11/2011, 405–412.

Lenz, M. (2016). Schriftliche Stellungnahme zur öffentlichen Anhörung von SachverständigenSachverständi-gen zum Entwurf eines Integrationsgesetzes zur Wohnsitzauflage, In Deutscher BundestagBundes-tag/Ausschussdrucksache 18 (11) 658/2016 (6–8). Eigenverlag.

Lutz, Ronald (2010). Politik beginnt bei den Leuten: Politische Gemeinwesenarbeit als IrritationIrri-tation und als Praxis der Integrierten Sozialraumplanung, In V. Hammer, R. Lutz, S. Mar-dorf, & M. Rund (Hrsg.), Gemeinsam leben – gemeinsam gestalten. Zugänge und PerspektivenPerspekti-ven Integrierter Sozialraumplanung (S. 201–240). Campus.

Mackenroth, G. (1952). Die Reform der Sozialpolitik durch einen deutschen Sozialplan, In Die Berliner Wirtschaft zwischen Ost und West/1952, 39–74.

Mardorf, S. (2006). Konzepte und Methoden von Sozialberichterstattung. Eine empirische Analyse kommunaler Armuts- und Sozialberichte. Springer VS.

Rexhäuser, S. & Lenz, M. (2009. Wohnraumakquise durch Kooperation. In Y. Bernart, & M. Lenz, (Hrsg), Karlsruher Schriftenreihe Wohnungssicherung am angespannten WohnungsmarktWohnungs-markt, Band 3. Cuvellier.

Rosow, Irving (1974). Die sozialen Wirkungen der physischen Umwelt, In P. Atteslander, (Hrsg.), Methoden der empirischen Sozialforschung (S. 181–195). De Gruyter.

Schäfers, Bernhard (1973). Einführung „Gesellschaftliche Planung", In Ders. (Hg.), GesellschaftlicheGesell-schaftliche Planung – Materialien zur Planungsdiskussion in der BRD (S.1–26). Enke.

Schönig, B. & Vollmer, L.(Hrsg.) (2020). Wohnungsfragen ohne Ende?! Ressourcen für eine soziale Wohnraumversorgung. Transcript.

Stadt Karlsruhe (Hg.) (1993). *Sozialbericht ´93 – Materiell und sozial benachteiligte Gruppen in Karlsruhe: Daten und Fakten zur Armut in Karlsruhe sowie Strategien ihrer Bekämpfung*. Eigenverlag.

Stadt Karlsruhe (Hg.) (1994). *Die Sozialstruktur auf dem Wohnwagenabstellplatz – Ergebnisse einer Umfrage im März 1994*. Eigenverlag.

Stadt Karlsruhe (Hg.) (1996b). *Wohnwagenabstellplatz*. Eigenverlag.

Stadt Karlsruhe (Hg.) (1997). *Gesamtkonzept „Wohnungslosenhilfe '97"*. Eigenverlag.

Stadt Karlsruhe, Diskussionspapier (1996a). *Gesamtkonzept „Wohnungslosenhilfe und WohnraumversorgungWohn-raumversorgung besonderer Zielgruppen"*. Eigenverlag.

Stiefel, M.-L. (1986). Gibt es Armut in der Bundesrepublik?, In *Blätter der Wohlfahrtspflege*, 1986, S. 251 ff.

Dr. Martin Lenz, Soziologe, Bürgermeister a.D. für soziale Wohnraumversorgung, Soziales, Jugend, Migrationsfragen, Schulen, Bäder und Sport bei der Stadt Karlsruhe. Aktuelle Publikation: Heibrock, Regina, & Lenz Martin 2026: Stabile Wohnverhält-nisse durch soziale Wohnraumversorgung, in: Sowa, F. et al. (Hrsg.), *Fragile Behausungen. Prekäres Wohnen und Wohnungslosigkeit in Zeiten multipler Krisen.* Beltz.

Potentiale soziologischer Praxis am Beispiel von Qualitätsmanagement, Sozialmanagement und Public Health

Bernhard Mann

1 Einleitung

Die zentrale Frage ist: „Welchen wissenschaftlichen Beitrag leisten das Qualitäts- und Sozialmanagement wie die Entwicklung von Public Health für die Förderung der angewandten Soziologie? Welche Bedeutung hat die soziologische Praxis für die Weitentwicklung soziologierelevanter Bereiche, Schwerpunkte und Sektoren? Zur Bearbeitung dieser Fragen werden folgende Aspekte berücksichtigt: Was ist soziologische Praxis? Auf welchem theoretischen Hintergrund lässt sich die soziologische Praxis systematisch untersuchen? Gibt es einen soziologischen Blick zum Verständnis soziologischer Praxis? Welche methodologische Basis ist grundlegend für die Untersuchung der soziologischen Praxis?

2 Soziologische Praxis?

2.1 Thematischer Schwerpunkt

Soziologische Praxis meint die Transformation soziologischen Wissens, Denkweisen und empirischer Methoden, um soziale Angelegenheiten besser zu verstehen, erklären und gestalten zu können (angelehnt an Bourdieu 1992; Baur und Blasius 2014). Strategien soziologischer Praxis betrefen ein Spektrum an sozialwissenschaftlichen Fragen mit interdisziplinären Aufgaben im Kontext sozialer

B. Mann (✉)
Unkel, Deutschland
E-Mail: mann@uni-bremen.de

B. Blättel-Mink et al. (Hrsg.), *Potenziale soziologischer Praxis*, Sozialwissenschaften und Berufspraxis,
https://doi.org/10.1007/978-3-658-51996-4_4

Obliegenheiten (Fürstenberg 1995). Wichtige Punkte solcher Praxis sind die Soziale Arbeit und Sozialpolitik, Evaluation und Moderation, Gesundheitswesen und Public Health, Politik-, Umwelt- und Verwaltungsberatung, Humanisierung der Arbeitswelt, Stadt-, Umwelt- und Bildungsplanung (Mayring 2002; Baur und Blasius 2014).

Auf der IX. Tagung für angewandte Soziologie (Alemann und Vogel 1996) wurden als Akzente folgende Gebiete thematisiert: Unternehmens-, Politik- und Umweltberatung, Organisations- und Personalberatung, Bildungs- und Berufsberatung, Beratung im Sozialbereich und in der Medizin, Ausbildung zum Berater und die Zukunft der Beratung.

2.2 Methodenentwicklung

In der Soziologie sind Fragen nach der Methodenentwicklung von großer Wichtigkeit mit einem Bedeutungszuwachs der qualitativen Sozialforschung (Diaz-Bone und Weischer 2015). Die Untersuchungen berücksichtigen die strukturierte Reflexion, kritische Analyse und professionelle Orientierung mit soziologisch relevanten Erkundungen wie die Verbindung von Theorie, Empirie und Intervention, der Partizipation und Steuerung wie die Reflexion sozialer Bedingungen professionellen Handelns (Giddens 1994; Fürstenberg 1995).

Auch die Erörterung sozialwissenschaftlicher Methoden im Kontext soziologischer Praxis verweisen auf einen Diskurs. Hierbei beziehen wir uns auf die Strukturierungstheorie von Anthony Giddens (1994) mit der Dualität von Struktur und Handeln wie der Grundfrage nach dem Handeln von Menschen innerhalb von Strukturen, von Max Weber als soziales Handeln definiert (Weber 1980).

Im Kontext der Strukturierungstheorie (Giddens 1994) bedingen sich Strukturen und Handeln gegenseitig.

Hervorzuheben zur Inhaltsanalyse der Zusammenhänge sind die Beratung, Dokumentation, Intervention, Evaluation und Reflexion (Diaz-Bone und Weischer 2015). Als relevante Gegenstände stehen im Vordergrund Strukturen sozialer Ungleichheit, Probleme wie Armut, Lebensqualität und Macht, professionelles Handeln und Rollenreflexion, die methodische Unterstützung (qualitativ/quantitativ) (Baur, Blasius, 2014) wie die Reflexion von Kommunikations- und Machtstrukturen (Habermas 1987; Luhmann 2003).

2.3 Strukturierungstheorie und Idealtypen

Was ist kennzeichnend für die soziologische Praxis? Soziologische Praxis ist theoriebezogen. Soziale Phänomene werden im Zuge der Strukturierungstheorie mithilfe von analytischen Begriffen wie die soziale Macht, soziale Institutionen, soziale Rolle, sozialer Habitus oder soziale Systeme als soziologische Variablen einer Struktur untersucht (Giddens 1994); bei Max Weber geht es um den Diskurs über die Gewinnung von Idealtypen (Weber 1980).

Soziologie fragt nicht nur was passiert, sondern warum, unter welchen sozialen Bedingungen und mit welchen Folgen. Selbst scheinbar Selbstverständliches (z. B. Arbeit, Familie, Krankheit, Markt, Recht) wird problematisiert. Hieraus ergeben sich praxisorientierte Zugänge mit dem Ziel einer reflexiven Soziologie (Mills 2016; Berger & Luckmann 1966). Soziologische Praxis zeichnet sich durch die Fähigkeit aus, individuelle Erfahrungen mit gesellschaftlichen Strukturen zu verknüpfen (vgl. Mills 2016).

2.4 Der soziologische Blick

Alltägliche Dinge sind nicht selbstverständlich, sondern als gesellschaftlich konstruiert zu verstehen. Nicht so ist es halt, sondern wie kommt es, dass es so ist? Die Perspektive wird verschoben vom individuellen Verhalten zu den sozialen Strukturen, Normen, Machtverhältnissen und Institutionen.

Typische Fragen des soziologischen Blicks:

- Welche Regeln und Normen wirken hier?
- Wer profitiert, wer verliert?
- Welche Machtverhältnisse sind eingebaut?
- Was gilt als normal, und wer definiert die Sachverhalte?
- Wie hängt das Individuelle mit dem Gesellschaftlichen zusammen?

Die soziologische Praxis ist nicht nur deskriptiv:

- sie ist theoriegeleitet, z.B. im Blickwinkel sozialer Ungleichheit, Macht und Herrschaft, Institutionen und Organisationen wie Normen, Rollen und Deutungsmuster (Horkheimer 1937)
- sie ist zentral bei der systematischen Anwendung wissenschaftlicher Methoden zur methodischen Kontrolle. Wichtig ist die Nachvollziehbarkeit, Transparenz

und Reflexion der eigenen Rolle (Diekmann 2020), um ein intersubjektives Verständnis zu garantieren (Alvesson und Sköldberg 2018)
- sie ist reflexiv und standortgebunden, d. h., der Sozialforscher reflektiert die eigene Beobachterposition wie die sozialen Bedingungen der Wissensproduktion (Bourdieu 1992)
- sie ist gesellschaftsbezogen und kritisch ausgerichtet, nicht zwingend normativ, aber sensibel für soziale Herausforderungen (Adorno 1969) mit dem Aufdecken von Macht und Sichtbarmachen von Asymmetrien und Marginalisierung

2.5 Fazit

Zusammengefasst ist die soziologische Praxis theoriegeleitet, methodisch kontrolliert und reflexiv mit einem kritischen Gesellschaftsbezug (Lessenich 2016). Diese soziologischen Sachverhalte werden erörtert anhand von Qualitätsmanagement, Sozialmanagement und Public Health.

3 Die Bedeutung der Soziologie für das Qualitätsmanagement (QM)

Ist die Soziologie für das Qualitätsmanagement (QM) eine relevante Stütze? Während QM häufig mit technischen Normen, Prozessen, Kennzahlen und Zertifizierungen assoziiert wird, zeigt die soziologische Analyse, dass QM in komplexen sozialen Kontexten eingebunden ist. Dabei zeigt die Soziologie mit ihrer Miko-, Meso- und Makrobetrachtung, dass Organisationen soziale Systeme sind mit einflussreichen soziokulturellen und sozioökonomischen Faktoren (Mann 2000).

QM ist also nicht kontextfrei zu eruieren, sondern steht in einem inneren Strukturierungszusammenhang mit den sozialen Organisationen, so die organisationssoziologische These bei Anthony Giddens. Intervenierende Variablen sind die Kultur, Machtverhältnisse, soziale Konflikte, Erwartungen, Normen, Werte und Kommunikationsmuster. Soziologische Diskurse helfen diese komplexen Strukturen, Faktoren und Prozesse zu erhellen auf der Basis folgender Fragen (Schütz, Luckmann 2003):

- Wie wirken formelle und informelle Regeln?
- Wie beeinflussen Hierarchien relevante Entscheidungen?
- Wie entstehen Konflikte und Routinen?
- Welche Lösungsansätze liegen vor?

Ohne eine Aufklärung und Transparenz scheitern viele QM-Maßnahmen; sie gehen an der sozialen Realität der sozialen Systeme vorbei (Schubert und Zink 1997).

3.1 Soziale Entwicklungen zur Förderung von QM

Im Zuge der Industrialisierung wurde die Frage nach der Qualität Ende 19./ Anfang 20. Jahrhundert erstmals wissenschaftlich erörtert. Es ging um die Prüfung und Endkontrolle der Produktion, bekannt in der arbeitswissenschaftlichen Literatur als Fehlervermeidung in Verbindung mit der statistischen Qualitätskontrolle (1920er–1940er Jahre) (Zollondz 2011).

Unter dem Einfluss der japanischen Ingenieurwissenschaft (z. B. Toyota) etablierte sich zwischen 1970–1990 ein ganzheitliches Verständnis von Qualität; bekannt als Total Quality Management (TQM). Das Ziel war die sozialwissenschaftliche Integration aller Interessen: der Mitarbeitenden, der Kunden und der Unternehmer mit einer kontinuierlichen Verbesserung ihrer Produktion (Joss, Kogan, 1995).

Heute ist QM geprägt durch internationale Normen wie ISO 9000/9001. Dabei wird QM als ein sozialer Prozess evidenzbasiert, d. h. überprüfbar, vergleichbar und zertifizierbar, umgesetzt (vgl. Brüggemann, Bremer 2012).

3.2 Organisationen als soziale Systeme

Heutzutage wird QM als ein technisches, normatives oder betriebswirtschaftliches, d. h. nutzenoptimierendes Instrument, verstanden, etwa im Zusammenhang mit ISO-Normen, Prozessoptimierung oder Kennzahlensystemen. QM ist dabei ein sozialer Prozess wichtiger Akteure und findet in Organisationen statt. Die Betriebssoziologie als anwendungsorientierte Soziologie untersucht Organisationen jedoch nicht nur als ein Produkt formaler Strukturen, vielmehr als ein komplexes soziales System mit informellen Regeln, Machtbeziehungen und Routinen. Arbeitssoziologische Aspekte gewinnen an Bedeutung durch informelle Arbeitspraktiken, Hierarchien und Machtverhältnisse, professionelle Identitäten und die Organisationskultur mit ihren Werten (Weinert 1992).

In der sozialwirtschaftlichen Praxis zeigt sich, dass Qualität nicht nur durch formale Strukturen entsteht, sondern signifikant geprägt wird durch soziale Prozesse, Akteure und Kulturen. Die dabei entstehende Komplexität aufzudecken ist ein herausragender Beitrag anwendungsorientierter Soziologie bei der Untersuchung wie Analyse von QM. Viele QM-Maßnahmen scheitern deswegen, weil sie zwar formal korrekt sind, aber nicht zur gelebten Organisationspraxis passen. Es ist der tiefere Sinn soziologischer Organisationsforschung zu erklären, warum die intentionale Qualität bzw. „Papierqualität“ und die reale Qualität auseinanderfallen.

Relevante Anknüpfungen zur Evaluation der Methodik im Kontext soziologischer Praxis sind soziale Dienstleistungen und die Gesundheitsversorgung (Schwartz, et al. 1998). Konkret geht es um die Analyse der Stakeholder-Perspektiven mit ihren ambivalenten Interessen, die Sichtbarmachung von Komplexität und organisationaler Dynamiken, die Evaluation maßgeblicher Programme und Maßnahmen, wie das Verstehen, Bewusstmachen und die Gestaltung einflussreicher Organisationskulturen wie die Optimierung guter Entscheidungsgrundlagen.

3.3 Das soziologische Basismodell zum QM

Aus betriebssoziologischer Perspektive ist „Qualität“ kein objektiv feststehender Wert, sondern ein ausgehandeltes Konstrukt. Diverse Akteure – Management, Mitarbeitende, Kund:innen, Patient:innen, Aufsichtsbehörden – haben eigene Vorlieben, Neigungen, Faible und Interessen. Die klassische Dreiteilung in Struktur-, Prozess- und Ergebnisqualität geht auf Avedis Donabedian zurück und entwickelt eine nachvollziehbare Struktur. Dabei ist

- die Strukturqualität ein Ausdruck soziale Ordnung mit Machtverhältnissen und Professionalisierungsgraden
- die Prozessqualität ein Ausdruck sozialen Handelns mit Interaktionen, Koordination, Kommunikation und Entscheidungsprozessen
- die Ergebnisqualität nicht nur eine Dokumentation statistischer Daten wie Mortalität, Morbidität und klinische Endpunkte, sondern auch ein Ausdruck subjektiver Gesundheit, Lebenszufriedenheit und sozialer Teilhabe.

3.4 Herausforderungen an die Qualität in zentralen Handlungsfeldern

Fokussiert das Management auf die Wirtschaftlichkeit, Effizienz und Prozessstabilität, so betonen Patient:innen ihrerseits die Kommunikation, Empathie und

Sicherheit. Die Soziologie trägt dazu bei, diese Rationalitäten aufzudecken, Konflikte darzustellen, zu analysieren und konstruktive Perspektiven aufzuarbeiten. Ein Resultat ist, dass QM nachhaltiger wirkt, falls es für sinnvoll, ge-recht und anschlussfähig erkannt wird. Dabei wird QM weniger als Kontrollinstrument, und schon gar nicht zur Bevormundung benützt, vielmehr verstanden als aufgeklärter demokratischer, kooperativer und partizipativer Lernprozess (Brüggemann, Bremer 2012).

Die Soziologie als kritische Wissenschaft zeigt, dass QM sich zu einem Herrschafts- und Kontrollinstrument entwickeln kann (Auditierung, Dokumentation, Messung) (Gouldner 1970). Zu starke Kontrolle untergraben Vertrauen, erzeugen defensive Routinen und verzerren Qualitätsberichte. Andererseits berücksichtigt ein soziologisch reflektiertes QM die Spannungsverhältnisse zwischen Kontrolle und Vertrauen. Besonders deutlich wird der Nutzen soziologischer Perspektiven und Reflexion im Gesundheitswesen (Krankenhäuser, Pflege, Public Health), bei sozialen Dienst-leistungen mit ihren vielfältigen Aufgaben, im Bildungssektor mit seinen Ambivalenzen und den Schieflagen in hochregulierten Organisationen (Maelicke 1996).

3.5 QM und soziale Entwicklungen in Organisationen

Die Frage nach dem QM ist verknüpft mit einem sozialwissenschaftlichen Diskurs unter Berücksichtigung humaner Beziehungsarbeit, hoher Professionalität und der Reflektion ethischen Nor-men. Die Soziologie als analytische Ressource erweitert das QM um reflexive, diskursive und ethische Dimensionen, organisatorisch eingebettet, interessensgeleitet und last not least kulturell ge-prägt (vgl. Mann 2000). Ohne ein soziologisches Verständnis bleibt QM formal, kurzlebig, konfliktanfällig und eindimensional. Mit der soziologischen Perspektive kann das QM angesichts ihrer Komplexität mit der internen Differenzierung in Struktur-, Prozess- und Ergebnisqualität zu einem nachhaltigen Instrument organisationaler Entwicklung werden (Beywl 1996):.

- Soziologische Erweiterung des Qualitätsbegriffs als ein ganzheitliches Phänomen
- Organisationssoziologische Beiträge zur Organisationsgestaltung
- Soziologische Methodik zur Qualitätsentwicklung auf soziologischer Grundlage

Die Soziologie analysiert die Organisations-, Lern- und Fehlerkultur wie Fragen nach dem Vertrauen und der Kontrolle. Ein gutes QM praktiziert eine Kultur, in der:

- Verantwortliche Schwierigkeiten offen ansprechen
- Mit Angsterfahrung souverän umgegangen wird
- Lernen wichtiger ist als eine Verurteilung

3.6 Soziologisches Wissen für die Entwicklung einer Qualitätskultur

Soziologisches Wissen ist elementar, um eine positive Qualitätskultur zu entwickeln. Es ist ein neues Denken im Dienstleistungssektor (Schubert und Zink 1997).

Auch ist die Kommunikation ein zentraler Begriff in der Soziologie, wie es Habermas mit der Theorie kommunikativen Handelns (Habermas 1987) gezeigt hatte. Kommunikationsprozesse kön-nen besser verstanden werden:

- Falls Gespräche angenommen und akzeptiert werden
- Falls offene Kontakte über die Prozessqualität entscheiden
- Falls Fehlinterpretationen offen besprochen werden

Schließlich entwickelt sich Qualität über verantwortliche Akteure in sozialen Rollen: Fachkräfte, Führungskräfte, Qualitätsbeauftragte und Qualitätsmanager. Die Arbeits- und Berufsforschung belegt, unter welchen Bedingungen Mitarbeitende neue QM-Maßnahmen übernehmen und welche Konstellationen zu Rollenkonflikten im Spannungsverhältnis von „Kosten vs. Qualität" führen. Diese Erkenntnisse sind entscheidend, um QM idealerweise pragmatisch zu planen, wer was warum tut (Kreutz 1988).

Qualität ist also kein rein technisches Produkt, vielmehr ein komplexes soziales Konstrukt. So wird QM gesellschaftlich anschlussfähig. Die Soziologie der Qualität hilft zu verstehen (Kirstein, 1996):

- Wie unterschiedliche soziale Gruppen Qualität definieren
- Warum Nutzerzufriedenheit kulturell verankert ist
- Wie sich Nutzerzufriedenheit ausdifferenziert
- Welche sozialen Trends auf die Partizipation Einfluss nehmen
- Welche Qualitätserwartungen vorliegen

Auch gründen QM-Methoden in sozialwissenschaftlichen Verfahren (Beywl 2011):

- Mitarbeiterbefragungen
- Kunden-/Patientenbefragungen
- Fokusgruppen
- qualitative Interviews
- Beobachtungen und Prozessanalysen

Ohne diese Methoden- und Verfahrenskompetenz bleibt QM blind für die Analyse sozialer Einflussfaktoren (Beywl 2011).

4 Die Bedeutung der Soziologie für das Sozialmanagement

4.1 Sozialmanagement – historische, interdisziplinäre und organisationssoziologische Bezüge

Sozialmanagement hat seine Ursprünge im 19. Jahrhundert mit der Industrialisierung, Urbanisierung und sozialer Not. Erste Formen sozialer Hilfen waren die Armenpflege, kirchliche Wohlfahrt, frühe Sozialreformen und ehrenamtliche Aktivitäten, vor allem von Frauen.

Im 20. Jahrhunderts hatte eine Institutionalisierung des Sozialen stattgefunden mit dem Ausbau des Sozialstaats (v. a. nach 1945), der Etablierung namhafter Träger wie Caritas, Diakonie, AWO, DRK, paritätische Wohlfahrtsverband und der zunehmenden Professionalisierung der sozialen Arbeit.

Ab den 1980er, 1990er Jahren war ein Wendepunkt durch die Ökonomisierung beobachtbar: Kostendruck, Wettbewerb, Effizienzanforderungen und die Einführung von Controlling, Qualitätsmanagement wie Leistungs- und Entgeltverhandlungen führten zu einem New Public Management. Sozialmanagement versuchte zwei Logiken zu verbinden: die ökonomische und die soziale Perspektive; sie galten lange als widersprüchlich (Deutscher Bildungsserver 2025).

4.2 Sozialmanagement – ein Beispiel für die angewandte Soziologie

Sozialmanagement ist also ein relativ junges Konzept. Es hat sich aus der Praxis soziale Arbeit und der Praxis moderner Organisationsentwicklung herausgebildet. Sozialmanagement verbindet sozialwissenschaftliche Analyse mit organisatorischem, betriebswirtschaftlichem und politischem Handeln in sozialen Organisationen (Merchel 2009).

Die angewandte Soziologie liefert methodische, theoretische und empirische Grundlagen, um soziale Probleme zu erkennen, zu verstehen und zu bearbeiten. Während Betriebswirtschaft und Recht den institutionellen Rahmen liefern, bietet die Soziologie das Verständnis für gesellschaftliche Prozesse, die das Handeln in sozialen Organisationen prägen (Dahme und Wohlfahrt 2011).

Die angewandte Soziologie ist für das Sozialmanagement unverzichtbar. Sie ermöglicht es Organisationen strategisch, evidenzbasiert und gesellschaftlich sensibel zu steuern. Von der Analyse sozialer Probleme über die Organisationsgestaltung bis hin zur politischen Steuerung liefert die Soziologie das wissenschaftliche Fundament, dass moderne soziale Arbeit und Sozialmanagements benötigen (Maik, 2022). Die Soziologie untersucht Themen wie Führung, Organisationsentwicklung mit ihrer Aufbaustruktur und Prozessarchitektur, Förderung von Problemlöse- und -Selbstorganisationsprozessen, Wissensorganisation, Team- und Kompetenzentwicklung (Schiersmann und Thiel 2014), Managementkonzepte in sozialen Diensten, analysiert Problemlagen wie Armut, soziale Ungleichheit, Migration, Gesundheit und Demographie und entwickelt ein Verständnis für Lebenslagen und Milieus.

4.3 Sozialmanagement – Erwartungen und Konflikte

Erste Erwartung ist eine soziale Sachlichkeit bei der Orientierung am Menschen: Hilfe, Teilhabe, Gerechtigkeit, Professionalität und die Pflege sozialer Beziehungen. Zweite Erwartung betrifft die Management-Logik mit der Organisationsentwicklung, Personal Management in sozialen Diensten, Finanzierung und Sozialökonomie, Qualität und Wirkungsorientierung, Recht und Steuerung im Sozialstaat und Führung in professionellen Helfersystemen. Die dritte Erwartung ist die Arbeit mit vulnerablen Gruppen: Klient:Innen. Die vierte Erwartung kommt von den Kostenträgern, Politik, Öffentlichkeit und Mitarbeitende. Der Umgang mit dem Fachkräftemangel, Bürokratisierung und Wettbewerb und schließlich die professionelle Führung statt Improvisation sind weitere Herausforderungen an das Sozialmanagement (Merchel 2009).

Insgesamt ist Sozialmanagement kein reines Betriebsmanagement, sondern normativ (werteorientiert), kontextsensibel und gesellschaftlich eingebettet. Die sozialen Ziele können nur – nachhaltig – erreicht werden, wenn die Organisationen professionell geführt werden. Kritische Perspektiven betonen, dass das Sozialmanagement immer im Konflikt steht und sich gewähren muss (Mitschke und Böhlich 2000):

- historisch entstanden aus Wohlfahrt und Sozialstaat
- theoretisch eine Verbindung von sozialer Arbeit, Ökonomie und Organisation
- praktisch unverzichtbar für das Funktionieren moderner sozialer Systeme

4.4 Sozialmanagement – Problemlagen verstehen und Organisationen fachlich und strukturell begleiten

Das Sozialmanagement zielt darauf ab, soziale Probleme zu erkennen, zu verstehen, zu bearbeiten und zu beeinflussen. Die Soziologie unterstützt das Sozialmanagement durch:

1. die Analyse von Sozialisations- und Entkulturationsprozessen des Menschen als soziales und personales Wesen (Wurzbacher 1977)
2. die Analyse der Wirkungen von De-Sozialisationsprozessen in seinen sozialen Kontexten auf die Entwicklung des Menschen
3. Struktur- und Milieuanalysen zum besseren Verständnis der Ursachen und Folgen von Armut, sozialer Ungleichheit, Migration, Demographie, Altersstrukturwandel oder die Veränderungen von Familienkonstellationen im Kontext der gesellschaftlichen Diversität
4. die Analyse von Lebenslagen und Lebensweltorientierungen (z. B. nach Thiersch), um Maßnahmen realitätsnah, adressatengerecht und pragmatisch zu gestalten (Kreutz 1988)
5. Theorien sozialen Handelns (z. B. Weber, Max, Parsons, Talcott; Goffman, Evering und Bourdieu; Pierre), um Handlungslogiken sozialer Akteure besser zu verstehen, nachzuvollziehen und umzusetzen

4.5 Fazit

Die angewandte Soziologie bietet Einblicke in Sozialorganisationen auf der Basis soziologischer und sozialwirtschaftlicher Erkenntnisse über bürokratische Prozesse, Professionalisierung, Leitungshandeln, informelle Netzwerke und Veränderungsprozesse mit Team- und Interaktionsdynamiken und den Einblicken in institutionelle Logiken mit der Anwendung von QM in Sozialmanagement und Public Health (Schulze-Böing 2000).

5 Public Health – ein historischer Ansatz mit inter- und multidisziplinärer wie internationaler Reichweite

5.1 Public Health – eine fachübergreifende und integrierende Gesundheitswissenschaft

Der medizinhistorische Ursprung von Public Health war ein sozialmedizinischer Bedarf an der öffentlichen Gesundheitsversorgung für sozioökonomisch Benachteiligte wie die Verbesserung der Arbeits- und Lebensbedingungen (Niehoff und Braun 2010). Als ein Zusammenspiel von disziplinären gesundheitswissenschaftlichen Zugängen führt Public Health sozialwissenschaftliche, medizinische, ökonomische und technische Wissenschaften in einem komplexen humanwissenschaftlichen Ansatz zusammen. Public Health variiert in seinen Funktionen national erheblich.

Der Einfluss von Public Health auf die Gesundheitspolitik, den Gesundheitsschutz, die Hygiene, die Gesundheitsförderung und die Gesundheitsversorgung wird immer wichtiger. In der Bundesrepublik Deutschland etablierte sich Public Health seit den 1980er Jahren, führend an der Medizinischen Hochschule Hannover oder an der Universität Bielefeld.

Für die Defizite in der Medizin mit einer defizitären Integration von Sozialmedizin, Sozialwissenschaften, der Gesundheitssystemanalyse oder der Gesundheitsökonomie in Forschung und Lehre zu integrieren sowie sich in der Praxis des Gesundheitsschutzes zu etablieren, hat sich Public Health als ein eigenständiger Forschungs- und Praxisbereich etabliert (Badura 1998).

Wichtige Leistungsfelder von Public Health sind die volkswirtschaftliche und soziologische Analyse wie ökonomische Bewertung des sozialen und technischen

Wandels sowie gesellschaftspolitische Entscheidungen für die Gesundheitssicherung, der Bedarf an gesundheitsbezogenen Hilfeleistungen, die Evaluationsforschung sowie die makro- und mikroökonomischen gesundheitlicher Dienstleistungen mit ihren Versicherungssystemen; nicht zuletzt die Mitwirkung am Qualitätsmanagement und der Qualitätssicherung als Teil des Medizinmanagements (Leidl 1998).

5.2 Die Bedeutung der Soziologie für Public Health

Klassische medizinsoziologische Themen im Zusammenhang mit Public Health betreffen die soziale Ungleichheit und ihre Wirkungen auf den Gesundheitsstatus. Die angewandte Soziologie analysiert Wirkungen auf die Gesundheit mit der Medizinsoziologie, Public Health und Sozialmedizin. Aspekte dieser Gesundheitsberichterstattung sind (Pfaff et al. 2016):

- Klassen-, Schicht- und Milieueffekte
- Migration, Geschlecht, Alter, Region
- Mechanismen sozialer Exklusion
- Analyse konkreter gesellschaftlicher Probleme
- Entwicklung praxisrelevanter Interventionen
- Beratung von Organisationen bei Politikverachtung
- zielgruppenspezifische Prävention
- evidenzbasierte Gesundheitsberichterstattung

Der soziologische Einfluss auf Gesundheits- und Krankheitsverläufe wird unterschieden in die Mikro-, Meso- und Makroebene von Krankheit und Gesundheit (Schwartz et al. 1996). Krankheit und Gesundheit sind nicht nur eine Herausforderung für die Biomedizin, wenn ihre wissenschaftliche Bedeutung auch unstrittig ist. Die Entwicklung der Psychosomatik, der Sozialmedizin, von Public Health wie die Medizingeschichte belegen diese These. (Eckart 2009) Der gesundheits- und medizinsoziologische Zusammenhang von Gesundheit und Gesellschaft wird ersichtlich, wobei Gesundheit definiert wird als Vernetzung und Integration biologischer, psychischer, sozialer und ökologischer Zusammenhänge (Schwartz 1998). Gesprochen wird auch von einem Komplexitätszusammenhang auf dem Hintergrund von Werten, Normen, Kreativität, Systemen und Machtkonstellationen. (Elias 1976).

Aufzuweisen ist, dass das Projekt Medizin (vgl. Labisch 1989) in biomedizinischer Hinsicht wie auf dem soziologischen Hintergrund medizingeschichtlich relevanter Denkhaltungen, Grund-konzepte, Leitlinien und sozialer Bewegungen gründet (Benzendörfer, 2003). Gesprochen werden könnte auch von einem sozialmedizinischen Konstruktionsprozess von Gesundheit (Brennecke 2004).

Zur Verdeutlichung sozialer Konstruktionsprozesse in der Medizin (Labisch 1989) verweist Wolfgang U. Eckart medizinhistorisch auf Kulturen in der Medizin – von der Steinzeit, der Antike über das Mittelalter bis zum 20. Jahrhundert. Aufgezeigt werden magisch-animistische Krankheitskonzepte „vorrationaler Medizin“: Die Krankheitsentstehung wird interpretiert als Tabubruch mit einer Regelverletzung im sozialen und religiösen Leben. Erkrankung ist die „übernatürliche Besessenheit durch Inkorporation des beleidigten Dämons“ (Eckart 2009). Und welche Therapien werden empfohlen? Die Vertreibung des Dämons, Versöhnung mit dem Dämon und der Umwelt durch sozialreligiöse Reintegration.

5.3 Soziologische Perspektiven für Public Health

Die angewandte Soziologie ist keine Ergänzung, sondern ein konstitutiver Bestandteil von Public Health. Ohne sie bleibt der Blick analytisch verkürzt, politisch naiv und praktisch wirkungslos. Mit ihr wird Public Health struktursensibel, gerechtigkeitsorientiert und nachhaltig wirksam. In soziologisch-systemischer Hinsicht hat sich Public Health ausdifferenziert in „Old Public Health“ und „New Public Health (Rosen 1993):

„Old Public Health“ bezeichnet die historisch gewachsene Phase von Public Health (ca. Mitte 19. Jh. bBis Mitte 20. Jh.); ist geprägt durch: Industrialisierung, Urbanisierung und Infektionskrankheiten mit staatlich-hygienischer Interventionen. Die Leitidee beinhaltet den Schutz der Bevölkerung durch Umwelt- und Hygienemaßnahmen. Der medizinsoziologische Focus liegt auf Morbidität und Mortalität mit einer monokausalen und biomedizinischen Ausrichtung. Die sozialmedizinischen Interventionen betreffen die Bevölkerung als homogene Einheit, paternalistisch, ordnungsrechtlich und Top-down (Rosen 1993). Konkret geht es um Seuchenbekämpfung, Kanalisation, Quarantäne, Gesetzgebung und Zwang.

„New Public Health“ ist soziologisch relevant, kritisiert „Old Public Health“ einerseits als sozial blind, autoritär und technokratisch, andererseits moderierend, sektorenübergreifend, Bottom-up + Top-down, die kombiniert werden. Die Zielgruppen sind soziale Gruppen und vulnerable Populationen mit einem Focus auf

Prävention, Gesundheitsförderung, Gesundheit als teilhabende Ressource für den Alltag.

6 Fazit

Ausgehend von der Frage, ob die praktische und angewandte Soziologie im Hinblick auf die Analyse und Gestaltung sozialer Handlungsfelder unbedeutend ist, konnten wir mit den Beispielen des Qualitätsmanagements, Sozialmanagements und Public Health belegen, dass diese These nicht dem „state of the art" entspricht. Vielmehr ist es uns gelungen, die These dahingehend zu falsifizieren, dass die angewandte und praktische Soziologie mit ihren komplexen Thematiken und Forschungsmethoden einen zentralen Beitrag leistet im Kanon interdisziplinärer Methodologie zur Gestaltung und Evaluation sozialer Handlungsfelder.

Die Zusammenfassung wird vorgelegt unter Berücksichtigung der modernen Entwicklung in den Sozialwissenschaften. In internationaler Sicht ist sie geprägt durch eine ganzheitliche Perspektive. Soziale Probleme und Fragestellungen werden vielschichtig untersucht. In diesem Zusammenhang nimmt die angewandte Soziologie einen wichtigen Stellenwert ein, so vor allem auch in Anlehnung an die Strukturierungstheorie bei Anthony Giddens (1994).

Mit den Beispielen von Qualitätsmanagement, Sozialmanagement und Public Health konnten wir zeigen wie wichtig das soziologische Denken und Handeln ist.

Der Mensch ist in sozialanthropologischer Sicht, so Wurzbacher, ein soziales und personales Wesen. Die Bearbeitung des sozialen Wesens ist in erster Linie der Auftrag der Soziologie. Bei der Gestaltung des Qualitätsmanagements mit Blick auf die Struktur-, Prozess- und Ergebnisqualität sind soziologische Fragestellungen von essentieller Bedeutung. Auch im Hinblick auf das Sozialmanagement stehen soziale Probleme im Mittelpunkt. Der soziologische Blick leistet einen signifikanten Beitrag um die Komplexität im Sozialmanagement besser verstehen und gestalten zu könne.

Und schließlich ist das Thema Publik Health ebenso geprägt durch ein ganzheitliches Gesundheitsverständnis, wie es die Weltgesundheitsorganisation (WHO) mit ihrem Gesundheitsbegriff entwickelte und in den WHO-Gesundheitszielen zum Ausdruck kommt. Hierbei sind die Mikro-, Meso- und Makroebene, wie von der Soziologie herausgearbeitet, ein wichtiger Bezugspunkt für Public Health. Die Gestaltung gesundheitsförderlicher Strukturen und Prozesse knüpfen an diese Ebenen an (Mann 1996).

Literatur

Adorno, T. W. (1969). Prismen. *Kulturkritik und Gesellschaft*. Suhrkamp.

Alemann v., H. & Vogel, A. (Hrsg.) (1996). *Soziologische Beratung*. Leske + Budrich.

Alvesson, M., & Sköldberg, K. (2018). *Reflexive Methodology. New vistas for qualitative research*. Sage.

Badura, B. (1998). Überblick: Warum haben Bevölkerungsgruppen unterschiedlichen Zugang zur Gesundheitsversorgung und sind unterschiedlich von Krankheitsrisiken und Krankheiten betroffen? In F.- W. Schwartz (Hg.), *Public Health* (S. 494–497). Urban & Schwarzenberg.

Baur, N., & Blasius, J. (Hrsg.) (2014). *Methoden der empirischen Sozialforschung*. Springer VS.

Benzenhöfer, U. (2016). *Geschichte der Medizin im Überblick*. Klemm.

Berger, P. L., & Luckmann, T. (1966). *Die gesellschaftliche Konstruktion der Wirklichkeit*. 3. Aufl., Fischer Verlage.

Beywl, W. (1996). *Evaluation in der betrieblichen Weiterbildung*. Bertelsmann.

Beywl, W. (2011). *Selbstevaluation in der Lehre*. Waxmann. Münster.

Bourdieu, P. (1992). *Die Logik der Felder*. Suhrkamp.

Brennecke, R. (Hrsg.) (2004). *Lehrbuch der Sozialmedizin*. Verlag Hans Huber. https://doi.org/10.1007/978-3-531-91014-7_18

Brüggemann, H., & Bremer, P. (2012). *Grundlagen Qualitätsmanagement*. Springer Vieweg.

Dahme, H.J., & Wohlfahrt, N. (Hrsg.) (2011). *Handbuch Kommunale Sozialpolitik*, Springer VS.

Deutscher Bildungsserver (2025). *Wohlfahrtsverbände in Deutschland*. https://www.bildungsserver.de/sozialpaedagogik/wohlfahrtsverbaende-2007-de.html

Diaz-Bone, R.,& Weischer, C. (Hrsg.) (2015). *Methoden-Lexikon für die Sozialwissenschaften*. Springer VS. https://doi.org/10.1007/978-3-531-18889-8

Diekmann, A. (2020). *Empirische Sozialforschung. Grundlagen, Methoden, Anwendung*. Rowohlt.

Eckart, W.U. (2009). *Geschichte der Medizin*. 6. Aufl. Springer VS. https://doi.org/10.1007/978-3-540-79216-1

Elias, N. (1976). *Der Prozess der Zivilisation*. Suhrkamp.

Fürstenberg, F. (1995). *Soziale Handlungsfelder. Strukturen und Orientierungen*. Leske + Budrich.

Giddens, A. (1994). *Sociology*. Second Edition. Blackwell Publisher. https://doi.org/10.1002/9781444396621.ch37

Gouldner, A. (1970). *The Coming Crises of Western Sociology*. Basic Books.

Habermas, J. (1987). *Theorie des kommunikativen Handelns*. Suhrkamp.

Horkheimer, M. (1937). Traditionelle und kritische Theorie. Reclam Verlag. https://doi.org/10.1007/978-3-531-92874-6.

Joss, R. & Kogan, M. (1995). *Advancing Quality? Total Quality Management in the National Health Service*. Buckingham: Open University Press

Kirstein, H. (1996). Denken in Systemen. In Qualität und Zuverlässigkeit. Organ der Deutschen Gesellschaft für Qualität e.V. München.

Kreutz, H. (Hg.) (1988). *Pragmatische Soziologie*. Leske + Budrich.

Labisch, A. (Hg.) (1989). *Medizinische Deutungsmacht im sozialen Wandel.* Psychiatrrieverlag.

Leidl, R. (1998). Der Effizienz auf der Spur. Eine Einführung in die ökonomische EvaluationEva-luation. In F.-W. Schwartz (Hg.) *Public Health* (S. 850–871). Urban & Schwarzenberg.

Lessenich, S. (2016). *Neben uns die Sintflut.* Hanser.

Luhmann, N. (2003). *Macht,* 3. Aufl., Lucius & Lucius.

Maelicke, B. (Hg.) (1996). Qualitätsmanagement in sozialen Betrieben und Unternehmen. Socialmanagement. Nomos.

Mann, B. (1996): Die Bedeutung der Soziologie für die moderne Public-Health-Entwicklung. In: H.v. Alemann, & A. Vogel (Hrsg.), Soziologische Beratung (pp. 271–280). Leske + Budrich. https://doi.org/10.1007/978-3-322-97362-7

Mann, B. (2000). Qualitätsmanagement als Ausdruck sozialen Handelns in Gesundheits- und Sozialorganisationen. *Sozialwissenschaften und Berufspraxis,* 23 (4), 339–355. https://nbn-resolving.org/urn:nbn:de:0168-ssoar-40750

Mayring, P. (2002). *Einführung in die qualitative Sozialforschung.* 5. Aufl. Beltz.

Merchel, J. (2009). *Sozialmanagement.* Reihe Votum. 3. Aufl. Juventa.

Mills, C.W. (2016). *Soziologische Phantasie.* Springer VS. https://doi.org/10.1007/978-3-658-10015-5

Mitschke, T., & Böhlich, S. (2000). Modernes Management in Non-Profit-Organisationen. In: H.E. Hauser, R. Neubarth, & W. Obermair (Hrsg.). *Praxis-Handbuch: Sozialmanagement im sozialen Bereich.* UTB.

Niehoff, J. (2010). *Sozialmedizin und Public Health.* 2. Aufl. Nomos.

Pfaff, H., & Schrappe, W. (2016). Versorgungsforschung vor neuen Herausforderungen. In Das Gesundheitswesen, 78 (11), 689–694.

Rosen, G. (1993). *History of Public Health.* John Hopkins University Press.

Schiersmann, C., & Thiel, H.-U. (2014). Organisationsentwicklung. Prinzipen und Strategien von Veränderungsprozessen. 4. Aufl. Springer VS. https://doi.org/10.1007/978-3-658-21857-7

Schubert, H.-J., & Zink, K. J. (1997). Qualitätsmanagement in sozialen Dienstleistungsunternehmen. Luchterhand.

Schulze-Böing, M. (2000). Aktivierender Sozialstaat und politisches Handeln. Hans Böckler-Stiftung.

Schütz, A., & Luckmann, T. (2003). Strukturen der Lebenswelt. UTB.

Weber, M. (1980). Wirtschaft und Gesellschaft. 5. Auflage. Mohr Siebeck.

Weinert, A., B. (1992). Lehrbuch der Organisationspsychologie. 3. Aufl. Psychologie- Verl.-Union.

Wurzbacher, G. (Hg) (1977). Die Familie als Sozialisationsfaktor. Der Mensch ein soziales und personales Wesen, Band 3, 2. Aufl., Enke.

Zollondz, H.-D. (2011). Grundlagen Qualitätsmanagement. 3. Aufl. Oldenbourg Verlag. https://doi.org/10.1524/9783486712025

Bernhard Mann, Prof. Dr. rer pol., Master of Public Health (MPH), Dipl.-Sozialwirt (Univ.), Medizinsoziloge., Schwerpunkte Gesundheitssoziologie und Medizinsoziologie.

Wiedervernässung als Governance-Herausforderung: Wie soziologische Forschung sozial-ökologische Transformationen unterstützen kann

Jens Jetzkowitz

1 Einleitung

In Deutschland stammen rund sieben Prozent der gesamten Emissionen aus entwässerten und landwirtschaftlich genutzten organischen Böden, im Wesentlichen Moorböden (UBA 2024). Ihre Wiedervernässung gilt als eine zentrale klimapolitische Maßnahme, um Treibhausgasemissionen zu reduzieren (Tanneberger et al. 2021; Grethe et al. 2021). Ob und wie diese Maßnahme umgesetzt werden soll, ist eine Frage, über die politisch entschieden werden muss. Da eine solche Maßnahme tief in die Lebensweisen und das ökonomische Handeln der Menschen eingreifen würde, die in Regionen mit Moorböden wohnen, sollten diese Entscheidungen idealerweise auf der Grundlage der besten Wissensbasis getroffen werden, die bereitgestellt werden kann. Dass hierzu vor allem auch verlässliches sozialwissenschaftliches Wissen darüber gehört, wie die Wiedervernässung von Moorböden mit einer breiten gesellschaftlichen Akzeptanz einhergehen kann, sollte eine Selbstverständlichkeit sein.

Damit ist die Frage nach der *Governance* aufgeworfen. Der Begriff hat schillernde und unscharfe Konturen. Es lohnt sich ein Blick in die Begriffsgeschichte, um zu klären, warum er für sozial-ökologische Transformationen im Allgemeinen und für die Wiedervernässung von Moorböden im Besonderen von Bedeutung ist:

J. Jetzkowitz (✉)
Martin Luther University Halle-Wittenberg, Halle, Deutschland
E-Mail: jens.jetzkowitz@soziologie.uni-halle.de

B. Blättel-Mink et al. (Hrsg.), *Potenziale soziologischer Praxis,* Sozialwissenschaften und Berufspraxis,
https://doi.org/10.1007/978-3-658-51996-4_5

Dass der Staat womöglich überfordert ist, von sich aus tiefgreifende gesellschaftliche Transformationen durchzusetzen, klingt bereits in den Theoriediskussionen der 1970er und 1980er Jahren an, sowohl in den neomarxistischen Debatten über die Überlastungs- und Legitimationsproblemen des Wohlfahrtsstaates (vgl. z. B. Offe 1972) wie auch in der systemtheoretisch gerahmten Steuerungsskepsis (vgl. z. B. Luhmann 1986). Empirisch wurden die reklamierten Unfähigkeiten des Staates zeitgleich in Studien zur Implementation spezifischer Politiken untersucht, u. a. der Umweltpolitik (vgl. Uebersohn 1990: 130 f.). Hier zeigte sich schon früh, dass Steuerungsprobleme häufig im Vollzug entstehen und weniger auf Rechtsdefizite zurückzuführen sind, sondern aus Organisations- und Kapazitätsproblemen der nachgeordneten Behörden resultieren, die im Übrigen ihre Handlungsspielräume nutzen, um ihre Agenden einzubringen (Mayntz 1975).

Vor diesem Hintergrund der Diskussion über Steuerungsprobleme und Vollzugsdefizite im Mehr-Ebenen-System politischer Entscheidungen wurde mit dem Begriff der Umwelt-Governance, der ab Mitte der 1990er Jahre in der Umweltforschung aufkam (Bridge und Perreault 2009: 475), neue hybride Modi gesellschaftlicher Koordination diskutiert, mit denen Umweltziele erreicht werden könnten. Das Portfolio, das ab dieser Zeit nach und nach eröffnet wurde, reicht von Märkten über Selbstregulation und kooperative Netzwerke bis hin zu informationsbasierter Steuerung (Holley et al. 2011; Kooiman 2003). Da der englische Begriff *Governance* alle Aspekte der Führung, Steuerung und Regulierung in einer gesellschaftlichen Einheit oder einer Gesamtgesellschaft thematisiert (Bevir 2012: 1), hat er sich im Zuge dieser Diskussionen weitestgehend als Oberbegriff eingebürgert (vgl. Schuppert 2008: 24). Mit ihm wird „Gesellschaftssteuerung" (Stark 1998), die im Zusammenspiel verschiedener Steuerungsmodi entsteht, zum Forschungsgegenstand gemacht. Das schließt professionalisierte Politik und Verwaltung ein, kann aber keinesfalls darauf beschränkt werden. Vielmehr geht es um die Gesamtdynamik gesellschaftlicher Koordinations- und Veränderungsprozesse.

Vor diesem Hintergrund wird die Leistungsfähigkeit des Governance-Begriffs für sozial-ökologische Transformationen erkennbar. Mit ihm lässt sich in den Blick nehmen, dass z. B. eine klimapolitische Maßnahme wie die Wiedervernässung von Moorböden in verschiedenen Foren und Arenen Anknüpfungsmöglichkeiten bieten muss, um einen tiefgreifenden Wandel zu erzeugen. Die Etablierung klimapolitischer Maßnahmen setzt voraus, dass sie mit Anordnungen, Appellen und finanziellen Anreizen – bzw. einem Mix aus diesen Steuerungsmitteln – unterstützt wird. Stellen diese staatlichen Impulse zur Gesellschaftssteuerung Anschlüsse an die Alltagserfahrungen und die Entwicklungsperspektiven der Landeigentümer*innen, Landnutzer*innen und Anwohner*innen her, können sie einen tiefgreifenden gesellschaftlichen Wandel begleiten. Ansonsten läuft eine solche Maßnahme Gefahr, als Wunschvorstellungen professioneller Politiker*innen abgetan zu werden, die mittels staatlicher Hierarchie und Autorität durchgesetzt werden sollen.

In der Governance-Perspektive erschließt sich also Gesellschaftssteuerung als Ergebnis hybrider, polyzentrischer Arrangements. Neben den Märkten, die Produkte von nassbewirtschafteten Moorböden nachfragen und dadurch Anreize für Wiedervernässung erzeugen, sind hier v. a. auch regionale Netzwerke wie die Wasser- und Bodenverbände, die Vertretungen der Landwirtschaft und die Naturschutzorganisationen zu adressieren, samt den rechtlichen Regularien, die im Mehrebenensystem der Verwaltung bestimmen, welche Landnutzung unter welchen Bedingungen möglich ist. Hinzu kommen auch die Wissensordnungen der Landnutzung, die Eigentumslogiken und auch die kulturellen Bedeutungen von „Moor" und „Moorkultivierung", die im Alltag der in Moorregionen lebenden Menschen tradiert werden und ihre Lebens- und Wirtschaftsweisen sinnhaft einbetten.

Bei alledem ist stets im Blick zu behalten, welche gesellschaftlichen Gruppen eine Transformation tragen oder tragen müssten. Aus meinen Studien zur Governance der Wiedervernässung von Moorböden, die ich zwischen 2022 und 2025, während meiner Zeit am Johann Heinrich von Thünen-Institut, durchführen konnte, habe ich den Eindruck gewonnen, dass die für diese Transformation zentralen gesellschaftlichen Gruppen bislang wenig wissenschaftlich untersucht worden sind. Wenn Gruppen und Netzwerke thematisiert werden, geschieht das zumeist über deren Funktion für den Transformationsprozess. Sie werden etwa als Stakeholder oder als Innovator*innen adressiert, deren sozialstrukturelle Charakteristika ebenso unaufgeklärt bleiben wie die Strukturlogiken ihres Agierens.

Ziel dieses Artikels ist es, am Beispiel der Wiedervernässung von Moorböden herauszuarbeiten, inwiefern belastbares soziologisches Wissen für die Governance konkreter sozial-ökologischer Transformationen unverzichtbar ist. Darum werde ich im Folgenden, auf den oben dargelegten Vorüberlegungen und Eindrücken aufbauend, zeigen, welche Bedeutung dieses Wissen für die Gestaltung der Wiedervernässung von Moorböden haben kann (Kap. 2). Anschließend werde ich die Erfahrungen aus dem Fallbeispiel abstrahieren und eine Verfahrensabfolge zur Diskussion stellen, mit der sich systematisch die in der Governanceforschung vernachlässigte Perspektive auf die Träger*innengruppen in Transformationsprozessen entfalten lässt (Kap. 3). In den Schlussbemerkungen ordne ich dann diese Überlegungen in die derzeitige Forschungslandschaft ein (Kap. 4).

2 Die Transformation der Moorbodennutzung in Deutschland

2.1 Was wir über die Governance der Moorbodenwiedervernässung in Deutschland wissen

Governance – ganz gleich, wer sie ausübt – basiert auf dem Lagebild, welches sich verschiedene Akteur*innen in einem bestimmten Themen- oder Problembereich machen. Wer auch immer sich strategisch auf eine Situation bezieht und diese zu gestalten versucht, entwickelt auf der Basis von Schlussfolgerungen spezifische Vorstellungen über die zu einer angebbaren Zeit in einem abgrenzbaren Raum vorfindbaren Bedingungen für das eigene Handeln. Ob ein solches Lagebild auf den subjektiven Eindrücken Einzelner basiert oder auf systematisch ausgearbeiteten, methodisch abgesicherten Beurteilungen, macht einen deutlichen Unterschied.

Im Kontext der Bemühungen um Moorbodenwiedervernässungen wird Governance bislang im Wesentlichen aus sozioökonomischen Perspektiven beleuchtet. Hier ist die Annahme leitend, dass eine großflächige Wiedervernässung tiefgreifende gesellschaftliche Veränderungen nach sich zieht (Sommer und Frank 2024). Wichmann und Nordt (2024) sowie Ziegler (2020) greifen auf das Konzept der Pfadabhängigkeit zurück, um politische, rechtliche und ökonomische Hemmnisse moorbezogener Transformationsprozesse zu erfassen. Sommer und Frank (2024) verwenden das Konzept der Lock-in-Effekte zur Beschreibung ähnlicher Barrieren. Beide Konzepte unterstreichen die Stabilität historisch gewachsener Regimestrukturen, die eine Transformation in Richtung Nachhaltigkeit behindern und den Status quo verfestigen: Investitionen in Technik und Gebäude machen Entwässerung ökonomisch rational, agrarische Leitbilder von produktiver Flächenkontrolle sozial wünschenswert und Förderstrukturen institutionell plausibel – gerade ihr Zusammenspiel erschwert einen Regimewechsel.

Obwohl die Konzepte der Pfadabhängigkeit und der Lock-in-Effekte zentrale Dimensionen des bestehenden Entwässerungsdispositivs erfassen, bleiben sie analytisch unvollständig. Aktuelle Regimestrukturen lassen sich nicht allein aus vergangenen politischen Entscheidungen, institutionellen Arrangements oder ökonomischen Anreizsystemen erklären. Sie sind v. a. auch in den gegenwärtigen sozialen Praktiken sowie in den Sinn- und Bedeutungszuschreibungen von Landwirt*innen, Landeigentümer*innen und Anwohner*innen der Moorbodenregionen verankert, die als Träger*innen dieser sozial-ökologischen Transformation adressiert werden oder diese faktisch mitvollziehen müssen. Für ein Governance-Lagebild ist es unerlässlich, die sozialen Grundlagen der Stabilisierung wie auch der möglichen Destabilisierung bestehender Nutzungsregime zu erfassen.

Um zu verstehen, inwiefern Governance anschlussfähig ist an die Alltagserfahrungen der Träger*innengruppen von Moorbodenwiedervernässungen, ist das Konzept des *sense of place* hilfreich. Im *Sense of place* sind Bedeutungen, Identifikationen und Bindungen an spezifische physische Räume miteinander verknüpft. Er ist stets subjektiv und situationsgebunden, variiert jedoch systematisch zwischen sozialen Gruppen und weist damit erkennbare soziale Muster auf (Grenni et al. 2020: 415 f.). Gerade diese Offenheit gegenüber Variation, Ambivalenz und Mehrdeutigkeit macht das Konzept für Governance-Analysen relevant, da es Vergleiche zwischen Individuen und Gruppen ermöglicht und auf konflikthafte Deutungen gleicher räumlicher Gegebenheiten aufmerksam macht. In der Forschung zu sozial-ökologischen Systemen wurde gezeigt, dass eine starke Ortsbindung adaptive Fähigkeiten gegenüber Veränderungen unterstützen kann; zugleich kann sie transformative Prozesse behindern, wenn etablierte Nutzungsformen, Routinen und Selbstverständnisse als bedroht wahrgenommen werden (Masterson et al. 2017: 48 f.).

Eine vergleichbare Sensibilität für unterschiedliche und teils widersprüchliche Sinnzuschreibungen findet sich in Forschungsarbeiten, die auf das Konzept der *relational values* (Chan et al. 2018: A2) sowie auf den von der Zwischenstaatlichen Plattform für Biodiversität und Ökosystemleistungen (IPBES) geprägten Rahmen der „Beiträge der Natur für den Menschen" zurückgreifen (Pascual et al. 2017). Diese Arbeiten verdeutlichen, dass Wertzuschreibungen an Moorlandschaften keineswegs einheitlich sind. Kulturelle, historische und identitätsstiftende Werte werden nicht nur intakten und wiedervernässten Mooren zugeschrieben, sondern auch entwässerten Moorflächen, die landwirtschaftlich genutzt oder für den Torfabbau herangezogen werden (Heindorf et al. 2024: 12; Lees et al. 2023: 1293; Novo et al. 2021: 12). Lees et al. (2023: 1293) zeigen, dass Akteur*innen im Zuge von Wiedervernässungsmaßnahmen den Verlust von Verantwortung und Fürsorge *(stewardship)* befürchten, wenn sie zu einer als unerwünscht empfundenen Form der Landschaftsbewirtschaftung gedrängt werden. Diese Befürchtungen betreffen zentrale Dimensionen von Identität, Handlungsmacht und Lebensführung und verweisen damit auf ein Konfliktpotenzial, das für die Governance sozial-ökologischer Transformationen von grundlegender Bedeutung ist.

Auch wenn Akteur*innen unterschiedliche Wertzuschreibungen vornehmen, ist nicht davon auszugehen, dass diese vollständig idiosynkratisch sind. Vielmehr lassen sich überindividuelle Orientierungsmuster rekonstruieren, die für ein Governance-relevantes Lagebild zentral sind. Ein Kernanliegen soziologischer Forschung besteht daher darin, solche Muster systematisch zu identifizieren. Vor diesem Hintergrund wird z. B. Regionalität als ein wesentlicher Faktor der Variation von Sinnzuschreibungen und Handlungsperspektiven sichtbar (Schroeder und Jetzkowitz 2026). Menschen entwickeln gemeinsame Überzeugungen und Wissensbestandteile in der Auseinandersetzung mit der spezifischen Geographie ihres Lebensraums und dessen ökologischen Bedingungen. Regionalität wirkt damit strukturierend auf Praktiken und Sinnstrukturen, wie zahlreiche Studien zur Moorwiedervernässung zeigen. So weisen Byg et al. (2017) darauf hin, dass Personen, die räumlich weit von Moorlandschaften entfernt leben, diese häufiger als gefährliches oder nutzloses Ödland wahrnehmen, während Bewohner*innen von Moorregionen Moore als Bestandteil lokaler Traditionen und als Gegenstand von Verantwortung verstehen. Zudem werden Naturschutzmaßnahmen von Einheimischen häufig als extern auferlegte Projekte interpretiert, die lokale Werte infrage stellen und ländliche Identitäten sowie Lebensweisen marginalisieren. Rawlins und Morris (2010: 243) zeigen ergänzend, dass regionale Unterschiede in der Zusammensetzung lokaler Netzwerke – etwa zwischen vielfältigen Akteurskonstellationen und Gebieten mit einer dominanten Akteursgruppe – erhebliche Auswirkungen auf das Ausmaß von Nachhaltigkeitsanstrengungen haben können. Schließlich identifizieren Schaller et al. (2011: 103) sowie Buschmann et al. (2020) eine Reihe raumabhängiger struktureller Variablen, darunter lokale Akteursverflechtungen, technische Machbarkeit und die ökonomische Rentabilität bestehender Nutzungen, die die Perspektiven für Moortransformationen maßgeblich beeinflussen.

2.2 Wissenslücken und wie sie geschlossen werden können

Die voranstehende Zusammenschau des Forschungsstandes zeigt, dass die Governance der Moorbodenwiedervernässung zwar auf wichtigen Einsichten in institutionelle, rechtliche und ökonomische Hemmnisse aufbauen kann. Sie zeigt aber auch, dass die Governanceforschung in diesem Feld bislang darauf verzichtet hat, die gesellschaftlichen Träger*innen dieser Transformation samt ihren sinnhaften Orientierungen systematisch in den Blick zu nehmen. Ohne eine solche Perspektive bleibt das für Governance-Prozesse konstitutive Lagebild unvollständig, da zentrale gesellschaftliche Voraussetzungen für Akzeptanz, Konflikt und Handlungsfähigkeit im Transformationsprozess nicht adäquat erfasst werden.

Um diese Wissenslücken systematisch zu bearbeiten, ist es zunächst hilfreich, die eigenen Vorstellungen davon zu klären, wie sozial-ökologische Transformationen analytisch gefasst werden sollen. Transformationen sind weder lineare noch rein technisch-institutionelle Prozesse, sondern tiefgreifende Umbrüche etablierter Handlungsroutinen, Bedeutungszuschreibungen und Machtverhältnisse (Chan et al. 2020). Im Modell der Mehr-Ebenen-Perspektive (*Multi-Level Perspective,* MLP) werden Transformationen als Ergebnis von Interaktionen zwischen Nischeninnovationen, etablierten Regimen und übergeordneten landschaftlichen Rahmenbedingungen konzipiert (vgl. Geels 2002 sowie Grafik 1). Seine Anpassung an den Kontext der Moorbodenwiedervernässung ermöglicht es, die Transformation eines Landnutzungsregimes zu konzeptualisieren. Für die Governance der Moorbodenwiedervernässung ist insbesondere die Regimeebene von Bedeutung, da hier jene Praktiken, Regeln, und Selbstverständlichkeiten angesiedelt sind, welche die aktuelle entwässerungsbasierte Nutzung von Moorböden stabilisieren.

Entsprechend dem in dieser Grafik dargestellten Modell wird die Wiedervernässung von Moorböden als ein Transformationsprozess vorstellbar, in dem Teilprozesse ineinandergreifen, die auf drei unterschiedlichen Ebenen ablaufen. In Nischen entstehen neue Nutzungsformen, die auf dem Aufwuchs oder dem Anbau von Gräsern, Schilf oder anderen Pflanzen auf wiedervernässten Moorböden basieren. Welche Chancen diese Innovationen haben, das derzeit etablierte Nutzungsregime auf Moorböden so zu verändern, dass diese wiedervernässt werden können, entscheidet sich nicht allein an der Qualität der neuen Nutzungsformen.

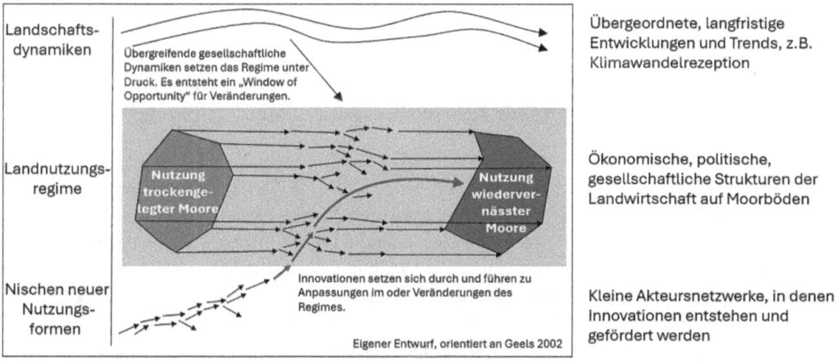

Grafik 1 Moorbodenwiedervernässung als Transformation in einer Mehr-Ebenen-Perspektive

Von wesentlicher Bedeutung sind auch die Stabilität des bestehenden Nutzungsregimes und die übergreifenden gesellschaftlichen Dynamiken, die Gelegenheiten für einen Regimewechsel eröffnen oder verschließen.

Dass Regime nicht nur aus Regeln und Technologien bestehen und Nischen nicht nur aus Innovationen, sondern auf allen Ebenen Gruppen mit unterschiedlichen Ressourcen, Interessen und Deutungshorizonten wirken, ist für dieses Modell ergänzend zu betonen, da es in der Grafik nicht dargestellt ist. Ohne diese Ergänzung werden die Konfliktpotenziale, die sich unweigerlich mit gesellschaftlichen Wandlungsprozessen einstellen (vgl. z. B. Jetzkowitz 1996: 26 ff.), nur allzu leicht übersehen. Für ein Verständnis der konkreten Verläufe von sozial-ökologischen Transformationen sind sie aber von wesentlicher Bedeutung, denn sie scheitern in der Regel nicht am Fehlen von Innovationen, sondern an der Persistenz etablierter Regime und der Handlungsorientierungen ihrer Träger*innengruppen.[1]

Vor diesem Hintergrund erscheint es im Kontext der Moorbodenwiedervernässung analytisch geboten, Landwirt*innen und Landeigentümer*innen zu untersuchen, deren ökonomische Existenz, professionelle Identität und soziale Anerkennung eng mit der entwässerungsbasierten Nutzung von Moorflächen verknüpft sind. Diese Akteursgruppen verfügen nicht nur über zentrale Entscheidungs- und Handlungsmacht in Bezug auf die Flächennutzung, sondern tragen das bestehende Regime auch durch alltägliche Praktiken, implizites Wissen und normative Vorstellungen von „guter Landwirtschaft“ oder „verantwortungsvoller Bewirtschaftung“.

Erste empirische Ergebnisse unterstreichen, dass Landwirt*innen und Landeigentümer*innen, die das bestehende Landnutzungsregime tragen, Wiedervernässung nicht primär als technische Maßnahme oder als ökologische Notwendigkeit wahrnehmen, sondern als Eingriff in etablierte Ordnungen von Arbeit, Verantwortung und Sinn (vgl. Schröder et al. 2026). Sie beziehen sich in ihren Deutungen weniger auf abstrakte Klimaschutzziele als auf konkrete Erfahrungen

[1] In der internationalen Forschungsliteratur zu *Sustainability Transitions* wird seit etwa 10 Jahren den Akteur*innen innerhalb eines sozio-technischen Regimes verstärkt Aufmerksamkeit gewidmet, die vom Fortbestand des bestehenden – oftmals nicht-nachhaltigen – Status Quo profitieren, und weitreichenden Veränderungsprozessen tendenziell skeptisch gegenüberstehen (Geels et al. 2016). Diese werden im Englischen als *Incumbents* bezeichnet, also als „regimeerhaltende Akteur*innen“, die statt einer grundsätzlichen Veränderung eines bestehenden Regimes inkrementelle Anpassungen der bestehenden Strukturen an veränderte Rahmenbedingungen bevorzugen. Der Begriff fokussiert eine spezifische Funktion dieser Akteur*innen im Transformationsprozess. Lediglich Turnheim und Sovacool (2020) plädieren dafür, *Incumbents* nicht primär als statische und homogene Gruppe wahrzunehmen, sondern differenzierter zu betrachten.

mit Flächenbewirtschaftung, betrieblichen Zwängen und regionalen Traditionen. Wiedervernässung erscheint in ihren Deutungsmustern häufig als Verlust an Kontrolle, als Infragestellung erworbener Expertise oder als Bedrohung betrieblicher Zukunftssicherheit. Diese Wahrnehmungen sind nicht als individuelle Widerstände misszuverstehen, sondern Ausdruck sozial strukturierter Orientierungsmuster, die aus der Einbettung in ein spezifisches Regime hervorgehen.

Damit wird deutlich, dass Transformationsprozesse nicht allein auf der Ebene von Anreizen, Regulierungen oder technischen Optionen verhandelt werden, sondern in hohem Maße auf der Ebene von Sinnzuschreibungen und Selbstverständnissen. Eng damit verknüpft ist die Bedeutung von Diskursen, die die kommunikative und kulturelle Landschaft der Transformation prägen (vgl. Schröder und Jetzkowitz 2026; Jetzkowitz und Schröder, i. V.). Diskurse strukturieren, was als Problem gilt, welche Lösungsoptionen als legitim erscheinen und welche Akteursgruppen als verantwortlich oder kompetent adressiert werden. In den Debatten um Moorbodenwiedervernässung lassen sich unterschiedliche, teils konkurrierende Diskurslinien identifizieren, die von Klimaschutz und Biodiversität über Ernährungssicherheit bis hin zu regionaler Wertschöpfung und kulturellem Erbe reichen. Diese Diskurse sind nicht gleichmäßig verteilt, sondern werden von unterschiedlichen Akteursgruppen getragen und rezipiert. Landwirt*innen und Landeigentümer*innen, die das bestehende Landnutzungsregime tragen, können dominante Transformationsdiskurse als fremd oder moralisierend wahrnehmen, insbesondere dann, wenn diese ihre eigenen Erfahrungsbestände und Handlungsspielräume nicht abbilden.

Die Berücksichtigung diskursiver Dynamiken ist daher ein zentraler Baustein, um Governance-Probleme angemessen zu analysieren. Er ermöglicht es, Konflikte nicht vorschnell als Interessengegensätze zu interpretieren, sondern als Auseinandersetzungen um Deutungshoheit, Anerkennung und Legitimität. Gleichzeitig wird sichtbar, dass Governance nicht nur aus formalen Steuerungsinstrumenten besteht, sondern auch aus der Gestaltung von Kommunikationsprozessen, Beteiligungsformaten und Wissensordnungen. Welche Formen von Wissen als relevant gelten, wessen Erfahrungen Gehör finden, und welche Narrative dominieren, hat erheblichen Einfluss darauf, ob Wiedervernässung als gestaltbarer Transformationsprozess oder als externer Zwang erlebt wird. Anders gewendet: Solche Relevanzstrukturen zu rekonstruieren und deren Einfluss auf zukünftige Entscheidungen abzuschätzen, ist von erheblichem Wert für die politisch-praktische Gestaltung der Transformation.

Aus diesen Überlegungen ergibt sich ein klar umrissener Forschungsbedarf. Notwendig ist eine sozialstrukturell fundierte Analyse der Träger*innengruppen der Moorbodenwiedervernässung, die deren soziale Lagen, betrieblichen Kontexte und regionalen Einbettungen systematisch berücksichtigt. Ebenso erforderlich ist eine Rekonstruktion der sinnhaften Orientierungen, durch die diese Gruppen ihr Handeln legitimieren, und der Präferenzen, die ihre Praktiken strukturieren. Erst auf dieser Grundlage lässt sich sachlich angemessen verstehen, warum bestimmte Governance-Instrumente greifen, während andere scheitern, warum Konflikte eskalieren oder eingehegt werden können und unter welchen Bedingungen Transformationsmöglichkeiten anschlussfähig werden.

Ein solcher Ansatz verschiebt den Fokus von der Frage, wie Akteur*innen zur Wiedervernässung bewegt werden können, hin zu der Frage, wie die Wiedervernässung von Moorböden so gestaltet werden kann, dass sie an bestehende Orientierungen anschließt, ohne notwendige Veränderungen zu blockieren. Governance wird damit nicht als Durchsetzung vorab definierter Ziele verstanden, sondern als reflexiver Prozess, der unterschiedliche Wissensformen, Interessen und Sinnhorizonte in Beziehung setzt (Feindt und Weiland 2018). Die Schließung der identifizierten Wissenslücke ist somit nicht nur ein Desiderat der empirischen Forschung, sondern vor allem auch eine zentrale Voraussetzung, um sozial-ökologische Transformationen im Kontext der Moorbodenwiedervernässung praktisch-politisch zu gestalten.

3 Die Praxistauglichkeit der Governanceforschung: wie sich verlässliche Lagebilder für Governance erzeugen lassen

3.1 Soziologische Beiträge zur sozial-ökologischen Governance: Erkenntnisse und blinde Flecken

Governanceforschung ist ein inter- und transdisziplinäres Forschungsfeld, in dem in den vergangenen zwei Jahrzehnten auch aus soziologischer Perspektive eine Reihe empirisch gut abgesicherter Theorien über sozial-ökologische Transformationsprozesse entwickelt und geprüft wurden. Zentrale Befunde verweisen darauf, dass der Erfolg transformatorischer Maßnahmen weniger von individuellen Einstellungen als von institutionellen, infrastrukturellen und politischen Rahmenbedingungen abhängt. Governance-Instrumente erweisen sich vor allem dann als wirksam, wenn sie Kostenstrukturen verändern, als legitim wahrgenommen werden, kohärent ausgestaltet sind und soziale Konflikte antizipieren. Im Ergebnis erscheinen Nachhaltigkeitstransformationen damit nicht als primär technologische oder moralische Herausforderungen, sondern als politisch und institutionell vermittelte Prozesse, deren Dynamik durch Machtverhältnisse,

Verteilungswirkungen und Akzeptanzbedingungen geprägt ist. Auffällig ist mit Blick auf die empirischen Studien, dass sozialstrukturelle Unterschiede zwischen Klassen, Schichten, Milieus und Lebensstilen in dieser Forschung meist nur randständig oder implizit berücksichtigt werden. Das gilt, wie sich im Folgenden zeigen lässt, gerade auch für die Studien zur Low-Cost-Hypothese und zur ökologischen Modernisierung, zu Policy-Mixes, zu Vertrauen in Institutionen sowie zu partizipativen und deliberativen Verfahren, die allesamt den Stand des Wissens in den soziologischen Strängen der Governanceforschung definieren.

Im Rahmen der Umweltbewusstseinsforschung, wie sie bereits früh von Diekmann und Preisendörfer (1998; 2003) entwickelt und vielfach repliziert wurde (vgl. z. B. Braun und Franzen 1995; Liebe und Preisendörfer 2007; Best und Kroneberg 2012; Neumann und Mehlkop 2018), ist die sogenannten Low-Cost-Hypothese ein zentraler empirischer Bezugspunkt der Governanceforschung geworden. Die oben genannten Studien zeigen konsistent, dass umweltrelevantes Handeln nur dort in nennenswertem Umfang durch Einstellungen, Werte oder Problembewusstsein beeinflusst wird, wo individuelle Kosten gering sind, während bei kostenintensiven Handlungsoptionen strukturelle und institutionelle Bedingungen dominieren. Diese Befunde haben wesentlich dazu beigetragen, den Fokus der Governanceforschung von appellativen und informationsbasierten Instrumenten auf die Veränderung von Anreizstrukturen, Infrastrukturen und Regulierungen zu verschieben (Diekmann und Preisendörfer 2003; Preisendörfer 2014). Governance wird damit primär als strukturelle Rahmensetzung verstanden, weniger als Mobilisierung individueller Moral.

Unklar bleibt hier allerdings sowohl, wer die Rahmen setzt bzw. setzen soll, als auch wer konkrete Governance-Maßnahmen unter welchen sozialen Bedingungen realisiert und mit welchen sinnhaften Orientierungen verbindet. Auf beide Fragen müsste eine Theorie antworten, um praxistauglich zu sein. Im Hinblick auf den ersten blinden Fleck ist zu konzedieren, dass die Low-Cost-Hypothese darauf ausgerichtet ist, Reaktionen von Bürgern auf Governance zu erklären, nicht die Entstehung von Governance selbst. Es liegt also schlicht nicht im Horizont dieses Zugangs, einen umfassenden Blick auf sozial-ökologische Governance zu entwickeln. Vielmehr ist er darauf fokussiert, eine generische Theorie zum Zusammenspiel von Einstellungen, Kosten und institutionellen Kontexten zu untersuchen. Dabei werden zwar teilweise sozialstrukturelle Variablen wie Einkommen, Bildung oder Haushaltskonstellationen kontrolliert. Doch auf die Frage, welche gesellschaftlichen Gruppen unter realen politischen und ökonomischen Bedingungen überhaupt in der Lage oder bereit wären, kostenintensivere Transformationsleistungen zu tragen, gibt sie keine empirisch abgesicherte Antwort.

Anders angelegt, aber mit einer ähnlichen Stoßrichtung argumentieren Arbeiten zur ökologischen Modernisierung. Es handelt sich hier um keine kausalanalytisch erklärende, sondern um eine deskriptiv angelegte Theorie, die zumeist aus der Auswertung von Fallstudien aufgebaut ist. Ihre Kernaussage ist, dass ökologische Verbesserungen vor allem dort erzielt werden, wo staatliche Regulierung, ökonomische Anreize und technologische Innovation in kohärenter Weise zusammenspielen (Mol und Spaargaren 2000; Jänicke 2008).

Im Hinblick auf die politischen Akteur*innen sind die Arbeiten zur ökologische Modernisierung auskunftsfreudiger als die zur Low-Cost-Hypothese. Hier wird explizit diskutiert, welche Akteurskonstellationen ökologische Reformen ermöglichen, und insbesondere Jänicke und Weidner (1995) analysieren systematisch die politischen Bedingungen erfolgreicher Umweltpolitik. Leider bleiben die sozialstrukturellen Charakteristika der politischen Akteur*innen außen vor. Das ändert sich im Laufe der Theorieentwicklung – insbesondere im Umfeld der Wageninger Environmental Policy Group – zumindest mit Blick auf die von Governance Betroffenen. So argumentieren etwa Spaargaren und van Vliet (2000), dass ökologische Modernisierung nicht nur auf der Ebene von Produktionssystemen, sondern auch in den Routinen des Alltagskonsums und den damit verbundenen Lebensstilen analysiert werden müsse. Gleichwohl richtet sich der analytische Fokus auch hier primär auf die Transformation von Versorgungssystemen, Technologien und institutionellen Arrangements des Konsums. Die Frage, welche konkreten sozialen Gruppen unter realen gesellschaftlichen Bedingungen als Träger*innen bestimmter umweltpolitischer Maßnahmen auftreten, welche Ressourcen ihnen zur Verfügung stehen und welche sinnhaften Orientierungen ihr Handeln prägen, bleibt demgegenüber weitgehend unbestimmt.

Die umfangreiche Policy-Mix- und Instrumentenforschung zeigt, dass einzelne Steuerungsinstrumente nur begrenzte Wirkung entfalten, wenn sie nicht in konsistente Bündel eingebettet sind (Flanagan et al. 2011; Howlett und Rayner 2007; Givoni et al. 2013; Rogge und Reichardt 2016). Empirische Studien aus der Energie-, Verkehrs- und Klimapolitik verweisen darauf, dass inkohärente oder widersprüchliche Politiken nicht nur Effektivitätsverluste erzeugen, sondern auch die wahrgenommenen Kosten erhöhen und Akzeptanz untergraben (Rogge und Reichardt 2016). Ergänzend hat die Forschung zu institutionellem Vertrauen und Policy-Feedback herausgearbeitet, dass die Wirksamkeit von Governance-Instrumenten wesentlich davon abhängt, ob politische Akteur*innen in der Bevölkerung als kompetent, fair und verlässlich wahrgenommen werden. Hohe Vertrauensniveaus erhöhen die Bereitschaft, auch mit belastenden Maßnahmen umzugehen, während inkonsistente oder als ungerecht empfundene Politiken langfristig Steuerungskapazitäten erodieren lassen (Levi und Stoker 2000; Kasperson et al. 2013). Vertrauen fungiert damit als vermittelnde Ressource zwischen struktureller Steuerung und gesellschaftlicher Akzeptanz.

Insgesamt hat die Policy-Mix- und Instrumentenforschung wichtige Beiträge zum Verständnis der Interaktionen zwischen politischen Instrumenten, ihrer Kohärenz sowie ihrer Wirkung auf Innovations- und Transformationsprozesse geleistet. Gleichwohl bleibt der analytische Fokus dieser Ansätze überwiegend auf der Ebene von Instrumentendesign, institutionellen Arrangements und Policy-Konfigurationen. Fragen danach, welche konkreten sozialen Akteure unter realen gesellschaftlichen Bedingungen als Träger*innen oder Adressat*innen solcher Instrumente auftreten, über welche materiellen, organisatorischen oder symbolischen Ressourcen sie verfügen und welche Deutungen ihr politisches Handeln prägen, treten demgegenüber meist in den Hintergrund. Zwar weisen neuere Arbeiten selbst auf diese Begrenzung hin und versuchen politische Prozesse, Akteurskonstellationen und Konflikte stärker zu berücksichtigen (Rogge und Reichardt 2016; Lindberg et al. 2019) oder Netzwerke von Akteuren zu analysieren, die bestimmte Instrumente entwickeln und stabilisieren (Béland und Howlett 2016). Gleichwohl bleibt die systematische Analyse der sozialen Träger*innen politischer Instrumente bislang eher ein ergänzender als ein konstitutiver Bestandteil der Policy-Mix-Forschung.

Diese analytische Leerstelle wird auch sichtbar, wenn der Blick auf jene Forschungsstränge gerichtet wird, die Governance nicht primär über Instrumente, sondern über Formen gesellschaftlicher Beteiligung, Kooperation und deliberativer Entscheidungsprozesse konzeptualisieren. Die Forschung zu partizipativen, deliberativen und netzwerkförmigen Governance-Arrangements hat wichtige Erkenntnisse zur politischen Durchsetzbarkeit und Legitimation umweltpolitischer Maßnahmen geliefert. Beteiligungsverfahren, deliberative Foren und kooperative Netzwerke können Wissen integrieren, Konflikte sichtbar machen und gesellschaftliche Akzeptanz erhöhen, sofern sie frühzeitig, transparent und mit realem Einfluss ausgestaltet sind (Fung 2006; Newig et al. 2018). Gleichzeitig zeigen zahlreiche Studien, dass Partizipation weder Konsens noch ökologische Ambition garantiert und netzwerkförmige Steuerung bestehende Machtasymmetrien reproduzieren oder Verantwortlichkeiten verwischen kann (z. B. Cooke und Kothari 2001; Sørensen und Torfing 2009).

Trotz dieser kritischen Einsichten bleibt jedoch auch in dieser Literatur häufig offen, welche konkreten gesellschaftlichen Gruppen unter realen Bedingungen tatsächlich an solchen Arrangements teilnehmen, welche Ressourcen ihnen eine wirksame Einflussnahme ermöglichen und welche sozialen Selektionsmechanismen darüber entscheiden, wessen Perspektiven in deliberativen Arenen Gehör finden. Partizipation erscheint damit vielfach als institutionelles Designproblem, während die sozialen Voraussetzungen und die Träger*innen politischer Beteiligung vergleichsweise unterbestimmt bleiben. Insgesamt verdeutlichen diese Befunde zwar, dass Governance jenseits hierarchischer Steuerung an Bedeutung gewonnen hat; zugleich legen sie nahe, dass die Wirksamkeit solcher Arrangements nicht allein von ihrem institutionellen Design abhängt, sondern ebenso von den gesellschaftlichen Akteurskonstellationen, Ressourcenverteilungen und Sinnorientierungen, die politische Prozesse strukturieren. Insgesamt zeigt sich über die verschiedenen Stränge der Governanceforschung hinweg, dass sozialstrukturelle Unterschiede zwischen Klassen, Schichten, Milieus und Lebensstilen meist nur am Rande berücksichtigt werden. Zwar wird wiederholt darauf hingewiesen, dass Kostenwahrnehmungen, Partizipationschancen, institutionelles Vertrauen und politische Akzeptanz sozial ungleich verteilt sind; diese Unterschiede erscheinen jedoch häufig lediglich als empirische Variationen oder Kontrollfaktoren, nicht als konstitutive Bestandteile der theoretischen Erklärung von Governanceprozessen. Milieu- und lebensstilspezifische Deutungsmuster, Ressourcenlagen und Alltagspraktiken bleiben damit in vielen Analysen unterbelichtet. Zwischen den gut entwickelten Erklärungen zu Instrumenten, Institutionen und Governance-Arrangements einerseits und einer differenzierten sozialstrukturellen Perspektive andererseits besteht daher weiterhin eine analytische Lücke. Gerade für das Verständnis der gesellschaftlichen Trägerschaft, der Konfliktlinien und der politischen Stabilität sozial-ökologischer Transformationsprozesse erweist sich diese Perspektive jedoch als zentral.

3.2 Die Träger*innengruppen sozial-ökologischer Transformationen: vom Forschungsdesiderat zu den Kernfragen der Governance

Der voranstehende Durchgang durch die in empirischen Studien abgesicherten Erkenntnisse zur Governance sozial-ökologischer Transformationen wirft die Frage auf, wie der Umstand, dass Gesellschaftssteuerung in bestehende Machtverhältnisse und alltagspraktische Kontexte eingebettet ist, konsequent praxisrelevant werden kann. Eine Antwort auf diese Frage liegt m. E. darin, Aspekte sozialer Differenzierung und Ungleichheit ebenso systematisch zu analysieren wie die Routinen und Praktiken, die Governance-Adressat*innen jenseits ihres intentionalen Handelns bestimmen. Damit würde nicht nur die Forschung zu politischer Steuerung – gewissermaßen in Ergänzung zu instrumentell oder institutionell ausgerichteten Ansätzen – sensibel für unbeabsichtigte Nebenfolgen. Sie würde überdies systematisch erweitert im Hinblick darauf, welche Interessen, Deutungsmuster und Ressourcen von Träger*innengruppen einer sozial-ökologischen Transformation konstitutiv sind für die Gesellschaftssteuerung.

Methodologisch lässt sich das Vorgehen einer solchen praxisrelevanten Governanceforschung als ein Dreischritt konzipieren: Im ersten Schritt geht es darum zu erfassen, was eigentlich der Fall ist. Welches Praxis-Problem liegt vor? Wie hat es sich entwickelt? Wie wird es von welcher Gruppe gedeutet? Im zweiten Schritt gilt es zu untersuchen, was wie zusammenhängt. Korrelations- oder – idealerweise – Kausalanalysen ermöglichen es zu erklären, warum bestimmte Phänomene so sind, wie sie sind – etwa gruppenspezifische Deutungen von Zuständen oder Veränderungen, Erwartungen an soziale Gruppen oder typische Praktiken. Solche Analysen sind nicht allein durch quantitative Methoden zu erarbeiten. Methoden, die nicht-standardisierte Daten auswerten, wie z. B. die objektive Hermeneutik oder Narrativanalysen, sind ebenfalls darauf ausgerichtet, Wirkungszusammenhänge aufzudecken. Im dritten Schritt ist dann abzuschätzen, wie sich eine Veränderung auch zukünftig auswirkt. Insofern hierfür Irrtumswahrscheinlichkeiten und Konfidenzintervalle anzugeben sind, sind hier v. a. quantitative Verfahren als verlässlich einzuschätzen, die ein experimentelles oder quasi-experimentelles Design realisieren.

Methodisch betrachtet, ist das Experiment das Paradigma wissenschaftlicher Erkenntniserzeugung *par excellence*, weil das darauf aufbauende Wissen als in höchstem Maße verlässlich ist (vgl. Pagès 1962; Campbell und Stanley 1963). Die externe Validität von Experimenten wird in den Sozialwissenschaften heute nicht nur durch Feldexperimente hergestellt, sondern insbesondere auch durch faktorielle Designs und durch Quasi-Experimente mit Panel-Daten (Gonzalez et al. 2011; Gërxhani und Miller 2022). Choice-Experimente sind beispielsweise vielfach in sozialwissenschaftlichen Forschungen zur Etablierung von Infrastrukturen erneuerbarer Energien eingesetzt worden (vgl. z. B. Batel 2020; Ladenburg 2009; Liebe et al. 2012). Sie zeigen konsistent, dass Akzeptanz und Präferenzen weniger vom abstrakten Ziel der Energiewende als von konkreten Ausgestaltungsmerkmalen einzelner Projekte abhängen – ein Befund, der auch in Übersichtsarbeiten zur sozialen Akzeptanz erneuerbarer Energien hervorgehoben wird (Sovacool 2009; Batel et al. 2013; Rand und Hoen 2017). Besonders relevant sind wahrgenommene lokale Belastungen (z. B. Landschaftseingriffe, visuelle Effekte oder Lärm), Fragen der räumlichen und sozialen Verteilung von Kosten und Nutzen sowie Formen finanzieller oder prozeduraler Beteiligung, während rein technologische Eigenschaften der Anlagen häufig eine geringere Rolle spielen. Insgesamt legen diese Befunde nahe, dass Governance-Arrangements, die lokale Nutzen sichtbar machen und Beteiligung ermöglichen, die gesellschaftliche Tragfähigkeit erneuerbarer Energieinfrastrukturen deutlich erhöhen.

In diesem Zusammenhang ist zu betonen, dass das für politisch-praktische Gestaltungen von Transformationen hinreichende Wissen eine erhöhte Validität aufweisen muss, die sowohl auf einer genauen Rekonstruktion der Sinnorientierungen der gesellschaftlichen Träger*innengruppen und ihrer sozialstrukturellen Einbettung beruht als auch der Klärung zugrunde liegender Kausalmechanismen. Eine verstärkt auf Praxisrelevanz ausgerichtete Governanceforschung wird also nicht nur ausloten müssen, wie verschiedene Methoden sachlich angemessen aufeinander bezogen werden können, um für die Praxis der Gesellschaftsgestaltung fruchtbare Erkenntnisse zu erarbeiten. Zu erwarten ist überdies, dass sich aus dem Bezug auf Fragen gesellschaftlicher Praxis auch Perspektiven ergeben, wie die Diskussion über Mixed Methods jenseits von Designfragen methodologisch und wissenschaftstheoretisch weiterzuführen ist.

4 Schlussbemerkungen

Das Beispiel der Wiedervernässung von Moorböden für den Klimaschutz verdeutlicht, dass sozial-ökologische Problemlagen nicht allein durch naturwissenschaftliche Evidenz oder technologische Machbarkeit zu bearbeiten sind. Der Fall macht zugleich zentrale Fragen der Governance sichtbar, die neben der Steuerung durch professionelle Politik und Verwaltung auch deren Legitimität und gesellschaftliche Tragfähigkeit betreffen. Gesetze zu erlassen, Anreize zu setzen und durch Vorgaben oder Appelle Veränderungen anzustoßen, ist notwendiger Bestandteil von Herrschaftsausübung. Ob und wie spezifische Maßnahmen greifen, hängt jedoch davon ab, inwieweit sie auf gesamtgesellschaftliche Akzeptanz stoßen, Konflikte antizipieren und mit den gesellschaftlichen und kulturellen Bedingungen ihrer Umsetzung kompatibel sind. Daher erfordert die Governance sozial-ökologischer Veränderungen nicht nur die politische Durchsetzung gesellschaftlicher Ziele, sondern auch das Ausloten von Konsens- und Konfliktlinien mit denen, die betroffen sind und die Veränderungen zukünftig tragen müssen.

Vor diesem Hintergrund verweisen die oben dargelegten Erörterungen auf ein zentrales Desiderat der gegenwärtigen Forschungslandschaft: die systematische Analyse der gesellschaftlichen Träger*innen, Adressat*innen und Betroffenen sozial-ökologischer Veränderungen. Dabei geht es um mehr als die Erfassung von Einstellungen oder Akzeptanzwerten Einzelner; es geht um die Rekonstruktion gesellschaftlicher Gegebenheiten, Interessenlagen und Handlungsspielräume, die darüber entscheiden, ob politische Maßnahmen tragfähig oder konfliktanfällig sind oder sogar blockiert werden.

In der deutschen Forschungslandschaft sind die entsprechenden Expertisen hierfür nicht leicht zu finden. In der soziologischen Umwelt- und Transformationsforschung dominieren derzeit einerseits die ausgehend von der Umweltbewusstseinsforschung entwickelten Zugänge zum Thema, die – wie oben gezeigt – darauf ausgerichtet sind, eine wissenschaftliche Theorie zu replizieren, statt eine Theorie gesellschaftlicher Praxis zu entwickeln. Andererseits wird die Landschaft von kapitalismus- und herrschaftskritischen Perspektiven beherrscht, die inkrementellen Veränderungen bestehender gesellschaftlicher Verhältnisse wenig Lösungspotenzial für sozial-ökologische Probleme zusprechen. Eine praktisch orientierte Soziologie hat im Feld sozial-ökologischer Transformationen bislang wenig institutionellen Rückhalt. Sie könnte ihre Stärken in der Analyse sozialer Strukturen, Ungleichheiten und Alltagspraktiken systematisch und empirisch fundiert in die Governanceforschung einbringen und so wesentlich dazu beitragen, belastbare Lagebilder für die Governance sozial-ökologischer Transformationsprozesse zu generieren.

Literatur

Batel, S. (2020). Research on the Social Acceptance of Renewable Energy Technologies: Past, Present and Future. *Energy Research & Social Science* 68: 101–544.

Batel, S.; Devine-Wright, P.; & Tangeland, T. (2013). Social Acceptance of Low Carbon Energy and Associated Infrastructures: A Critical Discussion. *Energy Policy* 58: 1–5.

Béland, D., & Howlett; M. (2016). How Solutions Chase Problems: Instrument Constituencies in the Policy Process. *Governance* 29(3): 393–409.

Bevir, M. (2012). *Governance: A Very Short Introduction*. Oxford: Oxford University Press.

Best, H.; & Kroneberg, C. (2012). Die Low-Cost-Hypothese: Theoretische Grundlagen und empirische Implikationen. Kölner Zeitschrift für Soziologie und Sozialpsychologie 64(3), 535–561.

Braun, N.; Franzen, A. (1995). Umweltverhalten und Rationalität. Kölner Zeitschrift für Soziologie und Sozialpsychologie 47(2), 231–248.

Bridge, G., & Perreault, T. (2009). Environmental governance. In N. Castree, D. Demeritt, D. Liverman, & B. Rhoads (eds.). A companion to environmental geography (S. 475–497). Malden, Mass.: Blackwell Publishing Ltd.

Buschmann, C., Röder N., Berglund, K. et al. (2020). Perspectives on Agriculturally Used Drained Peat Soils: Comparison of the Socioeconomic and Ecological Business Environments of Six European Regions. *Land Use Policy* 90: 104181. https://doi.org/10.1016/j.landusepol.2019.104181.

Byg, A., Novo P., & Kyle, Carol (2023). "Caring for Cinderella—Perceptions and Experiences of Peatland Restoration in Scotland." *People and Nature*, 5 (2): 302–312. https://doi.org/10.1002/pan3.10141.

Byg, A., Martin-Ortega, J., Glenk, K., & Novo, P. (2017). "Conservation in the Face of Ambivalent Public Perceptions – the Case of Peatlands as 'The Good, the Bad and the Ugly'." *Biological Conservation* 206: 181–189. https://doi.org/10.1016/j.biocon.2016.12.022.

Campbell, D. T., & Stanley, Julian (1963). *Experimental and Quasi-experimental Designs for Research.* Chicago: Rand Medially.

Chan, K.M. A., Gould, R. K., & Pascual, Unai (2018). "Editorial Overview: Relational Values: What Are They, and What's the Fuss About?" *Current Opinion in Environmental Sustainability* 35:A1–A7. https://doi.org/10.1016/j.cosust.2018.11.003.

Chan, K. M.; Boyd, D. R.; Gould, Rachelle K.; Jetzkowitz, J.; Liu, J.; Muraca, B.; et al. (2020). Levers and leverage points for pathways to sustainability. *People and Nature* 2(3): 693–717.

Cooke, B.,& Kothari, U. (Hrsg.) (2001). *Participation: The New Tyranny?* London: Zed Books.

Diekmann, A.,& Preisendörfer, P. (1998). Umweltbewußtsein und Umweltverhalten in Low- und High-Cost-Situationen. Eine empirische Überprüfung der Low-Cost-Hypothese. *Zeitschrift für Soziologie* 27(6): 438–453. https://doi.org/10.1515/zfsoz-1998-0604.

Diekmann, A., & Preisendörfer, P. (2003). Green and Greenback: The Behavioral Effects of Environmental Attitudes in Low-Cost and High-Cost Situations. Rationality and Society 15(4), 441–472.

Feindt, P. H., & Weiland, S. (2018). Reflexive governance: exploring the concept and assessing its critical potential for sustainable development. Introduction to the special issue. Journal of Environmental Policy & Planning 20(6), 661–674.

Flanagan, Ki., Uyarra, E., & Laranja, M. (2011). Reconceptualising the, policy mix' for innovation. Research Policy 40(5), 702–713. https://doi.org/10.1016/j.respol.2011.02.005.

Fung, A. (2006). Varieties of Participation in Complex Governance. Public Administration Review 66 (Special Issue): 66–75. https://doi.org/10.1111/j.1540-6210.2006.00667.x.

Geels, F.W. (2002). Technological transitions as evolutionary reconfiguration processes: a multi-level perspective and a case-study. *Research Policy* 31(8/9): 1257–1274.

Geels, F. W., Kern, F., Fuchs, G., Hinderer, N., Kungl, G., Mylan, J., Neukirch, M., & Wassermann, S. (2016). The enactment of socio-technical transition pathways: A reformulated typology and a comparative multi-level analysis of the German and UK low-carbon electricity transitions (1990–2014). *Research Policy* 45(4): 896–913. https://doi.org/10.1016/j.respol.2016.01.015.

Gërxhani, Kl., & Miller, L. (2022). Experimental sociology. In: K. Gërxhani, N.de Graaf, & W. Raub (Hrsg.), Handbook of Sociological Science (S. 309–323). Cheltenham, UK und Northampton, MA, USA: Edward Elgar Publishing.

Givoni, M., Macmillen, J., Banister, D., & Feitelson, E. (2013). From Policy Measures to Policy Packages. *Transport Reviews* 33 (1): 1–20. https://doi.org/10.1080/01441647.2012.744779.

Gonzalez, R., Yu, T., & Volling, B. (2011). Analysis of Experimental and Quasi-experimental Data. In B. P. Laursen, T.D. Little, & N.A. Card, (Hrsg.) *Handbook of Developmental Research Methods* (247–264). New York: Guildford Press.

Grethe, H., Martinez, J., Osterburg, B., Taube, F., Thom, F. (2021). Klimaschutz im Agrar- und Ernährungssystem Deutschlands: Die drei Zentralen Handlungsfelder auf dem Weg zur Klimaneutralität. Gutachten für die Stiftung Klimaschutz, 2021. Online verfügbar unter https://www.uni-goettingen.de/de/document/download/2f622ee40c53637380d318c4c9658728.pdf/klimaneutralit%C3%A4t_landwirtschaft_gutachten.pdf, zuletzt geprüft am 01.07.2026.

Grenni, S., Soini, K., & Horlings, L. G. (2020). The Inner Dimension of Sustainability Transformation: How Sense of Place and Values Can Support Sustainable Place-Shaping. *Sustainability Science* 15(2): 411–422.

Heindorf, C., Schüler, S., & Plieninger, T. (2024). Poetic Inquiry to Explore the Relational Values of a Transforming Peat Landscape. *People and Nature* 6(3): 1189–1205. https://doi.org/10.1002/pan3.10629.

Holley, C., Gunningham, N., & Shearing, C. D. (2011). *The New Environmental Governance.* Abingdon, Oxon: Earthscan.

Howlett, M., Rayner, J. (2007). Design principles for policy mixes: Cohesion and coherence in 'new governance arrangements'. *Policy and Society* 26(4): 1–18.

Jänicke, M. (2008). Ecological Modernisation: New Perspectives. *Journal of Cleaner Production* 16(5): 557–565.

Jänicke, M., Weidner, H. (1995). Successful environmental policy: a critical evaluation of 24 cases. Berlin: edition sigma.

Jetzkowitz, J. (1996). Störungen im Gleichgewicht: Das Problem des sozialen Wandels in funktionalistischen Handlungstheorien. Münster: Lit.

Jetzkowitz, J., & Schröder, C. (i.V.). *Changing Meanings of Peatland Rewetting in Germany: A Historical Discourse Analysis of Press Coverage, 1975–2023.* Manuskript Berlin.

Kasperson, J. X., Kasperson, R. E., Pidgeon, N., Slovic, P. (2013). The Social Amplification of Risk: Assessing Fifteen Years of Research and Theory. In P. Slovic, Paul (Hrsg.), The Feeling of Risk. New Perspectives on Risk Perception (317–344). London: Routledge.

Kooiman, J. (2003). *Governing as Governance.* London: Sage.

Ladenburg, J. (2009). Stated Public Preferences for Onland and Offshore Wind Power Generation: A Review. *Wind Energy* 12(2): 171–181. https://doi.org/10.1002/we.308

Lees, K. J., Rachel C., Condliffe, I., Gray, A., Marquis, L., & Lenton, T. M. (2023). Protecting Peatlands Requires Understanding Stakeholder Perceptions and Relational Values: A Case Study of Peatlands in the Yorkshire Dales. *Ambio* 52(7): 1282–1296. https://doi.org/10.1007/s13280-023-01850-3.

Levi, M., & Stoker, L. (2000). Political Trust and Trustworthiness. *Annual Review of Political Science* 3 (1): 475–507.

Liebe, U., & Preisendörfer, P. (2007). Zahlungsbereitschaft für kollektive Umweltgüter. Theoretische Grundlagen und empirische Analysen am Fallbeispiel der Wertschätzung biologischer Vielfalt im Wald. Zeitschrift für Soziologie 36(5), 326–345.

Liebe, U. Meyerhoff, J., Hartje, V. (2012). Test–Retest Reliability of Choice Experiments in Environmental Valuation. *Environmental and Resource Economics* 53(3): 389–407.

Lindberg, M. B., Markard, J., Andersen, A. D. (2019). Policies, Actors and Sustainability Transition Pathways: A Study of the EU's Energy Policy Mix. *Research Policy* 48(10): 103668.

Luhmann, N. (1986). Ökologische Kommunikation. Kann die moderne Gesellschaft sich auf ökologische Gefährdungen einstellen? Opladen: Westdeutscher Verlag.

Masterson, V. A., Stedman, R. C., Enqvist, J. et al. (2017). The Contribution of Sense of Place to Social-Ecological Systems Research: A Review and Research Agenda. *Ecology & Society*, 22(1). https://doi.org/10.5751/ES-08872-220149.

Mayntz, R. (1975). *Vollzugsdefizit in Umweltschutz und Umweltplanung*. Manuskript Köln.

Mol, A. P.J., & Spaargaren, G. (2000). Ecological Modernisation Theory in Debate: A Review. *Environmental Politics* 9(1): 17–49. https://doi.org/10.1080/09644010008414511.

Neumann, R., & Mehlkop; G. (2018). Umweltentscheidungen als Wechselspiel von Einstellungen, Handlungskosten und situativer Rahmung – ein empirischer Theorienvergleich mit Daten des GESIS Panels. Zeitschrift für Soziologie 47(2), 101–118.

Newig, J., Challies, E., Jager, N. W., Kochskämper, E., & Adzersen, A. (2018). The Environmental Performance of Participatory and Collaborative Governance: A Framework of Causal Mechanisms. *Policy Studies Journal* 46 (2): 269–297. https://doi.org/10.1111/psj.12209.

Novo, P., Sposato, M., Maynard, C. & Glenk, K. (2021). *Understanding the Experiences of Peatland Restoration in Scotland.* Scotland's Rural College.

Offe, C. (1972). Strukturprobleme des kapitalistischen Staates. Aufsätze zur politischen Soziologie. Frankfurt/Main: Suhrkamp.

Pagès, R. (1962). Das Experiment in der Soziologie. In: König, René (Hg.): Handbuch der empirischen Sozialforschung (415–450), Band 1. Stuttgart: Enke.

Pascual, U., Balvanera, P., Díaz, S. et al. (2017). Valuing Nature's Contributions to People: The IPBES Approach. *Current Opinion in Environmental Sustainability* 26–27:7–16. https://doi.org/10.1016/j.cosust.2016.12.006.

Preisendörfer, P. (2014). Umweltgerechtigkeit. Von sozial-räumlicher Ungleichheit hin zu postulierter Ungerechtigkeit lokaler Umweltbelastungen. *Soziale Welt* 65: 25–45.

Rand, J., & Hoen, B. (2017). Thirty Years of North American Wind Energy Acceptance Research: What Have We Learned?. *Energy Research & Social Science* 29: 135–148.

Rawlins, A.; Morris, J. (2010). Social and Economic Aspects of Peatland Management in Northern Europe, with Particular Reference to the English Case. *Geoderma* 154 (3–4): 242–51. https://doi.org/10.1016/j.geoderma.2009.02.022.

Rogge, K. S., & Reichardt, K. (2016). Policy mixes for sustainability transitions: An extended concept and framework for analysis. *Research Policy* 45(8): 1620-1635.

Schaller, L., Kantelhardt, J., & Drösler, M. (2011). Cultivating the Climate: Socio-Economic Prospects and Consequences of Climate-Friendly Peat Land Management in Germany. *Hydrobiologia* 674 (1): 91–104. https://doi.org/10.1007/s10750-011-0736-y.

Schroeder, C., Jetzkowitz, J. (2026). How Does Regionality Influence Meaning Structures Concerning Peatland Rewetting in Germany – A Structural Topic Modeling (STM) Approach to Understand the Discourse on a Large-Scale Climate Protection Measure. Nature & Culture 21(1), 67–103. https://doi.org/10.3167/nc.2026.210104.

Schröder, C., Suhari, M., & Jetzkowitz, J. (2026). Wie die klimaschutzbedingte Wiedervernässung von Moorböden landwirtschaftliche Familienbetriebe herausfordert. Einsichten zu einer zentralen gesellschaftlichen Gruppe für die sozial-ökologische Transformation der Landnutzung. *Soziologie und Nachhaltigkeit*, im Druck.

Schuppert, G. F. (2008). Governance—auf der Suche nach Konturen eines „anerkannt uneindeutigen Begriffs". In G. F. Schuppert, & M. Zürn (Hrsg.). Governance in einer sich wandelnden Welt (13–40). Wiesbaden: VS Verlag für Sozialwissenschaften.

Sommer, P., & Frank, L. (2024). Peatland Rewetting as Drainage Exnovation – a Transition Governance Perspective. *Land Use Policy* 143: 107191. https://doi.org/10.1016/j.landusepol.2024.107191.

Sørensen, E., & Torfing, J. (2009). Making Governance Networks Effective and Democratic Through Metagovernance. *Public Administration* 87(2): 234–258. https://doi.org/10.1111/j.1467-9299.2009.01753.x.

Sovacool, Benjamin K. 2009. The Importance of Comprehensiveness in Renewable Electricity and Energy-Efficiency Policy. *Energy Policy* 37(4): 1529-1541.

Spaargaren, G., & van Vliet, B. (2000). Lifestyles, Consumption and the Environment: The Ecological Modernization of Domestic Consumption. *Environmental Politics* 9 (1): 50–76. https://doi.org/10.1080/09644010008414512.

Stark, C. (1998). Systemsteuerung und Gesellschaftssteuerung. Zur modernen Beschränkung des Politischen. Berliner Journal für Soziologie 8 (2): 181–200.

Tanneberger, F., Abel, S., Couwenberg, J., Dahms, T., Gaudig, G., Günther, A. et al. (2021). Towards net zero CO2 in 2050: An emission reduction pathway for organic soils in Germany. *Mires and Peat* 27, Artikel 05. https://doi.org/10.19189/MaP.2020.SNPG.StA.1951.

Turnheim, B., & Sovacool, B. K. (2020). Forever stuck in old ways? Pluralising incumbencies in sustainability transitions. *Environmental Innovation and Societal Transitions* 35: 180–184. https://doi.org/10.1016/j.eist.2019.10.012.

UBA (2024). Submission Under the United Nations Framework Convention on Climate Change 2024: National Inventory Document for the German Greenhouse Gas Inventory 1990–2022. *Climate Change*, no. 39. Accessed November 04, 2024. https://www.umweltbundesamt.de/publikationen/submission-under-the-united-nations-framework-9.

Uebersohn, G. (1990). *Effektive Umweltpolitik. Folgerungen aus der Implementations- und Evaluationsforschung*. Frankfurt/Main: Peter Lang.

Wichmann, S. & Nordt, A. (2024). "Unlocking the Potential of Peatlands and Paludiculture to Achieve Germany's Climate Targets: Obstacles and Major Fields of Action." *Front. Clim.* 6. https://doi.org/10.3389/fclim.2024.1380625.

Ziegler, R. (2020). Paludiculture as a Critical Sustainability Innovation Mission. *Research Policy* 49 (5): 103979. https://doi.org/10.1016/j.respol.2020.103979.

Jens Jetzkowitz, PD Dr., Soziologe, Mitarbeiter an der Professur „Quantitative Methoden in den Sozialwissenschaften" der Martin-Luther-Universität Halle-Wittenberg, Vertretungsprofessur für „Methoden der empirischen Sozialforschung und Statistik" an der Helmut-Schmidt-Universität Hamburg. Aktuelle Publikation: The different ways to operationalise the social in applied models and simulations of sustainability science: A contribution for the enhancement of good modelling practices. In: Ecological Modelling 500, 2025, 110952 (mit Ronald B. Bialozyt, Martina Roß-Nickoll und Richard Ottermanns); https://doi.org/10.1016/j.ecolmodel.2024.110952

Dienst an der Gesellschaft? Zur Wiedereinführung der Wehrpflicht in Deutschland

Martin Elbe

1 Einführung

In den letzten Jahren haben, insbesondere vor dem Hintergrund des Angriffs Russlands auf die Ukraine, die Themenbereiche *Militär, Gesellschaft und Krieg* deutlich an öffentlichem Interesse gewonnen und damit auch die Nachfrage nach Analysen und Expertisen in Bezug auf Sicherheitspolitik und Militärsoziologie. Neben dem Ringen um angemessene Ansätze zur Umsetzung einer Konzeption der Gesamtverteidigung des Landes zeigen sich hier sowohl Beschäftigungs- bzw. Berufsfelder für Soziologinnen und Soziologen als auch Potenziale soziologischer Praxis in den zivil-militärischen Beziehungen.

In Bezug auf die Gesamtverteidigung formulierte die Bundesregierung (2023) eine neue *Nationale Sicherheitsstrategie der Bundesrepublik Deutschland,* in der sie drei Dimensionen von Sicherheit postulierte. Neben dem Schutz der Bevölkerung vor Krieg und Gewalt (und damit verbunden die Notwendigkeit militärisch wehrhaft zu sein) ist der Schutz der Freiheit die zweite Dimension der Sicherheit (dass Lebensweise, Wirtschafts- und Gesellschaftsform selbstgewählt gestalten werden können) sowie Schutz vor den Auswirkungen der Klimakrise (und damit der natürlichen Lebensgrundlagen). Wehrhaftigkeit ist somit weiter zu fassen als nur eine Sicherstellung von Verteidigungs- oder Kriegsfähigkeit durch eine Stärkung der Bundeswehr als militärischer Organisation. Vielmehr ist das Ziel eine integrierte Sicherheitspolitik, damit „Deutschland wehrhaft und resilient ist

M. Elbe (✉)
Zentrum für Militärgeschichte und Sozialwissenschaften der Bundeswehr (Forschungsbereich Militärsoziologie), Potsdam, Deutschland
E-Mail: martinelbe@bundeswehr.org

B. Blättel-Mink et al. (Hrsg.), *Potenziale soziologischer Praxis,* Sozialwissenschaften und Berufspraxis,
https://doi.org/10.1007/978-3-658-51996-4_6

und nachhaltig handelt.“ (Bundesregierung 2023, S. 13) Hierfür bedarf es der „Bürgerinnen und Bürger, die bereit sind, ihren Beitrag hierzu zu leisten.“ (Bundesregierung 2023, S. 35) Die Verteidigung der offenen Gesellschaft bedingt eine wehrhafte Demokratie nach innen und nach außen. (Bundesregierung 2023, S. 46).

Aus soziologischer Sicht sind diesbezügliche Konzepte, z. B. eines *Wehrdienstes als Dienst an der Gesellschaft,* nur rudimentär in der soziologischen Theorie verankert, haben aber in der Militärsoziologie eigenständige Theorietraditionen ausgebildet (z. B. Janowitz, Huntington, Moskos). Neben den grundlegenden Fragen hinsichtlich der zivil-militärischen Beziehungen werden im vorliegenden Beitrag auch konkrete Ergebnisse aus der aktuellen empirischen Forschung zum sicherheits- und verteidigungspolitischen Meinungsbild bezüglich einer Wiedereinführung der Wehrpflicht in Deutschland analysiert und eingeordnet.

2 Wehrpflicht in Deutschland: aktuelle Befunde

Sowohl die Notwendigkeit des personellen (und auch materiellen) Wiederaufbaus der Bundeswehr wurde spätestens seit der russischen Annexion der Krim 2014 deutlich, wobei die demografische Entwicklung in Deutschland (wie auch in anderen westlichen Staaten) und die Aussetzung der Wehrpflicht (einschließlich der Wehrerfassung) im Jahr 2011 ein anhaltendes Hindernis darstellt.[1] Bis 2016 sank die Truppenstärke der Bundeswehr auf 177.800 Soldatinnen und Soldaten. Trotz vielfacher Bemühungen gelang es nur in geringen Maß diese wieder zu steigern – im Jahr 2024 lag sie bei 180.876 uniformierten Angehörigen der Bundeswehr.[2]

Dies führte zu einer breiten Diskussion in der Politik, wie die Anzahl der Soldatinnen und Soldaten der Bundeswehr erhöht werden könnte. Am 27.08.2025 beschloss die Bundesregierung den Entwurf eines neuen Wehrdienstgesetzes. Dieses wurde allerdings schon vor dem Beginn des eigentlichen Gesetzgebungsverfahren im Parlament auch innerhalb der Regierungskoalition wieder infrage gestellt. Schließlich diskutierte und beschloss der Bundestag am 05.12.2025 ein entsprechendes Gesetz mit deutlicher Mehrheit. Ein Antrag der Fraktion „Die

[1] Die damalige Diskussion ist gut dokumentiert in der APuZ (2011: Ausgabe 48). Die Geburtenzahlen in Deutschland erreichten 1964 mit 1,36 Millionen Neugeborenen einen Höchststand. Trotz Schwankungen erfolgte ein deutlicher Rückgang auf 677 117 Geburten im Jahr 2024. Die Fertilitätsrate liegt damit bei 1,35. (https://www.destatis.de/DE/Themen/Gesellschaft-Umwelt/Bevoelkerung/Geburten/_inhalt.html vom 22.01.2026).

[2] Zahlen gemäß Unterrichtung durch die Wehrbeauftragte (Deutscher Bundestag 2024).

Linke" zur Streichung der Wehrpflicht aus dem Grundgesetz wurde abgelehnt. Das *Wehrdienst-Modernisierungsgesetz* umfasst nun die folgenden Kernpunkte:

- es soll ein schrittweiser Aufwuchs der Streitkräfte zur erforderlichen Personalstärke bis 2035 auf nun 260.000 Soldatinnen und Soldaten plus 200.000 Reservisten erfolgen,
- der Wehrdienst für Männer und Frauen bleibt zunächst weiterhin freiwillig,
- im Verteidigungsfall greift weiterhin die grundgesetzlich vorgesehen allgemeine Wehrpflicht für Männer,
- es soll eine verbesserte Bezahlung für freiwillig Wehrdienstleistenden (FWDL) geben, die den Dienst attraktiver macht,
- ab 2026 sollen die kompletten Jahrgänge der jeweils 18jährigen angeschrieben werden, um sich hinsichtlich ihrer Tauglichkeit und Verpflichtungsbereitschaft zu erklären,
- die Beantwortung ist für Männer verpflichtend und für Frauen freiwillig
- ab 2027 erfolgt dann die verpflichtende Musterung der Männer für die jeweiligen Jahrgänge (vollständige Wehrerfassung).[3]

Während in Politik und Medien intensiv über die Gesetzentwürfe zum Wehrdienst diskutiert wurde,[4] ist die Öffentlichkeit deutlich aufgeschlossener gegenüber einem Wandel hinsichtlich einer Wehr- und Dienstpflicht als dies nach dem Verlauf der Debatte zu vermuten wäre. Generell trifft ein neuer Wehrdienst für junge Menschen durchaus auf Zuspruch in der Bevölkerung. 53 % der befragten Männer in der letzten repräsentativen Stichprobe der jährlichen Bevölkerungsbefragung des ZMSBw (Graf 2025) sprechen sich für die Wiedereinführung der *Wehrpflicht* aus. Selbst unter den am meisten Betroffenen, den 16–29jährigen Männern, ist eine relative Mehrheit dafür (45 %) und selbst bei jungen Frauen dieser Altersgruppe, die die niedrigste Zustimmungsrate zeigen, liegt diese noch bei 33 %. Insgesamt sind es 47 % der Bevölkerung, die eine neue Wehrpflicht für notwendig erachten. Bezüglich der Altersverteilung steigt die Zustimmung zur Wehrpflicht in der Bevölkerung (bei den über 70jährigen liegt sie bei 54 %). Ähnliche Zustimmungswerte finden sich auch hinsichtlich der Annahme, dass sich durch die Wehrpflicht die Beziehungen zwischen Bundeswehr und Gesellschaft verbessern würden. Noch höher sind die Prozentzahlen derjenigen, die

[3] Vgl. hierzu https://www.bundestag.de/dokumente/textarchiv/2025/kw49-de-wehrdienst-1128220 vom 22.01.2026.

[4] Richter (2025a) zeigt die Breite der verschiedenen Argumente in seinem Buch „Dialoge über Wehrpflicht" und bewertet damit den Gesetzentwurf kritisch.

damit die Fähigkeit zur Landes- und Bündnisverteidigung gestärkt sehen (60 %) und die der Meinung sind, dass die Wehrpflicht der Bundeswehr bei der Personalgewinnung helfen würde (63 %). Umgekehrte Altersverteilungen finden sich hinsichtlich der Fragen, ob eine Wehrpflicht die Freiheitsrechte junger Erwachsener übermäßig einschränken würde (53 % der unter 30jährigen, aber nur 28 % der über 70jährigen, insgesamt 39 %). Hinsichtlich der Frage nach einer möglichen Militarisierung der Gesellschaft durch eine neue Wehrpflicht (insgesamt 38 % bejahen die Frage) findet sich nur eine geringe geschlechts- und altersspezifische Differenzierung. (Graf 2025, S. 32 ff.) Die Wiedereinführung der Wehrpflicht ist zwar nicht unstrittig, trifft aber in der Bevölkerung auf eine relativ hohe Akzeptanz.[5]

Deutlich zu trennen von der Frage nach der Wiedereinführung der Wehrpflicht ist die, nach der Bereitschaft in der Bevölkerung, im Falle eines Angriffs, Deutschland *mit der Waffe zu verteidigen.* 42 % der wehrfähigen Bevölkerung (16–49 Jahre) wäre hierzu bereit (Männern: 54 %, Frauen: 21 %). Bei jungen Erwachsenen (16–29 Jahre) liegen die Werte bei 45 % (Männer) bzw. 22 % (Frauen) – dies entspräche mehr als fünf Millionen Männern und mehr als zwei Millionen Frauen. (Graf 2025, S. 37) Auch wenn abstrakte Einstellung und konkreter Handlungsvollzug im Ernstfall nicht dasselbe sind, so weisen die Zahlen doch darauf hin, dass es wohl weniger ein Personalproblem bei der Verteidigung gibt, als eher ein Kapazitätsproblem bei Ausrüstung, Unterbringung und Ausbildung. Aber: Die Verteidigungsbereitschaft im Ernstfall ist eben nicht dasselbe wie die Zustimmung zur Wehrpflicht und auch nicht wie das individuelle Interesse an einer beruflichen *Tätigkeit bei der Bundeswehr.* Die Zahlen hier sind jeweils geringer und schwanken (2020–2024) zwischen 19 und 29 % bei den Männern im Alter von 16 bis 29 Jahren und zwischen 6 und 13 % bei den Frauen dieser Altersgruppe. Die niedrigsten Werte wurden im Jahr 2022 gemessen, wobei kein unmittelbarer Einfluss des Ukraine-Kriegs feststellbar ist. (Graf 2025).

3 Entwicklung der Wehrpflicht und das Problem der Wehrgerechtigkeit

Aufgrund der bereits Ende der 1940er Jahre in der deutschen Bevölkerung empfundenen Bedrohung durch die damalige Sowjetunion fand sich eine gesellschaftliche und politische Mehrheit für die Westbindung der jungen Bundesrepublik,

[5] Zu ähnlichen Ergebnissen wie die ZMSBw-Studie (Graf 2025) kommt auch die MOTRA-Studie (Wetzels et al. 2025).

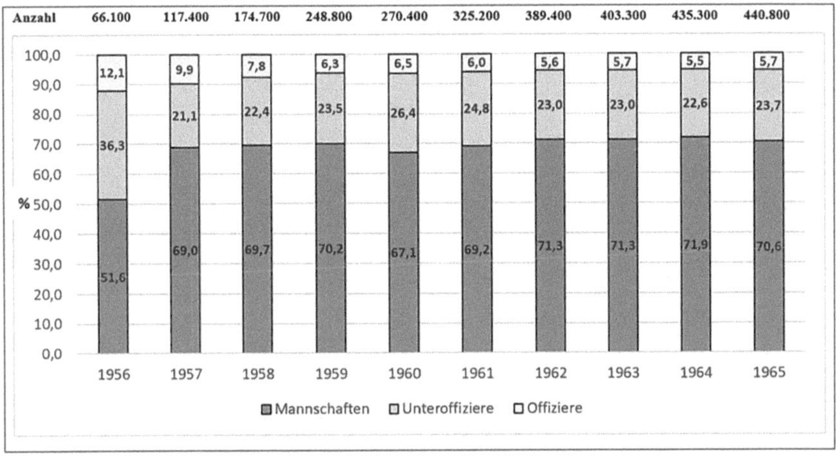

Abb. 1 Entwicklung der Streitkräfte nach Laufbahngruppen (1956–1965). (Anmerkung: Eigene Darstellung. Die Daten stellen eigene Berechnungen dar und beruhen auf den Angaben in MGFA (1975, Anlage 8))

die auch mit einem Verteidigungsbeitrag einhergehen sollte. Dies war, insbesondere so kurz nach dem Zweiten Weltkrieg und den verheerenden Verbrechen der NS-Organisationen und auch von Teilen der Wehrmacht, nicht unumstritten. Die Stimmung drückte sich z. B. im, dem CSU-Politiker Franz-Josef Strauß zugeschriebenen, Satz „Wer noch einmal ein Gewehr in die Hand nehmen will, dem soll die Hand abfallen."[6]

Die *Bundeswehr* wurde 1955 zunächst einmal als Freiwilligenarmee gegründet (Freiwilligengesetz vom 24.07.1955) und die ersten freiwilligen Soldaten wurden am 12. November 1955 ernannt. Am 21.07.1956 beschlossen der Bundestag dann ein Wehrpflichtgesetz und zum 01.04.1957 traten die ersten Wehrpflichtigen der Bundeswehr ihren Dienst an. (Rink 2015) Dies hatte Auswirkungen auf die personelle Zusammensetzung der Streitkräfte, die in ihrer Anfangszeit eine deutlich führungslastige Personalstruktur aufwies, wobei die Aufbauaufgaben und der Ausbildungsbedarf in der neuen Militärorganisation dies durchaus rechtfertigte (Abb. 1).

[6] Strauß bestritt später, als 2. Verteidigungsminister der Bundesrepublik, das Zitat konsequent. Quelle: Spiegel-Archiv online; https://www.spiegel.de/politik/und-von-strauss-a-d7f02bf2-0002-0001-0000-000043160717 [18.11.2025].

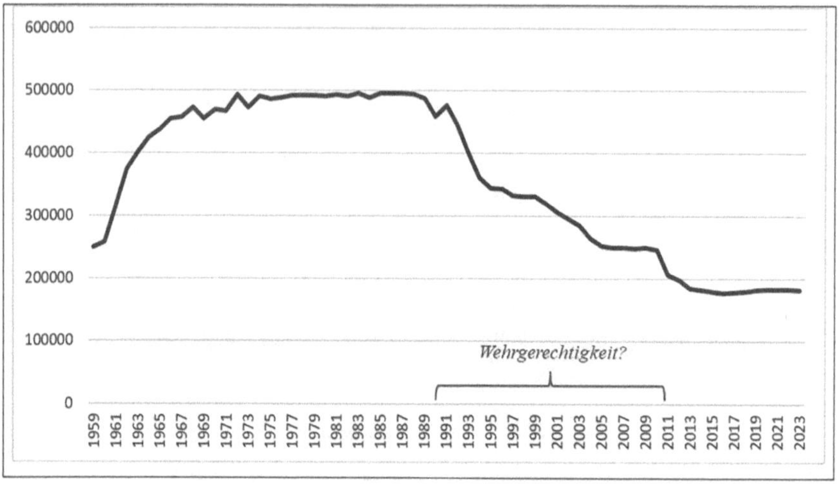

Abb. 2 Entwicklung des Umfangs der Streitkräfte seit 1959. (Anmerkung: Eigene Darstellung. Die Daten beruhen auf der Unterrichtung der Wehrbeauftragten (Deutscher Bundestag 2024))

Bis Mitte der 1960er Jahre passte sich die *Personalstruktur* aufgrund der zunehmenden Anzahl Wehrpflichtiger an und erreichte auch den angestrebten Umfang von über 440.000 Soldaten.[7] Diese Größenordnung der Streitkräfte wurde (zusammen mit der Wehrpflicht) bis zum Ende des Kalten Krieges (1989/1990) aufrechterhalten (Abb. 2).

Trotz Einführung der Wehrpflicht 1957 musste diese selektiv umgesetzt werden, da in der Anfangszeit die Kapazitäten für Einberufung und Ausbildung der Wehrpflichtigen noch nicht zur Verfügung standen. Ende der 1950er Jahre wurde klar, dass die selektive *Einberufungspraxis* ein soziales Problem darstellt, da diese Praxis als ungerecht empfunden wurde. Dies zeigt sich z. B. in einem Schreiben des CDU-Abgeordneten Rainer Barzel an den Verteidigungsminister Strauß im November 1959:

> „Wenn wir z. B. sagen, dass die Bedrohung so gross ist, dass wir eine Bundeswehr auf der Grundlage der allgemeinen Wehrpflicht brauchen, dann wird das auf die Dauer

[7] Die Auseinandersetzung um die Einführung der Wehrpflicht in Deutschland analysiert Meier-Dörnberg (1994) im Detail und kommt zu dem Ergebnis, dass ein Friedensumfang von rund 500.000 Soldaten nur durch die Wehrpflicht sichergestellt werden konnte.

> nur geglaubt werden, wenn unsere Politik adäquat ist, also Wehrpflicht tatsächlich durchführt, nicht nur erfasst, sondern auch mustert und einzieht."[8]

Barzel machte damals den Vorschlag, Wehrpflichtigen einen bevorzugten Zugang zum Erwerb von Bildung (z. B. Studium) zu ermöglichen und so einen Ausgleich zu schaffen. Das Problem der Wehrgerechtigkeit wurde damit aber nicht gelöst. Dies führte dazu, dass in 1960er Jahren versucht wurde, dies durch ein Losverfahren für die wehrpflichtigen jungen Männer in den Griff zu bekommen – was sich als nicht zielführend erwies und rasch wieder eingestellt wurde. Mit dem vollen Aufwuchs der Bundeswehr erschien die Frage der *Wehrgerechtigkeit* dann weniger drängend. Dies änderte sich allerdings mit der Reduktion der Streitkräfte ab Anfang der 1990er Jahre und verschärfte sich zunehmend bis zur Aussetzung der Wehrpflicht im Jahr 2011.

Da die Wehrpflicht (zumindest im Sinne der Wehrerfassung und Musterung) aber aktuell wieder diskutiert wird und auch bereits zu politischem Handeln geführt hat, tritt das Problem der Wehrgerechtigkeit erneut in den Fokus der Aufmerksamkeit. Anders als in den 1950er/1960er Jahren und in den 1990er/2000er Jahren werden nun aber nicht mehr nur organisationale Faktoren der Wehrgerechtigkeit diskutiert (z. B. wie viele junge Männer eingezogen oder gemustert werden sollen), also Bedarf, Struktur, räumliche Dislozierung und Einsatz sowie Kapazitäten des Ausbildungspersonals, der Unterbringung und der Ausrüstung, sondern nun werden auch individuelle und gesellschaftliche Faktoren der Wehrgerechtigkeit zu Disposition gestellt: Geschlechtergerechtigkeit, Generationengerechtigkeit, Tauglichkeit oder Staatsbürgerschaft. Beide Faktorenbereiche werden von der Dauer des Wehrdienstes beeinflusst. Abb. 3 gibt einen Überblick über die Parameter der Wehrgerechtigkeit.

Mit der Diskussion über die Wehrpflicht ist auch die Diskussion über eine allgemeine *Dienstpflicht* (ggf. auch älterer Menschen) in der Mitte der Gesellschaft angekommen. Was hat die Soziologie hierzu beizutragen?

---

[8] ZMSBw online: historische Dokumente; https://zms.bundeswehr.de/de/mediathek/historisches-dokument-ueberlegungen-zur-wehrpflicht-1959-5986140 [18.11.2025].

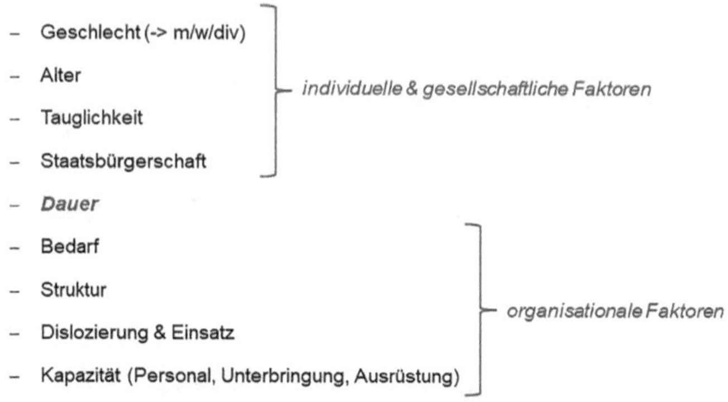

Abb. 3 Parameter der Wehrgerechtigkeit. (Anmerkung: Eigene Darstellung)

4 Dienst und Dienstpflicht: eine soziologische Annäherung

Dienst und Dienen finden weder im aktuellen soziologischen Diskurs noch aus historischer Sicht besondere Beachtung. Franz Oppenheimer fasste in den 1920er Jahren *Dienen als soziologische Kategorie* auf. Für ihn stellte sich Dienst als eine Form der Kooperation in gegenseitigem Konsens hinsichtlich geltender Normen und gesellschaftlicher Regeln dar.

> „Ein derart bewirkter Consensus heißt ‚Kooperation' im weitesten Sinn des Wortes, wo es nicht nur die technisch-gesellschaftswirtschaftliche Gütererzeugung und -verteilung, sondern auch den Austausch aller ‚Dienste' der entgoltenen von Arbeitern, Beamten, Angehörigen freier Berufe usw. und der ‚freien Dienste' umfaßt, die man sich in der den Beziehungen der Liebe, Ehe, Freundschaft, Nachbarschaft Landsmannschaft und Genossenschaft gegenseitig erweist." (Oppenheimer 1926, S. 321)

Dienen als Aspekt der Herrschaftssoziologie erschien als Gegenpol zur Herrschaft, nämlich als „Untertanenschaft oder Dienerschaft." (Oppenheimer 1922, S. 370) Diese wertbasierte Verpflichtung führte in Europa nach Ansicht von Oppenheimer (1926, S. 626) zu einer Übertreibung dahingehend, dass der abstrakte Begriff des Dienens einen Eigenwert erhielt.

Die Begründung einer Dienstpflicht in gesellschaftlichen Werten und Normen findet sich auch im rechtlichen Rahmen der aktuellen Diskussion, dem *Grundgesetz* (GG). Von besonderer Bedeutung sind hier die individuellen Grundrechte:

z. B. körperliche Unversehrtheit (Art. 2), Gewissensfreiheit (Art. 4), Meinungsfreiheit (Art. 5), Freizügigkeit (Art. 11), freie Berufswahl (Art. 12). Diese Grundrechte werden durch eine allgemeine Dienstpflicht oder auch Wehrpflicht eingeschränkt. Eine solche Grundrechtsschranke ist nur aufgrund allgemeiner Gesetze zulässig (Art. 19), hier im GG selbst:

(1) „Männer können vom vollendeten achtzehnten Lebensjahr an zum Dienst in den Streitkräften, im Bundesgrenzschutz oder in einem Zivilschutzverband verpflichtet werden.
(2) Wer aus Gewissensgründen den Kriegsdienst mit der Waffe verweigert, kann zu einem Ersatzdienst verpflichtet werden. […]
(3) Wehrpflichtige, die nicht zu einem Dienst nach Absatz 1 oder 2 herangezogen sind, können im Verteidigungsfalle durch Gesetz oder aufgrund eines Gesetzes zu zivilen Dienstleistungen für Zwecke der Verteidigung […] verpflichtet werden; […]
(4) Kann im Verteidigungsfalle der Bedarf an zivilen Dienstleistungen im zivilen Sanitäts- und Heilwesen sowie in der ortsfesten militärischen Lazarettorganisation nicht auf freiwilliger Grundlage gedeckt werden, so können Frauen vom vollendeten achtzehnten bis zum vollendeten fünfundfünfzigsten Lebensjahr durch Gesetz oder aufgrund eines Gesetzes zu derartigen Dienstleistungen herangezogen werden. Sie dürfen auf keinen Fall zum Dienst mit der Waffe verpflichtet werden.
(5) […] Zur Vorbereitung auf Dienstleistungen nach Absatz 3, für die besondere Kenntnisse oder Fertigkeiten erforderlich sind, kann durch Gesetz oder aufgrund eines Gesetzes die Teilnahme an Ausbildungsveranstaltungen zur Pflicht gemacht werden. Satz 1 findet insoweit keine Anwendung.
(6) Kann im Verteidigungsfalle der Bedarf an Arbeitskräften für die in Absatz 3 Satz 2 genannten Bereiche auf freiwilliger Grundlage nicht gedeckt werden, so kann zur Sicherung dieses Bedarfs die Freiheit der Deutschen, die Ausübung eines Berufs oder den Arbeitsplatz aufzugeben, durch Gesetz oder aufgrund eines Gesetzes eingeschränkt werden. […]“ (12a GG).

Die *Begründung von Dienstpflichten* ist damit an die Wehrpflicht geknüpft, die zwar grundsätzlich Männer betrifft, im Verteidigungsfall können bei Bedarf aber auch Frauen zu Dienstleistungen verpflichtet werden – aber nicht zum Dienst an der Waffe. Die umfassenden Grundrechtsbeschränkungen werden durch die sogenannte Schranken-Schranke in ihrer scheinbaren Unbedingtheit limitiert: Art. 19 GG legt fest, dass Grundrechte nicht in ihrem Kern (Wesensgehalt) angetastet werden dürfen. (Katz und Sander 2019, S. 345 ff.) Trotz Wehrpflicht und möglicher Dienstpflicht bleiben individuelle Grundrechte hohe Güter, die auch in einem Pflichtdienst weitestgehend Beachtung finden müssen. Ganz im Sinne Oppenheimers stellt das GG aufgrund seines Allgemeinverbindlichkeitsanspruchs einen Konsens hinsichtlich geltender Normen dar.

Diese sozialtheoretische Verortung lässt ich in Anschluss an Ferdinand Tönnies und Max Weber hinsichtlich der Aspekte des Dienens im Spannungsverhältnis zwischen Gemeinschaft und Gesellschaft weiter differenzieren. In *Gemeinschaft* (z. B. der katholischen Kirche) ist Dienst als natürliche Teilhabe an einer gegebenen Stelle zu verstehen,[9] der auf Wir-Gefühl, gemeinsame Werte und Glaube eine gemeinschaftsbegründende Wahrheit fußt.

> „Alle Würde muss als besondere und vermehrte Freiheit und Ehre, daher als bestimmte Willenssphäre der Gemeinschaft abgeleitet werden; und so steht ihr gegenüber der Dienst als eine besondere und verminderte Freiheit und Ehre." (Tönnies 2015, S. 18)

Demgegenüber ist in der *Gesellschaft* Dienst eine bewusste Entscheidung dafür oder dagegen, an einer erwählten Position tätig zu werden. Die Begründung hierfür ist der Glaube an die Legalität und Rationalität der Gesellschaft, z. B. hinsichtlich der Staatsverfassung und ihrer Wirkung innerhalb des Staates im Sinne einer „Wehrhaften Demokratie" (Hattke und Kraske 2021). Weber (1992) sieht in diesem Zusammenhang insbesondere das Verantwortungsgefühl als Kern des Dienens:

> „Man kann sagen, dass drei Qualitäten vornehmlich entscheidend sind für den Politiker: Leidenschaft – Verantwortungsgefühl – Augenmaß. Leidenschaft im Sinne von Sachlichkeit: […] Sie macht nicht zum Politiker, wenn sie nicht, als Dienst an der Sache auch die Verantwortlichkeit gegenüber ebendieser Sache zum entscheidenden Leitstern des Handelns macht." (Weber, 1992, S. 167f)

In der *zeitgenössischen Sozialwissenschaft* finden sich Überlegungen zum Thema Dienst und Dienen insbesondere in der Theorie der Sozialen Arbeit. Bei Bauer (2001, S. 50) bezeichnet Dienen „[…] eine Tätigkeit, die primär nicht dem eigenen Interesse nützt, sondern dem eines Anderen oder Anderer." Er unterscheidet Dienst im Sinne eines freiwilligen Handelns (z. B. spontan erwiesene Hilfe) von

[9] So heißt es z. B. im Hochgebet der katholischen Kirche: „Gedenke deiner Kirche auf der ganzen Erde und vollende dein Volk in der Liebe, vereint mit unserem Papst [Namen], unserem Bischof [Namen] und allen Bischöfen, unseren Priestern und Diakonen und mit allen, *die zum Dienst in der Kirche bestellt sind.*" (https://www.eucharistia.org/de/pastoral/hochgebet.html vom 20.11.2025, Hervorh. d. d. Autor].

Dienst als pflichtgemäße Handlung (z. B. Amtshandlung oder Erwerbsarbeit). Eine Besonderheit stellen ‚freiwillige Dienste' dar, die speziell in Gemeinschaftskontexten vielfach gar nicht freiwillige erfolgen, sondern aufgrund hoher sozialer Kontrolle ausgeführt werden (müssen). Es lässt sich nun eine Systematik des Dienens nach heutiger Auffassung ableiten:

- *Freiwilligkeit* (als zeitlich begrenzter Dienst aufgrund bewusster Entscheidung dafür, einer spezifischen unentgeltlichen Tätigkeit nachzugehen, z. B. Volunteer bei einer Sportveranstaltung, Essensausgabe bei einer Tafel).
- *Ehrenamt* (als ehrenamtlicher Dienst aufgrund bewusster Entscheidung dafür, länger an einer erwählten Position unentgeltlich tätig zu werden, z. B. Trainer im Sportverein, Mitglied im Gemeinderat).
- *Beruf* (als Tätigkeit mit dem Ziel der Erzielung eines Erwerbseinkommens, entweder abhängig beschäftigt in einem Arbeits-, bzw. Dienstverhältnis oder als Selbstständiger).
- *Dienstpflicht* (als gesetzliche Pflicht für eine begrenzte Zeit eine Position/ Tätigkeit wahrzunehmen, i.d.R gegen Entgelt).

Hiervon ist die *Berufung* als eine Form gesteigerten Dienstempfindens zu unterscheiden, deren Basis eine innere Verpflichtung mit religiöser oder moralischer Begründung ist. Ein Aspekt der Handlungsmotivation ist vielfach Zeugnis ablegen, also das Legitimieren einer inneren Überzeugung durch sichtbares soziales Handeln. Dies ist von Unhinterfragbarkeit der Legitimität aufgrund unmittelbaren, inneren Erlebens (z. B. Erleuchtung) bestimmt und dem sozialen Diskurs entzogen. Ein Dienst aufgrund von Berufung ist somit als eine spezifische, übersteigerte Form des Dienstes im soziologischen Sinn zu verstehen, da hier die Exklusivität und soziale Schließung der Gemeinschaft in besonderem Maß betont wird. Vor dieser übertriebenen Form der Dienstauffassung hatte bereits Oppenheimer (1926) gewarnt. Dies lässt sich auch auf den Wehrdienst anwenden. Zur Verhinderung der Überidentifikation mit dem Militärischen wurde die Bundeswehr von Beginn an mit dem Konzept der Inneren Führung mit demokratiefördernden Elementen ausgestattet, um die Sozialisation der Soldatinnen und Soldaten in ihrem Wehrdienst hin zu Staatsbürgern in Uniform zu unterstützen.[10] Grundlage des Dienstes kann dabei sowohl eine (temporäre oder dauerhafte) Berufsorientierung als auch eine Dienstpflicht im Sinne der Wehrpflicht sein.

---

[10] Vgl. hierzu den aktuellen Sammelband zur militärischen Sozialisation (Elbe et al. 2025).

5 Wehrpflicht und die zivil-militärischen Beziehungen

Die *Wehrstruktur,* und damit die Frage nach der Organisation der Streitkräfte als Wehrpflicht- oder Freiwilligenarmee, ist ein zentrales Element im Verhältnis zwischen den Staatsbürgern und ihrem Militär. Neben den Aspekten der Rekrutierung von Soldatinnen und Soldaten (als Teil des Wehrsystems) ist die verfassungsrechtliche Grundlegung der Pflichten, die diesbezüglich den Staatsbürgern auferlegt werden (als Komponente der Wehrverfassung, wie sie oben bereits besprochen wurde) ein wichtiger Regelungsgegenstand in den zivil-militärischen Beziehungen. (Werkner 2023) Prinzipiell werden die Steuerpflicht, die Schulpflicht und die Wehrpflicht als die drei grundlegenden *Staatsbürgerpflichten* angesehen. (Schmidt 1999) Als Pflicht wird dabei eine Freiheitsbeschränkung verstanden, die eine Handlung erfordert und zur Aufrechterhaltung des Gemeinwesens notwendig ist. Insbesondere zur kollektiven Gefahrenabwehr waren – aus historischer Sicht – Bürgerpflichten wahrzunehmen, so z. B. die Beteiligung bei der Pflichtfeuerwehr oder die Verteidigung der Stadt.[11] Nach Weber (1990, S. 757) waren „Zusammenschlüsse der wehrhaften Schichten der Städte" im Okzident konstitutiv für ihre Verselbständigung. Der Bürger wird zum Spießbürger, der verpflichtet ist, zur Verteidigung des kollektiven Besitzes beizutragen.[12] Was bereits für die mittelalterliche Stadt gilt wird neben der religiösen und gesellschaftlichen Rationalisierung zu einem der Grundpfeiler der Entwicklung hin zur Moderne, der Disziplinierung breiter Teile der Gesellschaft durch die Bindung an das Militär.[13] (Weber 1990, S. 681 ff.) Dass Haus- und Grundbesitz die Teilnahme an Verteidigungsbemühungen (Landfolgepflicht) begründeten war aber keine Besonderheit der Städte im Spätmittelalter und der frühen Neuzeit, sondern galt für weite Landesteile in den deutschen Herrschaftsgebieten. (Schnitter 1994, S. 31) Dies änderte sich in den napoleonischen Kriegen: die Bindung der Wehrpflicht an

[11] Für beide scheint das Feuerwehrparadoxon zu gelten: Wenn es nicht brennt erscheint die Feuerwehr als fast nutzloser Kostenfaktor, wenn es aber brennt, kann es gar nicht schnell genug gehen und es sollte mehr sein. Das gilt auch für das Militär – wenn der Frieden erhalten werden soll, dann muss beizeiten in das Militär investiert werden: si vis pacem para bellum. (Elbe 2022)

[12] Auch Kant (1795) lehnte in seinem berühmten Buch „Zum ewigen Frieden" zwar die stehenden Heere der Fürsten ab, sah aber zugleich die Wehrpflicht als Bürgerpflicht.

[13] Einige frühe Vertreter der Soziologe vertraten eine Inkompatibilitätsthese (Unvereinbarkeit der industriellen Gesellschaft mit dem Militär), z. B. Auguste Comte oder Herbert Spencer; andere wie Friedrich Engels befürworteten eine möglichst breite Wehrpflicht, um die Arbeiterschaft militärisch zu schulen. (Hagen und Biehl 2023)

den Besitz wurde aufgehoben. Dies drückt sich auch in einem, dem Militärtheoretiker Scharnhorst zugeschriebenen Satz ‚alle Bürger eines Staates sind geborene Verteidiger desselben‘ aus. Die grundlegende Problematik in der Diskussion um die dauerhafte Tragfähigkeit der Wehrpflicht in der Moderne sah Weber (1990, S. 686) allerdings bereits vor 100 Jahren: „Ob im Zeitalter der Maschinenkriege die exklusive Herrschaft der allgemeinen Dienstpflicht das letzte Wort bleiben wird, steht dahin.“ Und die Diskussion hält an: Durch die Rückbesinnung auf die Landes- und Bündnisverteidigung und dem dafür notwendigen Streitkräfteumfang wird nun zum zweiten Mal in der Geschichte der Bundesrepublik über die Wiedereinführung der Wehrpflicht diskutiert. (Werkner 2025).

In der *Militärsoziologie* reicht diese Diskussion bis in die 1950er Jahre zurück, wobei Samuel Huntington (1998) die individuelle Freiheit (und auf dieser Grundlage die Freiwilligkeit) betonte und Janowitz (2017) den Militärdienst als republikanische (Staatsbürger-) Pflicht) ansah. Für die Diskussion erreichte der Ansatz von Charles Moskos besonderer Bedeutung. Moskos (1977, 1982) geht davon aus, dass sich die westlichen Streitkräfte von einem Organisationformat, das vorwiegend institutionell orientiert ist (Institution), zunehmend entfernt und hin zu einem berufsorientierten Format entwickelt hätten (Occupation). Dieses *I/O-Modell* wurde vor dem Hintergrund der Umwandlung des US-Militärs in eine freiwillige Truppe (nach dem Vietnam-Krieg) entwickelt und ist zu einem Bezugsrahmen für die militärsoziologische Konzeption des Militärberufs wie auch der Militärorganisation geworden. Moskos geht bei diesem Übergang von einem Organisationsprinzip (Zwangsmitgliedschaft) zu einem anderen (freiwillige Mitgliedschaft) davon aus, dass es sich um Idealtypen handelt, die in dieser Reinheit in der Realität nicht anzutreffen sind, aber sehr wohl empirisch feststellbare Ausprägungen in spezifischen Armeen (z. B. der Bundeswehr) haben, die damit dem einen oder anderen Modell stärker entsprechen. Section 1 fasst die zentralen Merkmale des I/O-Modells zusammen.

Mit diesem Modell führte Moskos ein dynamisches Konzept des militärischen Berufs ein, das umfassende Forschung inspirierte, aber auch Kritik hervorrief, allerdings wurde die Diskussion aus Professions- und Effizienzsicht hinsichtlich der Organisationsstruktur geführt und weniger in Bezug auf die demografische Entwicklung und den Personalbedarf aufgrund der (empfundenen) Bedrohungslage.[14]

[14] Einen aktuellen Überblick zur Diskussion von Wehrpflicht und zivil-militärischen Beziehungen in Deutschland liefert Werkner (2025), ein internationaler Vergleich zur Wehrpflichtsystemen findet sich bei Szvircsev Tresch et al. (2025). Zum Stand der Debatte um die Wehrpflicht vor deren Aussetzung 2011 vgl. Werkner (2004) sowie Malešič (2003).

Tab. 1 Institution vs. Occupation

Variable	Institution	Occupation
Legitimation	Dienst, Pflicht, Ehre, Vaterland	Marktwirtschaftliche Kriterien
Rollenbezug	Auf die Organisation gerichtet	Der eigenen beruflichen Entwicklung verpflichtet
Entlohnung	Viele nicht materielle Leistungen	Entlohnung (Beitrags-Leistungs- Prinzip)
Bezahlung	Nach Rang und Bedürfnissen	Kontrakts- und qualifikationsbezogen
Unterbringung	Arbeitsplatz und Unterkunft sind identisch (Kasernierung)	Trennung von Arbeitsplatz und Unterkunft
Lebensgefährte/ Ehepartner	im sozialen Feld des Militärs integriert	Unabhängig vom Militär
Wertschätzung der Gesellschaft	Aufgrund soldatischer Opferbereitschaft	Abhängig von Einkommen und sozialem Status (Rang)
Sozialisation	Umfassende Sozialisation in Gesellschaft und Organisation	Nur organisationale Sozialisationseffekte

Anmerkung: Eigene Darstellung (in Anlehnung an Moskos 1982, S. 200).

Die *zivil-militärischen Beziehung*en werden aber nicht primär durch den wissenschaftlichen Diskurs in der Militärsoziologie geprägt, sondern durch die Diskussion in den Medien und der Gesellschaft. Hierauf versuchen interessierte Akteure Einfluss zu nehmen, so z. B. aus der Friedens- und Konfliktforschung (vgl. beispielsweise die Studie der Informationsstelle für Militarisierung: Welsch 2024), aus der Friedensbewegung (z. B. die Stellungnahme des Darmstädter Signals)[15] und der Kirchen. So hat für die Katholische Kirche in Deutschland die Bischofskonferenz folgende zentralen Punkte in Bezug auf eine Wiedereinführung der Wehrpflicht formuliert:

- „In freiheitlichen Demokratien beruht gesellschaftliches Engagement in erster Linie auf dem Prinzip der Freiwilligkeit. […]

[15] https://darmstaedter-signal.de/meldungen/sicherheitspolitische-stellungnahme-des-arbeitskreises-darmstaedter-signal-zu-den-themen-wehrpflicht-kampfdrohnen-und-rechtsextremismus-vom-16-juli-2020/ [19.11.2025].

- [...] Wir setzen uns daher dafür ein, dass alle jungen Menschen einen Rechtsanspruch auf Förderung eines Freiwilligendienstes erhalten. Freiwilligendienste – wie auch der Wehrdienst – müssen angemessen finanziert und entlohnt werden. [...]
- Mit Blick auf den Wehrdienst empfehlen wir, sich am schwedischen Modell zu orientieren, wie es der Gesetzentwurf der Regierung grundsätzlich vorsieht. [...]
- Eine mögliche Wehrpflicht muss in angemessener Weise die Geschlechtergerechtigkeit berücksichtigen. [...]
- Das Recht auf Kriegsdienstverweigerung – gerade in einem möglichen Spannungs-, Bündnis- oder Verteidigungsfall – muss ungeschmälert erhalten werden. [...]" (Deutsche Bischofskonferenz 2025, S. 10)

In der Diskussion gibt es zwar auch kritische Stimmen zur Wiedereinführung einer Wehrpflicht (z. B. Richter 2025b), aber eben auch Positionen, die dies als einen durchaus gangbaren Weg sehen, um die Verteidigungsbereitschaft Deutschlands sicher zu stellen. Damit scheinen sowohl die Einschätzung in der Bevölkerung, wie sie oben aufgrund von Studienergebnissen dargestellt wurde als auch der gesellschaftliche Austausch hierrüber eine grundsätzliche Aufgeschlossenheit und Bereitschaft hinsichtlich des Wehrdienstes zu reflektieren, auch wenn in den Medien vielfach ein anderes Bild vermittelt wird.

6 Wehrpflicht und das Berufsfeld Militärsoziologie

In diesem Artikel wurde der Frage nach dem Dienst an der Gesellschaft in Hinblick auf eine mögliche Wiedereinführung der Wehrpflicht in Deutschland nachgegangen. Ansatzpunkt der Analyse war eine soziologische (genauer: militärsoziologische) Perspektive.

Hierbei wurde deutlich, was die Militärsoziologie als *Berufsfeld* ausmacht. Es geht darum Analysen zu konkreten gesellschaftlichen Problemen im Kontext des Militärs (als Institution zur Androhung und Anwendung kollektiver Gewalt) für drei Zielgruppen bereit zu stellen: eine interessierte Öffentlichkeit (z. B. Medien, Interessenvertreter), die Wissenschaft und das Militär selbst. Die Spitzenorganisation des Militärs (das BMVg) ist in Deutschland der primäre Bedarfsträger, der militärsoziologische Studien beauftragt und hierfür Kapazitäten in einem militärhistorisch-sozialwissenschaftlichen Forschungsinstitut (ZMSBw) bereithält. An Hochschulen und Universität in Deutschland spielt Militärsoziologie so gut wie keine Rolle, ebenso wenig in den soziologischen Vereinigungen.

Die Soziologie in Deutschland ignoriert diesen gesellschaftlich wichtigen Bereich weitgehend.[16] Die Militärsoziologie ist eine stark empirisch ausgerichtete Teildisziplin (Elbe et al. 2021), die auf der einen Seite Studienergebnisse als Politikberatung für die jeweiligen Bedarfsträger (nationale Verteidigungsministerien oder die NATO) erzeugt und auf der anderen Seite diese in einer international ausgerichteten Wissenschaftscommunity reflektiert und theoretisch fundiert.[17]

Hier zeigt sich, dass die Personalprobleme international (d. h. in den demokratischen Staaten) vielfach ähnlich gelagert sind und auch zu ähnlichen Lösungen zu bestimmten Zeiten führen (Malešič 2003; Szvircsev Tresch et al. 2025). In Bezug auf die Wehrdienst-Debatte heißt dies: Während die Zeit nach Ende des Kalten Krieges von einem Übergang vieler Staaten zu einer Freiwilligenarmee geprägt war, ist nun auch international vielfach eine Tendenz zur Rückkehr zur Wehrpflicht festzustellen.

Literatur

APuZ – Aus Politik und Zeitgeschichte (2011). Wehrpflicht und Zivildienst. Beilage zur Wochenzeitung Das Parlament. 61(48).

Bauer, R. (2001). *Personenbezogene Soziale Dienstleistungen. Begriff, Qualität und Zukunft.* Westdeutscher Verlag.

Bundesregierung (2023). *Wehrhaft. Resilient. Nachhaltig. Integrierte Sicherheit für Deutschland. Nationale Sicherheitsstrategie.* Auswertiges Amt.

Deutscher Bundestag (2024). *Unterrichtung durch die Wehrbeauftragte.* Jahresbericht 2023. Drucksache 20/15000. Bundesanzeiger.

Deutsche Bischofskonferenz (2025). *Erklärung der Deutschen Bischofskonferenz zur Debatte um den Wehrdienst.* Pressemitteilung 167. [https://www.dbk.de/presse/aktuelles/meldung/erklaerung-der-deutschen-bischofskonferenz-zur-debatte-um-den-wehrdienst vom 28.10.2025]

---

[16] So gibt es keine Arbeitsgruppe oder Sektion zur Militärsoziologie in der DGS und auch keine Fachgruppe im BSiD. An Hochschulen in Deutschland gibt es keine Professur für Militärsoziologie und vielfach wird jede militärbezogene Forschung abgelehnt. Zahlreichen Hochschulen in Deutschland haben formale Zivilklauseln beschlossen, die dazu führen, dass jegliche militärische Forschung abgelehnt wird. In Bayern wurde diese Praxis 2024 verboten. (Gillmann 2025)

[17] Für den deutschsprachigen Raum erfolgt dies insbesondere im Rahmen des Arbeitskreis Militär und Sozialwissenschaften (AMS e.V.) sowie über regelmäßige DACH-Treffen (mit Teilnehmern aus Deutschland, Österreich und der Schweiz). Darüber hinaus findet internationaler Austausch im Rahmen der International Sociological Assoziation (ISA), der European Research Group on Military and Society (ERGOMAS), dem International University Seminar (IUS) in USA und der Wissenschaftsorganisation der NATO statt.

Elbe, M. (2022). Philosophie des Militärs: Probleme und Konzepte. In M. Elbe, (Hrsg.), Philosophie des Militärs (S. 3–34). Band 54 Militär und Sozialwissenschaften. Springer VS,

Elbe, M., Biehl, H. & Steinbrecher, M. (2021) (Hrsg.). *Empirische Sozialforschung in den Streitkräften. Positionen, Erfahrungen, Kontroversen.* Berliner Wissenschaftsverlag.

Elbe, M., Kümmel, G. & Steinbrecher, M. (2025) (Hrsg.). *Militärische Sozialisation. Anpassungsprozesse zwischen Militär und Gesellschaft.* Band 59 Militär und Sozialwissenschaften, hrsg. vom AMS. Springer VS.

Gillmann, B. (2025). Forderung nach Militärforschung bringt Hochschulen in Bedrängnis. In *Handelsblatt online* vom 25.01.2025. [https://www.handelsblatt.com/politik/deutschland/innovation-forderung-nach-militaerforschung-bringt-hochschulen-in-bedraengnis/100099122.html vom 22.01.2025].

GG – *Grundgesetz für die Bundesrepublik Deutschland.* [https://www.gesetze-im-internet.de/gg/index.html vom 18.11.2025]

Graf, T. (2025). *Deutschland in der militärischen Führungsrolle? Sicherheits- und verteidigungspolitisches Meinungsbild in der Bundesrepublik Deutschland 2025.* Forschungsbericht 139. ZMSBw.

Hagen, U. v./Biehl, H. (2023). Zivil-militärische Beziehungen. In: N. Leonhard & I.-J. Werkner (Hrsg.), *Militärsoziologie – Eine Einführung.* 3. Aufl. Springer VS, S. 27–62.

Hattke, E., & Kraske, M. (2021). *Demokratie braucht Rückgrat: Wie wir unsere offene Gesellschaft verteidigen.* Ullstein.

Huntington, S. (1998). *The Soldier and the State. The Theory and Politics of Civil-Military Relations.* Belknap.

Janowitz, M. (2017). *The Professional Soldier. A Social and Political Portrait.* Free Press.

Kant, I. (1795). *Zum ewigen Frieden. Ein philosophischer Entwurf.* Friedrich Nicolovius.

Katz, A., % Sander, G. (2019). *Staatsrecht. Grundlagen, Staatsorganisation,* Grundrechte. 19. Aufl. Müller.

Malešič, M. (2003) (Hrsg.). *Conscription vs. All-Volunteer Forrces in Europe.* Band 33 Militär und Sozialwissenschaften. Nomos.

Meier-Dörnberg, W. (1994). Die Auseinandersetzung um die Einführung der Wehrpflicht in der Bundesrepublik Deutschland. In R. G. Foerster (Hrsg.), *Die Wehrpflicht. Entstehung, Erscheinungsformen und politisch-militärische Wirkung* (S. 107–118). De Gruyter.

MGFA – Militärgeschichtliches Forschungsamt (1975). *Verteidigung im Bündnis. Planung, Aufbau und Bewährung der Bundeswehr 1950–1972.* Bernard und Graefe.

Moskos, C. (1977). From Institution to Occupation: Trends in Military Organization. In *Armed Forces & Society*, 4 (1), S. 41–50.

Moskos, C. (1982). „Institution" versus „Occupation" – Gegensätzliche Modelle militärischer Sozialisation. In: Zoll, R. (Hrsg.): Sicherheit und Militär. Genese, Struktur und Wandel von Meinungsbildern in Militär und Gesellschaft. Ergebnisse und Analyseansätze im internationalen Vergleich. Westdeutscher Verlag, S. 199–211.

Oppenheimer, F. (1922). *System der Soziologie.* Erster Band: Allgemeine Soziologie. Erster Halbband: Grundlegung. Gustav Fischer.

Oppenheimer, F. (1926). *System der Soziologie.* Zweiter Band: Der Staat. Gustav Fischer.

Richter, G. (2025a). *Dialoge über Wehrpflicht. Einführung in eine aktuelle Debatte.* Miles.

Richter, G. (2025b). Die Attraktivität der Bundeswehr als Arbeitgeber – Binnen- und Außenperspektive. In M. Kawik (Hrsg.), Beschäftigte des öffentlichen Dienstes im Spiegel der Gesellschaft. Tagungsband zum 3. Mannheimer Forum für Personalmanagement (S. 67–80). r.v.decker.

Rink, M. (2015). *Die Bundeswehr 1950/55 – 1989.* De Gruyter.

Schmidt, I. (1999). *Grundpflichten.* Nomos.

Schnitter, H. (1994). Die überlieferte Defensionspflicht. Vorformen der allgemeinen Wehrpflicht in Deutschland. In R. G. Foerster (Hrsg.), Die Wehrpflicht. Entstehung, Erscheinungsformen und politisch-militärische Wirkung (S. 29–37). De Gruyter.

Szvircsev Tresch, T., Česnuitytė, V., Kasearu, K., Sederholm, T., & Österberg, J. (2025) (Hrsg.). *Conscription as Subject of National Security. Comparative Perspective in Europe at the Beginning of the 21st Century.* Militär und Sozialwissenschaften Band 58. Springer VS.

Tönnies, F. (2015). *Gemeinschaft und Gesellschaft. Grundbegriffe der reinen Soziologie.* Nachdruck der 4./5. Aufl. London: FB.

Weber, M. (1990). *Wirtschaft und Gesellschaft. Grundriss der verstehenden Soziologie.* 5. Aufl. Studienausgabe. Mohr.

Weber, M. (1992). Der Beruf zur Politik. In ders., *Soziologie Universalgeschichtliche Analysen Politik* (S. 167–185). Kröner,.

Welsch, R. (2024). *(K)ein Dienst für Deutschland? Überblick über die Wehrpflichtdebatte.* IMI-Studie 2024/5. [https://www.imi-online.de/download/IMI-Studie2024-5-Wehrdienst.pdf vom 19.11.2025].

Werkner, I.-J. (2004) (Hrsg.). *Die Wehrpflicht und ihre Hintergründe. Sozialwissenschaftliche Beiträge zur aktuellen Debatte.* VS Verlag.

Werkner, I.-J. (2023).Wehrsysteme. In: N. Leonhard, N., & I.-J. Werkner (Hrsg.), Militärsoziologie – Eine Einführung (S. 85–111). 3. Aufl. Springer VS.

Werkner, I.-J. (2025) (Hrsg.). *Debatten um die Wehrpflicht. Friedensethik nach der Zeitenwende*, Band 2. Springer VS.

Wetzels, P., Richter, T., Brettfeld, K. & Kleinschnittger, J. (2025). Freiwillige vor? Was die Deutschen von einer neuen Dienst- oder Wehrpflicht halten. *UHH MOTRA Spotlight* No. 15. Hamburg: Universität Hamburg. [https://doi.org/10.25592/uhhfdm.18028 online zugänglich auch unter: https://www.jura.uni-hamburg.de/die-fakultaet/professuren/kriminologie/aktuelle-mitteilungen/20251013-spotlight-15.html vom 19.11.2025].

Martin Elbe, Prof. Dr., Dipl.-Kfm., Dipl.-Soziologe, Projektleiter am Zentrum für Militärgeschichte und Sozialwissenschaften der Bundeswehr. Arbeitsschwerpunkte Militärsoziologie und Sozialpsychologie (Personal, Organisation, Gesundheit, Sport, Konflikt und Gewalt) sowie Forschungsmethodologie (Empirische Sozialforschung, Organisationdiagnose, Verstehen). Aktuelle Publikation: Elbe, M., Kümmel, G., & Steinbrecher, M. (Hrsg) (2025). Militärische Sozialisation. Anpassungsprozesse zwischen Militär und Gesellschaft. Wiesbaden: Springer VS. https://doi.org/10.1007/978-3-658-49207-6.

The Smart Migrant – Die Schwierigkeit, dem Fachkräftemangel mit einer Work-and-Stay-Agentur zu begegnen

Nicole Köck

1 The Smart Migrant

Wer sich mit Migration beschäftigt, kommt kaum umhin, sich mit Fragen von Inklusion und Exklusion, von Vergemeinschaftung und Abgrenzung sowie mit den Optionen von Universalismus und Partikularismus auseinanderzusetzen. Migration berührt ein Grundproblem soziologischen Denkens: das Verhältnis von „Wir" und „den Anderen" (vgl. Beck-Gernsheim 2007, S. 206). Wer gehört dazu?, wer nicht? und vor allem unter welchen Bedingungen wird aus einer rechtlich erlaubten Anwesenheit die Zugehörigkeit zu einer politischen Vergemeinschaftung? Diese Frage stellt sich mit besonderer Schärfe dort, wo Migration nicht ausschließlich unter dem Vorzeichen von Flucht oder humanitärer Schutzbedürftigkeit, sondern als Erwerbsmigration erscheint. Hier verschiebt sich die Perspektive: Nicht mehr nur die Migrantinnen und Migranten bewerben sich um einen Zugang zu einem Land. Unter der Bedingung des Fachkräftemangels (vgl. aktuell Hohendanner et al. 2025) bewerben sich auch Staaten und Volkswirtschaften um mobile Arbeitskräfte.

Vor diesem Hintergrund lässt sich ein Migranten(-ideal)typus im Weberschen Sinn bestimmen, der im Folgenden als Smart Migrant bezeichnet werden soll. Der Begriff meint keinen moralisch ausgezeichneten oder überlegenen

Die Autorin schreibt in persönlicher wissenschaftlicher Verantwortung. Die Ausführungen geben nicht notwendigerweise die Position ihrer Behörde wieder.

N. Köck (✉)
Frankfurt am Main, Deutschland
E-Mail: nicole.koeck-maier@arbeitsagentur.de

B. Blättel-Mink et al. (Hrsg.), *Potenziale soziologischer Praxis*, Sozialwissenschaften und Berufspraxis,
https://doi.org/10.1007/978-3-658-51996-4_7

Akteur, sondern eine analytische Figur. Darunter soll eine Abstraktion der Empirie verstanden werden, die Migration als strategische Option innerhalb eines internationalen Möglichkeitsraums erkennt. Der Smart Migrant, der typischerweise materiell versorgt aufgewachsen und gut ausgebildet ist und sich durch seine Ambition auszeichnet, vergleicht Zielländer, wägt institutionelle Arrangements gegeneinander ab. Er entscheidet nicht nur nach der Verfügbarkeit eines Arbeitsplatzes, sondern auch nach der Qualität des gesamten Migrationspfades. Dauer und Berechenbarkeit der Visaverfahren, Transparenz der Zuständigkeiten, Anerkennung von Berufsabschlüssen, Zugang zu Sprachkursen, Wohnungsmarkt, Kinderbetreuung, berufliche Aufstiegschancen des Partners oder der Partnerin sowie die Frage, ob Zugehörigkeit im Alltag eher ermöglicht oder eher erschwert wird. Diese Figur ist für die Analyse gegenwärtiger Erwerbsmigration ertragreich, denn sie macht sichtbar, dass sich moderne Einwanderungsgesellschaften zwar fragen müssen, ob sie Einwanderung rechtlich erlauben, aber auch ob sie für mobile Fachkräfte tatsächlich attraktiv sind.

Im Koalitionsvertrag „Verantwortung für Deutschland“ (Koalitionsvertrag 2025, S. 14), der zwischen CDU/CSU und SPD geschlossen wurde, wird unter der Überschrift „Arbeit und Soziales“ die Einrichtung einer digitalen Agentur für Fachkräfteeinwanderung angekündigt, einer sogenannten Work-and-Stay-Agentur.

Bereits die Benennung ist aufschlussreich. Sie signalisiert, dass sich das Problem nicht auf den Zugang zur Erwerbsarbeit beschränkt. Sie nimmt nicht nur den Weg zum Work in den Blick, sondern auch das Stay, also den Verbleib in Deutschland. Hier liegt die Pointe des Smart-Migrant-Begriffs: Für strategisch mobile Fachkräfte ist der Erfolg von Migration nicht mit der Erteilung eines Visums oder der Unterzeichnung eines Arbeitsvertrags erreicht. Entscheidend ist vielmehr, ob sich der gesamte Prozess – vom ersten Kontakt mit deutschen Behörden über den Einstieg in den Arbeitsmarkt bis hin zur Lebenswelt (Habermas) – als rational, zuverlässig und zumutbar darstellt. Er kalkuliert Übergänge, Friktionen und Folgekosten. Er fragt nicht nur Bekomme ich einen Arbeitsplatz?, sondern auch: Wie schnell kann ich einreisen? Wie hoch ist die Unsicherheit des Verfahrens? Wie transferierbar sind meine Qualifikationen? Welche Sprachinvestitionen sind notwendig? Was geschieht mit meinen mitreisenden Familienangehörigen? Wie gut sind die Betreuungs- und Bildungsangebote für meine Kinder? Und vor allem: Wie wahrscheinlich ist es, dass sich aus einer Erwerbschance eine neue Heimat ergibt?

Am Smart Migrant wird deutlich, dass jede administrativ gelingende Einreise nur dann nachhaltig auf die Minderung des Fachkräftemangels – die Bundesagentur strebt eine Netto-Zuwanderung von 400.000 Personen pro Jahr an – einzahlt (Fuchs et al. 2021, S. 10), wenn die Übergänge gut gemanaged werden können. Eine beschleunigte Visaerteilung nützt wenig, wenn anschließend die Anerkennung stockt oder kein bezahlbarer Wohnraum zur Verfügung steht.

Der vorliegende Beitrag geht daher der Frage nach, ob und inwieweit die angekündigte Work-and-Stay-Agentur geeignet ist, Deutschland für den Smart Migrant interessant zu machen. Dazu werden zunächst der Koalitionsvertrag und das Eckpunktepapier zum Aufbau der Agentur betrachtet. Anschließend werden strukturelle Hindernisse der Erwerbsmigration nach Deutschland analysiert: die Verwaltungskultur, die Selektionsmuster am Arbeitsmarkt, das „differentialistische" Deutungsmuster, die berufsfachliche Verfasstheit des Arbeitsmarktes, die Geschlechterordnung sowie die Fragmentierung des Spracherwerbs. Die leitende These lautet, dass Digitalisierung und Zentralisierung zwar wichtige Bedingungen für die Erwerbsmigration sind, dass der Erfolg der Work-and-Stay-Agentur jedoch daran hängt, ob Deutschland auch aus der Perspektive des Smart Migrant als verlässlicher, anschlussfähiger und lebensweltlich tragfähiger Einwanderungskontext erscheint.

2 Die Work-and-Stay-Agentur

Den folgenden Ausführungen liegen zwei Dokumente zugrunde: der Koalitionsvertrag „Verantwortung für Deutschland" (Bundesregierung 2025a) und das Eckpunktepapier für den Aufbau einer Work-and-Stay-Agentur zur Fachkräfteeinwanderung (Bundesregierung 2025b). Während der Koalitionsvertrag die Agentur erstmals ankündigt, konkretisiert das Eckpunktepapier die Richtung des Vorhabens.

2.1 Der Koalitionsvertrag

Im Koalitionsvertrag wird die Work-and-Stay-Agentur als Teil eines größeren arbeitsmarkt- und wirtschaftspolitischen Programms eingeführt. Deutschland braucht, so die Koalitionsvereinbarung, „qualifizierte Einwanderung" (Bundesregierung 2025a, S. 14). Diese Formulierung ist bemerkenswert doppeldeutig. Sie bezieht sich erstens auf die Qualifikationen der Einwandernden, zweitens aber auch auf die Qualität des Einwanderungsprozesses selbst. Nicht nur die Migrantinnen und Migranten sollen qualifiziert sein, auch die Verfahren, durch die sie nach Deutschland kommen, sollen gewisse Standards der Kohärenz erfüllen. Im Hintergrund steht damit ein stilles Eingeständnis: Der bisherige Migrationspfad ist aus Sicht der Regierung nicht hinreichend qualifiziert, also nicht hinreichend rational.

An dieser Stelle wird die Perspektive des idealtypischen Smart Migrant analytisch fruchtbar. Für einen Akteur, der zwischen mehreren Zielländern vergleichen kann, ist nicht allein entscheidend, ob Deutschland einen Bedarf an Arbeitskräften hat. Von Bedeutung ist vielmehr, wie sich dieser Bedarf institutionell zeigt. Ein Land kann über Fachkräftemangel klagen und zugleich durch seine Verfahren signalisieren, dass es international mobile Arbeitskräfte eher misstrauisch, sozusagen „under suspicion", betrachtet. Die Attraktivität des Ziellandes bemisst sich für den Smart Migrant nicht am politischen Bekenntnis zur Zuwanderung, sondern an der Qualität der institutionellen Übersetzung.

Der Koalitionsvertrag benennt daher explizit den Abbau bürokratischer Hürden, die „konsequente Digitalisierung, Zentralisierung und eine beschleunigte Anerkennung der Berufsqualifikationen" (Koalitionsvertrag 2025, S. 14f). Damit werden jene Punkte adressiert, die im internationalen Vergleich über Attraktivität entscheiden können: Zeit, Planbarkeit, Transparenz und Anschlussfähigkeit.

Bemerkenswert ist darüber hinaus, dass der Vertrag nicht nur die Arbeitsaufnahme, sondern das Bleiben, das Stay in den Blick nimmt. Wer von Work-and-Stay spricht, räumt ein, dass ein Arbeitsplatz allein den Verbleib in Deutschland nicht garantiert. Das ist für die Analyse zentral. Denn ein Smart Migrant entscheidet nicht nur über eine Einreise, sondern über die Verlagerung eines Lebensmittelpunktes. Ein solcher Schritt setzt institutionelle Verlässlichkeit ebenso voraus wie die Erreichbarkeit des Zieles der lebensweltlichen Einwurzelung.

Hier zeigt sich jedoch die Grenze administrativer Steuerung. Der Work-Aspekt – also Visum, Anerkennung, Arbeitssuche, Arbeitsaufnahme – lässt sich vergleichsweise gut standardisieren. Der Stay-Aspekt ist erheblich voraussetzungsvoller. Er betrifft nicht bloß Wohnraum, Kinderbetreuung oder den Erwerb von Deutschkenntnissen allein, sondern auch all jene Fragen, die sich institutionell nur begrenzt programmieren lassen, nämlich soziale Beziehungen, ein kollegiales Schulterklopfen, das Gefühl, gewollt zu sein, und die Möglichkeit, aus einer formal erlaubten Anwesenheit eine subjektiv wertvolle Zukunftsperspektive zu gestalten. In diesem Sinn berührt das Stay die Autonomie der Lebenspraxis (Oevermann 1990, 1995). Sie kann politisch ermöglicht, aber nicht administrativ hergestellt werden.

2.2 Das Eckpunktepapier

Das am 5. November 2025 verabschiedete Eckpunktepapier (Bundesregierung 2025b) operationalisiert das Vorhaben. Gleich zu Beginn heißt es:

„Deutschland hat ein Einwanderungssystem für Fachkräfte, das rechtlich durch gestiegene Offenheit für qualifizierte Einwanderung in den Arbeitsmarkt gekennzeichnet ist. Die Verwaltungsverfahren und -kultur spiegeln diese Offenheit jedoch noch nicht vollständig wider. Die Verwaltungsverfahren sind komplex, organisatorisch fragmentiert, teilweise noch analog sowie langwierig. Arbeitgeber und potentielle Arbeitskräfte kritisieren zu lange Wartezeiten, die Mehrfacherhebung von Informationen und die Intransparenz der Zuständigkeiten und Prozesse. Zudem ist die Verfahrensdauer nicht absehbar, so dass es an Planbarkeit mangelt. Insgesamt bedarf es für Fachkräfte und Arbeitgeber eines einfachen, klaren sowie effizienten und stringenten Verfahrens ‚aus einem Guss'. Dabei entscheidet nicht nur die erfolgreiche Gewinnung, sondern auch das Halten und Integrieren von Fachkräften über die Wettbewerbsfähigkeit Deutschlands. Gleichzeitig konkurriert Deutschland in einem weltweiten Wettbewerb um die fähigsten Köpfe für den einheimischen Arbeitsmarkt." (Bundesregierung 2025b, S. 1).

Diese Passage benennt in auffälliger Offenheit die gegenwärtige Misere. Nicht primär das Recht, sondern die Verfahren stellen die Hürde dar. Damit wird eine Differenz zwischen normativer Öffnung und administrativer Praxis sichtbar. Rechtlich mag Deutschland offener geworden sein; praktisch erscheint der Migrationspfad weiterhin brüchig, heterogen und schwer kalkulierbar. Aus der Perspektive des Smart Migrant ist diese Differenz bedeutsam. Strategisch mobile Migrierende reagieren nicht nur auf Gesetze, sondern auf Verfahrenswirklichkeiten. Eine Rechtslage, die sich formal offen gibt, aber praktisch lange Wartezeiten, Mehrfacherhebungen von biometrischen Daten und unklare Zuständigkeiten produziert, verliert im internationalen Vergleich an Attraktivität. Die Planbarkeit ist, wenn es um Migration geht, ein Kernkriterium. Denn Migration betrifft häufig nicht nur die Person selbst, sondern Partner, Partnerinnen, Kinder, laufende Arbeits- und Schulverträge, Mietverträge oder Studienpläne. Je weniger berechenbar der Prozess ist, um so höher ist das Risiko, dass die Einwanderung abgebrochen oder erst gar nicht aufgenommen wird. In dem Eckpunktepapier wird mit dem Terminus „Verwaltungskultur" entsprechend die Verlässlichkeit der Verwaltung infrage gestellt. Damit verschiebt sich der Fokus von der bloßen Organisation auf die Ebene der Umsetzung und der Praxis und darum, wie an bestimmten Stellen Migration gedeutet und praktisch bearbeitet wird. Genau hier wird das analytische Besteck der Soziologie notwendig.

3 Verwaltungskultur und Deutungsmuster

Verwaltungshandeln gilt im Anschluss an Max Weber als paradigmatischer Fall rational-legaler Herrschaft. Es soll durch Zuständigkeiten, Aktenmäßigkeit, Regelgebundenheit und formale Gleichbehandlung geprägt sein. Wenn aber selbst staatliche Eckpunktepapiere darauf hinweisen, dass die „Verwaltungskultur" die rechtlich gewollte Offenheit für Fachkräfteeinwanderung nicht widerspiegelt, ist damit ein Widerspruch benannt. Offenkundig genügt die bloße Existenz eines Rechtsrahmens nicht, um eine berechenbare Verwaltungspraxis sicherzustellen.

Ulrich Oevermann definiert Deutungsmuster als „intersubjektiv kommunizierbare und verbindliche Antworten auf objektive Probleme des Handelns" (Oevermann 1973, S. 12ff). Sie entstehen dort, wo Situationen komplex sind, wo Vorschriften unterbestimmt bleiben oder wo Akteure auf Unsicherheiten treffen, die mit routinisierten Interpretationen nicht mehr kompatibel sind. Deutungsmuster strukturieren damit Handeln unter Bedingungen unvollständiger Information bzw. Regelung. Gerade in bürokratischen Kontexten können sie eine ambivalente Funktion haben, denn sie erleichtern Entscheidungen, können aber zugleich zu einer Verfestigung problematischer Praktiken nach eigenem Gutdünken führen.

Auf Migration bezogen bedeutet das: Wenn der Einzelfall komplex und die üblichen Verfahren nicht zielführend sind, steigt die Wahrscheinlichkeit, dass die Sachbearbeitung nicht allein der Logik rechtlicher Prüfung folgt, sondern über eingespielte Deutungsmuster organisiert wird. Hier wird zunehmend unwichtig, welche Norm es formal zu verfolgen gilt, sondern welche praktischen und auch wertgeleiteten Vorstellungen über Migration, Migrantinnen und Migranten und deren vermeintliche Risiken im behördlichen Alltag wirken.

Die im Eckpunktepapier benannten Indikatoren (Mehrfacherhebungen, lange Wartezeiten etc.) können auf Behördenebene effizient oder ineffizient sein; sie erzeugen auf Seiten der Antragstellenden ein Klima der Unsicherheit und der Einschüchterung. Wer wiederholt dieselben Dokumente einreichen, den Bearbeitungsstatus der Antragstellung mehrfach erfragen oder dieselben Angaben öfter machen muss, erlebt deutsche Verwaltung nicht als Komplex stringenter nach Maßgaben der Rationalität organisierten Verfahren, sondern als ein System von Verdächtigungen, das seine eigenen Informationen unzureichend zusammenführt oder dokumentiert. Auf Seiten der Antragstellenden entstehen Zweifel an der Tauglichkeit deutscher Behörden. Gerade dies ist für den Smart Migrant hochproblematisch. Ein Akteur, der Migration strategisch plant, wird Länder meiden, von denen er den Eindruck hat, er würde kritisch beäugt werden.

Hinzu kommt, dass die Dauer der Verfahren nicht überschaubar ist. Das Auswärtige Amt formuliert dies auf seiner Website so: „Ist im Visumsverfahren die

Zustimmung der Ausländerbehörde erforderlich, kann das Verfahren bis zu drei Monaten, gelegentlich auch länger, dauern, da neben der Ausländerbehörde oft noch weitere Behörden (wie die Bundesagentur für Arbeit) zu beteiligen sind". (Auswärtiges Amt 2026 https://www.auswaertiges-amt.de/de/service/visa-und-aufenthalt/visum-laengerfristiger-aufenthalt-2230584).

Eine groß angelegte Studie zu Visa-Wartezeiten an deutschen Botschaften und Konsulaten beobachtete auf der Grundlage von mehr als 16.000 Datensätzen erhebliche Unterschiede und vielfach sehr lange Wartezeiten, bevor überhaupt ein Termin verfügbar ist (Deutschmann et al. 2026) Schon diese Ungewissheit wirkt sehr abweisend. Sie schreckt nicht notwendigerweise jene ab, die keine Alternativen haben, wohl aber jene, die zwischen mehreren Zielländern wählen können. In dieser Hinsicht stellt die deutsche Verfahrensunsicherheit selbst einen migrationsselektiven Faktor dar, allerdings werden die „fähigsten Köpfe" einen großen Bogen um Deutschland machen.

3.1 Selektion am Arbeitsmarkt

Auch jenseits der Verwaltung ist die Attraktivität Deutschlands für den Smart Migrant keineswegs selbstverständlich. Der Zugang zum Arbeitsmarkt ist nicht alleine eine Frage rechtlicher Zulassung, sondern auch der betrieblichen Selektion. Während Behörden an Gesetze und Rechtswege gebunden sind, operieren Unternehmen im Rahmen ökonomischer Rationalität. Personalentscheidungen werden unter Bedingungen der Unsicherheit getroffen, dennoch gibt es vage Vorstellungen darüber, wer als passende Arbeitskraft gilt.

Empirische Studien zeigen, dass Personen mit nicht-deutschem Namen im Bewerbungsprozesses Benachteiligungen erfahren (Antidiskriminierungsstelle des Bundes 2012; Keitel 2025). Solche Benachteiligungen können offen diskriminierend sein. Häufig entstehen sie jedoch eher aus der Logik der Risikovermeidung. Unternehmen müssen Qualifikation, Motivation, Teamfähigkeit und Verlässlichkeit künftiger Beschäftigter einschätzen, ohne diese Merkmale vor Abschluss des Arbeitsvertrages vollständig prüfen zu können. Es muss ihnen eine zuverlässige Einschätzung gelingen, ob Bewerbende dazu in der Lage sind, die Arbeitskraft auch in Arbeitsleistung umzuwandeln. Unter diesen Bedingungen greifen sie üblicherweise auf Signale und Schemata zurück. Internationale Bewerberinnen und Bewerber geraten hier leicht in eine nachteilige Position. Ihre Abschlüsse sind schwieriger einzuordnen, ihre Berufspfade wirken weniger vertraut, ihre Sprachkompetenz und daraus resultierend ist ihre Motivation schwerer einzuschätzen.

Für den Smart Migrant ist dies entscheidend, weil die Attraktivität eines Landes nicht mit der Existenz offener Stellen identisch ist. Trotz Fachkräftemangels kann ein Land gleichzeitig privatwirtschaftliche bzw. betriebliche Rekrutierungsmuster aufweisen, die ausländische Bewerber und Bewerberinnen benachteiligen. Die Rede vom Fachkräftemangel kippt dann ins Skurrile: einerseits wird öffentlich die Zuwanderung gefordert, praktisch aber eine Selektion betrieben, die ausgerechnet jene ausschließt, auf die man angewiesen wäre.

3.2 Das Wir und die Anderen

Die beschriebenen Schwierigkeiten lassen sich nicht allein als Verwaltungs- oder Arbeitsmarktproblem begreifen. Sie weisen auf tieferliegende kulturelle Deutungsmuster hin, die den Umgang mit Migration strukturieren. Zuwanderung konfrontiert Gesellschaften mit Unterschieden: andere Erstsprachen, andere Familienformen, andere Gewohnheiten, andere Bildungsbiographien, andere Namen. Solche Unterschiede können Neugier erzeugen, aber auch Distanz und Ablehnung. In modernen Gesellschaften verschleifen sich viele dieser Unterschiede im Alltag. Gleichwohl bleibt die Frage, weshalb sie in manchen Kontexten als eine bewältigbare Unterscheidung in anderen als dauerhafte Differenz erscheinen.

Emmanuel Todd bietet hierfür in „Das Schicksal der Immigranten“ (Todd 1998) eine weitreichende, wenn auch umstrittene Deutung an. Die Kritik an seinen eher induktiv angelegten Analysen verweist unter anderem auf ihre mitunter als normativ interpretierte Bezugnahme auf Frankreich als implizites Referenzmodell. Gleichwohl stellen seine Überlegungen ein eigenständiges Deutungsangebot dar, das – neben stärker institutionellen, ökonomischen (Collier 2014) oder religionsorientierten (Weber 1980; Koopmans 2019) Erklärungsansätzen – einen kulturell-historischen Zugriff auf Integrationsmuster eröffnet. Dieses Deutungsangebot ist nicht das einzige, aber es kann als eine heuristisch fruchtbare Ergänzung aufgegriffen werden.

Todd erklärt nationale Integrationsmuster über historisch dominante Familiensysteme und identifiziert für Deutschland – unter Bezugnahme auf Le Play – die Stammfamilie, famille souche, als prägendes Modell. Diese zeichnet sich durch eine Hierarchie unter Geschwistern, die Privilegierung des erstgeborenen Sohnes bei Erbschaften und eine starke Autoritätsorientierung aus. Selbstverständlich können solche typologischen Zuschreibungen komplexe gesellschaftliche Entwicklungen nur begrenzt abbilden, da sie meist durch institutionelle Dynamiken überformt werden.

Todd formuliert zugespitzt: „Dort, wo man die Brüder für gleich hält, glaubt man a priori an die Gleichwertigkeit der Menschen und Völker [zum Beispiel in Frankreich, Russland, persisch-arabischer Kulturraum; Anm. N.K.]. Hält man hingegen die Brüder für verschieden [so wie in Deutschland, Japan, dem Baskenland; Anm. N.K.], so bleibt man der Vorstellung verhaftet, dass die Menschheit uneinheitlich und zergliedert ist.“ (Todd 1998, S. 17)

Diese dichotome Gegenüberstellung ist analytisch aufschlussreich, tendiert jedoch ein wenig zur Vereinfachung angesichts vielfältiger und komplexer gesellschaftlicher Verhältnisse.

Vor diesem Hintergrund lässt sich im Anschluss an Todd für Deutschland von einem eher differentialistischen Erklärungsmuster ausgehen. Die Plausibilität des Toddschen Ansatzes liegt insbesondere in der analytischen Bündelung von noch darzustellenden Phänomenen. Zugleich bleibt zu berücksichtigen, dass alternative Erklärungen ebenfalls tragfähig sein können.

Unabhängig davon, wie weit man Todds Herleitung folgen möchte, ist der analytische Clou aufschlussreich: Gesellschaften unterscheiden sich darin, ob sie eine Differenz befördern oder eher universalistisch einhegen. Das differentialistische Deutungsmuster unterstellt nicht notwendigerweise offene Feindseligkeit. Es operiert vielmehr über die Annahme, dass implizite und explizite Grenzziehungen stabilisiert oder überwunden werden. Die Zugehörigkeit zu einer nationalen Vergemeinschaftung, einem „Volk“, einer Ethnie etc. kann betont oder vernachlässigt werden. Und zuweilen können Fremde auch geduldet und toleriert werden, ohne jedoch vollständig dazuzugehören wie beispielsweise in sogenannten Vielvölkerstaaten.

Für den Smart Migrant ist ein solcher Kontext problematisch. Denn er oder sie sucht nicht nur einen Arbeitsplatz, sondern auch einen Lebensplatz, in dem soziale Zugehörigkeit nicht beständig nur unter Vorbehalt besteht.

Je stärker ein Land seine Zugehörigkeitsordnung über implizite Unterscheidungen oder Grenzziehungen stabilisiert, desto weniger attraktiv ist es für mobile Fachkräfte, die gegebenenfalls eben auch alternative Länder haben. In Weberianischer Terminologie strebt der Smart Migrant auch an, Teil einer politischen Vergemeinschaftung zu werden, und nicht nur Steuer- und Sozialversicherungzahlender zu sein.

3.3 Der deutsche Arbeitsmarkt

Todds Differentialismus lässt sich in Einklang mit einigen Besonderheiten rund um Arbeitsmarkt und Migration bringen. So ist beispielsweise der deutsche

Arbeitsmarkt in hohem Maß berufsfachlich organisiert. Er ist stark an formalen Qualifikationen, berufsständischen Abgrenzungen und institutionellen Zugangswegen orientiert. Diese Struktur ist historisch erfolgreich gewesen, weil sie Verlässlichkeit, Fachlichkeit und standardisierte Ausbildungswege hervorgebracht hat. Dieselbe Struktur erweist aber aktuell gegenüber der internationalen Mobilität als außerordentlich exkludierend.

Ein weiteres Merkmal betrifft die enge Kopplung sozialer Sicherung an Erwerbsarbeit. Beschäftigungsverhältnisse verweisen in Deutschland nicht nur auf einen privaten Austausch von Arbeit gegen Lohn, sondern auf die Einbindung in eine sozialstaatlich gerahmte Ordnung. Damit wird Erwerbsarbeit stark aufgewertet. Zugleich enthält das Arbeitsverhältnis – rechtlich und kulturell – Elemente persönlicher Abhängigkeit und Fürsorge. Esping-Anderson hat diese Strukturierheit des Arbeitsmarktes als kontinental-konservativ bezeichnet (Esping-Andersen 1990). Der Arbeitsvertrag ist daher nicht nur ein Vertrag unter formal gleichen Martktteilnehmern, sondern institutionell in eine paternalistische Tradition eingebettet.

Für internationale Fachkräfte ist diese Struktur zweischneidig. Einerseits signalisiert sie Stabilität und sozialen Schutz. Anderseits verstärkt sie die Tendenz, Beschäftigung über standardisierte, langfristig kalkulierte Passungsverhältnisse zu organisieren. Das begünstigt etablierte Berufswege und erschwert untypische Transitionen. Der Smart Migrant, der möglicherweise in anderen Systemen flexiblere Übergänge gewohnt ist, stößt damit auf eine Ordnung, die Sicherheit verspricht, und zugleich hohe Eintrittsschwellen aufbaut.

3.4 Das duale Ausbildungssystem

Ähnlich zweischneidig ist das duale Ausbildungssystem. Es gehört zu den Stärken des deutschen Arbeitsmarktes, weil es Praxisnähe, Spezialisierung und relativ verlässliche Übergänge in Beschäftigung erzeugt. Dennoch ist es stark an nationalen Berufskategorien, weniger an Kompetenzen orientiert. Für Personen, die außerhalb dieses Systems qualifiziert wurden, bedeutet dies, dass ihre Kompetenzen häufig nicht unmittelbar lesbar oder decodierbar sind. Was in einem flexibleren Arbeitsmarkt als berufliche Erfahrung gilt, erscheint in Deutschland schnell als Defizit.

3.5 Anerkennung ausländischer Qualifikationen

Eine weitere, für Deutschland charakteristische Struktur betrifft die hohe Bildungs- und Zertifikatsorientierung. Historisch hat sie erhebliche Stärken wie zum Beispiel ein differenziertes und kostenfreies Bildungssystem sowie ein taugliches Berufsbildungssystem, also professionell kontrollierte Felder formaler Qualifizierung. Diese Orientierung bringt aber im internationalen Kontext Schwierigkeiten mit sich. Es werden Standards etabliert, aber auch hohe Eintrittshürden installiert für diejenigen, die nicht in Deutschland sozialisiert wurden.

Der Smart Migrant steht damit vor einem doppelten Problem. Der bildungs- und zertifikatsorientierte Arbeitsmarkt verweist auf Qualität und Verlässlichkeit der Berufswege. Jedoch lassen sich ausländische Bildungspatente nicht ohne weiteres in nationale Abschlussformate übersetzen. Nicht-deutsche Abschlüsse werden faktisch dadurch entwertet.

Besonders sichtbar wird dies im Bereich der Anerkennung ausländischer Berufsabschlüsse. In reglementierten Berufen wie etwa den Medizinalberufen stellt die Anerkennung eine zentrale Hürde dar. Es handelt sich formal um eine Gleichwertigkeitsfeststellung, aus der praktisch lange und kostspielige Verfahren resultieren. Gerade die Kombination aus hohen fachlichen Anforderungen, föderalen Besonderheiten, föderal und professionell unterschiedlichen anerkennenden Stellen wie zum Beispiel die förderal organisierten Landesärztekammern, Landwirtschaftskammern, zu absolvierende Anerkennungspraktika (Erzieherinnen und Erzieher) oder föderal unterschieden erteilte Berufszulassungen schaffen einen Migrationspfad, der schwer kalkulierbar ist.

Selbst wenn eine teilweise Gleichwertigkeit der Berufsabschlüsse vorliegt, können Ausgleichsmaßnahmen, Fachsprachenprüfungen und länderspezifische Anforderungen dazu führen, dass sich der Eintritt in die Berufsausübung wiederum um viele Monate hinzieht. In dieser Zeit muss die betreffende Person ihren Lebensunterhalt sichern, ohne in vollem Umfang in ihrem erlernten Beruf arbeiten zu können. Was aus deutscher Perspektive als Qualitätssicherung erscheint, kann für zuwandernde Professionsangehörige als Signal institutioneller Schwerfälligkeit oder aber des nicht-gewollt-Seins verstanden werden.

3.6 Geschlechterordnung und Standortattraktivität

Ein weiterer, in der Debatte um Fachkräfteeinwanderung häufig unterschätzter Aspekt betrifft die Geschlechterordnung. Der Smart Migrant ist keineswegs notwendig männlich. Internationale Mobilität hochqualifizierter Arbeitskräfte schließt in erheblichem Umfang Frauen ein. Für Migrantinnen ist die Attraktivität eines Landes deshalb auch davon abhängig, ob Erwerbstätigkeit, Mutterschaft und und berufliche Entwicklung nicht gegeneinander ausgespielt werden.

Historisch ist der deutsche Arbeitsmarkt von einer starken geschlechtsspezifizierten Arbeitsteilung geprägt. Frauen wurden lange rechtlich und kulturell auf die Familienpflichten verwiesen. Die volle Ebenbürtigkeit bei der Erwerbsarbeit erfolgte spät. Bis 1977 mussten die Ehemänner in West-Deutschland noch den Arbeitsverträgen ihrer Ehefrauen zustimmen. Und selbst jetzt noch mehr als fünfzig Jahre später ist die Diskussion um eine verlässliche Kinderbetreuung nicht abgeflacht. Die hohen Teilzeitquoten von Frauen zeigen, dass Care Arbeit und Erwerbsarbeit zwischen den Geschlechtern asymmetrisch verteilt sind (Statistisches Bundesamt 2024). Derzeit arbeiten 48,6 % der erwerbstätigen Frauen in Teilzeit-Beschäftigungen.

Das nächstliegende Argument, dass das sogenannte Ehegattensplitting hierfür verantwortlich ist, also die steuerliche Bevorteilung, wenn ein Ehepartner nur wenig verdient und der andere viel, verfängt an dieser Stelle nicht. Das Ehegattensplitting allein favorisiert nicht die Aufteilung zwischen den Geschlechtern dergestalt, dass es nur dann geltend gemacht werden kann, wenn Frauen deutlich weniger verdienen.

Dass Frauen oftmals in Teilzeit arbeiten, ist der Bevorzugung einer intramatrinomialen, geschlechtsspezifizierten Arbeitsteilung geschuldet, vermutlich zum größten Teil auf Initiative oder zumindest mit Zustimmung der Frauen. Beide Ehepartner einigen sich auf ein Modell, bei dem die Frauen bzw. Mütter in geringerem Zeitumfang einer Erwerbstätigkeit nachgehen und sich um die Kinder kümmern, was ihre Abhängigkeit von ihrem Partner finanziell bis zu ihrem Ableben zementiert.

Die Fokussierung auf die mütterliche Teilzeit-Beschäftigung wird meist nicht hinterfragt und entspricht also einer sozialen Struktur, die begründungslos gilt und im Falle des Verstoßes Sanktionen evoziert. Dass eine Teilzeit-Beschäftigung mit weniger Einkommensmöglichkeiten und einer höheren Abhängigkeit von Ehemännern, oder wo diese ausfallen, von Sozialversicherungssystemen verbunden ist, ist eine Realität, der sich Frauen, selbst bei hohem Bildungsgrad, oft verschließen.

Dies nur als patriarchale Form der Unterdrückung zu lesen, ist vermutlich angesichts der formalen Gleichstellung von Männern und Frauen nicht mehr ganz zeitgemäß. Vielmehr zeigt sich hier ein Deutungsmuster der geschlechtsspezifizierten Arbeitsteilung, das von Männern und Frauen größtenteils geteilt bzw. mit Zustimmung der Frauen realisiert wird.

Scheidet die Hälfte einer Bevölkerung nach der Familiengründung aus dem Erwerbsleben aus und setzt es nur in reduziertem Maße fort, sobald die Kinder „aus dem Gröbsten raus" sind, dann erkennt man, dass ein gutes Maß des Fachkräftemangels genau aus diesem Konglomerat aus formaler Gleichberechtigung, aber informeller (Selbst-)Benachteiligung entsteht. Selbiges gilt im übrigen auch für die Übernahme der Pflege älterer Menschen. So wie die Schwiegertochter in der klassischen Stammfamilie sich um die Pflege des Schwiegervaters gekümmert hat, wird von Frauen erwartet, dass sie das immer noch tun. Der Notstand in der Pflege wurde dann akut, als Frauen sich für die Pflege der älteren Verwandten nicht mehr heranziehen ließen und als das Arbeitskräftereservoir aus den vormals zum Warschauer Pakt gehörenden Länder der Europäischen Union versiegt ist. Diese Struktur beruht auf einem stabilen Deutungsmuster, das Elternschaft und Erwerbsarbeit von Frauen häufig als konkurrierende Sphären interpretiert.

Aus der Perspektive des Smart Migrant ist das von erheblicher Bedeutung. Eine hochqualifizierte Migrantin oder ein Paar mit Kindern wird nicht nur das Gehalt oder die Visadauer betrachten, sondern auch die Kinderbetreuung und die Selbstverständlichkeit weiblicher Erwerbstätigkeit sowie die Frage, ob der Arbeitsmarkt Mutterschaft als Normalfall oder als Problem markiert, prüfen. So gilt immer noch der Familienstand auf Lebensläufen als implizites Muss, was bei Frauen im Falle von Mutterschaft oftmals zum Ausschlusskriterium für eine Bewerberin wird.

Insofern berührt die Debatte um den Fachkräftemangel auch die eigene geschlechterpolitische Verfasstheit der Aufnahmegesellschaft, das auf internationale Fachkräfte angewiesen ist. Deutschland kann es sich auf Dauer kaum leisten, die Standortentscheidungen qualifizierter Frauen als Randthema zu behandeln.

3.7 Das fragmentierte Spracherwerbskonzept

Sprache ist ein zentrales Medium sozialer Teilhabe und in ökonomischen terms ein öffentliches Gut. Wer keine Sprache hat, hat auch keine (politische) Stimme. Menschen, die bleiben sollen, müssen kommunizieren können – ob am Arbeitsplatz, mit den Lehrernder Kinder, bei der Wohnungssuche, in Behörden, im Alltag. Für Zuwandernde ist Sprache nicht nur ein Integrationssymbol, sondern eine kalkulierbare Ressource. In Deutschland ist dieser Bereich institutionell zersplittert.

Integrationskurse werden vom Bundesamt für Migration und Flüchtlinge organisiert. Berufssprachkurse hingegen von der Bundesagentur für Arbeit. Jenseits dieser Spracherwerbsmöglichkeiten bleibt vieles der Eigeninitiative überlassen.

Ein kohärenter „track“, wie Menschen aus dem Ausland Deutsch in unterschiedlichen Lebenslagen und Qualifikationsstufen systematisch erwerben können, ist nur sehr begrenzt erkennbar. Damit wird Sprache zwar allenthalben eingefordert, ihr Erwerb aber nicht durchgängig als notwendiger Teil der Infrastruktur behandelt.

Für einen Smart Migrant ist das ein weiterer Unsicherheitsfaktor. Wer strategisch migriert, braucht nicht nur den Hinweis, dass die Amtssprache Deutsch ist, und die Information, dass Deutschkenntnisse am Arbeitsmarkt wichtig sind, sondern verlässliche Wege, diese Kenntnisse im Übergang von Einreise, Arbeitsaufnahme und Lebensführung professionell gesichert erwerben zu können. Für den Einstieg in einen Job mögen begrenzte Sprachkompetenzen ausreichen; für das Bleiben bedarf es eines institutionell gestützten Erwerbs, der berufliche, familiäre und alltägliche Kommunikationsanforderungen zusammendenkt.

3.8 Was bedeutet das für den Smart Migrant?

Die bisherigen Überlegungen lassen sich nun auf den Idealtypus des Smart Migrants zurückführen. Der Smart Migrant ist ein Akteur, der nicht nur Einkommensmöglichkeiten, sondern auch lebensweltliche Settings bewertet. Er fragt auch nach sozialer Offenheit, Vergemeinschaftungsmöglichkeiten und der Lebensqualität.

In dieser Hinsicht ist die Work-and-Stay-Agentur ein grundsätzlich sinnvoller Schritt, weil sie auf reale Schwächen reagiert und den Migrationsweg berechenbarer macht. Sie kann Deutschland auch im internationalen Wettbewerb anschlussfähiger machen.

Der vielleicht größte Gewinn der Work-and-Stay-Formel liegt darin, dass sie die politische Aufmerksamkeit auf den *Verbleib* lenkt. Dieser Punkt wird in der Fachkräfteeinwanderungsdebatte oft unterschätzt. Das ist keine nachgeordnete Frage, sondern Teil des ursprünglichen Entscheidungskalküls. Ein Standort, der nur die Zielperson arbeitsmarktlich integriert, den Rest der Familie aber institutionell sich selbst überlässt, schwächt seine Bindungskraft.

Der Smart Migrant beobachtet Verfahren und die öffentlichen Diskurse. Ein Land, das einerseits Fachkräfte anwerben will, andererseits aber im politischen Alltag Migration überwiegend als Problem, Gefahr oder Last verhandelt, sendet widersprüchliche Signale. Qualifizierte mobile Personen reagieren sensibel auf solche Ambivalenzen. Auch in sozialen Netzwerken, ob analog oder digital, sprechen sich schlechte Erfahrung mit und in Deutschland schnell herum. Eine digitale Plattform kann Prozesse bündeln; sie kann aber nicht von sich aus diskriminierende Rekrutierungslogiken, föderale Anerkennungsbarrieren, überkommene Vorstellungen geschlechtsspezifizierter Arbeitsteilung und kritische Blicke der Behörden-Mitarbeitenden aufheben.

Die Digitalisierung allein kann nicht Selbstzweck sein, eher sollten die Digitalisierungspotentiale genutzt werden, um eine institutionelle Kohärenz zu erzeugen. Sie ist nicht nur die technische Übersetzung alter Verfahren und Deutungsmuster in neue Medien. Wo Deutschland aus der Binnenperspektive stolz auf Qualitätssicherung, vertikale Gewaltenteilung und bewährte Institutionen verweist, kann von außen der Eindruck einer schwer zugänglichen, voraussetzungsreichen und teilweise abwertenden gesellschaftlichen Ordnung entstehen. Für den Smart Migrant ist Deutschland dann attraktiv, wenn es nicht nur Einwanderung erlaubt, sondern einen stringenten und sozial anschlussfähigen Migrationspfad anbietet. Hier liegt das Gelingenskriterium der Work-and-Stay-Agentur. Sie wird nur dann wirksam sein, wenn sie nicht als digitale Verpackung eines weiterhin brüchigen Systems fungiert, sondern zu einer Reduktion institutioneller Komplexität beiträgt.

4 Fazit

Die Work-and-Stay-Agentur und die Perspektive des Smart Migrant zwingen dazu, den deutschen Diskurs über den Fachkräftemangel kritisch zu lesen. Zuweilen wird der Mangel so kommuniziert, als sei er allein das Ergebnis von Knappheit an willigen Arbeitskräften in Deutschland, deswegen müsste man sie nun anwerben. Die Ausleuchtung des Problems legt jedoch den Schluss nahe, dass ein Teil des Problems hausgemacht ist. Mangel entsteht auch dort, wo institutionelle Strukturen potentielle Fachkräfte abschrecken oder entwerten.

Wer nicht zwingend nach Deutschland muss, sondern verschiedene Optionen prüfen kann, reagiert auf Standortsignale. Hierbei spielen Gesetze eine Rolle, aber auch Botschaften, Ausländerbehörden, Kammern, Personalabteilungen etc. Diese Signale müssen glaubwürdig und konsistent sein, sonst bleibt auch die Work-and-Stay-Agentur ein halbherziges Vorhaben.

Der Koalitionsvertrag und das Eckpunktepapier zur Work-and-Stay-Agentur markieren abschließend eine bemerkenswerte Verschiebung im politischen Umgang mit Erwerbsmigration. Sie benennen offen, dass Deutschland sich in einem internationalen Wettbewerb um Fachkräfte befindet und dass nicht nur die Gewinnung, sondern auch das Halten und Integrieren von Arbeitskräften über die eigene Wettbewerbsfähigkeit entscheidet. Dieser Diagnose liegt bereits ein Umdenken zugrunde. Migration erscheint nicht nur ein Verwaltungsgegenstand oder als ein Problem der Integration, sondern als Prüfstein institutioneller Attraktivität.

Der Begriff des Smart Migrant schärft diese Perspektive. Entscheidend ist, ob der Migrationsweg planbar ist und ob eine lebensweltliche Integration als erreichbar erscheint. Die Ausführungen haben gezeigt, dass Deutschland in mehreren dieser Bereiche strukturelle Schwächen aufweist. Verwaltungskultur, die Unterschiedlichkeit der Rechtspraxis, die berufsfachliche Verfasstheit des Arbeitsmarktes, diskriminierende Selektionsmuster, ein teils fragmentiertes Spracherwerbskonzept mindern die Attraktivität des Standortes. Digitalisierung und Zentralisierung können daran etwas ändern, reichen aber nicht aus. Der Stay-Aspekt macht deutlich, dass die erfolgreiche Fachkräfteeinwanderung nicht auf die Erteilung eines Visums reduziert werden kann. Wer bleiben soll, muss nicht nur arbeiten können, sondern auch hier leben *wollen*. Vielleicht liegt genau darin die eigentliche Herausforderung moderner Einwanderungsgesellschaften: nicht nur Arbeitskräfte zu gewinnen, sondern Menschen auch davon zu überzeugen, dass ihre Zukunft in Deutschland gut aufgehoben ist.

Literatur

Antidiskriminierungsstelle des Bundes (2012). *Benachteiligungserfahrungen von Personen mit und ohne Migrationshintergrund im Ost-West-Vergleich*. Berlin. https://www.antidiskriminierungsstelle.de/SharedDocs/downloads/DE/publikationen/Expertisen/expertise_benachteiligungserfahrungen_migrant_innen_ost_west_vergleich.pdf?__blob=publicationFile&v=6 [zuletzt abgerufen 27.12.2025]

Auswärtiges Amt (2026). Auswärtiges Amt, https://www.auswaertiges-amt.de/de/service/visa-und-aufenthalt/visum-laengerfristiger-aufenthalt-2230584 (2026).

Beck-Gernsheim, E. (2007). *Wir und die Anderen. Kopftuch, Zwangsheirat und andere Mißverständnisse*. Suhrkamp.

Bundesregierung (2025a). *Koalitionsvertrag: Verantwortung für Deutschland. Koalitionsvertrag zwischen CDU, CSU und SPD, 21. Legislaturperiode*. https://www.koalitionsvertrag2025.de/ [abgerufen 27.12.2025]

Bundesregierung (2025b). *Eckpunkte zum Aufbau einer Work-and-Stay-Agentur für Fachkräfteeinwanderung*. https://www.workandstayagentur.de/wsa_eckpunkte.pdf [abgerufen 27.12.2025]

Collier, P. (2014). *Exodus. Warum wir Einwanderung neu regeln müssen*. Siedler.

Deutschmann, E., Gabrielli, L., Orlova, A., Harder, N., & Recchi, E. (2026). A time penalty for the Global South? Inequalities in visa appointment wait times at German ambassies and consulates worldwide. In *Political Geography*, Vol. 124. 103440. https://www.sciencedirect.com/science/article/pii/S0962629825001738.

Esping-Andersen, G. (1990). *The Three Realms of Welfare Capitalism*. Blackwell Publishers.

Fuchs, J., Söhnlein, D., & Weber, B.(2021). Demographische Entwicklung lässt das Arbeitskräfteangebot stark schrumpfen. IAB-Kurzbericht. 25/2021. https://doku.iab.de/kurzber/2021/kb2021-25.pdf

Hohendanner, C., Leber, U., & Oberfichtner, M. (2025). Mehr als acht von zehn Betrieben erwarten Personalprobleme. IAB-Kurzbericht. 07/2025. https://doku.iab.de/kurzber/2025/kb2025-07.pdf

Keitel, C. (2025). Studie zeigt: Muslimische Bewerberinnen und Bewerber haben auf dem Arbeitsmarkt geringere Chancen, In *IAB-Forum* 20. März 2025, https://iab-forum.de/studie-zeigt-muslimische-bewerberinnen-und-bewerber-haben-auf-dem-arbeitsmarkt-geringere-chancen/, [abgerufen 27.12.2025]

Koopmans, R. (2019). *Das verfallene Haus des Islam. Die religiösen Ursachen von Unfreiheit, Stagnation und Gewalt.* C.H.Beck.

Oevermann, U. (1995). Ein Modell der Struktur von Religiosität. Zugleich ein Strukturmodell von Lebenspraxis und von sozialer Zeit. In M. Wohlrab-Sahr (Hg.). *Biographie und Religion. Zwischen Ritual und Selbstsuche* (S. 27–102), Campus.

Oevermann, U. (1990). Eugène Delacroix – biographische Konstellation und künstlerisches Handeln. *Georg-Büchner-Jahrbuch 1986/1987* (S.12–58), Jg 6., Hain.

Oevermann, U. (1973) Zur Analyse der Struktur von sozialen Deutungsmuster. Unveröffentliches Manuskript. Online unter https://d-nb.info/974366234/34 [zuletzt abgerufen 07.03.2026]

Statistisches Bundesamt (2024). Gleichstellungsindikatoren Teilzeitquote. https://www.destatis.de/DE/Themen/Querschnitt/Gleichstellungsindikatoren/teilzeitquote-f25.html [zuletzt abgerufen 07.03.2026]

Todd, E. 1998. *Das Schicksal der Immigranten. Deutschland, USA, Frankreich, Großbritannien.* Claassen.

Weber, M. (1980). *Wirtschaft und Gesellschaft. Grundriss der verstehenden Soziologie.* Mohr.

Nicole Köck, Dr., Schwerpunkte in Literatur- und Religionssoziologie, Arbeitsmarkt und Migration, Mitarbeiterin der Bundesagentur für Arbeit im Bereich „Internationales“. Köck, N. (2010). Literatursoziologie. In Schroer, M. (Hrsg.), Spezielle Soziologien. Ein Handbuch (S. 263–276), Springer VS.

Krypto und Blockchain: Zwischen Ideologie und Kommerzialisierung

Juliane Demuth

1 Einleitung

Die folgende Analyse entstand aus einer doppelten Perspektive: als Soziologin und zugleich als langjährige Beobachterin und Akteurin im Feld der Blockchain- und Kryptoindustrie. Die Argumentation speist sich damit nicht allein aus einer distanzierten Betrachtung technologischer Entwicklungen, sondern aus der kontinuierlichen Auseinandersetzung mit einem Praxisfeld, das sich zwischen Innovationsversprechen, regulatorischer Verdichtung und marktförmiger Dynamik entfaltet. Diese Nähe zum Feld ersetzt keine theoretische Einordnung, sondern motiviert sie. Sie ermöglicht Einblicke in Diskurse, Selbstbeschreibungen und Alltagspraktiken eines Milieus, das sich selbst häufig als disruptiv inszeniert und zugleich tief in bestehende ökonomische und institutionelle Strukturen eingebunden ist. Der Beitrag versteht sich daher als reflexive Analyse eines technologischen Feldes, dessen soziale Bedeutungsproduktion nur im Zusammenspiel von Ideologie, Praxis und Institutionalisierung angemessen erfasst werden kann.

Krypto und Blockchain: zwei Begriffe, die in den vergangenen Jahren immer häufiger Einzug in die öffentliche Debatte gehalten haben. Dass diese beiden Begriffe häufig synonym verwendet werden, fördert Missverständnisse außerhalb von Fachkreisen, die sich mit der Nutzung von Blockchain-Technologie beschäftigen. Dieser Beitrag verzichtet bewusst auf eine vertiefte technische Darstellung. Gleichwohl sind einige begriffliche Klärungen notwendig, um das Ziel zu erreichen, soziologische Implikationen sichtbar zu machen und eine

J. Demuth (✉)
Dresden, Deutschland
E-Mail: demuth.juliane@gmail.com

B. Blättel-Mink et al. (Hrsg.), *Potenziale soziologischer Praxis*, Sozialwissenschaften und Berufspraxis,
https://doi.org/10.1007/978-3-658-51996-4_8

phänomenologische Perspektive auf die Blockchain-Technologie zu eröffnen. Anschließend folgt ein kurzer Abriss der Entstehungsgeschichte der Blockchain-Technologie und ihrer normativen Überfrachtung. Es zeigt sich, dass die im Jahr 2008 als Infrastruktur konzipierte Blockchain-Technologie in den darauffolgenden Jahren außerhalb von Fachmedien häufig mit ihrem ersten Anwendungsfall von 2009 identifiziert wurde. Infolgedessen unterbleibt bis heute in der medialen Berichterstattung vielfach eine begriffliche Differenzierung. Was ist nun unter der Abkürzung Krypto zu verstehen? Krypto wird häufig als Abkürzung für Kryptowährungen genutzt. Das Bundesamt für Sicherheit in der Informationstechnik (BSI) definiert Kryptowährungen folgendermaßen: „Bei einer Kryptowährung handelt es sich um ein digitales Zahlungsmittel auf der Grundlage eines Blockchain-Systems. (…) Kryptowährungen stellen im rechtlichen Sinne keine Währung dar, sondern zählen laut Bafin zu den „Finanzinstrumenten“ (BSI 2026). Kryptographie dient, stark vereinfacht ausgedrückt, zur Verschlüsselung von Informationen (TechTarget 2024). Wie die Definition des BSI darlegt, braucht es für die Erstellung von Kryptowährungen die Blockchain-Technologie. Entsprechend sind Kryptowährungen und Blockchain-Technologie de facto nicht gleichzusetzen. Eine Blockchain kann, je nach ihrer Beschaffenheit, auch für andere Anwendungsfälle genutzt werden. Der ökonomische Mehrwert, so viel sei vorweg geschickt, ist in diesem Beitrag nicht von Relevanz, es gilt, die Blockchain-Technologie und ihre Anwendungsfelder als soziales Phänomen zu begreifen.

Nun stellt sich selbstverständlich die Frage, wieso eine, pragmatisch betrachtet, dezentrale Datenbank immer wieder für Furore in den Medien sorgt. Was macht die Blockchain-Technologie also so besonders? Wieso sollte sich die Soziologie dafür interessieren? Zusammengefasst beruht die Blockchain-Technologie auf einem Konzept, das in dieser spezifischen Kombination zuvor nicht in technologischen Modellen realisiert wurde (Merkle 1980). Ihre Dezentralität sorgt für eine Reihe von Neuerungen in der Orchestrierung von Transaktionen, der Beschaffenheit von Sicherheitsmechanismen, der Neuverhandlung des Vertrauensaspekts in digitalen Netzwerken und damit einhergehend eine neue Qualität von Erlebnissen im digitalen Raum. Dezentralität bezeichnet im Kontext der Blockchain-Technologie nicht nur eine bestimmte Netzwerkarchitektur, sondern zugleich eine veränderte Weise, wie Ordnung und Kontrolle im digitalen Raum erfahrbar werden. An die Stelle einer zentralen Instanz, die Transaktionen prüft und autorisiert, tritt ein Verbund verteilter Akteure, die gemeinsam über deren Gültigkeit entscheiden. Für die handelnden Akteure erscheint das System damit nicht mehr als hierarchisch gesteuert, sondern als emergente Struktur, deren Stabilität aus dem Zusammenspiel gleichrangiger Akteure hervorgeht. Vertrauen konstituiert sich folglich nicht über personale oder institutionelle Zuschreibungen, sondern mittels regelhafter, technisch vermittelter Prozesse. Die bis heute wirksame Rezeption der Blockchain-Technologie ist wesentlich durch ihren ersten Anwendungsfall geprägt, der Genese der Kryptowährung Bitcoin. Damit beginnt nicht nur die Verbreitung der Blockchain-Technologie, sondern zugleich ihre Mystifizierung und die teilweise irreführende Rezeption, wie im Folgenden erläutert wird.

2 Bitcoin als sozio-technisches Phänomen

Das Bitcoin Whitepaper wird 2026 18 Jahre alt (Nakamoto 2008). Achtzehn Jahre, die mit einem Versprechen starteten, das elektronische Versenden von „Geld" ohne Intermediär zu ermöglichen. Transaktionen elektronischer Art waren und sind bis heute noch zeitaufwendig und bedürfen, je nach Währung oder Asset, eines Vermittlers. Neben dem durch die Abschaffung des Intermediärs optimierten zeitlichen Aspekts, sollte damit auch das Problem des Double-Spendings gelöst werden. Das sogenannte Peer-to-Peer System adressiert das Problem der doppelten Ausgabe digitaler Währungen, indem es eine dezentrale, gemeinschaftsbasierte Infrastruktur nutzt, die Blockchain-Technologie. In diesem Peer-to-Peer-Netzwerk übernehmen viele gleichberechtigte Akteure gemeinsam die Funktion einer chronologischen Ordnung: Sie dokumentieren fortlaufend, wann Transaktionen stattfinden und erzeugen somit einen kollektiv abgesicherten Nachweis einer Ereignisreihenfolge. Anstelle einer zentralen Autorität beruht die Legitimität dieses Systems auf der Verteilung von mathematischem Vertrauen innerhalb der Gemeinschaft sowie auf der Koordination technischer Abfolgen der Rechenleistung als Mittel der Absicherung (Nakamoto 2008). Das Prinzip der Blockchain-Technologie verschiebt damit die Vorstellung von Vertrauen, weg von Institutionen hin zu dezentral organisierten Netzwerken und eröffnet somit neue Formen kollektiver Entscheidungsfindung und Macht im digitalen Raum. Intermediäre werden hierin somit obsolet. Gleichwohl ist diese Annahme theoretisch nicht unproblematisch. Kreditgeldtheoretische Ansätze der Wirtschaftssoziologie weisen darauf hin, dass moderne Geldordnungen nicht allein auf der technisch korrekten Verbuchung von Transaktionen beruhen. Wie Barbara Brandl (2020, S. 4–6) herausarbeitet, ist die Stabilität kapitalistischer Geldsysteme wesentlich an die institutionell abgesicherte Erzeugung von Kreditgeld gebunden. Geld erscheint in dieser Perspektive nicht primär als neutrales Tauschmedium, sondern als sozial vermitteltes Versprechen, dessen zeitliche wie räumliche Stabilität durch zentralisierte Intermediäre – insbesondere Banken im Zusammenspiel mit staatlichen Institutionen – hergestellt und garantiert wird (Brandl 2020, S. 6–10). Vor diesem Hintergrund lässt sich die Idee einer vollständigen Disintermediation weniger als funktionale Notwendigkeit denn als normativ aufgeladene Programmatik verstehen. Die Blockchain-Technologie verschiebt damit zunächst die symbolische Zuschreibung von Vertrauen, ohne die strukturellen Voraussetzungen kapitalistischer Geldschöpfung unmittelbar aufzulösen (vgl. Brandl 2020, S. 17–18).

Gerade aus dieser Spannung zwischen technologischem Disintermediationsversprechen und institutioneller Persistenz speist sich jedoch die soziale Dynamik des Kryptodiskurses. Darüber hinaus wirft das Konzept der Blockchain-Technologie neue Fragen zu Identität und Privatsphäre im Netz auf und hat soziale Bewegungen mit unterschiedlichen Strömungen ausgelöst – vom Bitcoin-Maximalisten und selbsternannten Staatsfeind bis hin zum altruistischen Betreiber einer Öko-Bitcoin-Mining-Farm, der zwar Macht und Kontrolle über „Geld“ in Form von Bitcoin beansprucht, diese aber an andere zurückgeben möchte. Es ließen sich noch viele Charaktertypen bezeichnen, die sich im Speziellen in der Kryptoszene, entwickelt haben, doch folgend konzentriert sich dieser Beitrag auf den Status Quo der Blockchain Industrie und ihren Einfluss auf die Regulatorik. Es berührt die Rechtssysteme global, denn das dezentrale Bitcoin Netzwerk und später entwickelte, sich ähnelnde dezentrale Netzwerke haben keinen festen Sitz. Die Dezentralität wird zur Herausforderung für Rechtssicherheit, Verantwortung und Verbindlichkeit. Auch wenn der Beitrag nicht alle genannten Bereiche berühren wird, so möchte er den Blick durch die Aufzählung, die sicher auch noch nicht vollständig ist, sensibilisieren, dass die Blockchain Technologie ihrem Ruf der Disruption doch partiell alle Ehre macht, doch überraschenderweise in weiteren Feldern als angekündigt.

2.1 Vom Bitcoin Whitepaper zum Blockchain Hype

Das Bitcoin Whitepaper wird in Teilen der Tech-Szene als eine Art Manifest stilisiert und in Erzählungen der Community als globale Widerstandsbewegung auslösendes Artefakt verstanden (Shin 2021). Mit der Finanzkrise 2007/2008 und dem umfangreichen Reputationsverlust des bestehenden Finanzsystems gewann das Bitcoin Paper in der Tech-Community schnell Aufmerksamkeit. Das von der Person oder dem Kollektiv namens Satoshi Nakamoto verfasste Paper Bitcoin: A Peer-to-Peer Electronic Cash System wurde am 31. Oktober 2008 online publiziert. Angesichts der Finanzkrise ab 2007, erschien die Veröffentlichung einer derartigen technologischen Innovation als vielversprechende Alternative zum traditionellen Finanzsystem. Kurz darauf, am 03. Januar 2009 startete mit der Erstellung des ersten Blocks, dem sogenannten Genesis Block, der Betrieb des Bitcoin Netzwerkes. Die Besonderheit des Netzwerkes liegt in seinem dezentralen Aufbau und in seiner eingeschriebenen Limitierung. Die Obergrenze bezieht sich auf die Erstellung von Bitcoins. Diese Grenze ist im Quellcode definiert und schreibt knapp 21 Mio. Bitcoin als Limit vor (Nakamoto 2008). Die zugrunde liegende Technologie für die Kryptowährung Bitcoin ist, wie eingangs erwähnt, die Blockchain Technologie. Sie zeichnet sich im Allgemeinen durch Dezentralität, Unveränderbarkeit, manipulationsresistente Interaktionen durch kryptografische Absicherung sowie Transparenz aus. So hat sich die Blockchain Technologie auch in Gartners Hype Cycle 2016 erstmals wiedergefunden. Der Gartner Hype Cycle ist ein Modell des global agierenden Beratungsunternehmens Gartner, das die prognostizierte Erwartung an eine neue Technologie von ihrem Aufkommen bis hin zur tatsächlichen Nutzung abbildet. Denn zu diesem Zeitpunkt war längst ersichtlich, dass die Blockchain Technologie neben Kryptowährungen auch für weitere Anwendungszwecke dienlich sein wird.

2.2 Wie die Old Economy aus dem einstigen Gegner Bitcoin Kapital schlägt

Status Quo, 2026: Bitcoin existiert weiterhin und ist enorm gewachsen (Statista 2025a). Dutzende Blockchain-Ökosysteme sind zudem entstanden und über 9000 Kryptowährungen hinzugekommen (Statista 2025b). Das traditionelle Finanzsystem besteht fort und es nutzt Kryptowährungen als Vermarktungsinstrument. Aus der scheinbar anfänglichen und gar von Bitcoin Maximalisten (Scheider, 2019) postulierten Bedrohung für das klassische beziehungsweise traditionelle Finanzsystem wurden von ebendiesen darauf aufbauend neue Geschäftsmodelle erschlossen. Das starke Wachstum an Nutzerschaft von Krypto-Apps wie Bitpanda, Bison, Coinbase, Kraken, Binance etc. zeigt auf, dass es sich inzwischen nicht mehr um eine Nische handelt, auch wenn die Marktkapitalisierung von Krypto Assets ca. 2,23 Billionen US-Dollar (CoinMarketCap 2026) im Vergleich zum traditionellen Finanzmarkt 144,04 Billionen Euro klein erscheint (Statista 2026). Laut Statista (2025c) haben bereits ca. 8 % Prozent der deutschen Bevölkerung Kryptowährungen gekauft, während sich 14 % vorstellen können, künftig in digitale Währungen zu investieren. Das Ownership-Prinzip erodiert mit der Massenadaption. Ownership bedeutet, dass Coins, wie Bitcoin, selbst verwahrt werden. Die Verwahrung erfolgt über sogenannte Hot Wallets oder Cold Wallets (auch als Ledger bezeichnet), die die kryptografischen Schlüssel für den Zugriff auf die Blockchain sichern. Somit sind HalterInnen von Coins selbst dafür verantwortlich, ihren Besitz zu schützen – in der Szene unter dem Motto „Not your keys, not your coins" bekannt. Die Individualisierung von Verantwortung – Ownership – wird im Sinne der sogenannten Bitcoin oder Krypto Maximalisten als einzig wahres, authentisches Prinzip der Nutzung verstanden. Doch nun sind Bitcoin ETFs (BZ 2024) in den USA und ETNs (Deutsche Börse 2020) in Europa inzwischen auch bei diversen Banken zu erwerben. Dass Bitcoin ETFs einen Widerspruch zum Grundprinzip von Bitcoin darstellen, interessiert AnlegerInnen nicht, da sie nicht mit dem damit verbundenen Konzept der Bestrebung der Unabhängigkeit vom Finanz- und Staatensystem vertraut sind. Von Finanzinstituten bekommen sie es als Finanzprodukt für die Diversifizierung ihres Portfolios verkauft. Man könnte überspitzt sagen: Das alte, traditionelle Finanzsystem einverleibt sich das neue, hyperkapitalistische, in dem es den dahinter stehenden Idealismus ad absurdum führt. Im Gegensatz zum traditionellen Finanzsystem, das an die Uhrzeiten der Börsen je nach Sitz und den Werktagen gekoppelt ist, funktioniert der Blockchain-basierte Kryptomarkt unabhängig vom industriell geprägten Rhythmus, nämlich 24/7 an 365 Tagen. Es handelt sich somit nicht nur um die Beschleunigung von (Werte-)Transaktionen an sich, sondern gleichzeitig um einen zeitlich uneingeschränkten und ortsunabhängigen Zugang zum Krypto-Handel. Diese permanente Verfügbarkeit sorgt für eine Verstärkung der Sogwirkung zum Kryptomarkt, in der Community als FOMO – Fear of missing out – bezeichnet. Damit eröffnet sich die Frage: Wer vertraut wem oder was, wenn der Intermediär obsolet ist? Folgt man dem Prinzip von Blockchain Maximalisten „Code Is Law", dann macht man es sich doch recht einfach. Hier zeigt sich die Hybris in Teilen der Krypto-Community, die Code in Form von Smart Contracts als verlässliche Instanz von Trans- und Interaktionen verstehen und den menschlichen Eingriff als nicht vertrauenswürdig herabstufen. Smart Contracts sind selbstausführende Protokolle, die nach einer deterministischen Logik funktionieren. Es wird deutlich, dass dieses apodiktische Prinzip unterschlägt, dass auch der programmierte Code aus menschlicher Intention und Logik stammt und somit Fehler aufweisen kann. Diese Form der technokratischen Verliebtheit entzieht sich sozialer Verantwortung und juristischer Realität. Macht, Wertvorstellungen und Vertrauensfragen werden indes neu verhandelt und im Code konserviert. Ein Exempel statuieren die Phänome ICO, NFT und DAO, die im folgenden Kapitel näher beschrieben werden.

3 Wie ICOs, NFTs und DAOs Werte und Erlebnisräume umgestalten

Neben Bitcoin hat sich Ethereum als zweitgrößtes Blockchain-Netzwerk, gemessen an der Marktkapitalisierung etabliert, mit dem gravierenden Unterschied, dass die Ethereum Blockchain nicht ausschließlich als Basis für die Kryptowährung Ether fungiert, sondern zugleich als programmierbare Infrastruktur für weitere Anwendungsfälle dient. Auf dieser Basis entwickelten sich neue sozio-technische Formationen wie Initial Coin Offerings (ICOs), Decentralized Autonomous Organizations (DAOs) und Non-Fungible Tokens (NFTs). Diese drei Phänomene lassen sich als aufeinanderfolgende Ausprägungen einer Entkopplung traditioneller Institutionen lesen, in denen Prozesse der Kapitalbeschaffung, Entscheidungsfindung und Wertzuschreibung aus etablierten Organisationsformen herausgelöst und in technische Protokolle, Smart Contracts, überführt werden.

Damit verschob sich nicht nur die Form der Finanzierung, sondern auch die Art und Weise, wie Beteiligung, Eigentum und Vertrauen erlebt werden. Ein ICO ist funktional mit einem Börsengang vergleichbar, wird jedoch technisch über Smart Contracts auf einer Blockchain realisiert (MEXC 2026). Während klassische Börsengänge an rechtlich regulierte Institutionen gebunden sind, etablierten ICOs erstmals ein Modell, in dem Projekte direkt Kapital von einer global verteilten Nutzerschaft einnahmen und das ohne staatliche Zulassungsverfahren sowie ohne standardisierte Offenlegungspflichten. Diese neue Form der Kapitalbeschaffung wird diskursiv häufig mit Demokratisierung gleichgesetzt, da prinzipiell jede Person mit Internetzugang partizipieren konnte. Zugleich fehlte jedoch ein institutioneller Rahmen, der Risiken begrenzte oder Haftungsfragen klärte. Das erste ICO wurde 2013 durchgeführt, doch seine breitere mediale Aufmerksamkeit erhielt das Modell erst im Zuge des Projekts „The DAO“ im Jahr 2016. Dieses Ereignis fungierte als eine Art Katalysator für die ICO-Welle der Jahre 2017 und 2018, in denen weltweit mehrere Milliarden US-Dollar über solche Token-Verkäufe eingesammelt wurden. Die Abkürzung DAO steht für Decentralized Autonomous Organization. Mit „The DAO“ wurde erstmals der Versuch unternommen, ein vollständig Blockchain-basiertes Investitionsvehikel zu schaffen, das ohne formale Organisationsstruktur auskommt. Die Entscheidungsfindung sollte nicht durch Vorstände oder Managementebenen erfolgen, sondern durch die Gesamtheit der TokenhalterInnen. Stimmrechte waren proportional zum eingebrachten Kapital verteilt, wodurch sich ein Modell basisdemokratischer Steuerung simulieren ließ, das zugleich an wirtschaftliche Beteiligung gekoppelt war. Das Projekt basierte auf der im Juli 2015 gestarteten Ethereum-Blockchain, initiiert von Vitalik Buterin und der Ethereum Foundation (Tual 2015). Technisch umgesetzt wurde The DAO im Jahr 2016 von Christoph Jentzsch und Simon Jentzsch. Binnen weniger Wochen sammelte das Projekt rund 150 Mio. US-Dollar ein, ein bis dato beispielloses Volumen für ein nicht reguliertes, rein digitales Funding (Jentzsch 2016). Die Organisationskommunikation erfolgte über einen Slack-Kanal mit rund 5.000 Mitgliedern, wodurch sich bereits hier eine neue Form digitaler Kollektivität abzeichnete: Investition, Diskussion und Entscheidungsfindung verschränkten sich in Echtzeit. Doch noch bevor das eingenommene Kapital produktiv eingesetzt werden konnte, wurde eine Schwachstelle im Code ausgenutzt, wodurch rund 50 Mio. US-Dollar abgezogen wurden. Dieser Vorfall stellte das grundlegende Prinzip der Unveränderbarkeit der Blockchain infrage. Um die Transaktionen rückgängig zu machen, wurde ein sogenannter Hard Fork durchgeführt, wodurch sich die Ethereum-Blockchain faktisch in zwei Versionen aufgespalten wurde. Neben der ursprünglichen Kette, die fortan als Ethereum Classic existiert, setzte sich die neue Ethereum-Version als dominanter Standard durch (CoinBase 2026). Jenes Ereignis markiert einen zentralen Bruch in der Erzählung technologischer Objektivität. Der Eingriff in Form des Hard Forks zeigt, dass auch dezentrale Systeme auf kollektive Aushandlungsprozesse angewiesen bleiben, sobald normative Konflikte auftreten. Der Code erwies sich nicht als autonome Instanz, sondern als soziales Artefakt, dessen Geltung durch Mehrheitsentscheidungen legitimiert wird. Damit wurde sichtbar, dass auch in Blockchain-basierten Systemen Macht nicht verschwindet, sondern lediglich in neue Formen technischer Governance überführt wird.

Die anschließende ICO-Welle machte zugleich die Kehrseite der Entinstitutionalisierung sichtbar. In Abwesenheit klarer regulatorischer Vorgaben entstand ein Markt, der vielfach als „wilder Westen" beschrieben wurde. Studien zeigen rückblickend, dass ca. 57 % Prozent der zwischen August 2014 und Dezember 2019 emittierten ICOs betrügerisch oder substanzlos waren (Grobys et al. 2022). Betrug konnte dabei unterschiedliche Formen annehmen: nicht existente Entwicklungsteams, nicht realisierte Projekte oder bewusst irreführende Versprechen technologischer Leistungsfähigkeit. Für viele AnlegerInnen bedeutete dies erhebliche Verluste, während zugleich das öffentliche Vertrauen in die Blockchain-Technologie Schaden nahm. Parallel zur ICO-Dynamik entwickelten sich NFTs (non-fungible Token) als weitere Spielart spekulativer Werte. Erste Konzepte nicht austauschbarer Token lassen sich auf sogenannte „Colored Coins" aus dem Jahr 2012 zurückführen, während das erste allgemein anerkannte NFT-Projekt 2014 entstand (History of Bitcoin 2012). Den massenhaften Durchbruch erreichten NFTs jedoch erst 2021, während der Corona-Zeit, als digitale Kunstwerke, Sammelobjekte und virtuelle Güter in Milliardenhöhe gehandelt wurden. NFTs transformieren dabei nicht primär den technischen Besitz, sondern die symbolische Zuschreibung von Einzigartigkeit im digitalen Raum. Während digitale Dateien prinzipiell unbegrenzt kopierbar sind, erzeugt ein Non-Fungible-Token eine künstliche Knappheit, die ökonomisch verwertbar gemacht wird. Im Unterschied zu ICOs, die primär auf zukünftige Nutzenerwartungen abzielen, verschieben NFTs den Fokus auf Erlebnisräume: Ownership wird nicht mehr allein als funktionaler Besitz verstanden, sondern als performativer Akt sozialer Distinktion. Der Wert eines NFT ergibt sich nicht aus seinem Gebrauchswert, sondern aus seiner Sichtbarkeit, seiner Zirkulation in sozialen Netzwerken und seiner Einbettung in kollektive Narrative von Innovation und Zugehörigkeit eines bestimmten Milieus. Auch hier zeigt sich eine Entkopplung traditioneller Institutionen, etwa von Galerien oder Verlagen, zugunsten digitaler Märkte.

Während ICOs lange außerhalb klarer rechtlicher Kategorien operierten, werden neuere Token-Modelle zunehmend als sogenannte Security Token klassifiziert, wenn sie wirtschaftliche Rechte verkörpern, die Wertpapieren oder Finanzinstrumenten vergleichbar sind und damit unter die Markets in Financial Instruments Directive (MiFID II) fallen, während Utility Token überwiegend als Zugang zu Produkten oder Dienstleistungen dienen, Payment Token als Zahlungsmittel fungieren und NFTs je nach Funktion entweder unreguliert bleiben oder unter die neue Markets in Crypto-Assets Regulation (MiCAR) fallen. Der MiCAR-Vorschlag wurde 2020 von der Europäischen Kommission vorgelegt, das Europäische Parlament verabschiedete MiCA im April 2023, und die Verordnung trat im Juni 2023 in Kraft (BaFin 2025).

> „MiCAR verfolgt das Ziel, einen harmonisierten europäischen Regulierungsrahmen für Kryptowerte zu schaffen, der Innovationen fördert und die Nutzung des Potenzials von Kryptowerten unter Wahrung der Finanzstabilität und des Anlegerschutzes ermöglicht." (BaFin 2025)

Aus soziologisch-phänomenologischer Perspektive bedeutet dies, dass die rechtliche Einordnung der Token nicht nur die ökonomische und institutionelle Ordnung betrifft, sondern auch die Erfahrung von Sicherheit, Vertrauen und Autonomie der Nutzer prägt. Während Security Token die Wahrnehmung von Investitionsrisiken und Eigentumsrechten stärker institutionalisieren, ermöglichen Utility- und Payment Token sowie NFTs weiterhin neue Formen digitaler Teilhabe, Interaktion und sozialer Praktiken, die weit über eine klassische Finanzlogik hinausgeht. Die Regulierung wird so selbst zu einem Faktor, der das Erleben und die Praktiken in digitalen Netzwerken strukturiert, indem sie definiert, welche Formen von Vertrauen, Austausch und Zugriff rechtlich abgesichert sind. Die nachträgliche Institutionalisierung verdeutlicht, dass sich auch dezentrale Technologien langfristig nicht vollständig der staatlichen Ordnung entziehen können, sondern zunehmend in verbindliche Compliance-Strukturen eingebunden werden. Gleichzeitig zeigt sie die Spannungsfelder zwischen Innovation, Investorenschutz und Geldwäscheprävention, die den regulatorischen Umgang mit digitalen Assets prägen.

4 Fazit

Der Beitrag hat gezeigt, dass sich die Entwicklung der Blockchain-Technologie und ihre populärsten Anwendungsfälle im Spannungsfeld zwischen normativem Anspruch und ökonomischer Vereinnahmung beschreiben lassen. Was mit dem Versprechen begann, Vertrauen aus institutioneller Ordnung zu lösen und in dezentrale Netzwerke zu überführen, hat sich binnen weniger Jahre in eine hybride Formation aus technologischem Idealismus und marktförmiger Logik verwandelt. Phänomenologisch betrachtet zeigt sich diese Spannung in den Erfahrungsweisen der NutzerInnen. ICOs, NFTs und DAOs konstituieren jeweils spezifische Modi des Erlebens von Wert, Besitz und Ordnung. Diese Erfahrungen sind nicht bloß Nebenprodukte technischer Innovation, sondern zentrale Bedingungen ihrer sozialen Wirksamkeit. Wert erscheint als projizierte Zukunft, Ownership als symbolische Singularisierung und Governance als algorithmisch vermittelte Teilhabe. In all diesen Fällen wird soziale Bedeutung nicht vorausgesetzt, sondern im Vollzug digitaler Praktiken hervorgebracht. Zugleich verschiebt sich der ideologische Gehalt der Technologie im Prozess ihrer Verbreitung. Während frühe Diskurse stark von Vorstellungen von Autonomie, Selbstverantwortung und institutioneller Kritik geprägt waren, dominieren im gegenwärtigen Stadium zunehmend Narrative der Investition, der Portfolio-Diversifizierung und der Marktopportunität. Die Blockchain-Technologie wird weniger als infrastrukturelle Alternative zu zentraler Datenhaltung oder Verwaltung wahrgenommen, denn als Vehikel spekulativer Wertschöpfung. Damit verliert sie in der öffentlichen Wahrnehmung ihren Charakter als politisch-technologisches Projekt und erscheint primär als des Finanzmarktes betreffendes Phänomen. Diese Verschiebung ist nicht zufällig, sondern strukturell angelegt. Die frühesten Anwendungen der Blockchain-Technologie waren, wie der Exkurs vorweg aufzeigt, ökonomischer Natur. Man könnte also meinen, dass die Gleichsetzung von Blockchain und Krypto in der breiteren Rezeption das Resultat einer historischen Pfadabhängigkeit ihrer Nutzung in den ersten Jahren ihres Bestehens ist. In diesem Prozess des

Erwachsens diverser Blockchain-Ökosysteme ergab sich eine paradoxe Umkehrung des ursprünglichen Anspruchs. Während die Blockchain-Technologie antrat, Intermediäre obsolet zu machen, hat sie neue Intermediäre hervorgebracht, wie Börsen, Wallet-Anbieter (Soft- und Hardware), Fondsprodukte, Handelsplattformen usw. Ihre überstülpte Ideologie wird dabei nicht negiert, sondern gar ökonomisch verwertet. Autonomie und Besitz werden inflationär für Marketing und Kommunikation strapaziert, Investitionsmöglichkeiten als Partizipationshebel der Zukunft vermarktet, Dezentralität mit Sicherheit gelabelt und Demokratisierung als Etikett für uneingeschränkten Zugang missbräuchlich verwendet. Die vorangegangene Analyse bestätigt damit, was kreditgeldtheoretische Perspektiven bereits nahelegen: Die strukturelle Bedeutung zentralisierter Intermediäre verschwindet nicht mit der Einführung neuer Technologien. Wie Brandl (2020) argumentiert, ist die Erzeugung und Stabilisierung von Kreditgeld konstitutiv an institutionelle Arrangements gebunden, die zeitliche und räumliche Verlässlichkeit garantieren. Die Blockchain-Technologie hat diese Strukturen nicht aufgehoben, sondern neue Konstellationen von Akteuren hervorgebracht, in denen sich bestehende Machtverhältnisse transformieren und teilweise intensivieren. Disintermediation erweist sich insofern weniger als real ökonomischer Prozess denn als wirkmächtige Erzählung, die Legitimation für neue Formen der Re-Intermediation schafft (Brandl 2020, S. 17–18). Kritisch betrachtet erscheint das mit der Blockchain-Technologie verbundene Demokratisierungsversprechen somit weniger als erfahrbare Praxis denn als abstrakte Zuschreibung, die die konkreten Bedingungen der Teilhabe aus dem Blick geraten lässt. Denn dieses Versprechen beißt sich mit dem Aspekt der Inklusion. Es setzt ein umfangreiches Wissen sowie ein Mindestmaß an technologischer Affinität für Hard- sowie Software voraus, um am Krypto-Markt teilzuhaben. Die Nutzbarkeit ist beschränkt, klammert man Stablecoins an dieser Stelle aus, der Wert spekulativ und das Risiko enorm, das eingesetzte Kapital zu verlieren.

Aus soziologischer Perspektive lässt sich dies als Transformation normativer Semantiken in marktfähige Erlebnisse beschreiben. Die Erfahrung von Beteiligung, Besitz und Kontrolle wird technisch ermöglicht, jedoch ökonomisch gerahmt. Fear of missing out fungiert hierbei als affektives Bindeglied zwischen Ideologie und Markt: Die Angst, eine Zukunft zu verpassen, evoziert Anschlussfähigkeit an spekulative Logiken, ohne dass deren soziale Voraussetzungen reflektiert werden müssen. Die phänomenologische Betrachtung macht deutlich, dass Blockchain-Technologie nicht bloß eine technische Infrastruktur darstellt, sondern einen Möglichkeitsraum sozialer Bedeutungszuschreibung eröffnet. Der Reputationsschaden der Blockchain-Technologie resultiert, wie hier aufgezeigt, somit nicht aus ihrer technischen Beschaffenheit, sondern aus der sozialen Form ihrer ersten massenhaften Erscheinung. Die Dominanz spekulativer Anwendungen hat weitere Nutzungsmöglichkeiten in den Schatten der öffentlichen Debatte gestellt. In Pharma, Logistik, Energiewirtschaft, Landwirtschaft und Gesundheitswesen gibt es inzwischen dutzende Beispiele für die Nutzung von Blockchain-Technologie, die jenseits der normativen Überfrachtung und eines ideologischen Überbaus. Ganz pragmatisch und ohne medialen Lärm hat sie sich in den genannten Industrien peu a peu etabliert. Abschließend lässt sich festhalten, dass sich Blockchain-Technologie weder eindeutig als emanzipatorisches Projekt noch als bloßes Instrument neoliberaler Marktlogik bestimmen lässt. Sie ist vielmehr ein sozio-technisches Dispositiv, in dem sich Ideologie und Kommerzialisierung gegenseitig durchdringen. Ihr gesellschaftliches Transformativ entscheidet sich nicht auf der Ebene der Technologie, sondern in den Formen ihrer Nutzung, Bedeutungszuschreibung und kontextueller Einbettung. Schließlich, so lässt sich festhalten, hat die Blockchain-Technologie für Furore gesorgt weil ihre kontextuelle Einbettung mit dem ökonomischer Fokus ohne hinreichend juristische Ausgestaltung bei ihrer Genese, genügend Argumente lieferte, um eben diese eindimensional in der breiten Öffentlichkeit zu rezipieren.

Literatur

Bundesanstalt für Finanzdienstleistungsaufsicht (BaFin) (2025, 8. September): MiCAR – Markets in Crypto-Assets Regulation. https://www.bafin.de/DE/Aufsicht/MiCAR/MiCAR_artikel.html Zugegriffen: 23.02.2026

Börsen-Zeitung (BZ) (2024, 11. Januar): US-Börsenaufsicht gibt grünes Licht für Spot-ETFs auf Bitcoin. https://www.boersen-zeitung.de/banken-finanzen/us-boersenaufsicht-gibt-gruenes-licht-fuer-spot-etfs-auf-bitcoin

Brandl, B. (2020). Ist Blockchain das Ende der Banken? Zur Bedeutung von Schulden und Banken in kapitalistischen Ökonomien. Kölner Zeitschrift für Soziologie und Sozialpsychologie, 72(1), 1–23. https://doi.org/10.1007/s11577-020-00716-w

Bundesamt für Sicherheit in der Informationstechnik (BSI) (2026). Blockchain und Kryptowährung. https://www.bsi.bund.de/DE/Themen/Verbraucherinnen-und-Verbraucher/Informationen-und-Empfehlungen/Technologien_sicher_gestalten/Blockchain-Kryptowaehrung/blockchain-kryptowaehrung_node.html Zugegriffen: 23.02.2026

Scheider, D. in BTC-ECHO. (2019). Bitcoin-Maximalismus: Zwischen Ratio und Engstirnigkeit. https://www.btc-echo.de/news/bitcoin-maximalismus-zwischen-ratio-und-engstirnigkeit-75518/ Zugegriffen: 28.10.2025)

Coinbase (2026): Ethereum hard fork. https://help.coinbase.com/en/coinbase/getting-started/crypto-education/eth-hard-fork Zugegriffen: 23.02.2026)

CoinMarketCap (2026): Cryptocurrency market capitalizations. https://coinmarketcap.com/ Zugegriffen: 23.02.2026)

Deutsche Börse (2020). World's first centrally cleared Bitcoin ETN launched on Xetra. https://www.deutsche-boerse.com/dbg-en/media/news-stories/press-releases/World-s-first-centrally-cleared-Bitcoin-ETN-launched-on-Xetra-2062116 Zugegriffen: 05.02.2026

Tual, S., (2015, 30. Juli). Ethereum Launches. Ethereum Foundation Blog. https://blog.ethereum.org/2015/07/30/ethereum-launches

Grobys, K., King, T., & Sapkota, N. (2022). A fractal view on losses attributable to scams in the market for initial coin offerings. Journal of Risk and Financial Management, 15 (12), Article 579. https://doi.org/10.3390/jrfm15120579

History of Bitcoin (2012, 24. Oktober). Colored coins. https://www.historyofbitcoin.io/timeline/colored-coins

Jentzsch, C. (2016, 24. August). The history of the DAO and lessons learned. Medium. https://medium.com/slock-it-blog/the-history-of-the-dao-and-lessons-learned-d06740f8cfa5

Merkle, R. C. (1980). Protocols for public key cryptosystems. In Proceedings of the IEEE Symposium on Security and Privacy (S. 122–134).

MEXC. (2026, 2. Januar). What is an ICO: Decoding the fundamentals. https://www.mexc.co/en-NG/news/392118

Nakamoto, S. (2008, Oktober). Bitcoin: A peer-to-peer electronic cash system. https://bitcoin.org/bitcoin.pdf

Shin, L. (2021). The Cryptopians: Idealism, greed, lies, and the making of the first big cryptocurrency craze. PublicAffairs.

Statista (2025a). Gesamtzahl der Bitcoins im Umlaf weltweit von 2009 bis 2025. https://de.statista.com/statistik/daten/studie/283301/umfrage/gesamtzahl-der-bitcoins-in-umlauf/ Zugegriffen: 09.10.2025

Statista. (2025b). Anzahl unterschiedlicher Kryptowährungen weltweit von 2013 bis 2025. https://de.statista.com/statistik/daten/studie/1018542/umfrage/anzahl-unterschiedlicher-kryptowaehrungen/ Zugegriffen: 09.10.2025)

Statista. (2025c). Kryptowährungen – Themenüberblick. https://de.statista.com/themen/10795/kryptowaehrungen/#topicOverview Zugegriffen: 09.10.2025

Statista. (2026). Aktienmarkt weltweit – Marktvolumen.https://de.statista.com/outlook/fmo/aktien/weltweit Zugegriffen: 23.02.2026

TechTarget (2024, 13. März). Cryptography definition. https://www.techtarget.com/searchsecurity/definition/cryptography Zugegriffen: 11.02.2026

Juliane Demuth, M.A., Soziologie, Schnittstelle Digital-/Techniksoziologie und Finanzsoziologie mit Schwerpunkt Blockchain und Tokenisierung, CMO bei Spherity GmbH.

„Habitussensibilisierung: Mikroprozesse, Barrieren und Möglichkeiten der Überwindung sozialer Ungleichheit im Bildungssystem für junge Menschen"

Max Reinhardt

1 Einleitung

Benachteiligungen im Bildungssystem sind für den gesamten Bildungsweg empirisch sehr gut nachgewiesen (Autor:innengruppe Bildungsberichterstattung 2024, 2026; Bachsleitner und Maaz 2025). Trotz zahlreicher durchgeführter Reformen und auch erfolgreicher Öffnungen des Bildungssystem für die Heterogenität in den vergangenen Jahrzehnten und aktueller Reformvorhaben bleibt der Befund der sozialen Ungleichheit und beschränkter Aufstiegsmobilitäten aktuell und für das Einlösen demokratischer Versprechen auf Teilhabe von zentraler politischer Bedeutung (BJK 2025; Blossfeld u. a. 2020; Drope u. a. 2025).

Besonders geeignet zur Erforschung der Komplexität der Reproduktion sozialer Ungleichheit im Bildungskontext ist der Habitus-Feld-Kapital-Ansatz von Pierre Bourdieu, weil er die im Habitus angelegten „Wahrnehmungs-, Denk- und Handlungsmuster" (Bourdieu 1987, S. 101), die in den Interaktionen als Praktiken zum Ausdruck kommen, und gesellschaftliche Zusammenhänge von Individuen, Familien, Peer Groups, Institutionen und der Gesellschaft untersucht. Bourdieu trennt nicht zwischen Ressourcenansätzen und kulturellen Distinktions- und Ausgrenzungsmechanismen, die beide Ungleichheiten und Barrieren im Bildungssystem herausarbeiten (Dietrich u. a. 2013), sondern führt sie in seinem Habitus-Feld-Kapital-Ansatz zusammen. Er reduziert soziale Ungleichheit nicht

M. Reinhardt (✉)
Hannover, Deutschland
E-Mail: maxachimkarlreinhardt@web.de

B. Blättel-Mink et al. (Hrsg.), *Potenziale soziologischer Praxis*, Sozialwissenschaften und Berufspraxis, https://doi.org/10.1007/978-3-658-51996-4_9

nur auf sozialstrukturelle Merkmale, sondern hebt hervor, dass diese über die sozial ungleichen Existenzbedingungen ihrer Klasse die *Habitusformen* mit ihren *Dispositionen* erzeugen:

„Die Konditionierungen, die mit einer bestimmten Klasse von Existenzbedingungen verknüpft sind, erzeugen die *Habitusformen* als Systeme dauerhafter und übertragbarer *Dispositionen,* als strukturierte Strukturen, die wie geschaffen sind, als strukturierende Strukturen zu fungieren, d. h. als Erzeugungs- und Ordnungsgrundlagen für Praktiken und Vorstellungen, die objektiv an ihr Ziel angepasst sein können, ohne jedoch bewusstes Anstreben von Zwecken und ausdrückliche Beherrschung der zu deren Erreichung erforderlichen Operationen vorauszusetzen, die objektiv ‚geregelt' und ‚regelmäßig' sind, ohne irgendwie das Ergebnis der Einhaltung von Regeln zu sein, und genau deshalb kollektiv aufeinander abgestimmt sind, ohne aus dem ordnenden Handeln eines Dirigenten hervorgegangen zu sein" (Bourdieu 1987, S. 98 f.).

Mit dem Feldbegriff beschreibt Bourdieu ein Netz aus Positionen und standortbedingten Zugängen zur Macht und damit zu unterschiedlichen Kapitalsorten (kulturell, ökonomisch, politisch, sozial usw.) (Bourdieu und Wacquant 1996, S. 127–129). Entscheidend ist, erstens die jeweilige „Position des Feldes im Verhältnis zum Feld der Macht zu analysieren" (ebd., S. 136). So sind das akademische Feld, das künstlerische Feld und das literarische Feld Felder der *Beherrschten,* die in das Machtfeld eingeschlossen sind und trotz einer relativen Autonomie der Felder von den Entscheidungen z. B. über die politischen Rahmenbedingungen abhängen. Die Analyse der Felder erfolgt zweitens darüber „die objektive Struktur der Relationen zwischen den Positionen der in diesem Feld miteinander konkurrierenden Akteure oder Institutionen (zu) ermitteln" (ebd.). Das Zusammenspiel zwischen Habitus und Feld beschreibt Bourdieu im Interview mit Wacquant wie folgt:

„Drittens muss man die Habitus der Akteure analysieren, die Dispositionssysteme, die sie jeweils durch Verinnerlichung eines bestimmten Typs von sozialen und ökonomischen Verhältnissen erworben haben und für deren Aktualisierung ein bestimmter Lebenslauf in dem betreffenden Feld mehr oder weniger günstige Gelegenheiten bietet" (Bourdieu und Wacquant 1996, S. 136).

Bourdieu hat mit diesem Zusammenwirken von Habitus und Feld das beschrieben, was später als Passungkonstellationen bezeichnet wurde, um soziale Ungleichheiten zu beschreiben, weil bestimmte Habitus besser zu bestimmten Feldern passen als andere und damit privilegiert bzw. benachteiligt werden (Helsper 2014, S. 146). Diese Passungskonstellationen setzen im Sinne einer „kulturellen Passung" (Kramer und Helsper 2010) immer „die Beherrschung des Kodes" (Bourdieu 2001, S. 50) zur Aneignung von Bildung (Lange-Vester und

Teiwes-Kügler 2004, S. 161; Lange-Vester und Bremer 2020) und damit zum Erlernen der Gelehrtenkultur voraus, deren sprachliche und kulturelle Muster in einigen sozialen Milieus vertrauter sind als in anderen (Bourdieu 2001, S. 50; vgl. Bremer 2008, S. 1534 f.). Der Habitus ist dabei nicht auf kognitive oder sprachliche Dimensionen zu reduzieren, sondern enthält auch körperliche Erscheinungsformen, einschließlich des Geschmacks z. B. mit der Auswahl von Kleidung und von Speisen und des Auftretens mit Gesten und Mimiken (Bourdieu 1982, S. 286–298).

Die soziale Ungleichheit im Bildungssystem ist schon oft empirisch festgestellt worden (Bachsleitner und Maaz 2025). Hingegen ist die „black box der sozialen Herstellung von Bildungsungleichheit" (Helsper 2025, S. 263) bei der Aneignung von Bildung und die Mechanismen, die dazu führen, nicht leicht zu *lüften,* am ehesten vielleicht noch durch konkrete Studien von „praktische(n) und sinnstrukturierte(n) Mikroprozessen" (ebd.).

Durch diesen Beitrag soll deshalb deutlich werden, wie Verhaltensweisen vor allem der Fachkräfte in Mikroprozessen habitussensibel sein können – beispielhaft ausgeführt entlang der verschiedenen Lebensphasen junger Menschen von der Frühen Bildung, über Schule sowie Ausbildung und Studium vor allem in Deutschland. Zudem wird darauf eingegangen werden, was es bedeutet, an den eigenen Wahrnehmungen und Verhaltensweisen zu arbeiten. Dabei wird auch das Konzept der Habitussensibilisierung (Sander 2014; im Schulkontext siehe Helsper 2014; Lange-Vester und Teiwes Kügler 2014) hinsichtlich der in den Arbeiten formulierten Analysen, Möglichkeiten und Grenzen näher beleuchtet werden.

Im Mittelpunkt der Analyse stehen dabei kognitive, emotionale und körperliche Dimensionen sozialer Praktiken sowie die Regeln, die pädagogische Fachkräfte in verschiedenen Lernsettings vorgeben und in der Interaktion mit jungen Menschen umsetzen. Gesetzliche Rahmenbedingungen und normative Vorgaben werden einleitend in den jeweiligen Kapiteln kurz gestreift, um beispielhaft ausgewählte Rahmenbedingungen der jeweiligen Felder – von der frühen Bildung bis zur Ausbildung und Studium – für die Habitussensibilisierung zu erläutern, stehen aber nicht im Zentrum des Artikels.

Mit dem Fokus auf Mikroprozesse geht es vor allem darum, Möglichkeiten und Grenzen alltäglicher pädagogischer Arbeit im Hinblick auf eine Habitussensibilisierung aufzuzeigen, um jenseits von Beharrungstendenzen, die auch benannt werden, Möglichkeitsräume zu benennen, die soziale Ungleichheit abbauen helfen.

Im Fokus stehen dabei die Wahrnehmungs- und Denkstrukturen der pädagogischen Fachkräfte und der jungen Menschen hinsichtlich des Lernens in den jeweiligen Institutionen. Dabei werden sowohl Studien (z. B. Bischoff 2017;

Reinhardt 2020, 2022, 2025) ausgewertet, die entweder nur die Fachkräfte oder nur die jungen Menschen in den Blick nehmen, aber auch eine Studie zur Schule (Lange-Vester und Teiwes-Kügler 2014), in der beide Perspektiven auch mit Blick auf die gegenseitige Wahrnehmung habitushermeneutisch untersucht wurden. Herangezogen werden auch Studien (Budde 2011; Künzli Kläger 2025), die nicht vertieft habitushermeneutisch erarbeitet wurden, aber in den Analysen Verhaltensmuster enthalten, die die Interaktionen zwischen pädagogischen Fachkräften und jungen Menschen verdeutlichen helfen.

2 Frühe Bildung

Der Rechtsanspruch auf einen Kindergartenplatz für drei- bis sechsjährige Kinder wurde 1996 und für ein- bis zweijährige Kinder 2013 bundesweit eingeführt. Die Qualität der Kindertageseinrichtungen wurde mit dem KiTa-Qualitäts- und Teilhabeverbesserungsgesetz (2024) rechtlich verankert. Es umfasst die Verbesserung der Teilhabe in der Kindertagesbetreuung und soll damit „ein Beitrag zur Herstellung gleichwertiger Lebensverhältnisse für das Aufwachsen von Kindern im Bundesgebiet und zur besseren Vereinbarkeit von Familie und Beruf“ (ebd.) sein. Als Bausteine der Qualitätssicherung werden zum Beispiel genannt: ein geeigneter Fachkraft-Kind-Schlüssel, die Gewinnung und Sicherung geeigneter Fachkräfte, Förderung der Sprachlichen Bildung und eine inklusive Pädagogik.

Für die Analyse von Mikroprozessen, die die Möglichkeiten und Grenzen einer habitussensiblen und als solche inklusiv verstandene Praxis veranschaulichen, sind die relevanten Dimensionen übersetzt in die Habitus-Feld-Logik nach Bourdieu vor allem die Orientierungsqualität der pädagogischen Fachkräfte mit ihren pädagogischen Einstellungen und Überzeugungen und die Qualität der Interaktionen zwischen Kindern untereinander und zu den Fachkräften, worunter vor allem sozioemotionale Tiefe und Kompetenzen im Umgang miteinander zu verstehen ist (Anders und Oppermann 2024, S. 553–558; Kuger und Kluczniok 2008).

Die Interaktionen von Fachkräften, Eltern und Kindern führen zu Zielkonflikten, die Bischoff (2017) als Dilemmata beschreibt und die die Praxis in ihrer Komplexität im Sinne von Felddynamiken im Zusammenwirken von Akteur:innen mit ihren Habitus und ihren Interaktionen verdeutlichen. Beispielhaft zeigt sich anhand von Auswertungen von 14 Interviews mit Fachkräften aus unterschiedlichen Kindertageseinrichtungen (offen und geschlossen) in West- und Ostdeutschland für Kinder von drei bis sechs Jahren, dass eine hohe Heterogenität hinsichtlich ihrer pädagogischen Handlungspraxis und ihrer Habitusmuster im Umgang mit Kindern und Eltern nachzuweisen ist (ebd., S. 191). Die Fachkräfte sehen sich in verschiedenen Dilemmata im Umgang mit den Eltern und Kindern wie zum Beispiel in den Dilemmata zwischen der Toleranz verschiedener Sichtweisen und der Übertragung eigener Wahrnehmungen oder dem Gleichbehandlungsgrundsatz und der spezifischen Förderung von Kindern sowie der Herstellung einer vertrauensvollen Beziehung und der Wahrung von Autonomie und Intimität (ebd., S. 189–197).

Bischoff arbeitet vier „Habitusmuster frühpädagogischer Fachkräfte und ihre Klassifizierungslinien" (Bischoff 2017, S. 298) entlang dieser Dilemmata heraus. Sie entwirft auf der Grundlage von Bourdieu einen sozialen Raum mit der vertikalen Herrschaftsachse zwischen oben (zukunftsorientiert sowie wissens- und leistungsorientiert) und unten (gegenwarts- und erfahrungsorientiert mit einem Gemeinschaftserleben) und der horizontalen Differenzierungsachse zwischen Autonomie und Fürsorge (ebd.). Die Habitusanalyse erfolgte – wie auch bei den anderen in diesem Artikel zitierten Habitusstudien – induktiv anhand von Videosequenzen mit den frühpädagogischen Fachkräften und mit Hilfe von den unten folgenden Gegensatzpaaren:

„Asketisch – hedonistisch, ideell – materiell, Hierarchisch – egalitär, individuell – gemeinschaftlich, ästhetisch – funktional, aufstiegsorientiert – sicherheitsorientiert, herrschend – ohnmächtig und selbstsicher – unsicher" (Bremer und Teiwes-Kügler 2013, S. 115).

Fachkräfte mit dem *Habitusmuster Fachwissen* wenden zwar Methoden an, die Entwicklung des einzelnen Kindes optimal zu fördern. Dabei reproduzieren sie oftmals soziale Ungleichheit über Kompetenzzuschreibungen und das Verurteilen expressiver, nonverbaler Ausdrucksformen von Kindern (Bischoff 2017, S. 305).

Fachkräfte mit dem *Habitusmuster Autonomie* hingegen setzten stark auf autonome Räume zu selbsttätigen Entwicklungen. Ihre Rolle verstehen sie als beobachtend-zurückhaltend. Die gezielte Förderung von Gelegenheitsstrukturen zum Erwerb schulnaher Sprach- und Arbeitsformen" (Bischoff 2017, S. 305 f.) ist eher selten. Dadurch besteht das Risiko bereits vorhandene Ungleichheiten zu verstärken und weiter entwickelte Kinder zu bevorzugen und stärker zu unterstützen.

Fachkräfte mit dem *Habitusmuster Fürsorge* schaffen einen „sorgenden und liebevoll gestalteten Rahmen altersgerecht und geschützt vor negativen Umwelteinflüssen" (Bischoff 2017, S. 301), in dem die Fachkräfte und Erwachsene allgemein Vorbilder aufgrund ihres Erfahrungswissens sind. Trotz fehlender Beobachtungen lassen sich für diese Fachkräfte blinde Flecken dahingehend formulieren, dass sie – wie die Interviews zeigen – Gefahr laufen zu klassifizieren und sich abzugrenzen (Bischoff 2017, S. 307).

Fachkräfte mit dem *Habitusmuster Gemeinschaft* haben eine pädagogische Denk- und Wahrnehmungsweise durch aktives Zuhören und gegenseitige Aufmerksamkeit. Sie sind stärker inklusiv und ihr pädagogischer Alltag ist entsprechend gemeinschaftlich in der Interaktion mit den Eltern und Kindern organisiert. Sie vernachlässigen – vergleichbar den Fachkräften mit dem *Habitusmuster Autonomie* – den Erwerb kognitiver Bildung und individueller Kompetenzen und damit insgesamt die Schulvorbereitung (Bischoff 2017, S. 302, 307).

Um die Interaktion und ungleichheitssensible Lernbegleitung zu veranschaulichen, eignet sich die Heranziehung einer an Bourdieus Habitus-Feld-Ansatz orientierten Untersuchung (Künzli Kläger 2025), die anhand von Videosequenzen durchgeführt wurde und vor allem zwei Jungen in ihrem Lernverhalten in einem schweizerischen Kindergarten mit einem hohen Anteil an Kindern mit Migrationshintergrund analysiert, wobei weder die Sprache noch der Migrationshintergrund als solcher im Fokus der Untersuchung stehen. Vielmehr konzentriert sich die Beobachtung auf die körperlichen Bewegungen und Interaktionen der Kinder im Klassenraum. Das aufgebaute Lernsetting ist als Herstellung einer sozialen Ordnung zu verstehen, in der sich die Kinder zurechtfinden und zwischen Lernangeboten wählen müssen. Zunächst einmal scheint das beobachtete Lernsetting klar geregelt zu sein. Die zuständige Lehrerin Frau Egger begrüßt die ankommenden Kinder und spricht mit ihnen. Die beiden in der Veröffentlichung hauptsächlich analysierten Jungen sind: der ältere Endrit, knapp fünf Jahre, spricht zu Hause Albanisch, und der jüngere Wassilis, vier Jahre und sechs Monate, unterhält sich zu Hause auf Portugiesisch. Die zentralen Regeln für diese Lernsituation sind, dass die Kinder sich eigenständig eine Aktivität aussuchen, die jedoch für eine bestimmte Anzahl an Kindern begrenzt ist. Zur Auswahl stehen eine Holzbahn, eine Bücherecke zum Lesen und eine Wandtafel zum Zeichnen (ebd.).

Anhand der ausgewerteten Beobachtungen werden Handlungsmuster der Kinder deutlich, die auf eine Nähe-Distanz-Verhältnis zum Bücherlesen schließen lassen. Es zeigen sich Habituszüge, die mit den oben beschriebenen Gegensatzpaaren selbstsicher – unsicher und individuell – gemeinschaftlich zu beschreiben sind. So orientiert sich Wassili (noch) stärker als Endrit an anderen Kindern:

„Bis zu diesem Zeitpunkt hat Wassilis offensichtlich noch keine Aktivität für diesen Vormittag ausgewählt, trotz verschiedener Besuche an unterschiedlichen Orten im Klassenraum. Scheinbar wird ihm auch Danilo als Spielkamerad entzogen, da dieser mit Frau Ruchti und der ersten Gruppe in den DaZ-Unterricht gehen muss. Wassilis erscheint hier als der Unentschlossenere, seine Bewegungen im Klassenraum sind ein Hin und Her, ein Mal-da-mal-dort-Sein oder ein Dazu-Stehen. Er scheint bereits ein wenig mit dem Handlungsmuster ‚sich eine

Aktivität auswählen‘ vertraut zu sein, zumindest weiß er, dass er sich seine Namensklammer suchen muss und dass auch die anderen Schüler:innen eine solche benötigen [...]. Ihm ist zudem bekannt, dass er sich bei Unentschlossenheit auf die Sitzbank bei den Wandkästen setzen darf. Bei ihm könnte jedoch auch herausgelesen werden, dass er noch nicht so vertraut wie Endrit ist, die ‚soziale Ordnung‘ (sich eigenständig eine Aktivität auszusuchen) für die freie Spielphase im Kindergartenalltag herzustellen, zumindest nicht, wenn ihm ‚vertraute Spielkameraden‘ abhanden kommen“ (Künzli Kläger 2025, S. 166).

Auch bei der späteren Buchauswahl bleibt die Unentschlossenheit von Wassili bestehen. Die Lehrkraft Frau Eggers beobachtet das Verhalten von Wassili und setzt sich im Verlauf der Zeit gezielt zu ihm, um ihn bei seiner Entscheidung und seiner Aktivität zu unterstützen. Auch wenn sie zuvor bei einer Mädchengruppe war, hat sie Wassili nicht aus den Augen gelassen, das Geschehen weiter beobachtet und dann gehandelt, um Wassili in seinem Handeln zu stärken, statt ihn sich selbst zu überlassen und damit seine Unentschlossenheit weiter anwachsen zu lassen. Die unaufgeforderte Handlung sich zu Wassili zu setzen und ihn in seiner Entschlusskraft zu stärken, zeigt auch, wie wichtig es ist, im richtigen Moment für die Lernbegleitung der Kinder anwesend zu sein und zu unterstützen (Künzli Kläger 2025, S. 167–173).

3 Schule

Das Bundesverfassungsgericht (BVerfG) hat in seinem Urteil zur Einschränkung des Schulunterrichts aufgrund von Corona herausgearbeitet, dass „aus Art. 2 Abs. 1 in Verbindung mit Art. 7 Abs. 1 GG [..] ein Recht der Kinder und Jugendlichen gegenüber dem Staat (folgt), ihre Entwicklung zu einer eigenverantwortlichen Persönlichkeit auch in der Gemeinschaft durch schulische Bildung zu unterstützen und zu fördern“ (BVerfGE 2021, S. 26). Zudem hat das Bundesverfassungsgericht „einen Anspruch auf Einhaltung eines für ihre chancengleiche Entwicklung zu eigenverantwortlichen Persönlichkeiten unverzichtbaren Mindeststandards von Bildungsangeboten“ (ebd.) und „ein Recht auf gleichen Zugang zu staatlichen Bildungsangeboten im Rahmen des vorhandenen Schulsystems“ (ebd.) formuliert. Allerdings ist bereits das Schulsystem in seinen Schulformen und Chancen stark gegliedert und die Zugänge sind von der sozialen Herkunft abhängig. Kinder aus akademischen Haushalten werden an Gymnasien und Gesamtschulen privilegiert, während umgekehrt Hauptschulen, sofern noch vorhanden und nicht abgelöst von mit der Realschule fusionierten Schulformen, vor allem als Schule für nichtprivilegierte Schüler:innen gelten. In eher nichtexklusiven Gymnasien werden handlungsleitende Orientierungen als Abiturvorbereitung einer heterogenen Schüler:innenschaft stärker kommuniziert, um die Schulfremdheit als Erfahrung im Umgang mit einem Teil Schüler:innenschaft vor allem aus nichtprivilegierten Familien zu überwinden (Helsper 2025, S. 247–249).

So zeigen beispielhafte habitushermeneutische Untersuchungen von fünf Lehrer:innen unterschiedlicher Schulformen wie Hauptschule, Gymnasium und Integrierte Gesamtschule eine Vielfalt von Habitusmustern aus unterschiedlichen sozialen Milieus auf. Ihnen gemeinsam ist, dass ihnen der Zugang zu benachteiligten Schüler:innen fehlt und die Haltungen nicht kompatibel sind mit denen der Hauptschüler:innen. Die Lehrer:innen nehmen Hauptschüler:innen oft „als zu faul, zu desinteressiert, zu wenig diszipliniert oder auch als zu dumm" (Lange-Vester und Teiwes-Kügler 2014, S. 200) wahr. Die exemplarische Analyse von Interviews mit zwei Hauptschullehrenden, die aus unterschiedlichen sozialen, nichtakademischen Milieus aufgestiegen sind, zeigt, dass sie trotz unterschiedlicher Auffassungen eines Lehr- und Lernverständnisses Leistungs- und Anstrengungsbereitschaft voraussetzen, statt sie zu vermitteln (ebd.).

Ein eigener Bildungsaufstieg führt, wie die Beispiele verdeutlichen, nicht automatisch dazu, habitussensibel mit anderen Bildungsaufsteiger:innen umzugehen. Dabei wäre es notwendig, Leistungs- und Anstrengungsbereitschaft sowie Eigenverantwortung und Selbstdisziplin auf die Tagesordnung des Lehrplans zu nehmen und nicht nur zu erwarten, auch wenn sie in der eigenen Biografie rückblickend selbstverständlich erscheinen.

Beispielhaft zeigen ausgewertete Habitusanalysen von Lehrpersonen an den Schulformen Gymnasium und Gesamtschule aus oberen Milieus, dass sie ein Konkurrenzprinzip befördern und damit diejenigen aussortieren, die dem nicht gerecht werden oder sie sanktionieren – dies in einem Fall, obwohl eine Lehrperson an einer Gesamtschule reformpädagogisch arbeiten möchte, dem aber nicht gerecht werden kann und in einem anderen Fall einer Lehrerin an einem Gymnasium, weil das Wettbewerbsprinzip begrüßt wird. In einem dritten Fall arbeitet eine Lehrerin an einem Gymnasium eher pragmatisch-rational nach dem Prinzip des Wissensmanagements und bleibt dabei eher emotional-distanziert (ebd., S. 190–194).

Gerade Bildungsaufsteiger:innen – je höher der Aufstieg desto stärker – vollziehen Anpassungsleistungen, weil die vorherrschende Lehr- und Lernkultur in der Regel stark bildungsbürgerlich-akademisch dominiert ist. Bildungsaufstiegsmobilität erfordert nicht nur ein „hohes Maß an (Selbst-)Reflexion und Flexibilität, sondern auch eine ausgeprägte Trennungskompetenz" (Rutter und

Weitkämper 2022, S. 15) von der eigenen Herkunft und eingeübter Verhaltensweisen, um Hürden zu überwinden. Diese Reflexionsarbeit und Verwandlung eigener Verhaltensweisen kann bei dem Bildungsaufstieg von jungen Menschen als Habitusmetamorphose bezeichnet werden (Müller 1990), bei der pädagogische Fachkräfte unterstützen sollten, da sie in einer ständigen Dynamik zwischen Persistenz oder wie Bourdieu (1987, S. 104) formuliert Trägheit (Hysteresis) und Wandel erfolgt und dabei auch verunsichernd wirken kann.

Analysen interviewter Hauptschüler:innen aus sozial benachteiligten sozialen Milieus zeigen, dass ihnen die Distanz zum Bildungssystem und ihre Unsicherheit im Umgang mit Bildung gemeinsam sind. Bildungsaufsteiger:innen sind eine heterogene soziale Gruppe mit sehr unterschiedlichen Habitus, darunter auch diejenigen, die einen vergleichsweise selbstverständlichen Umgang mit Bildung aufweisen, aber auch andere, die sich anstrengen müssen, um den Bildungsaufstieg zu vollziehen. Trotz der Unterschiede von Bildungsaufsteiger:innen unterer und mittlerer Milieus zeigen sich hinsichtlich ihrer Bildungsstrategien auch Gemeinsamkeiten. Sie sind eher praktisch und konkret erfahrungsorientiert.

Diejenigen, die aus oberen sozialen Milieus stammen, haben eine vergleichsweise individuelle Bildungsstrategie. Ihre Bildungszugänge sind theoretisch-abstrakt und werden oftmals auch im konkreten Hochschulalltag privilegiert (Lange-Vester und Teiwes-Kügler 2014, S. 194–195, 201).

Diese unterschiedlichen Praktiken zeigen auf, wie komplex es ist, im konkreten Lehr- und Lernalltag habitussensibel zu arbeiten. Sowohl subtile als auch offensichtliche Ausgrenzungen erfordern es, möglichst nicht zu klassifizieren oder zu verurteilen, sondern mehr nachzufragen und zuzuhören (Lange-Vester 2022, S. 28). Dafür brauchen Fachkräfte Zeit sowohl in direkten Kontakt mit den Lernenden, einzeln wie auch im Klassenkontext oder bei Elternabenden. Entscheidend ist im Sinne von Bourdieu das Verstehen der anderen Position, nicht aber zwangsläufig das Gutheißen z. B. des Fehlens im Unterricht, so Lange-Vester (2022, S. 25). Es geht dabei darum, die jungen Menschen abzuholen statt sie im Gefühl des „Bestellt und nicht abgeholt“ (Schmitt 2010) zu belassen.

Anpassungsleistungen können schnell auch in eine Integrations- und Ausgrenzungserfahrung münden, wenn Sortierungen der Lernenden durch Belohnungen, Bevorzugungen oder Bestrafungen erfolgen. Ergebnisse einer ethnografischen Untersuchung von Schüler:innen im Unterricht in einer Schule einer österreichischen Großstadt zeigen beispielhaft, wie Rederecht nach den Regeln des Meldens durch Lehrende vergeben wird. So sind zum Beispiel zwei Schüler:innen in ihren Meldestrategien im Mathematikunterricht erfolgreich, weil sie „ihr Melden durch verbale und akustische Mittelungen erweitern“ (Budde 2011, S. 137). Das Ausrufen von „Ich“ erscheint dem Lehrer aber als Regelverletzung. An einem weiteren

Beispiel wird ebenfalls die Disziplinierung im Schulunterricht deutlich. So ruft die Lehrerin einen Schüler auf, sich zu beteiligen, als er sich mit einem anderen Schüler leise unterhält und damit die Regeln des Redeverhaltens bricht (Budde 2011, S. 137–140).

Die Disziplinierung läuft immer Gefahr, Bildungsungleichheiten zu reproduzieren, weil die herrschende Ordnung zu Anpassungsleistungen zwingt, die diejenigen bevorzugt, die am besten zu ihr passen. Deshalb steht die habitusbedingte Reproduktion von Bildungsungleichheit im Vordergrund, die neben dem sozialen Milieu, das im Fokus dieses Artikels steht, auch Geschlecht, Ethnizität oder Behinderung enthält, die miteinander verwoben sind (Rutte und Weitkämper 2022, S. 11) und sich gegenseitig verstärken können (Henke 2025). Zum Abbau von Hierarchien beitragen kann zum Beispiel der Versuch, alle Schüler:innen aufzurufen sich zu melden und länger auf Meldungen zu warten. Dies zeigt ein Beispiel eines Lehrers und seiner Klasse, von denen sich im Verlauf durch das Verhalten des Lehrers auch einige von denjenigen aus der letzten Reihe der Klasse melden, die sich zuvor nicht beteiligt hatten (Budde 2011, S. 140).

4 Schwerpunkt Studium mit einem Blick auf die berufliche Ausbildung

Der Übergang von der Schule in die Berufsausbildung ist ein weiterer Schritt der starken Differenzierung und Selektion. Dabei hängt dieser Weg stark von dem vorherigen Lebensweg und der besuchten Schulform ab. Der sogenannte Bildungstrichter verdichtet und differenziert sich hierbei immer weiter u. a. entlang der Selektion vor dem sozialen Hintergrund:

„In Deutschland finden aktuell nur 25 von 100 Kindern aus nichtakademischen Elternhäusern den Weg an die Hochschule. Haben die Eltern studiert, nehmen 78 von 100 Kindern ein Studium auf. Besonders stark benachteiligt sind Kinder, deren Eltern keine berufliche Ausbildung abgeschlossen haben: Von ihnen treten nur 8 von 100 Kindern ein Studium an" (Kracke u. a. 2024, S. 1).

Dabei entpuppt sich das Hochschulsystem in starkem Maße als Sortiermaschine entlang sozialstruktureller Klassenunterschiede. Diejenigen, die ein Studium absolviert haben, haben in der Regel einen erfolgreichen Berufsweg vor sich. Die Bildungsrendite vieler Studiengänge ist höher als die der Berufsausbildungen (Kroher und Meier 2025). Auch der Zugang zur beruflichen Ausbildung ist ungleich strukturiert (Bundesjugendkuratorium 2025; Thielen 2025).

Auch wenn viele Weichen im jungen Erwachsenenalter schon gestellt sind, bestehen auf der Mikroebene Möglichkeiten, junge Erwachsene zu unterstützen und sie auf ihrem Lebensweg zu begleiten (Bundesjugendkuratorium 2025). Das Konzept der Habitussensibilisierung kann dabei helfen Ausgrenzungen oder Stigmatisierungen zu vermeiden. Die bereits beschriebene Fähigkeit zur Anpassung bzw. die *Passungsfähigkeit* zur sozialen Ordnung ist auch für das Bestehen in den Hochschulen entscheidend. Dies gilt für beide Hochschultypen Universitäten wie auch Hochschulen für angewandte Wissenschaft, auch wenn Universitäten Bildungsungleichheiten noch stärker reproduzieren (Pape u. a. 2022).

Die Bildungsungleichheiten finden sich auch in den studentischen Milieus selbst, wie eine von Lange-Vester und Teiwes-Kügler (2004) entwickelte Typologie studentischer Milieus über sozialwissenschaftliche Studiengänge an einer deutschen Universität verdeutlicht, die „vertikale und horizontale Dynamiken und Konfliktlinien im studentischen Feld" (ebd., S. 182) aufzeigt. Mit den Analysen studentischer Milieus auf der Grundlage einer Stichprobe von Gruppeninterviews mit Studierenden wird deutlich, dass die Studierendenmilieus sehr heterogen sind und es sich im Grunde um Kämpfe zwischen den studentischen Typen über den *‚legitimen' Bildungsbegriff* im Studium handelt. Die Ungleichheiten zeigen sich vor allem anhand der Wahrnehmungs- und Denkstrukturen, die sich hauptsächlich auf der Ebene von Vorstellungen von Hochschule als Ort der Bildung bewegen und anhand derer Denkstrukturen zu sozialer Ordnung und Praxis im Umgang mit hochschulischer Bildung deutlicher werden. Zur Zeit der Untersuchung waren es noch die *Kritischen Intellektuellen,* die in den untersuchten sozial- und geisteswissenschaftlichen Fächern einer Hochschule die dominante Fraktion bildeten, sich aber bereits unter Legitimationsdruck sahen. So wurden die *Kritischen Intellektuellen* von einer anderen Oberklassenfraktion herausgefordert: den *Exklusiven,* „die stärker mit der materiellen Verwertung und Konvertierung des kulturellen Kapitals argumentiert" (ebd., S. 183). Die *Kompetenz- und Leistungsdistinguierten* definieren sich besonders über ihre individuelle Kompetenz und Leistung; darunter sind auch einige, die sich von anderen Studierenden abgrenzen, sie als *„unmotiviert, passiv und unfähig"* bezeichnen, statt gesellschaftliche Verhältnisse zu kritisieren, wie es für die *Kritischen Intellektuellen* typisch ist. Anders als die *Exklusiven* fordern sie allerdings nicht offen eine stärkere Selektion der Studierenden. Auch das Selbstbewusstsein der gesellschaftlichen Mitte ist gewachsen und die *Effizienzorientierten* grenzen sich „von dem sowohl aus ihrer Sicht ‚anbiedernden' Studienstil der *‚Prestigeorientierten'* als auch vom ‚Schlendrian' stärker hedonistisch orientierter Studierender ab" (ebd., S. 183). Die *Ganzheitlichen* kritisieren die *Effizienzorientierten* dafür, dass sie zu wenig kritisch seien und werten sie als zu unreflektiert ab. Besonders bedroht sind die *Bildungsunsicheren,* noch stärker als Teilfraktionen der Mitte Mühe haben, den Spielregeln des akademischen Feldes zu folgen und sich oftmals z. B. durch das Fernbleiben vom Seminar selbst ausschließen (ebd., S. 184). Auch Lernende laufen wie Lehrende Gefahr, zu Komplizen der Reproduktion von Bildungsungleichheit zu werden, in dem sie Herrschaftsstrukturen unreflektiert verstetigen (Bourdieu 1988, S. 355).

Reinhardt (2022) zeigt anhand von einer Stichprobe mit sieben Studierenden ingenieurwissenschaftlicher Fächer an einer deutschen Hochschule für angewandte Wissenschaft mit Hilfe von qualitativen Einzel- und Gruppeninterviews auf, dass das Lernverhalten sich je nach Habitus unterscheidet und Lernangebote habitussensibel sein müssen, um eine inklusive Lernkultur zu schaffen. Aufbauend auf weiteren Studien (Hild 2019; Lange-Vester und Teiwes-Kügler 2004) wird deutlich, dass vertikale und horizontale Differenzen entscheidend sind. So finden sich sehr unterschiedliche Bildungsaufsteiger:innen der gesellschaftlichen Mitte mit dem Lernverhalten zwischen den Polen hierarchisch-kämpferisch über gemeinschaftsorientiertes bis hin zu individualistischem auf Selbstdisziplin setzendem Lernverhalten. Bei zwei exemplarisch untersuchten Studierenden aus einem akademischen Haushalt ist das Lernverhalten besonders strukturiert und der Umgang mit Bildung wirkt sicherer und selbstverständlicher (Reinhardt 2022, S. 232–240).

Fehlende Motivation darf nicht einfach zugeschrieben werden. Vielmehr läuft die Ideologie des selbstgesteuerten Lernens Gefahr, Studierende sich selbst zu überlassen und Lernängste zu steigern, auch aus Furcht Lernvorgaben nicht gerecht zu werden, oftmals auch durch das Gefühl nicht Teil der akademischen Welt zu sein (Reinhardt 2020). Prokrastinierendes Verhalten kann durch eine sequenzielle Lernkultur oder Gruppenlernen überwunden werden (Schulmeister u. a. 2012, S. 21; Reinhardt 2022, 2025). Auch beim Gruppenlernen ist es elementar, die Lerngruppen zu unterstützen, damit sich die Lerngruppenmitglieder nicht gegenseitig behindern. Dafür bedarf es der durch Fachkräfte begleiteten Bereitstellung von pädagogisch aufbereiteten Lernmaterialien und der gezielten Prüfungsvorbereitung in kleinen Schritten, um sogenanntes Bulimielernen zu vermeiden (Reinhardt 2022, S. 239 f.).

5 Conclusio: Habitussensible Praktiken auf der Mikroebene: Grenzen und Möglichkeiten

Die Reproduktion von Bildungsungleichheit zeigt sich in besonderem Maße auf der Ebene von Mikroprozessen sowohl aufseiten der Fachkräfte als auch aufseiten der jungen Menschen als Lernende sowie der Interaktion beider Seiten. Mit Hilfe des Konzepts der Habitushermeneutik und Habitussensibilisierung ist es möglich, Dynamiken horizontaler und vertikaler Unterschiede besser zu verstehen und auch im Lehr- und Lernalltag zu versuchen, Bildungsungleichheiten abzubauen. Vertikale Bildungsungleichheiten sind vor allem Hierarchieunterschiede, die sich auch bei der Herstellung sozialer Ordnung von Lernsettings widerspiegeln und durch sensibles Handeln im Sinne einer Aufmerksamkeit für Unsicherheiten im Umgang mit Bildung reduziert werden können. Gleichzeitig zeigen sich auch horizontale Unterschiede hinsichtlich der Lehr- und Lernstrategien von Fachkräften und Lernenden. Die Sensibilität für den sozialen Ort der Lehrenden und Lernenden hilft dabei besser zu verstehen als zu klassifizieren und zu verurteilen, da der Prozess der Habitusmetamorphose einer Lernbegleitung bei der Reflexion der eigenen Veränderung bedarf. Auch ein eigener Bildungsaufstieg kann den Blick hierauf verstellen, wenn Lehr- und Lerntechniken und akademische Bildungsstrategien einfach vorausgesetzt werden, statt sie zu vermitteln.

Wesentlich für das Gelingen ist auch die Zusammenarbeit mit den Eltern vor allem in der frühen Bildung und in der Schule, um einen gemeinschaftsorientierten Umgang zu lernen und Ungleichheit abzubauen, individuelle Freiräume selbstbestimmt zu nutzen und gleichzeitig Kompetenzen zur Schulvorbereitung zu erwerben. Dieser Kompetenzerwerb erfordert eine pädagogische Kompetenz (Bischoff 2017, S. 318–321). Die beschriebenen Fälle von Lehrenden und Lernenden sowie die Unterrichtsbeispiele zeigen anschaulich, dass sich Habitussensibilisierung nicht auf wenige mechanisch erlernte Abläufe reduzieren lässt. Vielmehr sind gerade die offenen, ungeplanten Handlungen und Interaktionen diejenigen, die Benachteiligungen reproduzieren können. Lernen darf dabei nicht auf rein kognitive oder sprachliche Dimensionen beschränkt werden. Vielmehr ist das Lernen eingebunden in eine soziale Ordnung, in der im Sinne einer Passungsfähigkeit körperliche Beherrschung und die die Befolgung von Regeln entscheidend für Erfolg und Misserfolg sind.

Für einen habitussensiblen Umgang bedarf es der Aufmerksamkeit von Lehrenden und auch Lernenden, um Unsicherheiten abzumildern und Lernbarrieren abzubauen. Dies gilt für die frühe Bildung ebenso wie für die Schule und die berufliche Bildung sowie das Studium. Dabei laufen alle Beteiligten Gefahr, zu Komplizen der Herrschaftsstruktur zu werden und andere auszugrenzen oder sich selbst auszugrenzen. Die Folge kann sein, dass Lernende offensichtlich oder subtil ausgegrenzt werden oder sie sich dann selbst vom Unterricht ausschließen durch z. B. schlechte Leistungen oder das Fehlen im Unterricht, die oftmals vermeintlich auf Faulheit oder Hedonismus zurückgeführt werden (Lange-Vester 2022, S. 25; Reinhardt 2022, S. 231–233).

Auch in den Hochschulen ist es wichtig, die Techniken des Lernens nicht einfach vorauszusetzen, sondern die Studierenden zum Studieren zum Beispiel im Wissenschaftlichen Arbeiten zu befähigen. Dafür braucht es immer auch Zeit und ein offenes Lehr- und Lernklima, das über die reine Wissensvermittlung mancher Fachkräfte hinausgeht.

Habitussensibilisierung ist in vielen Situationen für Fachkräfte und Lernende eine Erleichterung, weil das Verständnis für das Denken, Wahrnehmen, Fühlen und Handeln gesteigert, Konflikte frühzeitig entspannt und das Lernklima förderlicher für alle gestaltet werden kann. Der Prozess der Habitussensibilisierung erfordert nicht nur ein Gespür für die Habitusmetamorphose von Bildungsaufsteiger:innen vor allem aus sozialen Milieus mit einer großen Distanz zur akademischen Welt, sondern auch der Akteure aus bildungsprivilegierten und bildungsaffinen sozialen Milieus und Teilfraktionen, für die Bildung schon über Generationen einen hohen Stellenwert hat und die Bildungspraktiken langfristig eingeübt und tradiert haben. Erst dann können auch mögliche Konfliktlinien zwischen jungen Menschen untereinander und mit den Lehrkräften in Bildungssystemen verstanden werden, die immer auch um das Bildungsverständnis und die Art des Lernklimas miteinander ringen. Habitussensibel zu lehren und lernen ist also ein Prozess des immerwährenden Aushandelns, ohne dabei transparente und klare Regeln außer Kraft zu setzen, die einen Rahmen für das Lehren und Lernen bieten.

Literatur

Anders, Y., & Oppermann, E. (2024). Frühpädagogische Qualität in Kindertageseinrichtungen: Eine Erweiterung des Struktur-Prozess-Modells. *Zeitschrift für Erziehungswissenschaft 24*(1), 551–577. https://doi.org/10.1007/s11618-024-01218-7

Autor:innengruppe Bildungsberichterstattung (2024). *Bildung in Deutschland 2024. Ein indikatorengestützter Bericht mit einer Analyse zu beruflicher Bildung*. wbv Publikation.

Autor:innengruppe Bildungsberichterstattung (2026). *Ein indikatorengestützter Bericht mit einer Analyse zu Bildungsungleichheiten nach sozialer Herkunft*. wbv Publikation.

Bachsleitner, A., & Maaz, K. (2025). *Bildungssoziologie. Einführung*. Nomos.

Bischoff, S. (2017). *Habitus und frühpädagogische Professionalität: Eine qualitative Studie zum Denken und Handeln von Fachkräften in Kindertageseinrichtungen*. Beltz Juventa.

Blossfeld, P. N, Blossfeld, G. J., & Blossfeld, H.-P. (2020). Bildungsexpansion und soziale Ungleichheit. Wie lassen sich die begrenzten Erfolge der Bildungsreformen in Deutschland erklären?. *GWP – Gesellschaft. Wirtschaft. Politik* 69(3), 361–374. https://doi.org/10.3224/gwp.v69i3.11

Bourdieu, P. (1982). *Die feinen Unterschiede. Kritik der gesellschaftlichen Urteilskraft.* Suhrkamp.

Bourdieu, P. (1987). *Sozialer Sinn. Kritik der theoretischen Vernunft.* Suhrkamp.

Bourdieu, P. (1988). *Homo academicus.* Suhrkamp.

Bourdieu, P. (2001). *Wie die Kultur zum Bauern kommt.* VSA Verlag.

Bourdieu, P., & Wacquant, L. J.D. (1996). *Reflexive Anthropologie.* Suhrkamp.

Bremer, H. (2008). Die Möglichkeit von Chancengleichheit: Pierre Bourdieus Entzauberung der Natürlichkeit von Bildung und Erziehung – und deren ungebrochene Aktualität. In K.-S. Rehberg (Hrsg.), Die Natur der Gesellschaft: Verhandlungen des 33. Kongresses der Deutschen Gesellschaft für Soziologie in Kassel 2006. Teilbd. 1 u. 2 (S. 1528–1539). Campus Verlag.

Bremer, H., & Teiwes-Kügler, C. (2013). Habitusanalyse als Habitus-Hermeneutik. In *Zeitschrift für Qualitative Forschung 14*(2), 199–219. https://doi.org/10.3224/zqf.v14i2.16382.

Budde, J. (2011). Dabei sein ist alles? Erkenntnispotential ethnographischer Beobachtungen anhand von Interaktionspraktiken zur Verteilung des Rederechtes im Unterricht. *Zeitschrift für Qualitative Forschung, 12*(1), 125-148.

Bundesjugendkuratorium (2025). Stellungnahme des Bundesjugendkuratoriums. In dass. (Hrsg.), Junge Erwachsene und soziale Mobilität – Chancengerechtigkeit im jungen Erwachsenenalter in Zeiten des Fachkräftebedarfs. https://bundesjugendkuratorium.de/data/BJK-Stellungnahme-Junge_Erwachsene_soziale_Mobilit%C3%A4t-2025_Web.pdf, 6–23. Zugegriffen: 27.12.2025

BVerfG (2021). Beschluss des Ersten Senats vom 19. November 2021-1 BvR 971/21, 1 BvR 1069/21 – Rn. (1–222). http://www.bverfg.de/e/rs20211119. Zugegriffen: 27.12.2025

Dietrich, F., Heinrich, M., & Thieme, N. (2013). *Bildungsgerechtigkeit jenseits von Chancengleichheit: Theoretische und empirische Ergänzungen und Alternativen zu 'PISA'.* Springer VS.

Drope, T., Reh, S., Maaz, K. (Hrsg.) (2025). *Bildungsungleichheit als Gegenstand der Bildungsforschung. Perspektiven, Erträge und Aussichten.* WAXMANN.

Helsper, W. (2025). Der Beitrag der Rekonstruktion sozialer Mikroprozesse zur Erklärung schulischer Bildungsungleichheit. Praktiken, Habitus, Biographie und Generationstransfer. In T. Drope/S. Reh/K. Maaz (Hrsg.), *Bildungsungleichheit als Gegenstand der Bildungsforschung. Perspektiven, Erträge und Aussichten* (S. 237–273). WAXMANN.

Helsper, W. (2014). Habitusbildung, Krise, Ontogenese und die Bedeutung der Schule – Strukturtheoretische Überlegungen. In ders., R.-T. Kramer, & S. Thiersch (Hrsg.), *Schülerhabitus. Theoretische und empirische Analysen zum Bourdieuschen Theorem der kulturellen Passung* (S. 125–158). Springer VS.

Henke, J. (2025). Zerstörte Chancen und folgenreiche Brüche. In Bundesjugendkuratorium (Hrsg.), Junge Erwachsene und soziale Mobilität. Chancengerechtigkeit im jungen Erwachsenenalter in Zeiten des Fachkräftebedarfs: Stellungnahme des Bundesjugendkuratoriums. https://bundesjugendkuratorium.de/data/BJK-Stellungnahme-Junge_Erwachsene_soziale_Mobilit%C3%A4t-2025_Web.pdf, 98–117. Zugegriffen: 27.12.2025

Hild, P. (2019): *Habitus und seine Bedeutung im Hochschulstudium. Aneignungspraktiken und -logiken von Studierenden.* Beltz Juventa.

KiTa-Qualitäts- und -Teilhabeverbesserungsgesetz (2018, 19. Dezember) (BGBl. I S. 2696), das zuletzt durch Artikel 3 des Gesetzes vom 21. November 2024 (BGBl. 2024 I Nr. 361) geändert worden ist. https://www.gesetze-im-internet.de/kiqutg/BJNR269610018.html. Zugegriffen: 27.12.2025

Kracke, N., Schwabe, U., Buchholz, S. (2024). Neuer Bildungstrichter: Trotz Akademisierungsschub immer noch ungleicher Zugang zur Hochschule. https://www.dzhw.eu/pdf/pub_brief/dzhw_brief_02_2024.pdf. Zugegriffen am 18.01.2026

Kramer, R.-T./Helsper, W. (2010). Kulturelle Passung und Bildungsungleichheit – Potentiale einer an Bourdieu orientierten Analyse der Bildungsungleichheit. In H.-H. Krüger, U. Rabe-Kleberg, R.-T. Kramer, J. Budde (Hrsg.), Bildungsungleichheit revisited. Bildung und soziale Ungleichheit vom Kindergarten bis zur Hochschule (S. 103–125). VS Verlag für Sozialwissenschaften.

Kroher, M., Meier, D. (2025): Kurzgutachten. Die (prekäre) finanzielle Situation von Studierenden in Deutschland: Eine Einschätzung. In Bundesjugendkuratorium (Hrsg.), Junge Erwachsene und soziale Mobilität. Chancengerechtigkeit im jungen Erwachsenenalter in Zeiten des Fachkräftebedarfs: Stellungnahme des Bundesjugendkuratoriums. https://bundesjugendkuratorium.de/data/BJK-Stellungnahme-Junge_Erwachsene_soziale_Mobilit%C3%A4t-2025_Web.pdf, 39–83. Zugegriffen: 18.01.2026

Künzli Kläger, S. (2025). Zur Herstellung sozialer Ordnungen im Alltag von Kindergärten der Deutschschweiz. In H. Bremer, A. Lange-Vester (Hrsg.), *Soziale Milieus und Habitus im Feld der Bildung* (S. 157–178). Beltz Juventa.

Kuger, S., Kluczniok, K. (2008). Prozessqualität im Kindergarten – Konzept, Umsetzung und Befunde. In H.-G. Roßbach, & H.-P. Blossfeld (Hrsg.). Frühpädagogische Förderung in Institutionen (S. 159–178). VS Verlag für Sozialwissenschaften.

Lange-Vester, A. (2022). Interview: Insgesamt also der Vorschlag: Weniger klassifizieren, mehr nachfragen und zuhören!. In *Zeitschrift für sozialistische Politik und Wirtschaft 25*(4), 24–28.

Lange-Vester, A., & Bremer, H. (2020): Zur Bedeutung des Habitus für die Aneignung des Studiums. In A. Lange-Vester, M. Schmidt (Hrsg.), Herausforderungen in Studium und Lehre. (S. 86–103). Beltz Juventa.

Lange-Vester, A., & Teiwes-Kügler, C. (2004). Soziale Ungleichheiten und Konfliktlinien im studentischen Feld. Empirische Ergebnisse zu Studierendenmilieus in den Sozialwissenschaften. In S. Engler, & B. Krais (Hrsg.), *Das kulturelle Kapital und die Macht der Klassenstrukturen: Sozialstrukturelle Verschiebungen und Wandlungsprozesse des Habitus* (S. 159–187). Juventa.

Lange-Vester, A., & Teiwes-Kügler, C. (2014). Habitussensibilität im schulischen Alltag als Beitrag zur Integration ungleicher sozialer Gruppen. In T. Sander (Hrsg.), *Habitussensibilität* (S. 178–207). Springer VS.

Müller, D. (1990). Zur Rekonstruktion von Habitus, ‚Stammbäumen' und Habitus-‚Metamorphosen' der neuen sozialen Milieus. *Forschungsjournal für Neue Soziale Bewegungen 3*(4), 57–65.

Pape, N., Heil, K., & Schneider, H. (2022). Studienzweifel und Studienabbruch als Ausdruck problematischer Passungsverhältnisse im akademischen Feld. Fallbeispiele aus zweiqualitativen Forschungsprojekten. In H. Bremer, A. Lange-Vester (Hrsg.), Entwicklungen im Feld der Hochschule. Grundlegende Perspektiven, Steuerungen, Übergänge und Ungleichheiten (S. 244–260). Beltz Juventa.

Reinhardt, M. (2025). Heterogenität, Habitus und soziale Ungleichheit am Beispiel des Lernverhaltens von Studierenden. Vergleich aus der soziologischen Perspektive der Habitus-/Milieuforschung und aus der psychologischen Perspektive eines handlungstheoretisch begründeten Motivationsmodells. In: H. Bremer, & A. Lange-Vester (Hrsg.), Soziale Milieus und Habitus im Feld der Bildung (S. 138–155). Beltz Juventa.

Reinhardt, M. (2022). Soziale Ungleichheit beim Lernverhalten von Studierenden der Ingenieurwissenschaften. Habitushermeneutisch ausgewertete Beispiele aus einer Hochschule für angewandte Wissenschaften. In H. Bremer, & A. Lange-Vester (Hrsg.). Entwicklungen im Feld der Hochschule. Grundlegende Perspektiven, Steuerungen, Übergänge und Ungleichheiten (S. 227–241). Beltz Juventa.

Reinhardt, M. (2020). Bildungsaufsteiger*innen im Studium: Ungleiche Gleiche? Eine exemplarische Habitusanalyse im Vergleich mit Akademiker*innenkindern. In A. Lange-Vester, & M. Schmidt (Hrsg.), *Herausforderungen in Studium und Lehre* (S. 171–192). Beltz Juventa.

Rutter, S., & Weitkämper, F. (2022). *Die (Re-)Produktion sozialer Ungleichheit in der Schule. Ein Thema für die Lehrkräfteausbildung*. Bertelsmann.

Sander, T. (Hg.) (2014). *Habitussensibilität*. Springer VS.

Schmitt, L. (2010). *Bestellt und nicht abgeholt. Soziale Ungleichheit und Habitus-Struktur-Konflikte im Studium*. Springer VS.

Schulmeister, R., Metzger, C., & Martens, T. (2012). *Heterogenität und Studienerfolg. Lehrmethoden für Lerner mit unterschiedlichem Lernverhalten*. Paderborner Universitätsreden Heft 123.

Thielen, M. (2025). Teilhaberisiken und Benachteiligungen von Jugendlichen und jungen Erwachsenen am Übergang in berufliche Bildung und Beschäftigung. In Bundesjugendkuratorium (Hrsg.), Junge Erwachsene und soziale Mobilität. Chancengerechtigkeit im jungen Erwachsenenalter in Zeiten des Fachkräftebedarfs: Stellungnahme des Bundesjugendkuratoriums. https://bundesjugendkuratorium.de/data/BJK-Stellungnahme-Junge_Erwachsene_soziale_Mobilit%C3%A4t-2025_Web.pdf, 24–38. Zugegriffen: 27.12.2025

Max Reinhardt, Dr., wissenschaftlicher Referent in der Arbeitsstelle Kinder- und Jugendpolitik am Deutschen Jugendinstitut e.V., Arbeitsschwerpunkte: soziale Mobilität junger Erwachsener, Bildungsungleichheit, Habitusforschung, Kinder- und Jugendpolitik, kommunales Bildungsmanagement. Aktuelle Publikation: Reinhardt, M. (2025). Heterogenität, Habitus und soziale Ungleichheit am Beispiel des Lernverhaltens von Studierenden. Vergleich aus der soziologischen Perspektive der Habitus-/Milieuforschung und aus der psychologischen Perspektive eines handlungstheoretisch begründeten Motivationsmodells. In: H. Bremer, & A. Lange-Vester (Hrsg.). Soziale Milieus und Habitus im Feld der Bildung (S. 138–155). Beltz Juventa.

Ungleichheit durch AI Literacy?

Wie eine kapitaltheoretische Perspektive im KI-Zeitalter Bildungsungleichheiten sichtbar machen kann

Alexandra Gössl und Robert Pham Xuan

1 Einleitung

Der Einsatz generativer Künstlicher Intelligenz in Bildungs- und Hochschulkontexten wird derzeit intensiv diskutiert (Biesenbach und Siegfried-Laferi 2025; Lausberg et al. 2025; Maxwell et al. 2025; Yusuf et al. 2024). Insbesondere KI-basierte Sprachmodelle werden in aktuellen hochschulischen Strategie- und Positionspapieren als eine Technologie beschrieben, die Lernprozesse, Prüfungsformate und Wissenspraktiken nachhaltig verändern könnten (Wagner et al. 2025). Im Rahmen dieser Entwicklung wird die sogenannte AI Literacy als ein neuartiger Kompetenzbereich im Bildungs- und Hochschulkontext diskutiert. Konkret geht es dabei um den kompetenten Umgang mit KI-Technologien (Gabriel 2024). Die Diskussion von AI Literacy zeigt sich nicht nur im wissenschaftlichen Diskurs, sondern auch in aktuellen bildungs- und digitalpolitischen Strategien auf europäischer und nationaler Ebene. Hier wird AI Literacy als zentrale Zukunftskompetenz normativ positioniert und als grundsätzlich vermittelbar vorausgesetzt (BMK und BMIMI 2024; Kulturministerkonferenz (KMK) 2024; Regulation (EU) 2024/1689 (Artificial Intelligence Act), 2024). Aus unserer Sicht ist es auffällig, dass AI Literacy in diesen Kontexten oft programmatisch

A. Gössl (✉)
Ferdinand Porsche FernFH, Wiener Neustadt, Österreich
E-Mail: alexandra.goessl@fernfh.ac.at

R. Pham Xuan
Friedrich-Schiller-Universität Jena, Jena, Deutschland
E-Mail: robert.pham-xuan@uni-jena.de

B. Blättel-Mink et al. (Hrsg.), *Potenziale soziologischer Praxis*, Sozialwissenschaften und Berufspraxis,
https://doi.org/10.1007/978-3-658-51996-4_10

verwendet wird und kaum konzeptionell eindeutig bestimmt zu sein scheint. Diesbezüglich zeigt sich eine begriffliche Offenheit, die in kritischen Analysen als Ausdruck von techno-solutionistischer Steuerungslogiken problematisiert wird (Pham und Davies 2025). Zugleich mehren sich Hinweise darauf, dass die Nutzung KI-gestützter Anwendungen nicht für alle Menschen gleichermaßen zugänglich oder effektiv ist (Hadar Shoval 2025; Zhang et al. 2024). Während Künstliche Intelligenz vielfach als potenziell kompensatorisches Werkzeug affirmativ dargestellt wird (Gabriel 2024; Maxwell et al. 2025), zeigen erste empirische und konzeptionelle Arbeiten, dass ihre produktive Nutzung an spezifische Voraussetzungen gebunden ist und bestehende Ungleichheiten fortschreiben kann (Bulathwela et al. 2024; Sperling et al. 2024).

Vor diesem Hintergrund stellen wir die Frage, wie AI Literacy aus Sicht sozialer Ungleichheit analytisch angemessen gefasst werden kann. Ziel des Beitrags ist es, AI Literacy mithilfe von Bourdieus Kapitaltheorie als Form digitalen Kapitals zu rahmen und damit einen analytischen Zugang zu den damit verbundenen Ungleichheitsdynamiken sowie zur Rolle soziologischer Expertise in ihrer Reflexion zu eröffnen. Dabei wird AI Literacy hier nicht primär als isolierter Kompetenzbestand betrachtet, sondern als sozial eingebettetes Kapital. Hierfür wird AI Literacy in einen soziologischen Bezugsrahmen eingeordnet, der die Bedingungen seiner Aneignung, Nutzung und Wirksamkeit aus Sicht der Bourdieuschen Kapitaltheorie berücksichtigt. Nachfolgend wird zunächst der Zusammenhang zwischen AI Literacy und digitalen Ungleichheiten skizziert. Abschließend werden die theoretischen Überlegungen auf ihre Bedeutung für die Analyse und Gestaltung KI-gestützter Bildungsprozesse bezogen.

2 AI Literacy im Diskurs: Begriffsarbeit und Unschärfen

Der Begriff der AI Literacy hat sich in den vergangenen Jahren zu einem zentralen Orientierungspunkt im internationalen Forschungsdiskurs entwickelt, ohne dass bislang ein einheitliches Verständnis darüber vorliegt, was genau darunter zu fassen ist. In der gängingen Literatur wird AI Literacy häufig als das Kennen und Verstehen von KI, das Benutzen, das Evaluieren sowie das Einordnen ethischer Implikationen als entscheidende Faktoren im Umgang mit KI beschrieben (Lintner 2024). Dabei umfasst AI Literacy ein Bündel an Fähigkeiten, die es Individuen erlauben, KI-basierte Systeme kritisch zu bewerten, mit ihnen zu kommunizieren und sie in unterschiedlichen Lebensbereichen zweckmäßig einzusetzen (Long und Magerko 2020). Während diese Definition eine erste Orientierung bietet, bleibt der Begriff in der Forschung weiterhin heterogen definiert und weist eine hohe Varianz in der konzeptionellen Ausgestaltung auf (Lintner 2024). In internationalen Diskursen wird der Begriff in vielfältigen Zusammenhängen besprochen, wobei auch hier vorrangig auf die spezifischen Anforderungen verschiedener professioneller Gruppen (wie Forschende und Lehrende) eingegangen wird. Diese Priorisierungen führen dazu, dass AI Literacy in der bestehenden Literatur überwiegend in anwendungsnahen oder kontextspezifischen Perspektiven behandelt wird, während übergreifende, tiefgehende theoretische Klärungen der Begrifflichkeit ausbleiben (Sperling et al. 2024). Parallel dazu wird in der Literatur darauf verwiesen, dass AI Literacy über den Bereich der Informatik hinaus an Relevanz gewinnt und in Bildungskontexten verstärkt als relevante Kompetenz im Umgang mit AI-Tools erscheint (Yu 2025). Trotz dieser erweiterten Rezeption bleibt die konzeptionelle Unschärfe des Begriffs bestehen, was sich insbesondere in der Fragmentierung vorliegender Ansätze, der Fokussierung auf einzelne Kompetenzdimensionen sowie divergierenden Schwerpunktsetzungen zeigt (ebd.). Für diesen Beitrag wird AI Literacy daher zunächst als ein holistisches, sowohl kompetenz- als auch weiterführend sozialdimensioniertes Konzept gefasst (Lintner 2024; Naamati-Schneider und Alt 2024; Sperling et al. 2024).

Empirische Arbeiten zeigen, dass Unterschiede in Bildung, Erfahrung und sozialer Lage nicht nur im Zugang, sondern vor allem in der Fähigkeit zur effektiven Nutzung digitaler Ressourcen sichtbar werden können. Hargittai (2010) weißt darauf hin, dass es beim Umgang mit digitalen Ressourcen nicht nur um Fragen des Zuganges oder der Bildung geht, sondern auch um die effektive Nutzung des jeweiligen Digitalen Mediums. Begrifflich wird diesbezüglich mittlerweile vom sogenannten Digital-Divide gesprochen (verstanden als Forschung zu Zugangs-, Nutzungs- und Outcome-Ungleichheiten digitaler Technologien). Übersichtsarbeiten hierzu zeigen, dass sich Ungleichheiten mit zunehmender Verbreitung digitaler Technologien vom bloßen Zugang hin zu Unterschieden in Nutzung und Ergebnisproduktion verlagern (Lythreatis et al. 2022). Während frühe Digital-Divide-Ansätze vor allem Fragen des Zugangs (First Digital Divide) und der Nutzung (Second Digital Divide) adressierten, rücken mit KI-basierten Anwendungen zunehmend die sozialen Folgen digitaler Nutzung in den Fokus (van Deursen und van Dijk 2014; van Dijk 2005). Dies lässt sich vor allem darauf zurückführen, dass sich die Anforderungen erfolgreicher Nutzung weiter verschieben und zuspitzen (Hadar Shoval 2025; Lythreatis et al. 2022). Entscheidend ist dabei, in welchem Umfang sich Online-Aktivitäten in vorteilhafte Offline-Outcomes übersetzen lassen, was als zentraler Mechanismus des Third-Level Digital Divide beschrieben wird (van Deursen und Helsper 2015). Hadar Shoval

(2025) führt in diesem Kontext den Begriff des „AI-Literacy-Divide" ein. Dieser soll verdeutlichen, dass insbesondere die Fähigkeit, KI-gestützte Anwendungen produktiv und kritisch-reflexiv einzusetzen, zunehmend mit sozialstrukturellen Faktoren zusammenhängt und sich in unterschiedlichen Nutzungsmustern und ungleichen Bildungserträgen niederschlagen kannt (Hadar Shoval 2025). Zugleich weisen weitere Analysen darauf hin, dass KI-gestützte Bildungspraktiken in umfassendere institutionelle, infrastrukturelle und algorithmische Rahmen eingebettet sind, die bestehende Ungleichheiten nicht nur widerspiegeln, sondern potenziell verstärken können (Al-Zahrani 2024). Die Anforderungen KI-basierter Anwendungen erweitern somit bestehende Digital-Literacy-Konzepte[1] um reflexive und interpretative Fähigkeiten, deren Aneignung eng mit sozialen und bildungsbezogenen Voraussetzungen verbunden ist (Naamati-Schneider und Alt 2024; Zhang et al. 2024). Die Verteilung dieser KI-bezogenen Kompetenzen folgt somit bestehenden sozialen Ungleichheitslinien und verfügt zugleich über erhöhtes Erklärungspotenzial für Unterschiede in Nutzungsformen, Vertrauen und resultierenden Bildungserträgen.

Da die bisherigen Ausführungen nahelegen, dass AI Literacy in unserem Verständnis mehr ist als ein klar abgrenzbarer oder einheitlich definierbarer Kompetenzbestand wird das Konzept im vorliegenden Beitrag als „fuzzy concept"[2] verstanden. „Fuzzy" soll dabei keine analytische Unschärfe bezeichnen, sondern fungiert als heuristische Sammelbezeichnung für Begriffe, deren Bedeutung und Bewertungsmaßstäbe sich aus konkurrierenden Deutungen, normativen Erwartungen und feldspezifischen Anerkennungsordnungen ergeben (Gallie 1994). Darüber hinaus sind fuzzy concepts stets Gegenstand von unterschiedlichen Begriffsbestimmungen und Veränderungen. Auch methodologisch sind viele analytische Kategorien als nicht-klassische Konzepte mit unscharfen Grenzen und kontextabhängiger Geltung zu verstehen, sodass Versuche sie in enge Definitionen oder standardisierte Kompetenzmodelle zu zwängen, konzeptionelle Verzerrungen riskieren (Collier und Mahon 1993).

Die begriffliche Offenheit von AI Literacy verweist damit nicht zwangsläufig auf eine mangelnde theoretische Präzision, sondern auf ihre relationale, sozial und feldspezifisch eingebettete Struktur. Aus unserer Sicht gewinnt damit die Kritik

[1] Digital Literacy kann als die Fähigkeit, Informationen zu finden, zu bewerten und effektiv zu nutzen, daraus Inhalte zu erstellen und diese über digitale Technologien zu kommunizieren, definiert werden (Reddy et al. 2020).

[2] Der Begriff „fuzzy" wird hier in Anlehnung an Zadehs (1965) Verständnis unscharfer Klassen verwendet, das Fuzziness als Folge fehlender scharf definierter Zugehörigkeitskriterien und gradueller Abgrenzungen begreift.

an techno-solutionistischen Narrativen, die den Einsatz von KI als primär technische Optimierungsaufgabe betrachten und dabei soziale, professionelle sowie kontextuelle Bedingungen außer Acht lassen, an zentraler Bedeutung (Pham und Davies 2025; Sperling et al. 2024). Die Vorstellung, technologische Innovation könne komplexe und historisch gewachsene Ungleichheiten eigenständig reduzieren, greift hierbei zu kurz. Wie Bulathwela et al. (2024) feststellen, wird diesbezüglich deutlich, dass technologische Innovation allein keine Demokratisierung von Bildung bewirken kann. Ohne Berücksichtigung politischer, sozialer und infrastruktureller Voraussetzungen bleiben Zugangs- und Nutzungshürden bestehen und können sich im Zuge technologischer Erweiterungen sogar verschärfen (Bulathwela et al. 2024). Genau bei diesen strukturellen Bedingungen und individuellen Kontexten bietet die von uns vorgeschlagene Theorie Bourdieus einen entsprechenden Analyserahmen im Bildungsbereich.

2.1 Verbindungsstränge im Rahmen der Bourdieuschen Soziologie

Das oben beschriebene, erweiterte Verständnis von AI Literacy bzw. dessen soziologische Perspektivierung verweist unserer Auffassung nach auf die Notwendigkeit einer kapitaltheoretischen Perspektive, die AI Literacy im Kontext sozialer Kapitalausstattungen verortet. Hierfür bietet Bourdieus Unterscheidung zwischen ökonomischem, kulturellem und sozialem Kapital einen theoretischen Rahmen, der es ermöglicht auch digitale und KI-bezogene Fähigkeiten als Elemente solcher Kapitalien zu erfassen.

Mit Bourdieu lässt sich darauf verweisen, dass es auf die Kapitallogik zurückzuführen ist, dass die sozialen Möglichkeitsräume von Menschen nicht zufällig verteilt, oder durch reine Leistungen bzw. Leistungsbereitschaften erklärbar sind (Bourdieu 1983, S. 183). In seiner Theorie ergibt sich eine mehrteilige Kapitaltypologie. Das *kulturelle Kapital* erfährt nicht nur bei Bourdieu besondere Aufmerksamkeit, sondern ist auch in diesem Beitrag zentral. Dies kann als inkorporiertes kulturelles Kapital bestehen, wobei eben diese Form auf die Voraussetzung der Verinnerlichung von Kulturkapital hinweist, das grundsätzlich körpergebunden ist. Dieser Inkorporierungsprozess erfordert Lernzeit und ist an die Person und die jeweiligen Möglichkeitsbedinungen seiner sozialen Position selbst gebunden, sodass er nicht an andere delegiert oder stellvertretend vollzogen werden kann (Bourdieu 1983; Calderón Gómez 2021). Zugleich findet er häufig implizit oder ohne bewusste Steuerung statt. Durch materielle Träger ist kulturelles Kapital auch übertragbar (Delegationsprinzip) und steht somit eng mit dem inkorporierten kulturellen Kapital in Verbindung. So können Kulturgüter zum Gegenstand materieller Aneignung, oder aber auch symbolisch durch inkorporiertes Kulturkapital angeeignet werden. Hierbei ist jedoch immer zu bedenken, dass objektiviertes kulturelles Kapital (materiell oder symbolisch) nur dann bestehen bleibt, wenn es von Handelnden angeeignet wurde und eingesetzt wird (Bourdieu 1983). Die dritte Form des kulturellen Kapitals stellt das institutionalisierte Kulturkapital dar, das eine Objektivierung von inkorporiertem Kulturkapital in Form von Titeln meint, da diese ein Zeugnis für kulturelle Kompetenz verkörpern (Bourdieu 1983; McGillivray und Mahon 2021). Das *soziale Kapital* umfasst all jene Ressourcen, die mit einem Beziehungsnetz zusammenhängen und auf Zugehörigkeiten basieren. Dabei ist der Umfang des Kapitals in anderen Formen (also kulturell oder ökonomisch) entscheidend für den Umfang des Sozialkapitals. Dieses Beziehungsnetz ist allerdings nicht einmalig etabliert und bleibt, sondern ist auf Institutionalisierungsarbeit angewiesen, die Sozialbeziehungen schafft und aufrecht erhält (Bourdieu 1983).

Ergänzend zu den Kapitalformen beschreibt der Habitus jene verinnerlichten Dispositionen, über die kulturelles Kapital angeeignet, eingesetzt und reproduziert wird. Er stellt ein im Verlauf der Sozialisation erworbenes System dauerhafter Wahrnehmungs-, Bewertungs- und Handlungsschemata dar, das als *„Erzeugungsprinzip objektiv klassifizierbarer Formen von Praxis“* (Bourdieu 2014 [1987], S. 277) wirkt. Zugleich ist der Habitus sowohl strukturierte Struktur als Produkt sozialer Bedingungen, als auch strukturierende Struktur, indem er jene Schemata hervorbringt, über die Praxis gestaltet wird. In dieser Doppelfunktion fungiert der Habitus als vermittelndes Moment zwischen objektiven Ressourcenstrukturen und subjektivem Handeln und kann daher als Überwindung des traditionellen Dualismus von Struktur und Handeln verstanden werden (Pham Xuan 2023).

In diesem Kontext ist davon auszugehen, dass der Habitus auch den Umgang mit digitalen Medien und KI-gestützten Technologien strukturiert. Der Habitus beeinflusst wie neue technische Möglichkeiten wahrgenommen, bewertet und praktisch genutzt werden. Für KI-bezogene Bildungs- und Wissenspraktiken bedeutet dies, dass Unterschiede im Umgang mit KI nicht allein auf individuelle Entscheidungen oder Kompetenzen zurückgeführt werden können, sondern auf sozial geprägte Dispositionen. Dabei ist die Transformierbarkeit der Kapitalformen ein zentrales Moment der Reproduktionsprozesse in der Bourdieuschen Soziologie, da Kapital nicht statisch ist, sondern, unter feldspezifischen Bedingungen, in andere Kapitalarten überführt werden kann (Bourdieu 2014 [1987]). Eben diese Möglichkeit zur Umwandlung ermöglicht es, vorhandene Kapitalausstattungen in jene Formen zu transformieren, die innerhalb eines Feldes als legitim gelten und symbolisch oder materiell wertgeschätzt werden. Umgekehrt wirken eingeschränkte Möglichkeiten der Kapitalumwandlung als Reproduktionsmechanismus, der bestehende Ungleichheiten weiter verfestigen und die Geltendmachung vorhandener Ressourcen begrenzen kann (ebd.).

Die bisherigen Ausführungen zeigen, dass AI Literacy stets in ein Gefüge sozial ungleich verteilter Kapitalien, habitueller Dispositionen und feldspezifischer Bewertungsordnungen eingebettet ist. Nun stellt sich aus unserer Sicht die Frage, wie sich bildungsbezogene Partizipationsmöglichkeiten sowie die Aneignung und Verwertung KI-bezogener Fähigkeiten als Ergebnis komplexer Kapital- und Reproduktionsprozesse erweisen. Vor diesem Hintergrund erscheint es analytisch konsequent, AI Literacy nicht nur kapitaltheoretisch zu rahmen, sondern explizit um gegenwärtige Debatten um digitales Kapital zu erweitern. Mithilfe dieser theoretischen Perspektivierung werden digitale Fähigkeiten und Nutzungsbedingungen in den Kontext gesellschaftlicher Positionierungen eingebettet.

2.2 AI Literacy als digitales Kapital

Die Idee der Interpretation digitaler Ressourcen als Kapital entspringt der Grundannahme, dass Kapital in unterschiedlicher Form vorliegt, die ungleiche Handlungsspielräume eröffnen: *„Cultural capital, technical capital, and commercial capital exist both in objectivized form (equipment, instruments, etc.) and in embodied form (competence, skills, etc.)“* (Bourdieu 2010 [2000], S. 87). Allen Bourdieu'schen Kapitalformen liegt dabei eine sozialstrukturell ungleiche Verteilung zugrunde (Bourdieu 1983, 2010 [2000], 2014 [1987]). Wird digitales Kapital nun als Unterform des Kulturkapitals gefasst, gilt dies auch für AI Literacy, deren Erwerb, Nutzung und Wirksamkeit an soziale Positionen gebunden ist. Diese Ungleichverteilung lässt sich zudem empirisch plausibilisieren (Hadar Shoval 2025) und ist zugleich in institutionelle und diskursive Rahmungen eingebettet (Sperling et al. 2024). Vor diesem Hintergrund kann digitales Kapital als eine moderne Ausprägung solcher Kapitalformen verstanden werden. Jedoch fallen auch hier die Konzeptionierungen in der gegenwärtigen Literatur unterschiedlich aus. Neben eher allgemeinen Definitionen, die digitales Kapital als die Fähigkeit beschreiben, im zunehmend allgegenwärtigen digitalen Bereich effektiv zu agieren (McGillivray und Mahon 2021), gibt es Arbeiten, die das digitale Kapital als eine eigenständige Kapitalsorte verstehen, wobei deren Schwerpunkte differieren. So beschreiben Verwiebe und Hagemann (2024) digitales Kapital als Resultat kultureller Praktiken der Auseinandersetzung mit digitalen Diensten, das durch die Umwandlung von „klassischem“ Kulturkapital in digitale Fähigkeiten und Kompetenzen angesammelt wird. Ragnedda und Ruiu (2020) hingegen definieren digitales Kapital als eine Anhäufung digitaler Kompetenzen (internalisiert) und digitaler Technologien (externalisiert). Derartige Konzeptionierungen des digitalen Kapitals als eigenständige Kapitalsorte gelten jedoch als kontrovers (Ragnedda und Ruiu 2020). Dabei wird vor allem die inflationäre Verwendung des Konzepts und die fehlende empirische Begründung kritisiert (ebd.). Konzepte, die digitales Kapital als eigenständige Kapitalform definieren, werden hier nicht weiterverfolgt, da sie die inneren Strukturierungslogiken der Bourdieuschen Kapitaltheorie möglicherweise unzureichend ausschöpfen.

Merisalo und Makkonen (2022) liefern einen für den vorliegenden Artikel analytisch anschlussfähigen Beitrag, indem sie den Blick auf die Umwandlungsprozesse richten, über die digitales Kapital unter feldspezifischen Bedingungen in sozial wirksame Vorteile übersetzt wird. Vor diesem Hintergrund finden sich zunehmend Arbeiten, die digitales Kapital innerhalb bestehender Kapitalformen verorten. Eine zentrale Referenz hierzu bildet Calderón Gómez (2021), wobei digitales Kapital als Teil kultureller Kapitalien begriffen wird. Dabei wird nicht nur diskutiert wie traditionelle Formen von Kapital in digitales Kapital umgewandelt werden, sondern auch wie die Rückumwandlung von digitalem Kapital in die klassischen Kapitalformen stattfinden kann. Vor diesem Hintergrund lässt sich auch AI Literacy aus unserer Sicht als spezifische Ausprägung digitalen Kapitals begreifen. Sie wirkt dabei nur dort, wo KI-bezogene Fähigkeiten als relevant, sichtbar und bewertbar anerkannt werden, da soziale Felder jeweils eigenen Anerkennungs- und Bewertungslogiken folgen (Bourdieu 1983; Calderón Gómez 2021). Diese theoretische Grundlegung verdeutlicht, dass digitales Kapital immer auch sozialräumlich positioniert ist. Denn Menschen in einer besseren sozioökonomischen Position mit einer höheren Kapitalausstattung und vielfältigeren sozialen Netzwerken sind besser in der Lage, die Chancen der digitalen Welt zu nutzen. Hiervon ableitend kann davon ausgegangen werden, dass digitales Kapital eine digitalisierte Fortführung kulturellen Kapitals darstellt und damit entscheidend zur Erklärung dritter Digital-Divide-Effekte (Offline-Ergebnisse digitaler Nutzung) beiträgt (Calderón Gómez 2021).

An diese kulturkapitaltheoretische Perspektive knüpfen Pitzalis und Porcu (2024) explizit an, indem sie digitales Kapital im Kontext formaler Bildungsprozesse verorten und systematisch in die Logik kulturellen Kapitals integrieren. Aus dieser Sicht entfalten digitale Fähigkeiten und Ressourcen ihre Wirksamkeit insbesondere in Lern- und Bildungssituationen, in denen sie als komplementäre Bestandteile bestehender sozialer und kultureller Ausstattungen fungieren (ebd.). Diese Lesart betont, dass digitale Ungleichheiten nicht allein aus digitalen Kompetenzen resultieren, sondern aus deren Interaktionen mit sozialen und kulturellen Ressourcenausstattungen: *„(…) status and cultural disparities stem not solely from* *digital competencies but also from their interplay with social and cultural resources.*“ (Pitzalis und Porcu 2024, S. 2753). Gleichzeitig weisen sie darauf hin, dass digitales Kapital weder theoretisch noch empirisch als eigenständige Kapitalsorte überzeugend begründet werden kann, da digitale Indikatoren innerhalb von Bildungsprozessen nicht effektiv zwischen Klassen unterscheiden und sich somit nicht als eigenständige Dimension kulturellen Kapitals herausbilden lassen (Pitzalis und Porcu 2024). Zentral für dieses Verständnis ist die Inkorporiertheit als konstitutives Merkmal kulturellen Kapitals (Bourdieu 1983). So kann AI Literacy auch nicht nur als punktuell erworbene Bedienkompetenz gefasst werden, sondern muss eben als in der spzialen Praxis verorteter lern- und nutzungsabhängiger Prozess verstanden werden, der durch soziale, institutionelle und kulturelle Umweltbedingungen geprägt ist (Naamati-Schneider und Alt 2024; Sperling et al. 2024).

Gerade in bildungsrelevanten Kontexten zeigt sich also durch einen soziologisch-analytischen Blick, dass digitale Ressourcen nicht isoliert wirksam werden, sondern erst im Zusammenspiel mit bestehenden kulturellen Dispositionen, sozialen Netzwerken und materiellen und immateriellen Voraussetzungen Lern- und Nutzungsmöglichkeiten strukturieren. Bildungserfolg und die Aneignung digitaler Technologien lassen sich damit nicht ausreichend über individuelle digitale Kompetenzen bzw. AI Literacy erklären, sondern müssen im Rahmen jener Kapitalkonstellationen und sozialen Positionen betrachtet werden, in denen die Lernende agieren (Calderón Gómez 2021; Pitzalis und Porcu 2024).

3 Diskussion

Vor dem Hintergrund der hier entwickelten kapitaltheoretischen Rahmung stellt sich nun die Frage, welche Rolle soziologische Expertise in der Gestaltung von KI-gestützten Bildungsprozessen übernehmen kann. Ausgehend von der zuvor entwickelten Konzeptualisierung von AI Literacy als „fuzzy concept“ und der Diagnose eines sich verschiebenden digitalen Divide hin zu KI-basierten Nutzungsvoraussetzungen bietet es sich aus unserer Sicht an, AI Literacy als digitales Kapital im Sinne bourdieuscher Kapitaltheorie zu interpretieren (Bourdieu 1983; Calderón Gómez 2021; Pitzalis und Porcu 2024). Dies erscheint insofern plausibel, als AI Literacy (1) sozialstrukturell ungleich verteilt ist, (2) inkorporiert erworben wird und (3) nur über feldspezifische Konvertierungsbedingungen wirksam werden kann.

Eben diese vorgeschlagene kapitaltheoretische Rahmung von AI Literacy bringt weitreichende Konsequenzen für aktuelle bildungspolitische und curriculare Debatten mit sich. Durch das Verständnis von AI Literacy als digitales Kapital geraten normative Forderungen nach ihrer flächendeckenden Vermittlung in ein Spannungsverhältnis zu den tatsächlichen Bedingungen ihrer Aneignung und Verwertung. Diese normativen Setzungen lassen sich vor allem in aktuellen bildungs- und digitalpolitischen Strategien auf europäischer und nationaler Ebene beobachten, in denen AI Literacy als zentrale Zukunftskompetenz adressiert und als grundsätzlich vermittelbar vorausgesetzt wird (BMK und BMIMI 2024; Kulturministerkonferenz (KMK) 2024; Regulation (EU) 2024/1689 (Artificial Intelligence Act) 2024). So wird AI Literacy in aktuellen hochschul- und bildungspolitischen Diskursen oft als zentrale Schlüssel- und/oder Zukunftskompetenz normativ positioniert, die durch curriculare Verankerung, Qualifizierungsmaßnahmen und institutionelle Infrastruktur systematisch etabliert werden soll (z. B. Gabriel 2024; Maxwell et al. 2025). Solche Perspektiven gehen jedoch implizit einem Kompetenzverständnis nach, das KI-bezogene Fähigkeiten als punktuell vermittelbar und kontextunabhängig begreift. Aus soziologisch-kapitaltheoretischer Perspektive greift das wie dargelegt zu kurz, da AI Literacy als inkorporierte Form digitalen Kapitals nicht unabhängig von Sozialisation, Biografie, Habitus und feldspezifischen Anerkennungsordnungen erworben oder wirksam werden kann. Genau an diesem Punkt besteht die Gefahr, dass die normative Aufwertung von AI Literacy bestehende Ungleichheitsverhältnisse nicht reduziert, sondern potenziell reproduziert oder sogar verstärkt. Dies ergibt sich daraus, dass curriculare Anforderungen an AI Literacy tendenziell jene Akteur:innen privilegieren, die bereits über günstige Voraussetzungen zur Aneignung, Nutzung und Konvertierung entsprechender Fähigkeiten verfügen, während strukturelle Barrieren für andere Gruppen fortbestehen.

Aktuelle Studien im Hochschulsektor formulieren diesbezüglich konkrete institutionelle Handlungsempfehlungen. Dazu zählen die Bereitstellung qualitativ hochwertiger, sicherer KI-Anwendungen sowie die systematische Integration von AI Literacies in Lehre und Assessment (Beckman et al. 2025), klare institutionelle Leitlinien zu Nutzungsformen von KI und dazugehörige ethische Rahmenbedingungen (Amzalag und Kurtz 2025) sowie die strukturelle Neugestaltung von Curricula und Prüfungsformaten, wie auch die Professionalisierung von Lehrenden im Umgang mit KI (Dhakal 2025). Ergänzend werden inklusive pädagogische Strategien und spezifische Unterstützungsangebote für strukturell benachteiligte Studierendengruppen empfohlen, um technologische Kapitalunterschiede zu verringern (Hadar Shoval 2025). Diese Vorschläge unterstreichen die institutionelle Verantwortung im Umgang mit KI-gestützten Bildungsprozessen. Zugleich bleibt die Frage bestehen, unter welchen sozialen Voraussetzungen solche Maßnahmen wirksam werden und wie bestehende Kapitalausstattungen ihre Aneignung und Umwandlung beeinflussen.

An diesem Punkt setzt soziologische Expertise an. Die Analyse von AI Literacy als sozial eingebettetes Kapital zeigt, dass technologische Innovationen nicht nur unter Effizienz- oder Kompetenzgesichtspunkten betrachtet werden dürfen, sondern dass ihre sozialen Voraussetzungen und institutionellen Rahmungen systematisch berücksichtigt werden müssen. Gerade in diesem Kontext wird die zentrale Funktion soziologischer Expertise in der kritischen Begleitung digitaler Transformationsprozesse deutlich. In Bildungsorganisationen, Universitäten oder politischen Steuerungskontexten besteht die Herausforderung demnach nicht nur in der möglichst breiten Vermittlung von KI-Kompetenzen, sondern vielmehr in der Berücksichtigung sozialer, institutioneller und feldspezifischer Anerkennungsbedingungen. Damit eröffnet die hier entwickelte Perspektive ein Feld angewandter soziologischer Analyse, das sich auf die Untersuchung von Ungleichheitsdynamiken digitaler Transformation, die Evaluation technologischer Implementationsprozesse sowie die Gestaltung inklusiver Rahmenbedingungen richten lässt.

In diesem Sinne lässt sich die zu Beginn des Beitrags aufgeworfene Frage nach den sozialen Folgen der Einführung generativer KI in Bildungskontexten präzisieren. Nicht KI als Technologie entscheidet über neue Teilhabe- oder Ungleichheitsverhältnisse, sondern die Verteilung jenes Kapitals, das einen reflexiven, produktiven und feldadäquaten Umgang mit KI erst ermöglicht (Bulathwela et al. 2024). AI Literacy erweist sich dabei nicht als neutraler Kompetenzzuwachs, sondern als spezifische Form digitalen und damit kulturellen Kapitals (Calderón Gómez 2021; Pitzalis und Porcu 2024). Aus der hier diskutierten bourdieu'schen Denkweise wird sichtbar, dass generative KI bestehende Bildungs- und Wissensordnungen nicht aufbricht, sondern deren Logiken der sozialen Reproduktion in veränderter Form fortschreibn kann (Bourdieu 1983). Die Frage nach AI Literacy ist folglich weniger eine didaktische oder technologische als eine genuin bildungssoziologische. Aus unserer Sicht ergibt sich daraus zum Abschluss ein doppeltes Desiderat. Einerseits bedarf es einer kontinuierlichen soziologischen Analyse der sozialen Voraussetzungen, unter denen AI-Literacy-Fördermaßnahmen implementiert werden. Andererseits sollten institutionelle Digitalisierungsstrategien systematisch auf ihre Auswirkungen bezüglich Fragen der Ungleichheit hin evaluiert werden. Die soziologische Berufspraxis besteht in diesem Kontext in der kritischen Reflexion und Analyse der Bedingungen, durch die KI-bezogene Fähigkeiten zu sozial wirksamem Kapital werden.

Literatur

Al-Zahrani, A. M. (2024). Unveiling the shadows: Beyond the hype of AI in education. *Heliyon, 10*(9), e30696. https://doi.org/10.1016/j.heliyon.2024.e30696

Amzalag, M., & Kurtz, G. (2025). Generative AI in Higher Education: Uses and Ethical Dilemmas of Students. In *Artificial Intelligence in Education—Creating an Equitable, Creative, and Effective Learning Environment*. IntechOpen. https://doi.org/10.5772/intechopen.1012802

Beckman, K., Apps, T., Howard, S. K., Rogerson, C., Rogerson, A., & Tondeur, J. (2025). The GenAI divide among university students: A call for action. *The Internet and Higher Education, 67*, 101036. https://doi.org/10.1016/j.iheduc.2025.101036

Biesenbach, D., & Siegfried-Laferi, M. (2025). Lehren mit generativer KI. Eine Diskussion aktueller Rollenentwürfe und Interaktionsmodelle. *Zeitschrift für Hochschulentwicklung, 20*(SH-KI-1), Article SH-KI-1. https://doi.org/10.21240/zfhe/SH-KI-1/10

BMK, & BMIMI. (2024). *Strategie der Bundesregierung für Künstliche Intelligenz – Umsetzungsplan 2024* [Umsetzungsplan]. Bundeskanzleramt; Bundesministerium für Klimaschutz, Umwelt, Energie, Mobilität, Innovation und Technologie. https://www.bmk.gv.at/themen/innovation/ki/strategie.html

Bourdieu, P. (1983). Ökonomisches Kapital, kulturelles Kapital, soziales Kapital. In *Soziale Ungleichheiten: Sonderband* (Vols. 1–2, S. 183–198).

Bourdieu, P. (2010). Principles of an Economic Anthropology. In *The Handbook of Economic Sociology, Second Edition* (STU-Student edition, S. 75–89). University Press. https://doi.org/10.1515/9781400835584.75

Bourdieu, P. (2014). *Die feinen Unterschiede* (1. Auflage 1987). Suhrkamp.

Bulathwela, S., Pérez-Ortiz, M., Holloway, C., Cukurova, M., & Shawe-Taylor, J. (2024). Artificial Intelligence Alone Will Not Democratise Education: On Educational Inequality, Techno-Solutionism and Inclusive Tools. *Sustainability, 16*(2), 781. https://doi.org/10.3390/su16020781

Calderón Gómez, D. (2021). The third digital divide and Bourdieu: Bidirectional conversion of economic, cultural, and social capital to (and from) digital capital among young people in Madrid. *New Media & Society, 23*(9), 2534–2553. https://doi.org/10.1177/1461444820933252

Collier, D., & Mahon, J. E. (1993). Conceptual „Stretching" Revisited: Adapting Categories in Comparative Analysis. *The American Political Science Review, 87*(4), 845–855. https://doi.org/10.2307/2938818

Dhakal, S. P. (2025). A Scoping Review of Generative Artificial Intelligence (GenAI) and Pedagogy Nexus: Implications for the Higher Education Sector. *Metrics, 2*(3), 17. https://doi.org/10.3390/metrics2030017

Gabriel, S. (2024). Vom Digital Divide zum AI Gap: KI-Kompetenz als neuer Gradmesser für Bildungsgerechtigkeit. *Medienimpulse, 62*(4), 20 Seiten-20 Seiten. https://doi.org/10.21243/mi-04-24-20

Gallie, W. B. (1994). Essentially Contested Concepts. *Inquiry: Critical Thinking Across the Disciplines, 14*(1), 3–18. https://doi.org/10.5840/inquiryctnews19941415

Hadar Shoval, D. (2025). Artificial Intelligence in Higher Education: Bridging or Widening the Gap for Diverse Student Populations? *Education Sciences*, *15*(5), 637. https://doi.org/10.3390/educsci15050637

Hargittai, E. (2010). Digital Na(t)ives? Variation in Internet Skills and Uses among Members of the "Net Generation". *Sociological Inquiry*, *80*(1), 92–113. https://doi.org/10.1111/j.1475-682X.2009.00317.x

Kulturministerkonferenz (KMK). (2024). *Handlungsempfehlung für die Bildungsverwaltung zum Umgang mit Künstlicher Intelligenz in schulischen Bildungsprozessen* [Handlungsempfehlung]. Sekretariat der Kultusministerkonferenz, Berlin. https://www.kmk.org/fileadmin/veroeffentlichungen_beschluesse/2024/2024_10_10-Handlungsempfehlung-KI.pdf

Lausberg, I., Tosic, J., & Feldermann, S. (2025). Studentisches Schreiben mit generativer KI: Inspiration oder intellektuelle Aneignung? *Zeitschrift für Hochschulentwicklung*, *20*(SH-KI-2), Article SH-KI-2. https://doi.org/10.21240/zfhe/SH-KI-2/06

Lintner, T. (2024). A systematic review of AI literacy scales. *Npj Science of Learning*, *9*(1), 50. https://doi.org/10.1038/s41539-024-00264-4

Long, D., & Magerko, B. (2020). What is AI Literacy? Competencies and Design Considerations. *Proceedings of the 2020 CHI Conference on Human Factors in Computing Systems, CHI '20*, 1–16. https://doi.org/10.1145/3313831.3376727

Lythreatis, S., Singh, S. K., & El-Kassar, A.-N. (2022). The digital divide: A review and future research agenda. *Technological Forecasting and Social Change*, *175*, 121359. https://doi.org/10.1016/j.techfore.2021.121359

Maxwell, D., Oyarzun, B., Kim, S., & Bong, J. Y. (2025). Generative AI in Higher Education: Demographic Differences in Student Perceived Readiness, Benefits, and Challenges. *TechTrends*, *69*(6), 1248–1259. https://doi.org/10.1007/s11528-025-01109-6

McGillivray, D., & Mahon, J. (2021). Distributed digital capital: Digital literacies and everyday media practices. *Media Practice and Education*, *22*(3), 196–210. https://doi.org/10.1080/25741136.2021.1899628

Merisalo, M., & Makkonen, T. (2022). Bourdieusian e-capital perspective enhancing digital capital discussion in the realm of third level digital divide. *Information Technology & People*, *35*(8), 231–252. https://doi.org/10.1108/ITP-08-2021-0594

Naamati-Schneider, L., & Alt, D. (2024). Beyond digital literacy: The era of AI-powered assistants and evolving user skills. *Education and Information Technologies*, *29*(16), 21263–21293. https://doi.org/10.1007/s10639-024-12694-z

Pham, B.-C., & Davies, S. R. (2025). What problems is the AI act solving? Technological solutionism, fundamental rights, and trustworthiness in European AI policy. *Critical Policy Studies*, *19*(2), 318–336. https://doi.org/10.1080/19460171.2024.2373786

Pham Xuan, R. (2023). *Die feinen Unterschiede in der Schullaufbahn.* Budrich Academic Press. https://doi.org/10.3224/96665073

Pitzalis, M., & Porcu, M. (2024). Digital Capital and Cultural Capital in education: Unravelling intersections and distinctions that shape social differentiation. *British Educational Research Journal*, *50*(6), 2753–2776. https://doi.org/10.1002/berj.4050

Ragnedda, M., & Ruiu, M. L. (2020). Digital Capital: A Bourdieusian Perspective on the Digital Divide. Emerald Publishing Limited. (2293481). https://research.ebsco.com/linkprocessor/plink?id=e525bc96-f7c4-3619-af60-6c802732a2ac

Reddy, P., Sharma, B., & Chaudhary, K. (2020). Digital Literacy: A Review of Literature. *International Journal of Technoethics*, *11*(2), NA-NA. https://doi.org/10.4018/IJT.20200701.oa1

Regulation (EU) 2024/1689 (Artificial Intelligence Act), Legislation No. Regulation (EU) 2024/1689 (2024). http://data.europa.eu/eli/reg/2024/1689/oj

Sperling, K., Stenberg, C.-J., McGrath, C., Åkerfeldt, A., Heintz, F., & Stenliden, L. (2024). In search of artificial intelligence (AI) literacy in teacher education: A scoping review. *Computers and Education Open*, *6*, 100169. https://doi.org/10.1016/j.caeo.2024.100169

van Deursen, A. J., & van Dijk, J. A. (2014). The digital divide shifts to differences in usage. *New Media & Society*, *16*(3), 507–526. https://doi.org/10.1177/1461444813487959

van Deursen, J. A., & Helsper, E. J. (2015). The Third-Level Digital Divide: Who Benefits Most from Being Online? In *Communication and Information Technologies Annual* (Bd. 10, S. 29–52). Emerald Group Publishing Limited. https://doi.org/10.1108/S2050-206020150000010002

van Dijk, J. A. (2005). *The deepening divide: Inequality in the information society* (1. Aufl.). Sage. https://doi.org/10.4135/9781452229812

Verwiebe, R., & Hagemann, S. (2024). Bourdieu revisited: New forms of digital capital – emergence, reproduction, inequality of distribution. *Information, Communication & Society*, *0*(0), 1–23. https://doi.org/10.1080/1369118X.2024.2358170

Wagner, M., Gössl, A., Pishtari, G., & Ley, T. (2025). Potenziale von Künstlicher Intelligenz für die Hochschullehre – eine Analyse von Strategiepapieren. *Zeitschrift für Hochschulentwicklung*, *20*(SH-KI-1), Article SH-KI-1. https://doi.org/10.21240/zfhe/SH-KI-1/04

Yu, W. (2025). A Conceptual Framework for AI Literacy with a Focus on Competency. *International Journal of Artificial Intelligence in Education.* https://doi.org/10.1007/s40593-025-00488-4

Yusuf, A., Pervin, N., & Román-González, M. (2024). Generative AI and the future of higher education: A threat to academic integrity or reformation? Evidence from multicultural perspectives. *International Journal of Educational Technology in Higher Education*, *21*(1), 21. https://doi.org/10.1186/s41239-024-00453-6

Zadeh, L. A. (1965). Fuzzy sets. *Information and Control*, *8*(3), 338–353. https://doi.org/10.1016/S0019-9958(65)90241-X

Zhang, C. (Xinyi), Rice, R. E., & Wang, L. H. (2024). College students' literacy, ChatGPT activities, educational outcomes, and trust from a digital divide perspective. *New Media & Society*. (Sage UK: London, England). https://doi.org/10.1177/14614448241301741

Alexandra Gössl, MA; Soziologin; Ferdinand Porsche FernFH; Institution, Organisation, Bildung, Pflege; Aktuelle Publikation: Wagner, M., Gössl, A., Pishtari, G., & Ley, T. (2025). Potenziale von Künstlicher Intelligenz für die Hochschullehre – eine Analyse von Strategiepapieren. Zeitschrift für Hochschulentwicklung 20: 51–70.

J.Prof. Dr. Robert Pham Xuan Erziehungswissenschaftler; Professur für Erziehungswissenschaft mit dem Schwerpunkt Inklusion und Heterogenität an der Universität Jena; Inklusion, Ungleichheit, Bildungsforschung, Leadership; Aktuelle Publikation: Baumann, Simone & Pham Xuan, Robert (2025). Heterogenität mul-tiperspektivisch reflektieren. innsbruck university press.

Lehr- und Lernpraktiken in sozialer virtueller Realität erforschen: Methodische Überlegungen aus soziologischer Perspektive

Fiona Schmidbauer, Niklas Oesterle, Daniel Hepperle und Matthias Wölfel

1 Einleitung

Die Disziplin der Soziologie liefert mit ihrer Vielzahl von Methoden einen wertvollen Beitrag zur Erforschung von Lehr- und Lernpraktiken. Insbesondere qualitative, ethnographisch geprägte Methoden haben sich bewährt, um über kognitive Lernergebnisse hinaus sozialräumliche Dimensionen des Lehrens und Lernens sichtbar zu machen (siehe z. B. Boer und Reh 2012; Breidenstein 2004; Herman und Tondeur 2021; Kalthoff und Roehl 2011). Mit der stetigen Digitalisierung der Bildung verschieben sich Lehr- und Lernpraktiken in hybride, soziotechnologisch durchdrungene Räume. Damit geht ein neuer Anspruch an

F. Schmidbauer (✉) · N. Oesterle · M. Wölfel
Hochschule Karlsruhe, Karlsruhe, Deutschland

N. Oesterle
E-Mail: niklas.oesterle@h-ka.de

M. Wölfel
E-Mail: matthias.woelfel@h-ka.de

F. Schmidbauer
Pädagogische Hochschule Karlsruhe, Karlsruhe, Deutschland

D. Hepperle
Hochschule Offenburg, Offenburg, Deutschland
E-Mail: daniel.hepperle@hs-offenburg.de

B. Blättel-Mink et al. (Hrsg.), *Potenziale soziologischer Praxis*, Sozialwissenschaften und Berufspraxis,
https://doi.org/10.1007/978-3-658-51996-4_11

die Methoden ihrer Beforschung einher (Bettinger 2022). Dies stellt die soziologische Betrachtung von Lehren und Lernen vor neue Herausforderungen (Schiefner-Rohs et al. 2023).

Als praxisnahes Beispiel wird eine seit über vier Semestern andauernde Forschungsarbeit präsentiert, die sich der Erforschung einer Hochschulvorlesung in sozialer virtueller Realität (VR) widmet, für die eigens eine Umgebung und Infrastruktur – der *VR Campus* – entwickelt wurden (Deuchler und Wölfel 2022). Der *VR Campus* simuliert eine dreidimensionale Lernumgebung, in der Studierende und Lehrende gemeinsam virtuelle Vorlesungen besuchen. Die Nutzer*innen nehmen von beliebigen Orten aus mittels VR-Technologien, insbesondere *Head-Mounted Displays* (*HMDs*, ugs. „VR-Brillen"), an virtuellen Lehrveranstaltungen teil.

Wir haben die Hochschulvorlesung in sozialer VR nach einem fokussierten ethnographischen Ansatz (Knoblauch 2001) hauptsächlich videographisch (Tuma et al. 2013) beforscht, um die für Lehr- und Lernpraktiken in sozialer VR grundlegenden sozialräumlichen Aspekte zu untersuchen. Die Erforschung der sozialräumlichen Aspekte von Lehr- und Lernpraktiken in sozialer VR trägt dazu bei, immersive virtuelle Räume didaktisch sinnvoll zu gestalten und geeignete Lehrformate zu entwickeln, die mit den besonderen Bedingungen dieser Umgebungen harmonieren.

Interessant ist dabei allerdings nicht nur, die Erkenntnisse der Forschung für die Weiterentwicklung von virtuellen Lernräumen zu nutzen, sondern auch, die Methoden der Erforschung zu reflektieren und zu untersuchen, wie sie sich in diesem neuen Kontext bewähren und weiterentwickeln lassen. Denn in sozialer VR funktionieren viele etablierte Forschungsmethoden anders, da sie sich an die Eigenlogiken virtueller Räume anpassen müssen. Sinneswahrnehmungen und Interaktionen sind technologisch vermittelt; Beobachtungen erfolgen beispielsweise durch *HMDs*. Forschende nehmen über virtuelle Avatare an sozialen Situationen teil, wodurch sich ihre Rolle im Feld und ihre Selbst- und Fremdwahrnehmung verändern. Gleichzeitig erzeugt VR-Technologie neue Datentypen, etwa Logdaten zur Häufigkeit und Dauer von Interaktionen, welche es ermöglichen, Beteiligung, Gruppendynamik und Interaktionsmuster in Lehr- und Lernprozessen präziser und detaillierter zu erforschen als allein durch Beobachtung oder videobasierte Erhebungen.

Eine methodische Reflexion dazu, wie sich die technologischen Besonderheiten sozialer VR auf Forschungspraktiken auswirken, ist notwendig, damit bestehende Methoden angepasst und weiterentwickelt werden können. Mit den geeigneten Methoden lassen sich schließlich empirisch fundierte Aussagen über

Lehr- und Lernpraktiken in sozialer VR als Grundlage für die pädagogisch sinnvolle Gestaltung dieser emergenten Bildungsräume treffen.

In diesem Beitrag möchten wir daher unsere Forschungspraxis anhand von Beispielen aus unserem mehrsemestrigen Forschungsprozess vor allem methodisch reflektieren.

Wir bieten den Lesenden damit erstens eine Einführung in das Forschungsfeld der sozialen VR. Zweitens teilen wir unsere Erfahrungen zur Anwendung traditioneller Forschungsmethoden von Lehr- und Lernpraktiken in diesem neuen Feld. Drittens eröffnen wir die Diskussion dazu, wie sich Verbünde aus Mensch und Technologie analytisch greifen lassen, etwa in unserem Fall der Verbund aus Mensch und *HMD*. Damit adressieren wir ein hochaktuelles Problem der soziologischen Forschungspraxis: Wie können soziale Prozesse, die durch die zunehmende Verflechtung von Mensch und Technologie geprägt sind, methodisch angemessen analysiert werden?

2 Soziale virtuelle Realität als emergentes Forschungsfeld

Soziale VR bezeichnet dreidimensionale, virtuelle Umgebungen, an denen mehrere Nutzer*innen gleichzeitig teilnehmen (Stracke et al. 2025, S. 3). Während nicht-immersive VR ihre Nutzer*innen nur teilweise in virtuelle Welten eintauchen lässt, etwa durch 2D-Bildschirme, Maus und Tastatur, zielt immersive VR, auf die wir uns in diesem Beitrag beziehen, auf ein möglichst vollständiges Eintauchen ab. Dafür minimieren immersive Technologien wie *HMDs* externe sensorische Einflüsse. Teilnehmende erleben eine Form physischer und räumlicher Präsenz (Slater et al. 2022), die über herkömmliche Bildschirminteraktionen hinausgeht (Hepperle und Wölfel 2023, S. 18). Sie werden durch ihre Avatare verkörpert, die häufig personalisierbar sind (Slater 2017, S. 21; Hepperle et al. 2022). Verschiedene Interaktions- und Fortbewegungstechnologien, wie *Hand-Tracking, Controller, Laufbänder* oder *Haptikanzüge,* werden verwendet, um physische Bewegungen in die virtuelle Welt zu übertragen und audiovisuelle sowie haptische Rückmeldungen zu geben. In sozialer VR entsteht darüber hinaus ein soziales Präsenzempfinden. Aus dem Gefühl, „dort zu sein" (Slater et al. 2022, S. 2), wird das Gefühl, gemeinsam dort zu sein (Wölfel 2023, S. 11). Die synchrone Teilnahme in sozialer VR ermöglicht Interaktionen, die soziale Situationen hervorbringen.

Die bisherige Forschung zu Lehr- und Lernpraktiken in VR konzentriert sich vor allem auf experimentelle Laborstudien. VR bietet sich an, um in einer kontrollierten, virtuellen Laborumgebung Lern- und Unterrichtssituationen zu simulieren und unter standardisierten Bedingungen zu untersuchen. So können etwa kognitive Effekte (Borghetti et al. 2023; Parsons et al. 2013; van Berlo et al. 2025) oder spezifische soziale Lernaspekte (Gao et al. 2022) analysiert werden.

Gleichzeitig wird VR jedoch nicht nur als Forschungsumgebung, sondern zunehmend auch als Lehr- und Lernraum genutzt (Deuchler und Wölfel 2022; Han und Bailenson 2024), insbesondere in der Hochschullehre (Alfaisal et al. 2024, S. 272; Mystakidis et al. 2021; Stracke et al. 2025). In sozialer VR findet Lernen unter Bedingungen statt, die physische Formate nicht nur abbilden, sondern ergänzen und teilweise sogar ablösen und damit post-digitale Lehr- und Lernpraktiken hervorbringen (Bloh 2023, S. 216). Trotzdem konzentriert sich VR-Forschung weiterhin größtenteils auf Laborstudien, nicht aber auf Feldforschung, die soziale Situationen in ihrem natürlichen Kontext untersucht (Wei et al. 2025, 180:17 f.), zum Beispiel tatsächlich stattfindende Lehrveranstaltungen in VR. Entsprechend wenig Wissen ist über die Methoden der Feldforschung in sozialer VR vorhanden.

In der Beforschung physischer Lehr- und Lernpraktiken haben sich ethnographische Ansätze etabliert, da Lehr- und Lernpraktiken eine situative, räumlich eingebettete Praxis darstellen (Engert 2022, S. 84; Schiefner-Rohs et al. 2023, S. 9). Methodische Zugänge wie teilnehmende Beobachtung, Feldnotizen und Felddokumente (Knoblauch und Vollmer 2019, S. 599) ermöglichen es, sozialräumliche und kontextuelle Aspekte des Lernens zu rekonstruieren (Breidenstein 2004; Haghighi und Jusan 2012; Herman und Tondeur 2021; Hoekstra et al. 2023; Kalthoff und Roehl 2011). Mit der Digitalisierung von Lehren und Lernen rückten zunehmend audiovisuelle Methoden in den Vordergrund, insbesondere Videographie (Schiefner-Rohs et al. 2023, S. 8), die räumliche und nichtsprachliche Interaktionen sichtbar macht (Tuma et al. 2013, S. 29). Videographie gilt als Form fokussierter Ethnographie, bei der ein klar definierter Ausschnitt des Feldes untersucht wird (Tuma et al. 2013, S. 64).

Da soziale VR dreidimensionale, quasi-materielle Räume simuliert (Schmidbauer 2025, S. 51) und physische wie soziale Präsenz erzeugt (Slater 2017, S. 21; Slater et al. 2022, S. 2; Wölfel 2023, 10 f.), wird auch der immersive virtuelle Raum zu einer analytischen Kategorie für Lehr- und Lernpraktiken (Schmidbauer und Wölfel 2025a und b). Aus dieser Überlegung entstand unsere Idee, etablierte soziologische Zugänge der Lern- und Unterrichtsforschung auf soziale VR zu übertragen.

Als Fallbeispiel dient uns eine Lehrveranstaltung im *VR Campus,* einer an der Hochschule Karlsruhe entwickelten Soziale-VR-Lernumgebung (siehe Abb. 1). Der *VR Campus* simuliert eine virtuelle Lernumgebung, in der sowohl lehrzentrierte als auch explorative und kollaborative Formate unterstützt werden (Deuchler und Wölfel 2022; Schmidbauer und Wölfel 2025a und b). Studierende können mithilfe von *HMDs* synchron von unterschiedlichen Orten aus an Lehrveranstaltungen teilnehmen. Unsere Feldaufenthalte konzentrierten sich entsprechend einer fokussierten Ethnographie (Knoblauch 2001, S. 130) auf einzelne Lerneinheiten.

Wir verstehen diesen Beitrag als reflexive Annäherung an das noch wenig erforschte Feld der sozialen VR. Unser Fallbeispiel beschreiben wir im nächsten Abschnitt entlang der eingesetzten Methoden der Feldforschung, um exemplarisch aufzuzeigen, wie Lehr- und Lernpraktiken in sozialer VR soziologisch beforscht werden können. Ergänzend dazu bieten wir eine tabellarische Übersicht, die wir nach zentralen Merkmalen sozialer VR und ihrer Relevanz für die Forschungspraxis strukturiert haben (siehe Anhang 1). Auf diese Weise möchten

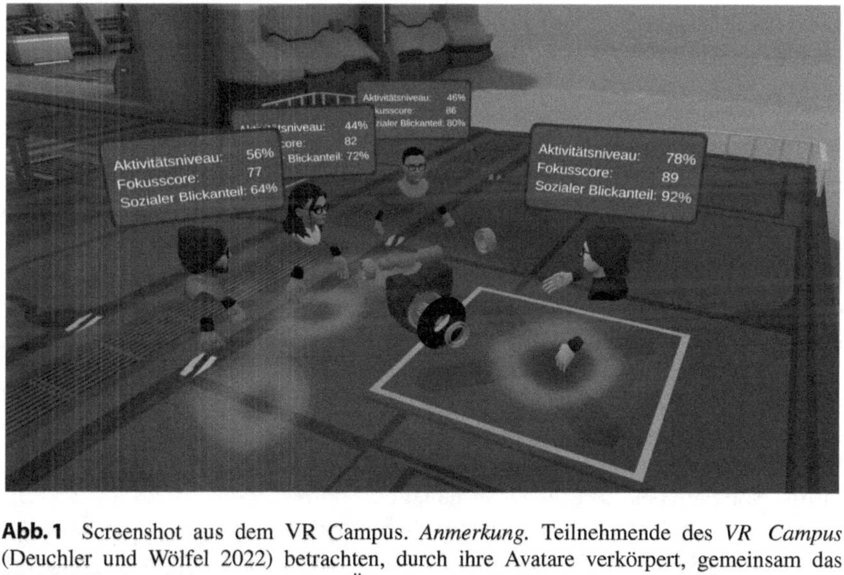

Abb. 1 Screenshot aus dem VR Campus. *Anmerkung.* Teilnehmende des *VR Campus* (Deuchler und Wölfel 2022) betrachten, durch ihre Avatare verkörpert, gemeinsam das 3D-Modell eines Fahrzeuggetriebes. Über ihnen sind digitale Spuren eingeblendet (siehe Abschn. 3.4) und ihre räumliche Position und Bewegungsaktivität werden durch *Heatmaps* auf dem virtuellen Boden angezeigt.

wir das Forschungsfeld sozialer VR in seinen soziotechnologischen Dimensionen sichtbar machen und zugleich methodische Reflexionen zur Beforschung sozialer VR anbieten.

3 Feldforschung in sozialer virtueller Realität

Die fokussiert ethnographische Beforschung von Lehr- und Lernpraktiken in sozialer VR umfasst eine Triangulation multipler Forschungsmethoden (Knoblauch und Vollmer 2019, S. 599) und Datensorten (Knoblauch 2001, S. 133). In diesem Abschnitt beschreiben wir diese anhand der Methoden- und Datenvielfalt aus unserer Forschungspraxis.

3.1 Feldzugang

Der unmittelbare Feldzugang zur sozialen VR erfolgt technologisch. Mithilfe von VR-Technologien wie *HMDs* und *Controllern* begeben sich Forschende in virtuelle soziale Situationen. Das können zum Beispiel virtuelle Treffen, Konzerte oder Veranstaltungen, virtuelle Teammeetings oder in unserem Fall virtuelle Vorlesungen sein. Indem sie an diesen virtuellen sozialen Situationen teilnehmen, können Forschende untersuchen, wie Individuen und Gruppen sich in virtuellen Räumen verhalten, wie dort soziale Ordnung entsteht oder in unserem Fall, wie sich Lehr- und Lernpraktiken im virtuellen Raum manifestieren.

Forschende erhalten nur im Verbund mit Technologien Zugang zum Feld. Dadurch ist der Feldzugang ein soziotechnologischer: Einerseits ist ohne Technologien kein Feldzugang möglich, andererseits mediieren sie die Art und Weise, wie soziale Situationen im virtuellen Raum wahrgenommen und beobachtet werden können (siehe Abschn. 3.2).

Wir erhielten Feldzugang im Rahmen eines Forschungsprojekts zur Untersuchung einer Vorlesung in sozialer VR. Die Teilnahme erfolgte institutionell vermittelt über die Hochschule, an der die Lehrveranstaltung verankert ist. Für die Teilnahme erhielten wir ein *Meta Quest 2 HMD* samt *Controllern,* auf welchem wir die Software des *VR Campus* installierten.

Neben institutionalisierten, in ihrem Zweck und ihrer Nutzung eingeschränkten Soziale-VR-Anwendungen existieren kommerzielle Plattformen, die zunächst für alle Personen frei zugänglich sind, sofern die VR-Technologie, z. B. ein gängiges *HMD*[1], zur Verfügung steht. Diese Plattformen können über die *App Stores* der jeweiligen Hersteller auf die *HMDs* heruntergeladen werden. Auf diesen Plattformen, beispielsweise *VRChat, AltspaceVR, RecRoom* oder *Meta Horizon Worlds,* treffen sich Personen virtuell (Han und Bailenson 2014, S. 2) und können demnach in sozialen Situationen beobachtet werden.

Die Teilnahme an sozialer VR erfolgt in der Regel über eine virtuelle Verkörperung, einen Avatar, der häufig personalisierbar ist. Forschende können ihren Avatar ähnlich ihrer physischen Erscheinung gestalten; je nach Erkenntnisinteresse und ethischer Abwägung bietet soziale VR Forschenden aber auch die Möglichkeit, sich visuell stark abweichend von ihrer physischen Erscheinung zu verkörpern (Deuchler et al. 2022). Avatare fungieren nicht nur als visuelle Repräsentationen, sondern wirken identitätsbildend (Lin und Latoschik 2022, S. 12; Schultze 2011) und beeinflussen damit das eigene Verhalten im Feld (Herrera und Bailenson 2021, S. 2191). Durch Merkmale wie Körpergröße, Alter, Geschlecht oder Hautfarbe des Avatars, virtuelle Kleidung oder Namensgebung beeinflussen Forschende, wie sie von Teilnehmer*innen der sozialen VR wahrgenommen werden und wie sie sich selbst wahrnehmen und verhalten. Weicht die virtuelle Erscheinung deutlich von der physischen ab, kann dies zu einer Verhaltensanpassung führen, die als *Proteus-Effekt* bezeichnet wird (Yee und Bailenson 2007). So kann zum Beispiel unabhängig von der eigenen physischen Körpergröße die wahrgenommene Körpergröße des eigenen Avatars beeinflussen, wie selbstsicher Personen in virtuellen Situationen auftreten (Yee und Bailenson 2007, S. 285). Ein möglicher Praxiseffekt liegt darin, dass Forschende selbstsicherer agieren, Forschungssituationen aktiver eröffnen und sich eher einbringen, wenn sie ihren Avatar größer als den anderer Nutzer*innen wahrnehmen.

Im Vergleich zu physischer Feldforschung, in der das „*Going Native*“ (Knoblauch und Vollmer 2019, S. 605) etwa durch Aneignung des Slangs, des Kleidungsstils oder der Körpersprache der Zielgruppe schrittweise geschieht, sind die Möglichkeiten zur Anpassung durch die eigene Verkörperung in sozialer VR deutlich größer und unmittelbarer. Forschende können ihre Rolle in sozialer VR nicht nur schneller anpassen, sondern auch flexibel zwischen verschiedenen Rollen wechseln. Das beeinflusst, welche sozialen Situationen ihnen zugänglich werden, also was sie beobachten und aufzeichnen können.

[1] Einige Soziale-VR-Plattformen sind auch nicht-immersiv über Bildschirm, Maus und Tastatur nutzbar, etwa im Browser. Dann gelten jedoch andere Bedingungen, z. B. für Fortbewegung und Wahrnehmung (Hepperle und Wölfel 2023).

Je nach Software haben Forschende außerdem die Möglichkeit, sich vollständig unsichtbar im Feld zu bewegen (Wölfel et al. 2021, S. 184). Das Wissen über die Forschung kann das Verhalten der Teilnehmenden beeinflussen – ein Phänomen, das häufig unter dem Begriff *Hawthorne-Effekt* diskutiert wird (McCambridge et al. 2014, S. 275; Berkhout et al. 2022). Daher kann das Unsichtbarsein in VR je nach Erkenntnisinteresse von Vorteil sein. Die Manipulation der Teilnehmenden ist in VR potenziell stärker als in der physischen Realität (Skulmowski 2023, S. 6), insbesondere wenn die Identität als Forschende*r durch die Gestaltung des eigenen Avatars verschleiert wird. Verdeckte Methoden müssen daher ethisch kritisch geprüft werden, insbesondere im Hinblick auf informierte Zustimmung und die Wahrung der Persönlichkeitsrechte der Teilnehmenden (Skulmowski 2023, S. 4; Lin und Latoschik 2022, S. 11).

Damit ergeben sich neue Anforderungen an die Reflexion der Forschungspraktik: Forschende müssen nicht nur ihre Position im Feld reflektieren, sondern auch berücksichtigen, wie die Gestaltung und Wirkung ihrer virtuellen Erscheinung die eigene Rolle und die Fremdwahrnehmung im virtuellen Raum mitprägt. Dies erfordert auch eine explizite ethische Reflexion darüber, inwieweit die Forschung die Autonomie der Teilnehmenden einschränkt und ihre informierte Zustimmung unterläuft (Skulmowski 2023, S. 5).

Wir haben offengelegt, dass wir die Vorlesung im *VR Campus* beforschen, um die informierte Zustimmung der Studierenden zu unserer Forschung einholen zu können. Deshalb entschieden wir uns für eine möglichst transparente Teilnahme im virtuellen Raum: Unsere Avatare ähnelten soweit möglich unserem physischen Erscheinungsbild und waren mit Klarnamen versehen. Diese bewusste Entscheidung hatte erstens einen Einfluss auf die Fremdwahrnehmung, da Studierende uns nicht nur im *VR Campus* als Forschende einordnen konnten, sondern vereinzelt sogar außerhalb der sozialen VR wiedererkannten, etwa auf dem physischen Campus. Zweitens wirkte sich unsere virtuelle Verkörperung, die uns klar als Forschende zu erkennen gab, auch auf unsere Selbstwahrnehmung und damit auf unsere Forscher*innenrolle und unsere Beobachtungspraktik aus: Die Ähnlichkeit des Avatars zum eigenen Erscheinungsbild erzeugte eine Identifikation mit der virtuellen Verkörperung. Außerdem fühlten wir uns nicht primär als Teilnehmende, sondern als außenstehende, beobachtende Instanzen, auch, weil wir unsere Position im Raum häufig bewusst am Rand des Geschehens wählten. Dadurch blieb unsere Rolle als Forschende sowohl für die Teilnehmenden als auch für uns selbst klar erkennbar.

Dies hatte einen positiven Einfluss auf unsere Beobachtungspraktik. Unsere Anwesenheit im *VR Campus* war von Beginn an als Forschungsaufenthalt gerahmt, sodass wir gezielt auf Situationen fokussieren konnten, die für unser

Erkenntnisinteresse zentral waren – etwa auf die räumliche Positionierung von Teilnehmenden in unterschiedlichen didaktischen Settings (Schmidbauer und Wölfel 2025a und b) – ohne bei den Teilnehmenden Irritationen auszulösen. Gleichzeitig schränkte unsere beobachtende Rolle aber auch unsere Möglichkeiten ein, selbst Teil sozialer Situationen zu werden. Wir nahmen nicht an Interaktionen zwischen Studierenden oder zwischen Studierenden und Lehrenden teil. Daher können wir nicht abschließend beurteilen, inwiefern unsere Sichtbarkeit im virtuellen Raum das Verhalten der Teilnehmenden beeinflusst hat, und ob sich andere soziale Situationen gezeigt hätten, wenn wir uns etwa als Studierende inszeniert und eine aktivere Rolle im Geschehen eingenommen hätten.

3.2 Beobachtung

Bei der Wahl der Beobachtungsmethode in sozialer VR ist das eigene Rollenverständnis zentral. Basierend auf ihrem Erkenntnisinteresse müssen Forschende sich überlegen, in welcher Rolle und zu welchem Grad sie an der sozialen Situation teilnehmen möchten (Knoblauch und Vollmer 2019, S. 605), von der reinen Beobachtung bis hin zur vollständigen Teilnahme (Breidenstein et al. 2013, S. 85).

Neben der Beobachtung aus der eigenen Perspektive ist es in sozialer VR auch möglich, sich virtuell in die Perspektive anderer Teilnehmender zu begeben, also ‚mit deren virtuellen Augen zu sehen'. Dies erlaubt eine teilnehmendenzentrierte Analyse sozialer Situationen. Forschende können so etwa in einer virtuellen Vorlesung nachvollziehen, wohin Studierende blicken, oder wie lange die Lehrperson einzelne Studierende ansieht. Auf diese Weise lassen sich Beteiligung, Aufmerksamkeit und die sozialen Beziehungen zwischen den Teilnehmenden nicht nur aus externer Beobachter*innenperspektive, sondern aus der natürlichen Perspektive der Teilnehmenden rekonstruieren. Die dabei erzeugten Daten geben Einblicke in persönlichkeits- und verhaltensbezogene Merkmale. Daher muss bei der Erhebung der Teilnehmendenperspektive in besonderem Maße darauf geachtet werden, dass die Privatsphäre geschützt und der Datenschutz gewährleistet ist (Skulmowski 2023, S. 5), etwa durch eine Anonymisierung der Perspektiven, sodass nicht rekonstruierbar ist, aus wessen Sicht die virtuelle Beobachtung erfolgt.

Physikalische Gesetze wie Schwerkraft können in sozialer VR manipuliert werden, was auch für das Beobachten neue Spielräume eröffnet. So können Beobachter*innen auch über dem Geschehen ‚schweben' und es aus der Vogelperspektive beobachten. Aus dieser Perspektive lassen sich räumliche Bewegungsmuster besser erkennen, etwa wie sich Studierende im virtuellen Raum verteilen, welche Bereiche in bestimmten didaktischen Settings stärker genutzt werden oder wann und wie sich Gruppen formieren.

Da VR Perspektiven ermöglicht, die im physischen Raum nur schwer oder gar nicht realisierbar sind, erweitert sich das Beobachtungsspektrum erheblich.

Wenn Forschende beobachten, erfolgt dies nicht nur auf sozialer, sondern auch auf körperlicher Ebene. In sozialer VR sehen, hören und fühlen Forschende in einer gemeinsamen virtuellen Umgebung und erleben sensorische Immersion sowie physische und soziale Präsenz. Die Nutzung immersiver Technologien kann dabei körperlich spürbare Reaktionen hervorrufen (Behrens et al. 2023, S. 176; Ramdhani et al. 2019, S. 4), die für die Forschung relevant sein können.

An ihren eigenen Erfahrungen können Forschende etwa Sinneswahrnehmung und Körpergefühl in der virtuellen Umgebung untersuchen. Im VR Campus ist es wie in den meisten Soziale-VR-Anwendungen beispielsweise möglich, sich mittels einer Teleport-Funktion durch den Raum zu bewegen, also nicht nur linear, sondern auch sprunghaft die Position im virtuellen Raum zu ändern. Forschende können zum Beispiel reflektieren, wie sich das Teleportieren im Vergleich zum natürlichen Laufen auf die räumliche Orientierung, die Fortbewegung und das Gleichgewicht auswirkt.

Je nach Plattform und Software bringt soziale VR außerdem spezifische Kommunikations- und Interaktionslogiken mit sich, die nicht immer intuitiv verständlich sind, denn die Interaktion und Wahrnehmung in sozialer VR folgt eigenen Regeln, die sich grundlegend von jenen in rein physischen Forschungsfeldern unterscheiden. So müssen Hör- und Sehgewohnheiten neu ausgebildet werden, zum Beispiel aufgrund der vielfältigen Fortbewegungsmethoden *("Lokomotion")* in VR. Um nachvollziehen zu können, warum sich Teilnehmende im VR Campus sprunghaft durch den Raum bewegen, und um ihnen gezielt folgen und ihre Interaktionen beobachten zu können, mussten wir zunächst selbst ein Verständnis für die dort verfügbaren Fortbewegungsmethoden – wie etwa die Teleport-Funktion – entwickeln.

Auch auditive Wahrnehmung kann anders funktionieren als im physischen Raum. Im VR Campus wird zeitweise ein *Global Voice* Feature genutzt, durch das alle Redebeiträge unabhängig von der räumlichen Position im virtuellen Raum gleich laut hörbar sind. Da sich Teilnehmende womöglich nicht persönlich kennen, kann nicht davon ausgegangen werden, dass eine Zuordnung allein über die Stimme möglich ist. In diesem Fall kann an der Lippenbewegung der Avatare erkannt werden, wer gerade spricht. Die Lippenbewegungen sind jedoch nicht immer sichtbar, wenn Avatare zum Beispiel zu weit entfernt sind oder ihr Gesicht verdeckt ist. Dann lässt sich im VR Campus anhand einer Sprechblase über dem Kopf eines Avatars erkennen, wer gerade spricht und vor allem, wo sich diese Person befindet. Diese Zuordnungslogik mussten wir zunächst verstehen, um Redebeiträge korrekt verorten zu können.

Unsere Vorerfahrung im *Gaming*-Bereich und der Interaktion in virtuellen Welten war hierbei hilfreich. Ohne Vorerfahrung kann die Orientierung im virtuellen Raum so stark in den Vordergrund treten, dass sie die eigentliche Beobachtungsaufgabe überlagert. Gerade zu Beginn der Feldforschung ist daher ausreichend Zeit für diese Orientierungsphase einzuplanen. Sie unterscheidet sich von physischen Feldern insofern, als nicht nur feldinterne Orte, Praktiken oder Schlüsselpersonen identifiziert werden, sondern zunächst grundlegende Kenntnisse erlernt werden müssen, um sich im virtuellen Raum zurechtzufinden.

Die Orientierungsphase kann allerdings gewinnbringend für die Forschung genutzt werden. Wie körperliche Handlungen in die VR übersetzt werden und wie die Rückmeldungen der Technologie an den eigenen Körper sind, sowie die Logiken der Fortbewegung, des Interagierens und der Kommunikation innerhalb und mit der virtuellen Umgebung werden Forschenden vor allem während der ersten Nutzungen bewusst, wenn der Umgang mit der Technologie noch Irritationen auslöst. Gerade in den ersten Feldbesuchen lohnt es sich daher, eigene Erfahrungen zu dokumentieren, um die beobachteten Handlungen anderer Teilnehmender besser verstehen und beschreiben zu können.

Eine Form der Dokumentation stellen Feldnotizen oder Beobachtungsprotokolle dar (Knoblauch 2001, S. 131; Knoblauch und Vollmer 2019, S. 610; Breidenstein et al. 2013, S. 89), die während des oder direkt nach dem Feldaufenthalt angefertigt werden. Sie ermöglichen es den Forschenden, ihre unmittelbaren Erfahrungen und Wahrnehmungen festzuhalten, bevor diese in Vergessenheit geraten (Breidenstein et al. 2013, S. 97). Frühe Eindrücke liefern wertvolle Hinweise auf die Beschaffenheit des Feldes, die im weiteren Forschungsprozess – etwa durch eine zunehmende Gewöhnung an die Technologie – in den Hintergrund treten können (Breidenstein et al. 2013, S. 89). Durch die Dokumentation lassen sich die subjektiven Wahrnehmungen der Forschenden, wie zum Beispiel das veränderte Körpergefühl in VR, in eine spätere analytische Rekonstruktion von Situationen einbeziehen (Breidenstein et al. 2013, S. 87). Eine weitere Form der Dokumentation sind Memos, in denen erste Interpretationen, analytische Überlegungen und Analysefoki oder theoretische Bezüge festgehalten werden. Sie dienen dazu, den Forschungsprozess reflexiv zu begleiten und unterstützen die fortlaufende Entwicklung von Analyseperspektiven (Breidenstein et al. 2013, S. 163).

Die meisten Soziale-VR-Anwendungen wurden allerdings nicht dazu entwickelt, etwas aufzuschreiben. In der Regel verfügen sie über keine oder nur stark eingeschränkte integrierte Schreibfunktionen (Dube und Arif 2019, S. 433). Vorhandene Tools lassen sich aktuell selten nebenher nutzen, sondern erfordern eine hohe Aufmerksamkeit, wodurch die gleichzeitige Beobachtung erschwert wird (Dube und Arif 2019). Schriftliche Feldnotizen lassen sich in der sozialen VR daher momentan nur eingeschränkt umsetzen. Aktuell arbeiten Hersteller zunehmend an Lösungen für präzisere Eingabegeräte, die perspektivisch ein unmittelbares Mitschreiben im virtuellen Raum ermöglichen sollen. Diese technische Restriktion ist damit grundsätzlich lösbar, in unserer Forschungspraxis jedoch noch nicht überwindbar gewesen. Deshalb fertigten wir unsere Feldnotizen mündlich an.

Während unserer Feldbesuche im *VR Campus* platzierten wir ein Aufnahmegerät in unserer physischen Umgebung, das durchgängig Ton aufzeichnete. Die zeitliche Synchronisation der Aufnahmen ist *post-hoc* durch die Korrelation zwischen den Audiosignalen möglich. Dadurch konnten wir unsere Beobachtungen *in situ* mündlich äußern und dokumentieren, ohne zwischen VR-Anwendung und externem Schreibmedium wechseln zu müssen. Durch die Stummschaltung unseres Mikrofons konnten wir während der Beobachtung mündliche Feldnotizen aufnehmen, ohne dass diese im virtuellen Raum hörbar waren. Allerdings fehlte bei den mündlichen Feldnotizen die Möglichkeit, Skizzen und Zeichnungen *in situ* anzufertigen, welche sich besonders für die Dokumentation räumlicher Aspekte sozialer Situationen bewährt haben.

Diese Lücke konnten wir jedoch durch die parallele Aufzeichnung audiovisueller Daten größtenteils schließen.

3.3 Audiovisuelle Daten

In der sozialen VR gibt es verschiedene Möglichkeiten, audiovisuelle Daten aufzuzeichnen. In unserer Forschung entschieden wir uns für die niedrigschwellige Variante des integrierten *Screenrecording* direkt über das *HMD*. Der größte Vorteil dieser Art der Aufzeichnung ist die Zugänglichkeit – die meisten gängigen *HMDs* verfügen über eine Aufnahmefunktion ähnlich der Bildschirmaufzeichnung am Smartphone oder Laptop, sodass die meisten VR-Umgebungen mit dieser Aufzeichnungsfunktion analysiert werden können.

Ein weiterer positiver Effekt der Aufzeichnung aus dem eigenen *HMD* besteht in der dynamischen Anpassbarkeit der Perspektive. Forschende können sich spontan zu Orten oder Interaktionen begeben, die für das Erkenntnisinteresse relevant erscheinen, und diese aufzeichnen, also zum Beispiel bestimmten Nutzer*innen folgen, zwischen unterschiedlichen Gesprächssituationen wechseln, oder sich an einen festen Ort begeben und von dort aus das gesamte Gruppengeschehen überblicken.

Ein weiterer Vorteil liegt in der Einbettung der Aufzeichnung in eine natürliche soziale Situation. Da die Aufzeichnung aus dem *HMD* erfolgt, wird die Natürlichkeit der sozialen Situation nicht durch eine sichtbare Kamera verfremdet. Die unauffälligen und perspektivisch dichten Aufzeichnungen aus dem *HMD* bergen zwar das Risiko, dass Teilnehmende sich der Datenerhebung nicht bewusst sind, weshalb diese vorher über die Erhebung informiert werden sollten. Insbesondere für die Analyse der Avatar-Interaktion ermöglicht die Aufzeichnung aus dem *HMD* aber eine detaillierte Erfassung non-verbaler Signale wie Mimik (z. B. Nicken, Kopfschütteln), Gestik (z. B. Zeigen) und räumlicher Annäherung oder Distanzierung. Auch subtile non-verbale Signale wie Blickwechsel oder zögerliches Verhalten vor einem Redebeitrag werden aus dieser Perspektive analysierbar. Dadurch kann auch das *Turn-Taking* in Gesprächen oder Gruppenarbeiten detaillierter untersucht und non-verbale Handlungen mit dem Gesprächsverlauf in Verbindung gesetzt werden. Je nach Erkenntnisinteresse, ethischer Abwägung und technischen Möglichkeiten kann es sinnvoll sein, auch die Perspektiven aus den *HMDs* weiterer Teilnehmender aufzuzeichnen.

Das Aufzeichnen aus dem *HMD* ähnelt der Kameraführung einer „subjektiven Kamera" (Tuma et al. 2013, S. 39). Die Aufnahme reproduziert, in VR noch mehr als im physischen Raum, den Blick der Forschenden, die sich im Feld bewegen und ihre Wahrnehmung situativ selektiv dokumentieren (Tuma et al. 2013, S. 39). Bei den Vorteilen, die diese Form der Aufzeichnung bietet, erfordert sie gleichzeitig „einen hohen Grad an Reflektiertheit in Bezug auf die Forscherrolle, die hier nicht minimiert, sondern zum Prinzip der Produktion von Daten (und Erkenntnis) erklärt wird" (Tuma et al. 2013, S. 39).

Obwohl die technische Hürde des *Screenrecording* gering ist, erfordert das Anfertigen brauchbarer Aufnahmen aus Ego-Perspektive in sozialer VR spezifische Kompetenzen. Wird das *HMD* unbeachtet während der Sitzung mitlaufen gelassen, führt dies häufig zu unruhigem, visuell schwer nachvollziehbarem Bildmaterial. Da das *HMD* die natürliche Kopfbewegung der Nutzer*innen ins virtuelle Bild übersetzt, entstehen schnelle Perspektivwechsel, starke visuelle Sprünge und Verwacklungen.

Für eine analytisch verwertbare Aufnahme mussten wir im *VR Campus* daher zunächst ein Gefühl dafür entwickeln, wie sich der eigene Körper und insbesondere die Blickführung während der Aufzeichnung verhalten sollte. Es zeigte sich als hilfreich, die Kopfbewegungen zu verlangsamen und bewusster zu steuern, um ein stabileres Bild zu erzeugen. Darüber hinaus erwies es sich als sinnvoll, den Wechsel der Blickrichtung nicht über natürliche Kopfbewegungen, sondern gezielt über die *Controller* vorzunehmen. Diese Eingriffe reduzierten visuelle Unruhe und erhöhten die Qualität der Aufnahmen.

Bei unseren *Screenrecordings* direkt aus dem *HMD* wurde das aufgezeichnete Bild standardmäßig in ein quadratisches Format überführt. Dies liegt an der internen Zusammenführung der beiden stereoskopischen Teilbilder aus dem linken und rechten Display im *HMD* zu einem einzelnen 2D-Videobild. In der späteren Auswertung konnte dadurch der subjektiv erlebte Eindruck von Räumlichkeit nur eingeschränkt nachvollzogen werden. Eine Alternative sahen wir darin, das Bildsignal des linken und rechten Displays aus dem *HMD* auf ein externes Gerät, etwa einen Laptop, zu streamen und dort aufzuzeichnen. In diesem Fall liegt das Ausgabeformat in der Regel bei 1920×1080 Pixeln (*Full HD*), wodurch die Tiefe, Größe und Räumlichkeit der virtuellen Umgebung besser transportiert werden. Allerdings variieren Auflösung, Format und Aufnahmequalität stark in Abhängigkeit von verwendeter VR-Plattform, *HMD* und Aufzeichnungssoftware. Diese technischen Parameter sollten daher vor der Datenerhebung geprüft werden, da sie die visuelle Beschaffenheit des Datenmaterials und damit auch die Interpretationsmöglichkeiten beeinflussen.

Dort, wo das *Screenrecording* aus dem *HMD* an seine Grenzen stößt, können andere Aufzeichnungsperspektiven sinnvoll sein. Beispielsweise lassen sich statische Kameras sichtbar oder unsichtbar im virtuellen Raum platzieren (Wölfel et al. 2021, S. 184). Solche Perspektiven ermöglichen eine vergleichsweise distanzierte und stabile Aufzeichnung sozialer Situationen. So kann etwa dieselbe Beobachtungsposition in unterschiedlichen Settings reproduziert und so verschiedene Lehr- und Lernsituationen aus identischer Beobachtungsperspektive verglichen werden. Auf diese Weise lassen sich räumliche Positionierungen sowie Nähe- und Distanzverhalten verschiedener Gruppen miteinander vergleichen und sich kollektive Muster oder Unterschiede feststellen. Daran lässt sich die Positionsabhängigkeit von Lehr- und Lernpraktiken untersuchen: wie die räumliche Ordnung die Beteiligungsmöglichkeiten von Lernenden beeinflusst, wie Abstände und Sitz- und Stehordnungen mit der Aufmerksamkeit von Lernenden zusammenhängen, oder welche Zonen im virtuellen Raum von den Teilnehmenden durch ihre Handlungen produziert werden. Gleichzeitig ist in statischen Aufnahmen im Vergleich zu Aufnahmen aus dem *HMD* die visuelle Unruhe stark reduziert. Ihre Implementierung erfordert allerdings einen Eingriff in die Software und ist somit nicht immer realisierbar.

Neben der zweidimensionalen Aufzeichnung der audiovisuellen Daten besteht eine technisch weiterführende Möglichkeit darin, die vollständige, dreidimensionale VR-Umgebung mitsamt aller Interaktionen zu erfassen und erneut als

VR-Szenario zugänglich zu machen (Wölfel et al. 2021, S. 185). Die vollständige Konservierung der virtuellen Situation erlaubt es, diese in einer Art ‚dynamischem Replay' im Nachgang erneut zu betreten und dabei jede beliebige Perspektive einzunehmen. Diese detaillierte Erfassung ermöglicht eine feinere Analyse, als sie durch Beobachtungsprotokolle oder zweidimensionale Aufnahmen möglich wäre. Zwar ersetzt diese Art der Datenerfassung sowohl statische Kameras als auch Aufnahmen aus dem *HMD*, da sie die spätere Einnahme beliebig vieler Perspektiven ermöglicht. Allerdings stellt das Aufzeichnungsverfahren zugleich die technisch komplexeste Umsetzungsform dar, weil es umfangreiche Eingriffe in die Software und damit in der Regel die Entwicklung einer speziell angepassten VR-Anwendung erfordert.

Das Screenrecording aus dem eigenen *HMD* ist die zugänglichste Form der audiovisuellen Datenerhebung in sozialer VR. Es lässt sich mit der meisten VR-Hard- und Software mit geringem technischem Aufwand umsetzen. Mit der entsprechenden Übung können qualitativ hochwertige audiovisuelle Daten produziert werden. Statische oder dreidimensionale Replays bieten zwar präzisere Aufzeichnungsverfahren und ermöglichen detailliertere Analysen, setzen jedoch einen deutlich höheren technischen Aufwand voraus und sind nicht immer realisierbar.

3.4 Digitale Spuren

Während traditionelle Beobachtungen von Lehr- und Lernpraktiken stark auf die selektive Wahrnehmung und die manuelle Protokollierung der Forschenden angewiesen sind, können diese in sozialer VR durch digitale Spuren ergänzt werden, welche die Teilnehmenden hinterlassen. Flüchtige Momente wie ein kurzer Blickkontakt oder eine subtile Handbewegung können Beobachtenden entgehen. Je nach genutzter Soziale-VR-Anwendung werden solche Daten als Rohdaten (z. B. Position und Rotation von Kopf und Händen) lückenlos und hochfrequent aufgezeichnet. Blickkontakt kann visuell dargestellt und nachvollzogen werden. Soziale Proxemik (Kim und Sung 2024, S. 85), also die räumliche Nähe zwischen Teilnehmenden zu bestimmten Zeitpunkten, ist ebenso protokollierbar wie Audiodaten und, abhängig von der Hardware, die Mimik. Anhand von Logdaten, welche die räumliche Nähe der Teilnehmenden zu bestimmten Zeitpunkten aufzeichnen, können zum Beispiel Gruppendynamiken und -zugehörigkeiten untersucht werden. Dies ist gerade für die Analyse von Lehr- und Lernpraktiken interessant, da untersucht werden kann, ob kollaborative didaktische Settings funktionieren, wie stabil oder variabel soziale Gruppen innerhalb einer Kohorte sind und inwiefern räumliche Positionierungen und Gruppenkonstellationen mit Lernergebnissen zusammenhängen.

Ein wichtiger Gesichtspunkt hierbei ist, dass das Geschehen sowohl während der Beobachtung im Raum annotiert werden kann (siehe Abb. 1), als auch anschließend im dynamischen Replay aus beliebigen Perspektiven nachvollziehbar ist (Wölfel et al. 2021, S. 185). Zudem lässt sich die Sichtbarkeit dieser Annotationen steuern, sodass beispielsweise nur Forschende sie sehen können.

Der Umfang an Daten, die protokolliert werden, hängt davon ab, wie die Anwendung konzipiert ist. Wird beispielsweise eine kommerzielle Anwendung genutzt, sind Forschende daran gebunden, welche Daten die Hersteller bereitstellen, oder müssen auf ein *Screenrecording* zurückgreifen. Bei einer Eigenentwicklung hingegen können Forschende präzise definieren, was aufgezeichnet werden soll[2]. Da digitale Spuren tiefgehende Rückschlüsse auf individuelle Merkmals- und Entwicklungsprofile der Teilnehmenden ermöglichen, ist ihre Verwendung nur unter strikter Beachtung von Datenschutz, Zweckbindung und informierter Zustimmung forschungsethisch zu rechtfertigen (Skulmowski 2023, S. 5).

Für die Implementierung stehen diverse Toolkits zur Verfügung, die es Entwickler*innen ermöglichen, entsprechende Daten in standardisierter Form zu erfassen und sie darzustellen bzw. zu verarbeiten (Wölfel et al. 2021). Diese Methoden setzen neben spezifischer technischer Infrastruktur tieferes technisches Wissen voraus.

Digitale Spuren eröffnen zusätzliche Perspektiven auf das Feld und können die Erhebung und Interpretation empirischer Daten sinnvoll ergänzen. Sie bilden einen methodischen Zugang, der sich in Richtung einer *computational ethnography* verschiebt, also einer ethnographischen Forschung, die digitale Daten nutzt, um Aktivitäten in einer virtuellen Lernumgebung zu untersuchen (Seo et al. 2022, S. 108; Zheng et al. 2015).

3.5 Kontextwissen

Obwohl die primäre Datenerhebung in sozialer VR im virtuellen Raum stattfindet, ist Kontextwissen unerlässlich (Knoblauch 2001, S. 133; Tuma et al. 2013, S. 88), um die dort generierten Daten angemessen interpretieren zu können. Das

---

[2] Die genaue Überlegung, welche Daten zu welchem Zweck aufgezeichnet werden, entspricht auch dem in der DSGVO definierten Prinzip der Datenminimierung bzw. Datensparsamkeit.

gilt insbesondere, weil soziale VR ein hybrides Forschungsfeld darstellt. Unterschiedliche, sich überlagernde Räume – zum Beispiel institutionalisierte (Löw 2001, S. 164), physische und virtuelle – wirken gleichzeitig auf soziale Situationen in VR ein. Diese Räume bringen jeweils eigene Praktiken mit, die Situationen in der sozialen VR beeinflussen.

An den Lehr- und Lernpraktiken im *VR Campus* wird dies deutlich: Die Veranstaltung ist curricular an der Hochschule verankert, die mit ihren institutionellen Strukturen (Löw 2001, S. 163) auf die Lehr- und Lernpraktiken einwirkt. Gleichzeitig findet die Lehrveranstaltung in einer gamifizierten, offen gestalteten und freizeitästhetischen VR-Umgebung statt (siehe Abb. 1), die auf experimentelles Lernen und soziale Kollaboration ausgerichtet ist. Teile der Lehrveranstaltung finden außerdem vor Ort an der Hochschule statt, und in einigen Semestern zudem in *Zoom,* einem nicht-immersiven, aber ebenfalls virtuellen Lernraum. Hinzu kommt, dass die meisten Studierenden physisch von zuhause aus teilnehmen.

In Lehrveranstaltungen auf dem *VR Campus* lässt sich beobachten, wie sich Praktiken all dieser Räume miteinander verbinden: So reproduzieren Teilnehmende einerseits institutionelle Strukturen aus physischen Hochschulvorlesungen, zum Beispiel die räumliche Positionierung in Plenaraufstellung während instruktiver Einheiten, und die räumlichen Abstände zueinander im virtuellen Raum (Schmidbauer und Wölfel 2025a und b). Andererseits brechen Studierende immer wieder aus den institutionalisierten Praktiken aus, indem sie sich räumlich von der Gruppe entfernen, mit der virtuellen Umgebung experimentieren oder miteinander spielen (Schmidbauer und Wölfel 2025a und b). Gleichzeitig übertragen sich Praktiken aus Videokonferenz-Vorlesungen in die soziale VR: Die Teilnehmenden haben im *VR Campus* ihre Mikrofone in der Regel stummgeschaltet und aktivieren sie nur dann, wenn sie etwas sagen wollen. Auch treten Studierende, wie in Videokonferenzen der Fall, zeitlich recht punktgenau zum Beginn der Vorlesung bei, anders als in Präsenzveranstaltungen, bei denen sie häufig mehrere Minuten vor oder nach Beginn in den Raum kommen. Wenn Studierende allerdings doch vor Vorlesungsbeginn beitreten, zeigt sich ein Unterschied zur Videokonferenz, in der die Teilnehmenden vor Veranstaltungsbeginn meist Kamera und Mikrofon ausschalten und sich parallel mit anderen Dingen beschäftigen. In der sozialen VR ist ein solches Nebenher kaum möglich, da Aufmerksamkeit und Wahrnehmung durch die immersiven Technologien vollständig auf den virtuellen Raum gerichtet sind. Dies eröffnet Studierenden insbesondere vor Veranstaltungsbeginn die Möglichkeit zum informellen Austausch.

Darüber hinaus beeinflusst die physische Umgebung, in der sich die Teilnehmenden während der virtuellen Lehrveranstaltung befinden, das Handeln in der sozialen VR. Trotz der sensorischen Abschottung durch *HMDs* bleiben grundlegende physische Voraussetzungen, etwa Bewegungsfreiheit oder Raumgröße, entscheidend dafür, wie sich jemand im virtuellen Raum bewegen oder interagieren kann. Da die meisten VR-Nutzer*innen über begrenzte räumliche Bedingungen verfügen (Wölfel 2023, S. 176), wurde für den *VR Campus* bewusst eine Interaktionsform über *HMD* und *Controller* gewählt, die physisch wenig Platz braucht. Hinzu kommen, ähnlich wie in Videokonferenzformaten, Störfaktoren aus dem physischen Umfeld, etwa Mitbewohner*innen, Familienmitglieder, Haustiere oder Baulärm. In VR können solche Unterbrechungen jedoch stärker wirken, da sie die immersive Erfahrung abrupt unterbrechen. Wie stark die physische Umgebung die VR-Erfahrung stört, hängt auch von der verfügbaren *Passthrough*-Funktion des *HMDs* ab, also der Möglichkeit, über Kameras eine Ansicht der physischen Umgebung einzublenden, ohne das Gerät abzusetzen. Je leistungsfähiger diese Funktion ist, desto leichter fällt es Nutzer*innen, zwischen den Realitäten zu wechseln, ohne gänzlich die VR-Situation zu verlassen.

Soziale VR wird als Forschungsfeld von mehreren sich überlagernden und teilweise gegensätzlichen Räumen geprägt. Es entstehen neue, *in situ* ausgehandelte sozialräumliche Praktiken, die sich nicht eindeutig einem einzelnen Kontext zuordnen lassen, sondern vielmehr einen neuen, situationalen Lernkontext herstellen (Schmidbauer und Wölfel 2025b, S. 6). Dieser kann ergänzend durch eine Feldrecherche, Interviews oder eigenes Kontextwissen erschlossen werden.

4 Diskussion und Ausblick

Die Reflexion unserer Forschung macht eine grundlegende Herausforderung sichtbar, die weit über die soziale VR hinausreicht: In soziotechnologisch durchdrungenen Räumen, in denen menschliche und technologische Akteure[3] untrennbar miteinander verflochten sind, werden Handlungen zu einem relationalen und situativ emergenten Produkt dieser Verbünde. Weder lassen sich Aktionen dabei auf rein menschliche Intentionen reduzieren, noch auf technologische Operationen. Das gilt für die Nutzer*innen des *VR Campus* ebenso wie für uns als Forschende, die nur mithilfe eines *HMDs* überhaupt am Feld teilnehmen können, und für unsere Methoden.

Die Herausforderung liegt darin, hybride Handlungen zu rekonstruieren, in denen sich Entscheidungen und Verantwortlichkeiten nicht einzelnen Akteuren,

[3] Der Begriff des Akteurs wird in diesem Beitrag nicht gegendert, da er als Schirmbegriff der Akteur-Netzwerk-Theorie (Latour 2007) neben menschlichen Akteur*innen auch nichtmenschliche Akteure einschließt. Diese bewusste theoriegeleitete Setzung des Begriffs zielt darauf ab, hybride Handlungskonstellationen konzeptuell offen zu halten.

sondern soziotechnologischen Verbünden zuschreiben lassen, um dadurch soziale Situationen zu erklären. Dies kann gelingen durch dichte Beschreibungen, welche darauf abzielen, die Beteiligung aller (nicht-)menschlichen Akteure an sozialen Situationen in ihrer Tiefe und Komplexität zu erfassen. Die detaillierte schriftsprachliche Beschreibung einer beobachteten oder videographierten Situation wird zum Beobachtungsgegenstand; Worte machen dabei das Beobachtete explizit und zwingen Forschende, das Gesehene zu benennen und in Beziehung zu setzen (Latour, 2007, S. 215). So werden soziale Prozesse sichtbar und rekonstruierbar. Zugleich wird deutlich, an welchen Stellen Handlungen nicht mehr entweder einem Menschen oder einer Technologie zugeschrieben werden können, weil sie sich nur als Verbundhandlung formulieren und benennen lassen. Das Gesehene kann in dem Fall nur durch einen soziotechnologischen Verbund sinnvoll beschrieben werden.

Dichte Beschreibungen bieten eine zentrale Methode, Handlungs- und Forschungsprozesse zu rekonstruieren (Latour 1988, 2000, 2007), bleiben aber schwer skalierbar und enorm ressourcenintensiv. Ohne sie besteht allerdings die Gefahr, Handlungen vorschnell zu interpretieren oder technologische Einflüsse zu übersehen.

Für die praktische Soziologie, ebenso wie für angrenzende Fragen der Verantwortung (Hanson 2009, S. 97), Regulierung (Beckers und Teubner 2024, S. 99) oder Ethik (Gutiérrez 2024, S. 1080) ergibt sich damit ein noch offener Problemraum. Während die theoretische Soziologie, zum Beispiel durch die Akteur-Netzwerk-Theorie (Latour 2007) oder neomaterialistisch geprägte Figuren wie den *Cyborg* (Puzio 2025, S. 2343), längst Begriffe und Konzepte bereitstellt, um hybride Handlungsverbünde zu erfassen, stehen wir in der Erprobung methodischer Werkzeuge, die diese Konzepte in der Forschungspraxis operationalisierbar machen, noch am Anfang.

In diesem Beitrag haben wir skizziert, wie wir innerhalb unseres Projekts versucht haben, mit dieser Herausforderung umzugehen: durch eine detaillierte Rekonstruktion der Handlungssituationen in sozialer VR, in die wir Beobachtungs- und audiovisuelle Daten einbezogen haben, die durch digitale Spuren vertieft werden können, durch die Rückbindung unserer Beobachtungen an Wissen über den Kontext und die Technologien, sowie durch eine kontinuierliche methodische Reflexion des eigenen soziotechnologischen Forschungsprozesses. Dieses Vorgehen stellt einen möglichen methodischen Zugang in einem emergenten Forschungsfeld dar, der jedoch mit erheblichen Ressourcenanforderungen verbunden ist.

Wir verstehen unseren Beitrag als Einladung, diesen methodischen Problemraum gemeinschaftlich weiterzuentwickeln. Dazu gehört die Entwicklung von

Methoden, die soziotechnologische Verbünde nicht nur theoretisch erfassbar, sondern auch forschungspraktisch handhabbar machen, das Teilen von Forschungserfahrungen, die sich in unterschiedlichen Projekten bewährt haben, sowie die Ausarbeitung analytischer Instrumente, mit denen hybride Handlungskonstellationen adäquat rekonstruiert und beschrieben werden können. Wir hoffen, dass dieser Beitrag dafür einen Impuls geben kann.

Danksagung und Autor*innennotiz Der Beitrag wurde im Rahmen des Promotionskollegs „Wissensmedien“ entwickelt. Fiona Schmidbauer gibt an, dass die finanzielle Unterstützung durch das Ministerium für Wissenschaft, Forschung und Kunst des Landes Baden-Württemberg erfolgte. Niklas Oesterle, Daniel Hepperle und Matthias Wölfel erklären, dass ihnen keine konkurrierenden finanziellen Interessen oder persönlichen Beziehungen bekannt sind, die auf die in diesem Beitrag beschriebenen Arbeiten Einfluss genommen haben könnten.

Korrespondenz zu diesem Beitrag richten Sie bitte an Fiona Schmidbauer, Hochschule Karlsruhe, Moltkestraße 30, 76133 Karlsruhe, Deutschland. E-Mail: fiona.schmidbauer@ph-karlsruhe.de.

Anhang 1 Zentrale Merkmale sozialer VR und ihre Bedeutung für die Forschungspraxis

Merkmal sozialer VR	Beschreibung	Relevanz für die Forschungspraxis
Sozialräumliches Präsenzempfinden	Nutzer*innen sozialer VR erleben sich selbst und andere Teilnehmende als gemeinsam physisch anwesend.	Das sozialräumliche Präsenzempfinden bringt Interaktionen und damit soziale Situationen hervor, die beobachtet und beforscht werden können.

(Fortsetzung)

(Fortsetzung)

Merkmal sozialer VR	Beschreibung	Relevanz für die Forschungspraxis
Dreidimensionalität	Durch die beiden stereoskopischen Teilbilder aus dem linken und rechten Display im *Head-Mounted Display (HMD)* entsteht der Eindruck von Dreidimensionalität in der virtuellen Umgebung.	Je nach Aufzeichnungsmethode kann die Dreidimensionalität verloren gehen. Auflösung, Format und Qualität der Aufzeichnung variieren stark in Abhängigkeit von VR-Plattform, *HMD* und Aufzeichnungssoftware. Technische Parameter sollten vor der Datenerhebung geprüft werden, da sie die visuelle Beschaffenheit des Datenmaterials und damit auch die Interpretationsmöglichkeiten beeinflussen. Für die Aufzeichnung der VR aus der Ego-Perspektive benötigen Forschende Übung, um ein stabiles Bild zu erzeugen.
Überlagerung von Räumen	Mehrere sich überlagernde Räume – z. B. physische, virtuelle und institutionalisierte Räume – wirken gleichzeitig auf das Geschehen in sozialer VR ein. Diese Räume bringen jeweils eigene, teils gegensätzliche Kontexte, Strukturen und Praktiken mit sich, die das Geschehen in sozialer VR wechselseitig beeinflussen. Dadurch entstehen für die soziale VR eigene, *in situ* ausgehandelte sozialräumliche Praktiken.	Für die Interpretation sozialer Situationen in VR müssen die unterschiedlichen Räume mitgedacht werden, die auf die teilnehmenden Akteure einwirken. Dieses Kontextwissen ist zentral, um die sozialräumlichen Praktiken in sozialer VR nachzuvollziehen.

(Fortsetzung)

(Fortsetzung)

Merkmal sozialer VR	Beschreibung	Relevanz für die Forschungspraxis
Dynamische virtuelle Umgebungen	Virtuelle Realitäten sind dynamisch und manipulierbar. Virtuelle Kulissen, Eigenschaften virtueller Gegenstände sowie Anzahl, Größe oder Erscheinung von Avataren können innerhalb kürzester Zeit, teils unbemerkt, verändert werden. Die Veränderungen gehen nicht zwingend auf bewusste menschliche Entscheidungen zurück, sondern können auch technologisch bedingt sein.	Um Beobachtungen über das unmittelbar Sichtbare hinaus nachzuvollziehen und zu vertiefen, können Daten aus weiteren Quellen trianguliert werden. Digitale Spuren wie Logdaten (z. B. Blickkontakte) liefern zusätzliche Informationen über technologische Prozesse und Interaktionsabläufe im virtuellen Raum. Interviews mit feldinternen Informant*innen können Aufschluss darüber geben, welche Aspekte der VR intentional manipuliert wurden, und welche Aspekte technologisch bedingt sind.

(Fortsetzung)

(Fortsetzung)

Merkmal sozialer VR	Beschreibung	Relevanz für die Forschungspraxis
Technologisch vermittelte Sinneswahrnehmung	Die sensorische Wahrnehmung der VR erfolgt durch immersive Technologien wie *HMDs* und *Controller*. Diese vermitteln visuelle, auditive und haptische Sinneseindrücke. Je nach Endgerät kann die virtuelle Realität unterschiedlich dargestellt und wahrgenommen werden, wodurch sich für verschiedene Teilnehmende unterschiedliche Wahrnehmungen derselben virtuellen Situation ergeben können.	Um Situationen in sozialer VR überhaupt beobachten zu können, müssen Forschende sich zunächst an die entsprechenden Wahrnehmungslogiken gewöhnen, zum Beispiel an VR-spezifische Seh- und Hörgewohnheiten. Daran anschließend müssen Forschende reflektieren, inwieweit die Technologie die eigene Wahrnehmung und damit die Erhebung von Daten beeinflusst oder verändert. Insbesondere muss bedacht werden, welche Aspekte der Situation möglicherweise nicht wahrgenommen werden können, z. B. durch technologische Limitierungen. In solchen Fällen können digitale Spuren oder Kontextwissen die Forschung erweitern.

(Fortsetzung)

(Fortsetzung)

Merkmal sozialer VR	Beschreibung	Relevanz für die Forschungspraxis
Technologisch vermittelte Interaktion	Genau wie die sensorische Wahrnehmung sind auch die Möglichkeiten zur Interaktion und Kommunikation in sozialer VR durch Technologien wie *HMDs* und *Controller* sowie durch Plattformlogiken bestimmt.	Um Orientierungslosigkeit oder Überforderung zu vermeiden, müssen zunächst grundlegende Kenntnisse über Kommunikations- und Interaktionstechniken vorliegen, z. B. über die Methoden der Fortbewegung. Daran schließt eine Reflexion darüber an, inwieweit die Technologien das eigene Handeln und das der Teilnehmenden beeinflussen, und wie dieser Einfluss soziale Situationen strukturiert.
Virtuelle Verkörperung	In sozialer VR können Nutzer*innen unterschiedlich virtuell verkörpert sein, z. B. sichtbar durch einen häufig personalisierbaren Avatar, oder unsichtbar bzw. körperlos. Die Gestaltungsmöglichkeiten hängen nicht nur von bewussten Entscheidungen ab, sondern auch von technologischen Bedingungen (z. B. maximal mögliche Anzahl der Polygone).	Die virtuelle Verkörperung wirkt identitätsbildend und prägt das Handeln im virtuellen Raum, auch das der Forschenden selbst (*Proteus-Effekt*). Forschende müssen reflektieren, wie die virtuelle Verkörperung das Verhalten der Teilnehmenden, aber auch ihr eigenes Verhalten im Feld und ihre Rolle als Forscher*in beeinflusst. Je nach Erkenntnisinteresse können virtuelle Verkörperungen dazu genutzt werden, um sichtbar, verändert oder unsichtbar zu beobachten (z. B. zur Vermeidung des *Hawthorne-Effekts*).

Literatur

Alfaisal, R., Hashim, H. & Azizan, U. H. (2024). Metaverse system adoption in education: a systematic literature review. *Journal of Computers in Education, 11*(1), 259–303. https://doi.org/10.1007/s40692-022-00256-6

Beckers, A. & Teubner, G. (2024). *Three liability regimes for artificial intelligence: Algorithmic actants, hybrids, crowds.* Hart Publishing.

Behrens, S. C., Tesch, J., Sun, P. J. B., Starke, S., Black, M. J., Schneider, H., Pruccoli, J., Zipfel, S. & Giel, K. E. (2023). Virtual Reality Exposure to a Healthy Weight Body Is a Promising Adjunct Treatment for Anorexia Nervosa. *Psychotherapy and psychosomatics, 92*(3), 170–179. https://doi.org/10.1159/000530932

Berkhout, C., Berbra, O., Favre, J., Collins, C., Calafiore, M., Peremans, L. & van Royen, P. (2022). Defining and evaluating the Hawthorne effect in primary care, a systematic review and meta-analysis. *Frontiers in medicine, 9*, 1033486. https://doi.org/10.3389/fmed.2022.1033486

Bettinger, P. (2022). Educational Perspectives on Mediality and Subjectivation: Introduction. In P. Bettinger (Hrsg.), *Palgrave Studies in Educational Media. Educational Perspectives on Mediality and Subjectivation* (S. 1–18). Springer International Publishing. https://doi.org/10.1007/978-3-030-84343-4_1

Bloh, T. (2023). Überlegungen zu Post-Digitalität in universitären Lehrpraktiken. *die hochschullehre, 9*(16), 212–222. https://doi.org/10.3278/HSL2316W

Boer, H. de & Reh, S. (Hrsg.). (2012). *Beobachtung in der Schule – Beobachten lernen.* VS Verlag für Sozialwissenschaften. https://doi.org/10.1007/978-3-531-18938-3

Borghetti, D., Zanobini, C., Natola, I., Ottino, S., Parenti, A., Brugada-Ramentol, V., Jalali, H. & Bozorgzadeh, A. (2023). Evaluating cognitive performance using virtual reality gamified exercises. *Frontiers in Virtual Reality, 4*, Artikel 1153145. https://doi.org/10.3389/frvir.2023.1153145

Breidenstein, G. (2004). KlassenRäume – eine Analyse räumlicher Bedingungen und Effekte des Schülerhandelns. *Zeitschrift für qualitative Bildungs-, Beratungs- und Sozialforschung, 5*(1), 87–107. https://nbn-resolving.org/urn:nbn:de:0168-ssoar-270012

Breidenstein, G., Hirschauer, S., Kalthoff, H. & Nieswand, B. (2013). *Ethnografie.* utb GmbH. https://doi.org/10.36198/9783838539799

Deuchler, J., Hepperle, D. & Wolfel, M. (2022). Asymmetric Normalization in Social Virtual Reality Studies. In *IEEE Conference on Virtual Reality and 3D User Interfaces Abstracts and Workshops (VRW)* (S. 51–53). IEEE. https://doi.org/10.1109/VRW55335.2022.00019

Deuchler, J. & Wölfel, M. (2022). Lessons Learned in Transferring a Lecture on Virtual Reality into Immersive Virtual Reality. In P. A. Henning, M. Striewe & M. Wölfel (Hrsg.), *Lecture Notes in Informatics (LNI): Volume P-322, DELFI 2022 Proceedings: Die 20. Fachtagung Bildungstechnologien der Gesellschaft für Informatik e. V.* (S. 117–122). Gesellschaft für Informatik. https://doi.org/10.18420/delfi2022-022

Dube, T. J. & Arif, A. S. (2019). Text Entry in Virtual Reality: A Comprehensive Review of the Literature. In M. Kurosu (Hrsg.), *Lecture Notes in Computer Science: Bd. 11567. Human-computer interaction: Thematic area, HCI 2019, held as part of the 21st HCI*

International Conference, HCII 2019, Orlando, FL, USA, July 26–31, 2019: proceedings (Bd. 11567, S. 419–437). Springer. https://doi.org/10.1007/978-3-030-22643-5_33

Engert, K. (2022). Instruktion und ihre Teilnehmer: Was ist in einem Seminar? In D. Meyer, J. Reuter, & O. Berli (Hrsg.), *Science Studies. Ethnografie der Hochschule: Zur Erforschung universitärer Praxis* (1. Aufl., S. 83–106). Transcript.

Gao, H., Hasenbein, L., Bozkir, E., Göllner, R. & Kasneci, E. (2022). Evaluating the Effects of Virtual Human Animation on Students in an Immersive VR Classroom Using Eye Movements. In T. Koike (Hrsg.), *ACM Digital Library, Proceedings of the 28th ACM Symposium on Virtual Reality Software and Technology* (S. 1–11). Association for Computing Machinery. https://doi.org/10.1145/3562939.3565623

Gutiérrez, J. L. M. (2024). On actor-network theory and algorithms: ChatGPT and the new power relationships in the age of AI. *AI and Ethics*, *4*(4), 1071–1084. https://doi.org/10.1007/s43681-023-00314-4

Haghighi, M. M. & Jusan, M. M. (2012). Exploring Students Behavior on Seating Arrangements in Learning Environment: A Review. *Procedia – Social and Behavioral Sciences*, *36*, 287–294. https://doi.org/10.1016/j.sbspro.2012.03.032

Han, E. & Bailenson, J. N. (2014). Social Interaction in VR. In J. F. Nussbaum (Hrsg.), *Oxford research encyclopedias. Oxford research encyclopedia of communication.* Oxford University Press. https://doi.org/10.1093/acrefore/9780190228613.013.1489

Han, E. & Bailenson, J. N. (2024). Lessons for/in virtual classrooms: designing a model for classrooms inside virtual reality. *Communication Education*, *73*(2), 234–243. https://doi.org/10.1080/03634523.2024.2312879

Hanson, F. A. (2009). Beyond the skin bag: on the moral responsibility of extended agencies. *Ethics and Information Technology*, *11*(1), 91–99. https://doi.org/10.1007/s10676-009-9184-z

Hepperle, D., Purps, C. F., Deuchler, J. & Wölfel, M. (2022). Aspects of visual avatar appearance: self-representation, display type, and uncanny valley. *The Visual computer*, *38*(4), 1227–1244. https://doi.org/10.1007/s00371-021-02151-0

Hepperle, D. & Wölfel, M. (2023). Similarities and Differences between Immersive Virtual Reality, Real World, and Computer Screens: A Systematic Scoping Review in Human Behavior Studies. *Multimodal Technologies and Interaction*, *7*(6), Artikel 56, 1–25. https://doi.org/10.3390/mti7060056

Herman, F. & Tondeur, J. (2021). Untangling the sociomateriality of the classroom: biographies of school spaces (c. 1960–2014). *Oxford Review of Education*, *47*(5), 681–695. https://doi.org/10.1080/03054985.2021.1924654

Herrera, F. & Bailenson, J. N. (2021). Virtual reality perspective-taking at scale: Effect of avatar representation, choice, and head movement on prosocial behaviors. *New Media & Society*, *23*(8), 2189–2209. https://doi.org/10.1177/1461444821993121

Hoekstra, N. A., van den Berg, Y. H., Lansu, T. A., Mainhard, M. T. & Cillessen, A. H. (2023). Teachers' goals and strategies for classroom seating arrangements: A qualitative study. *Teaching and Teacher Education*, *124*, Artikel 104016, 1–11. https://doi.org/10.1016/j.tate.2023.104016

Kalthoff, H. & Roehl, T. (2011). Interobjectivity and Interactivity: Material Objects and Discourse in Class. *Human Studies*, *34*(4), 451–469. https://doi.org/10.1007/s10746-011-9204-y

Kim, I. & Sung, J. (2024). New proxemics in new space: proxemics in VR. *Virtual Reality, 28*(2). https://doi.org/10.1007/s10055-024-00982-5

Knoblauch, H. (2001). Fokussierte Ethnographie: Soziologie, Ethnologie und die neue Welle der Ethnographie. *Sozialer Sinn, 2*(1), 123–141. https://nbn-resolving.org/urn:nbn:de:0168-ssoar-6930

Knoblauch, H. & Vollmer, T. (2019). Ethnographie. In N. Baur & J. Blasius (Hrsg.), *Springer eBook Collection. Handbuch Methoden der empirischen Sozialforschung* (2., vollständig überarbeitete und erweiterte Aufl., S. 599–617). Springer VS. https://doi.org/10.1007/978-3-658-21308-4_40

Latour, B. (1988). *Science in Action: How to follow scientists and engineers through society.* Harvard University Press.

Latour, B. (2000). *Die Hoffnung der Pandora: Untersuchungen zur Wirklichkeit der Wissenschaft* (G. Roßler, Übers.). *Suhrkamp-Taschenbuch Wissenschaft: Bd. 1595.* Suhrkamp.

Latour, B. (2007). *Eine neue Soziologie für eine neue Gesellschaft: Einführung in die Akteur-Netzwerk-Theorie* (1. Aufl.). Suhrkamp.

Lin, J. & Latoschik, M. E. (2022). Digital body, identity and privacy in social virtual reality: A systematic review. *Frontiers in Virtual Reality, 3*, Artikel 974652. https://doi.org/10.3389/frvir.2022.974652

Löw, M. (2001). *Raumsoziologie* (1. Aufl.). *Suhrkamp-Taschenbuch Wissenschaft: Bd. 1506.* Suhrkamp.

McCambridge, J., Witton, J. & Elbourne, D. R. (2014). Systematic review of the Hawthorne effect: new concepts are needed to study research participation effects. *Journal of clinical epidemiology, 67*(3), 267–277. https://doi.org/10.1016/j.jclinepi.2013.08.015

Mystakidis, S., Berki, E. & Valtanen, J.-P. (2021). Deep and Meaningful E-Learning with Social Virtual Reality Environments in Higher Education: A Systematic Literature Review. *Applied Sciences, 11*(5), Artikel 2412, 1–25. https://doi.org/10.3390/app11052412

Parsons, T. D., Courtney, C. G. & Dawson, M. E. (2013). Virtual reality Stroop task for assessment of supervisory attentional processing. *Journal of clinical and experimental neuropsychology, 35*(8), 812–826. https://doi.org/10.1080/13803395.2013.824556

Puzio, A. (2025). The entangled human being – a new materialist approach to anthropology of technology. *AI and Ethics, 5*(3), 2339–2356. https://doi.org/10.1007/s43681-024-00537-z

Ramdhani, N., Akpewila, F., Faizah, M. & Resibisma, B. (2019). It's so Real: Psychophysiological Reaction towards Virtual Reality Exposure. In *2019 5th International Conference on Science and Technology (ICST)* (S. 1–5). IEEE. https://doi.org/10.1109/ICST47872.2019.9166212

Schiefner-Rohs, M., Neto Carvalho, I. & Heymann, C. (2023). Editorial – Ein-Blicke in die Schule. Perspektiven auf Videographie und Ethnographie pädagogischer Praktiken und Medien. In M. Schiefner-Rohs, C. Heymann & I. Neto Carvalho (Hrsg.), *Ethnographie und Videographie pädagogischer Praktiken. „Ein-Blicke" in Projekte der Schul- und Unterrichtsforschung in einer Kultur der Digitalität* (S. 7–19). Verlag Julius Klinkhardt. https://doi.org/10.35468/6020-01

Schmidbauer, F. (2025). Räume neu denken: Lernen in immersiver virtueller Realität. In J. Blank, E. Niederhafner & A. Bleichner (Hrsg.), *Transformation in Bildung und Hochschule* (S. 43–55). Verlag Barbara Budrich. https://doi.org/10.3224/84743102

Schmidbauer, F. & Wölfel, M. (2025a). Reproducing the Classroom? Spatial Positioning in Frontal Teaching in Social Virtual Reality. In IEEE (Hrsg.), 2025 International Conference on Education Technology and Computers (ICETC) (pp. 1–5). https://doi.org/10.1109/ICETC66579.2025.11387123

Schmidbauer, F. & Wölfel, M. (2025b). Social virtual reality as learning space: Conceptualising context through spatial and sociotechnological perspectives. *Learning in Context, 2*(1-2), Artikel 100004, 1–11. https://doi.org/10.1016/j.lecon.2025.100004

Schultze, U. (2011). The Avatar as Sociomaterial Entanglement: A Performative Perspective on Identity, Agency and World-Making in Virtual Worlds. *ICIS 2011 Proceedings*. https://aisel.aisnet.org/icis2011/proceedings/hci/11

Seo, J., Moon, J., Choi, G. W. & Do, J. (2022). A Scoping Review of Three Computational Approaches to Ethnographic Research in Digital Learning Environments. *TechTrends, 66*(1), 102–111. https://doi.org/10.1007/s11528-021-00689-3

Skulmowski, A. (2023). Ethical issues of educational virtual reality. *Computers & Education: X Reality, 2*, Artikel 100023, 1–8. https://doi.org/10.1016/j.cexr.2023.100023

Slater, M. (2017). Implicit Learning Through Embodiment in Immersive Virtual Reality. In D. Liu, C. Dede, R. Huang & J. Richards (Hrsg.), *Virtual, Augmented, and Mixed Realities in Education* (S. 19–33). Springer Nature. https://doi.org/10.1007/978-981-10-5490-7_2

Slater, M., Banakou, D., Beacco, A., Gallego, J., Macia-Varela, F. & Oliva, R. (2022). A Separate Reality: An Update on Place Illusion and Plausibility in Virtual Reality. *Frontiers in Virtual Reality, 3*, Artikel 914392. https://doi.org/10.3389/frvir.2022.914392

Stracke, C. M., Bothe, P., Adler, S., Heller, E. S., Deuchler, J., Pomino, J. & Wölfel, M. (2025). Immersive virtual reality in higher education: a systematic review of the scientific literature. *Virtual Reality, 29*(2), Artikel 64. https://doi.org/10.1007/s10055-025-01136-x

Tuma, R., Schnettler, B. & Knoblauch, H. (2013). *Videographie*. Springer Fachmedien Wiesbaden. https://doi.org/10.1007/978-3-531-18732-7

van Berlo, Z. M. C., Sungur, H. & Gyarmati, F. M. (2025). Learning in Virtual Reality. *Journal of Media Psychology, 37*(2), 77–88. https://doi.org/10.1027/1864-1105/a000460

Wei, X., Jin, X., Lin Kan, G., Yan, Y. & Fan, M. (2025). Systematic Literature Review of Using Virtual Reality as a Social Platform in HCI Community. *Proceedings of the ACM on Human-Computer Interaction, 9*(2), Artikel CSCW180, 1–36. https://doi.org/10.1145/3711078

Wölfel, M. (2023). *Immersive Virtuelle Realität: Grundlagen, Technologien, Anwendungen* (1. Aufl. 2023). Springer Berlin Heidelberg; Springer Vieweg. https://doi.org/10.1007/978-3-662-66908-2

Wölfel, M., Hepperle, D., Purps, C. F., Deuchler, J. & Hettmann, W. (2021). Entering a new Dimension in Virtual Reality Research: An Overview of Existing Toolkits, their Features and Challenges. In A. Sourin (Hrsg.), *2021 International Conference on Cyberworlds (CW): Proceedings* (S. 180–187). IEEE. https://doi.org/10.1109/CW52790.2021.00038

Yee, N. & Bailenson, J. (2007). The Proteus Effect: The Effect of Transformed Self-Representation on Behavior. *Human Communication Research, 33*(3), 271–290. https://doi.org/10.1111/j.1468-2958.2007.00299.x

Zheng, K., Hanauer, D. A., Weibel, N. & Agha, Z. (2015). Computational Ethnography: Automated and Unobtrusive Means for Collecting Data In Situ for Human–Computer Interaction Evaluation Studies. In V. L. Patel, T. G. Kannampallil & D. R. Kaufman

(Hrsg.), *Health Informatics. Cognitive Informatics for Biomedicine* (S. 111–140). Springer International Publishing. https://doi.org/10.1007/978-3-319-17272-9_6

Fiona Schmidbauer, M.A., Doktorandin der Pädagogischen Hochschule Karlsruhe und Hochschule Karlsruhe im kooperativen Promotionskolleg Wissensmedien zum Thema Soziale Lernerfahrungen in immersiven virtuellen Räumen und akademische Mitarbeiterin am Institut für Intelligente Interaktion und Immersive Erfahrung an der Hochschule Karlsruhe. https://orcid.org/0009-0004-2519-8161.

Niklas Oesterle, M.Sc., Akademischer Mitarbeiter am Institut für Intelligente Interaktion und Immersive Erfahrung an der Hochschule Karlsruhe. https://orcid.org/0009-0003-3878-383X.

Prof. Dr. Daniel Hepperle, Professor für Augmented Reality Development an der Fakultät Medien der Hochschule Offenburg, lehrt und forscht im Themenbereich der Mensch-Maschine-Interaktion mit speziellem Fokus auf Extended Realities. https://orcid.org/0000-0002-3556-5867.

Prof. Dr.-Ing. Matthias Wölfel Professor für Intuitive und Perzeptive Benutzungsschnittstellen mit Schwerpunkt Mensch-Maschine-Interaktion, Leiter des Instituts für Intelligente Interaktion und Immersive Erfahrung an der Hochschule Karlsruhe. https://orcid.org/0000-0003-1601-5146.

Emotionserinnerungen und digitale Exklusion – Technikaneignung im Alter als soziale Emotionspraxis

Florian Pap und Bill Pottharst

1 Einleitung

Arzttermine werden online vergeben, Behörden kommunizieren über Portale, Bahnfahrkarten sind oft nur mobil verfügbar. Damit organisieren digitale Technologien grundlegende Alltagsvollzüge. So geraten Nutzungskompetenzen in den Fokus, vor allem aber emotionale Dispositionen, biographische Erfahrungen und soziale Ungleichheiten. Wer digitale Schnittstellen nicht selbstverständlich nutzt, erlebt sich nicht selten als außenstehend oder wird auf diese Weise markiert.

In dieser Konstellation wird das höhere Lebensalter als sozialstrukturell relevante Kategorie sichtbar. Alter ist nicht nur biologisch, sondern vor allem sozialstrukturell wirksam: Es bündelt Erfahrung, körperliche Veränderungen, Generationalität, aber auch gesellschaftliche Zuschreibungen über Technikferne oder Lernfähigkeit. Digitalisierung und Alter begegnen einander dabei nicht spannungsfrei: Viele Aneignungsprozesse im höheren Lebensalter sind geprägt von Emotionen, Erinnerungsspuren und affektiven Praktiken. All dies ist eng mit sozialen Positionierungen wie Bildung, Geschlecht, Migrationserfahrungen oder eben Alter verwoben und prägt die Art und Weise, wie Technik nicht genutzt, vielmehr aber gefühlt wird. Ein Umstand, der in funktionalistisch geprägten Kompetenzmodellen oft aus dem Blick gerät.

F. Pap (✉)
Arbeiterwohlfahrt Kreisverband Bielefeld e.V., Bielefeld, Deutschland
E-Mail: florian.pap@googlemail.com

B. Pottharst
Fachbereich Sozialwesen/CareTechOWL, Hochschule Bielefeld, Bielefeld, Deutschland
E-Mail: bill.pottharst@gmail.de

B. Blättel-Mink et al. (Hrsg.), *Potenziale soziologischer Praxis*,
Sozialwissenschaften und Berufspraxis,
https://doi.org/10.1007/978-3-658-51996-4_12

Dieser Beitrag fragt, wie sich solche erfahrungsbasierten Ausschlüsse jenseits technischer Fähigkeiten soziologisch fassen lassen. Ausgangspunkt ist das Konzept der *Emotionserinnerungen:* Erinnerte und verkörperte Affektlagen, die Technikbeziehungen strukturieren und gegenwärtige Aneignungen konstituieren. Die Ergebnisse leisten einen Beitrag zur intergenerationellen Forschung, zur Gestaltung sozialer Innovation und zur Weiterentwicklung soziologischer Zugänge zur digitalen Transformation.

2 Stand der Forschung und theoretische Rahmung

Die Auseinandersetzung mit Technikaneignung im Alter ist zunächst kein Forschungsdesiderat, wohl aber deren Verbindung mit Emotionen und Erinnerungen als strukturierende Elemente dieses Prozesses. Gerontologie, Soziologie und Kulturwissenschaft haben sich in je eigener Weise mit Altern, Emotionen, Erinnern und Technik beschäftigt. Dennoch bleibt die systematische Verknüpfung dieser Aspekte, insbesondere im Modus transdisziplinärer Anschlussfähigkeit, bislang unterentwickelt.

Empirisch zeigen zahlreiche Studien, dass Technikaneignung im Alter nicht rein funktional erfolgt. Vielmehr ist sie durchzogen von biographischen Spuren, habituellen Bewertungen, geschlechtsspezifischen Zuschreibungen und affektiven Erfahrungen (Pelizäus-Hoffmeister 2013; Lutz 2015; Urban 2017). Die Frage, warum ältere Menschen bestimmte Technologien nicht (mehr) annehmen oder gezielt ablehnen, verweist einerseits auf soziale Ungleichheit und Exklusion, andererseits aber auch auf tiefer liegende, emotional verfestigte Sinnzuschreibungen. Hierbei lässt sich festhalten, dass insbesondere digitale Exklusion in prekären Lebenslagen verstärkt auftritt, dort zu einer Verkleinerung der Lebenswelt führen und sich potenziell auf Selbstbestimmung, Teilhabe und psychosoziales Wohlbefinden auswirken kann (Pottharst und Altenhöner 2026). Vergleichbare empirische Untersuchungen zur digitalen Teilhabe und Technikaneignung älterer Menschen finden sich auch im Kontext der Sozialen Digitalisierungsforschung, etwa im Sammelband *Soziale Digitalisierung* (Opielka und Erfurth 2025). Das dort dokumentierte Projekt mGesCo (Multi-Generation Smart Community) analysiert digitale Infrastrukturen und Aneignungsprozesse in quartiersbezogenen Living-Lab-Settings und verweist auf die Bedeutung sozialer Einbettung technischer Innovationen. Während diese Arbeiten vor allem strukturelle und institutionelle Rahmenbedingungen digitaler Teilhabe fokussieren, richtet der vorliegende Beitrag den Blick auf die affektiv-biografische Dimension der Aneignung.

An dieser Stelle setzt die Kategorie von *Emotionserinnerungen* an: Technikaneignung wird als soziale Emotionspraxis gefasst, in der sich Erinnerungen, Affekte und soziale Zugehörigkeit verschränken, nicht als singulärer Lernakt.

Dabei ist eine explizite Verortung in der Emotionssoziologie notwendig. Emotionen werden hier nicht als individuelle Innenzustände verstanden, sondern als sozial strukturierte, kulturell gerahmte und situativ regulierte Praktiken. Arlie R. Hochschild (1979; 1983) hat mit dem Konzept der *feeling rules* und der Analyse von *emotion work* gezeigt, dass Gefühle gesellschaftlich normiert, relational eingebettet und aktiv bearbeitet werden. Emotionen folgen impliziten Erwartungsordnungen und sind eng mit Rollen, Status und biographischen Positionierungen verschränkt. Bereits in *The Unexpected Community* (1973) verweist Hochschild auf die Bedeutung emotionaler Vergemeinschaftung im höheren Lebensalter. Gefühle erscheinen dort als soziale Orientierungsressourcen, durch die Zugehörigkeit, Ausschluss und Selbstverständnis strukturiert werden.

Das hier entwickelte Konzept der Emotionserinnerungen schließt an diese Perspektive an, erweitert sie jedoch um eine erinnerungstheoretische Dimension. Emotionserinnerungen bezeichnen sedimentierte, biographisch verankerte Affektlagen, die nicht allein situativ reguliert werden, sondern als verkörperte Erfahrungsbestände in gegenwärtige Technikverhältnisse hineinwirken. Damit verbindet sich die Emotionssoziologie mit Gedächtnistheorie und Techniksoziologie zu einer Analyse digitaler Aneignung, die affektive Strukturmomente systematisch berücksichtigt.

Während die etablierte Forschung vielfach implizit von emotionalen Motiven berichtet (z. B. Überforderung, Scham, Empowerment), bleibt die Qualität emotionaler Erinnerung als strukturierendes Moment empirisch wie theoretisch wenig beleuchtet. So wird etwa selten gefragt, wie genau Erinnerungen an frühere Aneignungsversuche, erfolgreich oder gescheitert, sich auf gegenwärtige Haltungen und Handlungsmöglichkeiten auswirken.

Die hier vorgeschlagenen Emotionserinnerungen schließen diese Lücke. Sie begreifen Erinnerung als verkörperte, affektiv getönte Praxis, die sowohl vergangene Technikbegegnungen speichert als auch gegenwärtige Aneignungspfade beeinflusst. Damit transzendieren sie Erinnerungen als kognitive Retrospektive: Sie werden also nicht als private Archive verstanden, sondern als sozial eingebettete, kollektiv strukturierte Selektionsprozesse, wie sie etwa Halbwachs (1991) oder Berger und Luckmann (1999) für das kollektive Gedächtnis bzw. Wirklichkeitskonstruktion beschrieben haben.

Der Beitrag positioniert sich damit an der Schnittstelle von Emotionssoziologie und Techniksoziologie – zwei eigenständige Forschungsstränge, deren theoretische Ressourcen bislang selten systematisch miteinander verschränkt werden. Während erstere die soziale Strukturierung von Gefühlen, Affekten und emotionalen Praktiken analysiert, untersucht letztere die gesellschaftliche Einbettung technischer Artefakte, ihre Aneignung sowie ihre Rolle in der (Re-) Produktion sozialer Ordnung. In der Tradition der sozialkonstruktivistischen Technikforschung (Pinch und Bijker 2012) sowie praxistheoretischer Aneignungsansätze (Bausinger 1981; Kutscher et al. 2011) wird Technik somit nicht als neutrales Instrument verstanden, sondern als relationales Gefüge aus Artefakt, Bedeutungszuschreibung und sozialer Positionierung.

Die hier entwickelte Kategorie der Emotionserinnerungen verbindet diese beiden Perspektiven, indem sie Technikaneignung als emotionsstrukturierte Praxis begreift: Technische Artefakte werden nicht nur funktional genutzt, sondern affektiv bewertet, erinnert und in biographische Selbstverhältnisse eingebettet. Techniksoziologie erhält so eine emotionssoziologische Tiefendimension; Emotionssoziologie wiederum wird um die materielle und infrastrukturelle Dimension technischer Artefakte erweitert.

In diese Überlegungen lässt sich Hartmut Rosas Resonanztheorie als kritisch-kontrastierender Referenzrahmen einbinden. Rosa (2016) beschreibt Resonanz als gelingendes Weltverhältnis, in dem Subjekt und Welt wechselseitig affiziert und verwandelt werden. Während Maurer (2019) aufzeigt, inwiefern Technikobjekte selbst resonanzfördernde oder -verhindernde Qualitäten annehmen können, verschiebt der vorliegende Beitrag die Analyseebene. Emotionserinnerungen verweisen auf jene verkörperten, affektiven Praktiken, durch die Technikbeziehungen als resonant oder entfremdend erfahren werden, unabhängig von der Gestaltung des Artefakts selbst.

Technik erscheint also als ambivalente Vermittlerin: mal als Resonanzmittel (z. B. durch digitale Kommunikationstools), mal als Resonanzunterbrecher (z. B. in automatisierten Kontrollsystemen). Diese Unterscheidung lässt sich nutzen, um zu analysieren, wie ältere Menschen in Technikprozessen Resonanz erleben oder verlieren – insbesondere dann, wenn Emotionserinnerungen als nicht-resonante Erfahrungen der Entfremdung wirksam werden. Der eigene Zugriff geht jedoch über Rosa hinaus: Emotionserinnerungen übertreffen ihre vordergründige Indikatorfunktion für Resonanz oder deren Fehlen hinaus, indem sie als eigenständige soziale Praktiken verstanden werden, die das Technikverhältnis aktiv strukturieren, statt es lediglich passiv abzubilden.

Diese Verortung erlaubt es, Rosas Ansatz zugleich aufzunehmen und zu transzendieren. Während seine Theorie eine wertvolle Heuristik für gelingende Weltverhältnisse bietet, bleibt sie dem Ideal des Antwortverhältnisses verpflichtet. Die hier entwickelte Perspektive auf Technikaneignung hingegen fragt stärker nach den sedimentierten Spuren früherer Emotionspraktiken, die sich im Körpergedächtnis, in narrativen Mustern und habitualisierten Aneignungshaltungen niederschlagen.

Gerade im Kontext sozialer Ungleichheit und digitaler Exklusion, wie etwa durch genderspezifische Technikzuschreibungen (Wolffram 2006), ökonomische Zugangshürden (Pottharst 2022), oder kulturspezifische Selbstschutzstrategien (Duque und Otaegui 2023), gewinnen Emotionserinnerungen als analytisches Werkzeug an Schärfe: Ihre Deutung beginnt als Epiphänomen von Ausschluss und mündet in ihrer strukturierenden Kraft, die digitale Souveränität ermöglichen oder verhindern kann.

In diesem Sinne lassen sich Emotionserinnerungen auch als Ausgangspunkt sozialer Innovationen verstehen. Der Ansatz von Howaldt und Schwarz (2010) begreift soziale Innovation als neue Konfiguration sozialer Praktiken, die sich in sozialen Kontexten herausbilden und, wenn sie sich durchsetzen, bestehende Strukturen transformieren. Entscheidend ist also nicht die technische Neuerung selbst, sondern die veränderte soziale Praxis im Umgang mit ihr. Wenn ältere Menschen durch emotional erinnerte Aneignungserfahrungen neue Formen des Zugangs, des Lernens oder der Weitergabe entwickeln, kann dies im mikrosozial wirksamen Sinn als soziale Innovation gewertet werden. Emotionserinnerungen sind dann zunächst sinnstiftend, entpuppen sich aber sogar als neue soziale Handlungsoptionen.

Die forschungsleitende These lautet daher: Technikaneignung im Alter ist nur dann vollständig verstehbar, wenn Emotionserinnerungen als soziale Emotionspraxen erkannt werden, die situativ, relational und (individual-)historisch verankert sind.

3 Methodische und forschungstheoretische Überlegungen

Die empirische Grundlage des Beitrags bildet ein transdisziplinäres Praxisforschungsprojekt (Kooperation AWO/HSBI), in dem zwei Gruppendiskussionen mit älteren Menschen durchgeführt wurden. Die Gruppe der ersten Erhebung engagiert sich freiwillig in digitalen Kontexten, die zweite war durch eine kollektiv geteilte Position größerer Technikferne geprägt. Diese Konstellation entstand nicht durch gezielte Auswahl. Sie war Zufall und Selbstselektion durch offene Einladung. Ziel war es, das Verhältnis zu digitalen Technologien unter besonderer Berücksichtigung emotionaler Erinnerungen an frühere Technikerfahrungen zu rekonstruieren.

Als Erhebungsmethode diente die Gruppendiskussion im Sinne Bohnsacks dokumentarischer Methode (2014), die kollektive Deutungsmuster jenseits individueller Meinungsäußerungen sichtbar werden lassen soll. Die Perspektive der Emotionserinnerungen ermöglicht hierbei die Einsicht, dass Emotionen nicht nur subjektiv erlebt, sondern vor allem sozial geteilt und gemeinschaftlich erinnert werden. Auf diese Weise ermöglicht die dokumentarische Methode eine Aufdeckung konjunktiver Erfahrungsräume (Przyborski und Wohlrab-Sahr 2014). Die Diskussionen wurden als Audiodateien aufgezeichnet, transkribiert und nach dem mehrstufigen interpretativen Verfahren ausgewertet. Der Fokus liegt auf der Unterscheidung zwischen immanentem und dokumentarischem Sinn, der in Typen unterschiedlicher Aneignungspraxen mündete. Diese werden im Abschnitt der empirischen Einsichten (4) exemplarisch aufgeschlüsselt.

Trotz ihrer jeweiligen relativen Homogenität ermöglichten beide Gruppen dennoch eine dichte Erhebung emotionaler Ambivalenzen, biographischer Bezüge und narrativer Entlastungen. Die Diskussionen wurden bewusst offen gestaltet, um eine

selbstläufige Dynamik zu ermöglichen. Der anwesende Forscher trat dabei bestmöglich in den Hintergrund. Der Ausgangsimpuls lautete, eine Anekdote zur alltäglichen Techniknutzung in der Gruppe zu teilen. Im weiteren Projektverlauf wurde zusätzlich ein dialogisches Format erprobt, das als Erzählcafé bereits regelmäßig durchgeführt wird. Ursprünglich sollten die Erhebungen in dessen Rahmen stattfinden, wurden dann allerdings ausgelagert, um eine klare Trennung zwischen Erhebung und Veranstaltung zu erhalten.

3.1 Partizipativer Forschungsansatz

Das Projekt ist in seiner Grundanlage als partizipativ zu verstehen – auch wenn es nicht im engeren Sinne mit Co-Forschenden durchgeführt wurde. In Wrights & Ungers Stufenmodell der Partizipation (Wright et al. 2010) bewegt sich das Projekt auf einer mittleren Ebene zwischen reiner Konsultation und aktiver Mitgestaltung: Die Teilnehmenden wurden umfassend über Ziele, Ablauf und Auswertung informiert und erhielten die Möglichkeit, Zwischenergebnisse zu kommentieren.

Im theoretischen Diskurs zu partizipativer Forschung mit älteren Menschen wird deutlich, dass partizipative Ansätze gerade im Kontext von Technikaneignung neue Formen sozialer Integration ermöglichen (Wanka und Urbaniak 2023).

Gleichzeitig zeigt sich die Schwierigkeit, diese Beteiligung konsequent umzusetzen – etwa aufgrund asymmetrischer Ressourcenverteilungen oder forschungspraktischer Einschränkungen. Diese Begrenzungen wurden im Projektverlauf kritisch reflektiert, ohne das Ziel partizipativer Einbindung aus dem Blick zu verlieren.

Allerdings wurde das Forschungsprojekt in das Transfer- und Praxisforschungsprojekt ‚SICHT'[1] eingebunden, in dem der partizipative Ansatz konsequent verfolgt wird.

4 Empirische Einsichten

Die empirischen Gruppendiskussionen legen eine Vielzahl von emotional vermittelten Technikbeziehungen offen, die nicht als individuelle Anekdoten, sondern als sozial strukturierte Emotionspraxen zu interpretieren sind. Die Analyse folgt dabei der Annahme, dass Emotionserinnerungen, verstanden als erinnerte und verkörperte Affektlagen aus vergangenen Technikbegegnungen, gegenwärtige Aneignungsprozesse beeinflussen, sie häufig sogar mitkonstituieren. Im Folgenden werden zentrale Befunde entlang verschiedener analytischer Ebenen entfaltet: Typisierungen, kollektive Deutungsmuster, soziale Positionierungen und deren emotionales Fundament.

4.1 Orientierungstypen zwischen Vermittlung, Verweigerung und Zwang

Bereits in der ersten Gruppendiskussion lassen sich bestimmte Muster der Selbstverortung und Fremdzuschreibung in Bezug auf Technikverhältnisse beobachten. Am prominentesten tritt der Typus der *Technikvermittler:innen* hervor: Teilnehmende, die sich selbst als instanzielle Wissenspersonen inszenieren – häufig mit Verweis auf ihr ehrenamtliches Engagement in Techniksprechstunden oder als innerfamiliäre ‚Berater:innen'. In ihren Äußerungen schwingt jedoch nicht nur

[1] Das Kooperationsprojekt "Selbstbestimmt im Quartier durch Technikaneignung" der Hochschule Bielefeld und der Arbeiterwohlfahrt Kreisverband Bielefeld fokussiert die aktive Techniknutzung älterer Menschen als Voraussetzung für Selbstbestimmung, Lebensqualität und Teilhabe im Quartier. In partizipativen Formaten werden neue Technologien gemeinsam erprobt, reflektiert und alltagsnah angeeignet, sodass sie als gestaltbares Mittel und nicht als äußere Vorgabe erlebt werden.

Stolz, sondern mitunter auch Frustration mit, insbesondere über die vermeintliche Begriffsverwirrung und mangelnde Lernbereitschaft anderer („die werfen immer alles in einen Topf (.) Browser (.) Messenger (…) das ist doch nicht dasselbe“). Diese Äußerungen sind doppelt lesbar: Einerseits als Ausdruck von Verunsicherung über die eigene Kompetenzgrenze, andererseits als implizites Abgrenzungsnarrativ gegenüber eines imaginierten, technikferneren ‚Anderen‘.

Im Kontrast dazu erscheint der Typus der *Technikgezwungenen*. Sie treten insbesondere in der zweiten Gruppendiskussion auf und zeichnen sich durch eine instrumentell-emotionale Beziehung zur Technik aus. Sie nutzen digitale Werkzeuge nicht aus intrinsischem Interesse, sondern aus sozialem Zwang oder emotionaler Notwendigkeit: um mit dem Sohn via WhatsApp in Kontakt zu bleiben („Ich habe angefangen mit Handy vor sechs (.) sieben Jahren (.) aber erst nur mit Not (…) weil ich musste wegen Whatsapp für meinen Sohn und Telegram für Freundin in Russland (.) aber Not ist gute Motivation (…) vielleicht beste“), um Online-Videos im Hintergrund gegen Einsamkeit abzuspielen, um digitale Tickets zu buchen oder, falls nötig, Formulare digital auszufüllen. Die Technik wird in ihren Äußerungen weniger als Erweiterung der Selbstwirksamkeit erfahren, sondern vielmehr als schmerzliches Erfordernis sozialer Teilhabe. Einem Erfordernis also, das vielfach von Scham, Überforderung oder implizitem Protest begleitet ist.

Ergänzt wird dieses Typenpanorama durch eine Gruppe *strategischer Aneigner:innen*. Diese Personen, beobachtet im Kontext von Migrationsbiografien oder geringen formalen Bildungstiteln, zeichnen sich durch hohe Kreativität im Umgang mit technischen Hürden aus. Sie entwickeln körperlich kanalisierte Umgehungspraktiken („ich mach einfach tipp tipp tipp (…) dann gehts meistens (.) der Finger weiß das schon besser als ich […] wenn ich überleg (.) krieg ichs nicht hin (.) aber mein Finger findets“) und kombinieren fragmentarisches Wissen mit erfahrungsbasiertem Lernen. Ihre Äußerungen changieren zwischen Stolz über bewältigte Herausforderungen und Frustration über sprachliche-semantische sowie technisch-terminologische Barrieren. Bemerkenswert ist, dass ihre Aneignungsstrategien häufig körpernah, implizit und mimetisch erfolgen – ein Befund, der die These der Verkörperung von Emotionserinnerungen stützt.

Die *Technikverweigerer:innen* hingegen tauchen in beiden Erhebungen nicht als tatsächliche Diskussionspersonen auf, sondern nur in Form abgrenzender Zuschreibungen: als Projektionsfläche für jene, die sich bewusst abwenden oder verschließen, „die ja gar nichts wissen wollen“. In diesen Aussagen scheint weniger eine reale Personengruppe beschrieben, als vielmehr ein symbolisches Außen markiert zu werden, das der eigenen Identität als bewältigende, lernfähige Person gegenübergestellt wird. Das Othering dieser Verweigerer:innen erfüllt offenbar eine stabilisierende Funktion innerhalb der eigenen narrativen Positionierung.

Die Typen sind dabei nicht als fixe Identitäten zu verstehen, sondern als dynamische, sich überschneidende und kontextabhängige Orientierungsmuster, die innerhalb der Gruppensituation situativ aktiviert werden. Ihre Pluralität verweist auf die Heterogenität älterer Menschen in digitalen Wandlungsprozessen und unterläuft pauschalisierende Altersbilder.

4.2 Technik als Zumutung, Ausschlussmarkierung und Leerstelle

Drei transversale Beobachtungen ziehen sich durch beide Erhebungen und erlauben eine verdichtete Beschreibung kollektiver Deutungsmuster. Erstens erscheint Technik in vielen Beiträgen als Zumutung: Nicht als neutrale Option, sondern als Pflicht, als aufgedrängte Erwartung: Wer nicht digital kommuniziert, verliert Anschluss – an die Familie, an Institutionen, an gesellschaftliche Normalitätsmarker. Besonders deutlich wird dies, wenn Teilnehmende ihre Techniknutzung mit Aussagen wie „nur weil mein Sohn das so will“ oder „das muss man halt jetzt machen“ begründen. Die Aneignung erfolgt hier nicht aus Neugier, sondern unter sozialem Druck – Technik wird zur Beziehungsbedingung.

Zweitens wird Technik nicht nur als Mittel zur Teilhabe thematisiert, sondern zugleich als Ausschlussmarkierung. Digitale Terminbuchungssysteme, Kundenkarten-Apps oder Online-Formulare werden als institutionelle Barrieren beschrieben, die zwar durch ihre technische Komplexität, aber stärker noch durch ihre ausschließende Struktur emotional aufgeladen sind. Es sind nicht nur Werkzeuge, sondern Symbole für soziale Zugehörigkeit oder deren Verweigerung.

Drittens erscheint Technik in vielen Äußerungen als Leerstelle. Nicht primär als Gerät oder Interface, sondern als das, was fehlt: als Lücke zwischen Anspruch und Wirklichkeit. Besonders Teilnehmende mit weniger Technikzugang sprechen über Technik in der Negation, im Modus des Mangels, der Unsichtbarkeit oder der emotionalen Distanz. Gerade hier verdichten sich Emotionserinnerungen zu affektiven Kristallisationspunkten: Technik wird erinnert, als Ort der Frustration, des Ausgeschlossenseins, der Nicht-Zugehörigkeit.

Die drei beschriebenen Modi sind analytisch trennbar, treten in der Empirie jedoch häufig überlappend auf. Gerade dort, wo Technik als Leerstelle erinnert wird, erscheint sie zugleich als Zumutung und Ausschlussbedingung – ein Indiz dafür, wie stark sich emotionale Bedeutungsaufladungen verdichten und in habitualisierte Reaktionsmuster übersetzen.

4.3 Emotionserinnerungen als strukturierende Praxis

Die zentrale analytische Kategorie der Emotionserinnerung erweist sich in den Erhebungen als heuristisch tragfähig. Emotionserinnerungen lassen sich nicht auf retrospektive Erzählungen vergangener Erfahrungen reduzieren, sie wirken als verkörperte, habituell verankerte Strukturmomente gegenwärtiger Orientierung. Das wiederholte Scheitern am digitalen Fahrkartenautomaten zeigt sich sowohl in den Berichten der Teilnehmenden als auch in körperlichen Ausdrucksformen – etwa im Seufzen, im Lachen oder im Wechsel des Tonfalls. Scham, Stolz, Wut und Resignation treten dabei als performative Spuren hervor, die aktuelle soziale Situationen mitprägen.

Zahlreiche Äußerungen verweisen auf frühe Beschämungserfahrungen („ich hab mich richtig blamiert (.) als ich nicht wusste (.) wie das geht") oder auf erlebte Marginalisierung („da war ich wie (.) abgeschnitten (…) ohne das Handy kommt man da ja gar nicht mehr rein"). Gleichzeitig finden sich aber auch Narrative des Stolzes und der Resilienz: „Ich hab das ganz alleine hinbekommen (.) da war ich richtig froh". Solche Aussagen markieren gelungene Aneignungen als biographisch relevante Ereignisse. In ihrer Summe zeigen diese Beispiele, dass Emotionserinnerungen nicht additiv zur Techniknutzung stehen, sondern als strukturierendes Moment den gesamten Aneignungsprozess durchziehen.

4.4 Kollektive Sinnwelten und soziale Positionierung

Jenseits individueller Perspektiven lassen sich in den Gruppendiskussionen zwei dominierende kollektive Deutungsmuster identifizieren: Erstens erscheint Technik als ambivalente Brücke zur sozialen Welt. Sie ermöglicht Nähe, Austausch, Zugehörigkeit, aber nur unter bestimmten Bedingungen, wie Infrastruktur, Sprache, Begriffen oder Lernbereitschaft. Zweitens fungiert Technikkompetenz als identitätsrelevanter Marker: Sie wird entweder als Symbol für Selbstständigkeit und Modernität verstanden oder aber als Ort der Beschämung und Abhängigkeit.

Diese Deutungsmuster sind eng mit sozialen Positionierungen wie Alter, Bildung, Geschlecht oder Migrationserfahrungen verwoben und prägen die Art und Weise, wie Technik nicht genutzt, vielmehr aber gefühlt wird. Besonders deutlich wird dies, wenn eine Teilnehmerin sich selbst als „Minderheit wegen Technik" bezeichnet – eine Aussage, die den Begriff einer digitalen Minderheit andeutet, der die Möglichkeit seiner soziologischen Theoretisierung in den Raum stellt.

4.5 Resonanztheoretische Reflexion

Die Referenz auf Hartmut Rosas Resonanztheorie erlaubt eine kritische Rahmung der Befunde. Technik erscheint in den Diskussionen selten als Ort gelingender Weltbeziehung im Sinne eines wechselseitigen Antwortverhältnisses. Vielmehr dominiert die Erfahrung von Nicht-Resonanz: Technik antwortet nicht, sie verstummt, bleibt unverständlich und verweigert Beziehung. Wo Resonanz dennoch aufscheint, etwa durch hilfestellende Angehörige oder kollektive Lernerfahrungen in Techniksprechstunden, geschieht sie nicht durch die Technik selbst, sondern durch soziale Vermittlung.

Insofern markieren Emotionserinnerungen jene Zonen, in denen Resonanz scheitert und lassen eine affektive Seite digitaler Entfremdung sichtbar werden. Ihre analytische Stärke liegt gerade darin, das Ideal gelingender Aneignung zu überschreiten und damit vor allem die Bruchstellen, Abbrüche und Irritationen ernst zu nehmen. Sie sind Praktiken eigener Qualität, die Technikbeziehungen strukturieren, erinnern, kritisieren und überschreiten, nicht nur Indikatoren für Resonanz oder deren Fehlen.

5 Diskussion

Die empirisch rekonstruierten Emotionserinnerungen machen deutlich, dass Technikaneignung im höheren Lebensalter tief in affektive, körperlich-routinierte und soziale Praxen eingebettet bleibt statt bloß als kognitiv oder instrumentell gerahmt zu werden. Diese Einsicht fordert auch die soziologische Perspektive selbst heraus: Digitalisierung erscheint in den Gruppendiskussionen nicht als neutraler Modernisierungsprozess, sondern als soziale Zumutung, die konkrete Positionierungen verlangt. Wenn also digitale Schnittstellen als Teilhabebedingung inszeniert sind, wird soziale Inklusion vielmehr zur Frage kultureller Passung, als technischer Ausstattung. Die Diskrepanz zwischen formaler Infrastrukturverfügbarkeit und realisierter Teilhabe verweist auf jene latenten Sinnzuschreibungen, die durch Emotionserinnerungen systematisch sichtbar gemacht werden können. Damit wird eine Leerstelle vieler sozialer Innovationsdiskurse sichtbar: Sie abstrahieren von affektiven Aneignungsrealitäten, fokussieren auf ‚lösbare Probleme' und blenden dabei jene asymmetrischen Ausgangslagen aus, in denen Technikbeziehungen überhaupt erst entstehen. Emotionserinnerungen lenken den Blick zurück auf diese Ausgangslagen.

Zugleich wird deutlich, dass es nicht primär die Technik an sich ist, die exkludiert oder inkludiert. Entscheidend ist vielmehr, in welchen Modi sie in biographische Lebensverhältnisse eingebettet wird und inwiefern dies individuell wie kollektiv als resonanzfähig, als kontrollierbar oder eben als entzogen erlebt wird. Hier zeigen sich Differenzlinien, die generationell, vor allem aber bildungs- und migrationsbezogen wirksam werden. Der subjektive Eindruck, dass Technik nicht für eine Person gemacht sei, sei es aufgrund einer sprachlich-terminologischen Fremdheit, impliziter Adressierungsmuster oder vergangener Beschämungserlebnisse, verweist auf eine doppelte Entfremdung. Einerseits liegt diese in der Aneignungspraxis selbst, andererseits im gesellschaftlichen Selbstbild, das damit korrespondiert. Technik als Leerstelle wirkt dabei affektiv und identitätsbezogen, nicht bloß funktional.

Gerade vor diesem Hintergrund erscheint der Begriff der Emotionserinnerungen als geeignet, bestehende Innovationsbegriffe kritisch zu erweitern. Anstatt Technikentwicklung auf formal-partizipative Mitbestimmung zu reduzieren, fordern Emotionserinnerungen eine praxeologische Erweiterung: Sie markieren, an welchen Stellen Technologien retrospektiv als scheiternd, überfordernd oder fremd erlebt wurden und wie diese Erlebnisse in gegenwärtige Handlungsmöglichkeiten eingeschrieben bleiben. In diesem Sinne sind Emotionserinnerungen mehr als eine analytische Kategorie: Sie eröffnen einen Zugang zur systematischen Integration biographischer Erfahrungen in inklusive Technikentwicklung. So verstanden, fungieren sie als reflexive Ressource innerhalb sozialer Innovationsprozesse, etwa im Sinne Howaldt und Schwarz, die soziale Innovation nicht auf technische Neuerungen reduzieren, sondern als "Handlungsfeld[er] übergreifende umfassende Neuausrichtung sozialer Praktiken" (Howaldt und Schwarz 2010: 88) in bestehende Kontexte eingreifen.

Dabei wird deutlich, dass inklusive Technikentwicklung mehr erfordert als symbolische Partizipation. Die verbreitete Integration älterer Menschen in AAL-Projekten, mitunter als ‚user testing' oder beratende Instanz organisiert, verfehlt nicht selten jene Tiefenstruktur, in der Techniknutzung tatsächlich situiert ist. Die empirischen Einsichten des vorliegenden Beitrags lassen vermuten, dass vor allem dann ein nachhaltiger Wandel der Aneignungsbedingungen möglich ist, wenn auch affektive Erinnerungslagen, habitualisierte Widerstände und implizite Ausschlussmechanismen systematisch einbezogen werden. Die konventionellen Formate partizipativer Technikforschung bleiben hierfür häufig zu normativ oder zu instrumentell.

Die Soziologie ist in dieser Konstellation nicht bloß begleitende Disziplin. Sie kann, gerade in Verbindung mit praxistheoretischen und emotionssoziologischen Ansätzen, einen eigenständigen Beitrag zur reflexiven Gestaltung des digitalen Wandels leisten. Der vorliegende Beitrag versteht sich in diesem Sinne als exemplarische Intervention: Emotionserinnerungen sind kein deskriptives Nebenprodukt biographischer Forschung, sie sind ein heuristischer Schlüssel zur Entschlüsselung gesellschaftlicher Ungleichheitsverhältnisse im digitalen Zeitalter. Gerade dort, wo eine Teilnehmende sich selbst als „Minderheit wegen Technik" beschreibt, öffnet sich ein intersektionaler Deutungshorizont, in dem eine soziologisch anschlussfähige Kategorie einer digitalen Minderheit denkbar wird: Nicht als statistische Gruppe, sondern als relational erfahrbare Marginalisierung durch mediale Infrastrukturen.

6 Fazit/Ausblick

Die hier präsentierten empirischen Einsichten bestätigen eindrücklich die forschungsleitende Annahme: Technikaneignung im höheren Lebensalter ist tief in emotional-biographische Orientierungsrahmen eingebettet, keine reine Frage von Ausstattung, Zugang oder Kompetenz. Die im Beitrag rekonstruierten Emotionserinnerungen fungieren als strukturierende Elemente gegenwärtiger Technikbeziehungen: Sie sind verkörperte Wissensbestände, affektive Sinnträgerinnen und soziale Verortungsangebote zugleich.

Damit öffnet sich eine doppelte Perspektive: Zum einen lassen sich Technikbiographien nur mit ihrer affektiven Dimension vollständig verstehen. Emotionserinnerungen markieren dabei jene Bruchstellen, an denen Technik als überfordernd, entziehend oder beschämend erlebt wurde und an denen sich zugleich Widerstand, Kreativität oder Zugehörigkeit formieren kann. Zum anderen ermöglichen sie einen Blick auf gesellschaftliche Strukturprozesse, in denen sich Zugehörigkeit, Ausschluss und Anerkennung, situiert in Alltagspraktiken und Selbstbildern, verhandeln.

Gerade in dieser Verschränkung liegt das innovative Potenzial des Konzepts: Es verbindet emotionssoziologische, praxistheoretische und technikbezogene Perspektiven und schafft so einen Zugang zur Gestaltung sozialer Innovation jenseits bloßer Funktionalität oder Partizipationsrhetorik. Emotionserinnerungen fordern dazu auf, nach Bedeutung und Erfahrung zu fragen, statt nach Nutzung und Kompetenz.

Zugleich verweist die Analyse auf einen bislang kaum benannten Aspekt: Insbesondere in der Selbstbeschreibung als „Minderheit wegen Technik" verdichtet sich ein Deutungsmuster, das weit über klassische Diskurse digitaler Spaltung hinausgeht. Technik erscheint hier als symbolische Markierung sozialer Positionen. Wer Technik nicht beherrscht, gehört weder im funktionalen noch im kulturellen Sinne dazu.

In dieser Lesart deutet sich eine neue analytische Kategorie an: Digitale Minderheit. Sie emergiert als nicht-demografisch fixierbare Gruppe, die sich durch Emotionserinnerungen, Exklusionserfahrungen und subjektive Selbstverortungen in einem sozialen Feld konstituiert. Diese Perspektive erlaubt es, Fragen von Digitalisierung, Ungleichheit und biographischer Erfahrung neu zu verschränken und lädt dazu ein, zukünftige Forschung an der Schnittstelle von Soziologie, Gerontologie und Technikentwicklung stärker an der affektiven Tiefenstruktur von Aneignungspraxen auszurichten.

So verstanden, ist dieser Beitrag vielmehr als Reflexionsangebot, denn als empirische Fallstudie zu lesen: für eine Soziologie, die sich produktiv in Transformationsprozesse einmischt, ohne vorschnell zu versöhnen und für eine Technikforschung, die nach Erinnerung, Affekt und Alltag fragt, statt sich mit Zugang und Bedienbarkeit zu begnügen.

Danksagung Teile dieser Arbeit wurden im Rahmen des Projektes „Career@BI“ des Bundesministeriums für Bildung, Forschung und Raumfahrt (BMFTR) in der Förderrichtlinie „FH-Personal“ unter dem Förderkennzeichen 03FHP106 gefördert. Die Verantwortung für den Inhalt dieser Veröffentlichung liegt bei den Autoren.

Die Autoren danken der Hochschule Bielefeld für die Ermöglichung des Forschungsvorhabens im Rahmen des Masters ‚Sozialwissenschaftliche Nachhaltigkeits- und Transformationsstudien‘ sowie der Arbeiterwohlfahrt, Kreisverband Bielefeld und allen Studienteilnehmener:innen, für ihre Kooperation.

Literatur

Ahmed, S. (2004). Collective Feelings. Or The Impressions Left by Others. In: *Theory, Culture & Society,* 21(2), S. 25–42.

Backhouse, T., Kenkmann, A., Lane, K., Penhale, B., Poland, F., Killett, A. (2016). Older care-home residents as collaborators or advisors in research. A systematic review. *Age and Aging*, 45(3), S. 337-345. https://doi.org/10.1093/ageing/afv201

Baker, P. (Hrsg.) (2013). *Digital divides. The new challenges and opportunities of e-inclusion.* CRC Press.

Bausinger, H. (1981) *Alltag und Technik. Etappen der Aneignung.* Universität Tübingen.

Berger, P., Luckmann, T. (1999). *Die gesellschaftliche Konstruktion der Wirklichkeit. Eine Theorie der Wissenssoziologie.* 16. Aufl., Fischer.

Berger, P. (2014) *Erlösendes Lachen. Das Komische in der menschlichen Erfahrung.* De Gruyter.

Biniok, P., & Menke I (2015) Societal Participation of the Elderly. Information and Communication Technologies as a “Social Junction”. *Anthropology & Aging*, 36(2), 164–181.

Birken, T., Pelizäus-Hoffmeister, H., & Schweiger. P. (2016). *Technische Assistenzsysteme und ihre Konkurrenten. Zur Bedeutung von Praktiken der Alltagsbewältigung für die Technikentwicklung.* Zukunft Lebensräume Kongress 2016, 20.4.–21.4.2016, (S. 84–89), VDE Verlag.

Blair,T., Minkler, M. (2009). Participatory Action Research With Older Adults. Key Principles in Practice. *The Gerontologist*, 49(5), S. 651-662.

Boger, M.-A. (2019). *Theorien der Inklusion. Die Theorie der trilemmatischen Inklusion zum Mitdenken.* edition assemblage. https://www.partizipative-lehre.de/trilemma-der-inklusion (Zugriff: 10.12.2025).

Bohnsack, R. (2003). Rekonstruktive Sozialforschung. Einführung in qualitative Methoden, Opladen, Leske + Budrich.

Bohnsack, R. (2014). Dokumentarische Methode. In U. Flick (Hrsg.), Qualitative Forschung. Ein Handbuch (S. 381–396), Rowohlt.

Blum, S. (2019). Why Don't Anthropologists Care about Learning (or Education or School). An Immodest Proposal for an Integrative Anthropology of Learning Whose Time Has Finally Come. *American Anthropologist*, 121(2), 641–654.

Brecklin, C. (2023). (Un)disciplined emotion and the research process. Anthropology & Education Quarterly, 00(0), S. 1–11.

Bundesministerium für Familie, Senioren, Frauen und Jugend (BMFSFJ) (Hrsg.) (2020) Ältere Menschen und Digitalisierung. Erkenntnisse und Empfehlungen des Achten Altersberichts. BMFSFJ.

Bundesministerium für Familie, Senioren, Frauen und Jugend (BMFSFJ) (Hrsg.) (2020). *Achter Altersbericht. Ältere Menschen und Digitalisierung.* Berlin, BMFSFJ.

Danely, J. (2015). Of Technoscapes and Elderscapes. Editor's Commentary on the Special Issue "Aging the Technoscape". *Anthropology & Aging*, 36(2), 110–111.

Discher, K, & Breitkopf, H. (2022) Digitalisierung im Quartier. Was heißt das für die Seniorenarbeit?. *Blätter der Wohlfahrtspflege*, 169 (2), 65–67.

Duque, M, & Otaegui, A, (2023). Digital Dependency as a Burden. Impact of Active Aging for Technology Adoption in Brazil and Chile. *Anthropology & Aging*, 36(2), S. 28–44.

Eisenhart, M. (2021). The Anthropology of Learning Revisited. Anthropology & Education Quarterly, 52(2), 209–221.

Endter, C. (2020). *Assistiert Altern. Die Entwicklung digitaler Technologien für und mit älteren Menschen.* Springer VS.

Endter, C (2015) Alltagsmobilitäten im Alter. Ein Dorf fährt Bus. In M. Bolze, C. Endter, M. Gunreben, S. Schwabe, E. Styn (Hrsg.), *Prozesse des Alterns. Konzepte – Narrative – Praktiken* (S. 249–271), Transcript.

Fischer, B., Peine, A., Östlund, B. (2019). The Importance of User Involvement. A Systematic Review of Involving Older Users in Technology Design. *The Gerontologist*, 60(7), 513–523.

Gallistl, V., Rohner R., Hengl L., & Kolland F. (2021). Doing digital exclusion. Technology practices of older internet non-users. *Journal of Aging Studies*, 59(),1–8.

Grund, J., & Singer-Brodowski M. (2020). Transformatives Lernen und Emotionen. Ihre Bedeutung für die außerschulische Bildung für nachhaltige Entwicklung. *Außerschulische Bildung*, 3, 28-36.

Halbwachs, M. (1991). *Das kollektive Gedächtnis.* Fischer.

Hochschild, A.R. (1973). The unexpected community. *American Journal of Sociology*, 78(4), 991–1016. https://doi.org/10.1086/225641

Hochschild, A.R. (1979). Emotion work, feeling rules, and social structure. *American Journal of Sociology*, 85(3), 551–575. https://doi.org/10.1086/227049

Hochschild, A.R. (1983). *The managed heart: Commercialization of human feeling*. University of California Press.

Howaldt, J, Schwarz M (2010). *Soziale Innovation im Fokus. Skizze eines gesellschaftstheoretisch inspirierten Forschungskonzepts*. Transcript.

IEEE (2024) *The Elderly Digital Divide. Age Is Just a Number, and So Is Your Smartphone Password*. https://ctu.ieee.org/the-elderly-digital-divide-age-is-just-a-number-and-so-is-your-smartphone-password/ (Zugriff: 10.12.2025).

Kaplan, M, Sánchez, M, & Bradley L. (2015). Conceptual Frameworks and Practical Applications to Connect Generations in the Technoscape. *Anthropology & Aging*, 36(2), S. 182-205.

Kutscher, N., Ley, T., Seelmeyer, U. (2011). Subjekt – Technik – Kontext. Zur Aneignung von Informations- und Kommunikationstechnologien in der Sozialen Arbeit. In: Arbeitskreis, Jugendhilfe im Wandel' (Hrsg.), *Jugendhilfeforschung. Kontroversen – Transformationen – Adressierungen* (S. 187–214), Springer VS.

Littlechild, R., Tanner, D., & Hall, K. (2015). Co-research with older People. Perspectives on impact. *Qualitative Social Work*, 14(1), S. 18-35.

Lutz, P. (2015). Multivalent moves in senior home care. From surveillance to care-valence. *Anthropology & Aging*, 36(2), 145–163.

Lynch, C. (2015). Design for Aging. Perspectives on Technology, Older Adults, and Educating Engineers. *Anthropology & Aging*, 36(2), 127–134.

Maurer, A (2019). Das Resonanzkonzept und die Altenhilfe. Zum Einsatz digitaler Technik in der Pflege. In J.P. Wils (Hrsg.), *Resonanz. Im interdisziplinären Gespräch mit Hartmut Rosa*. Nomos.

Mead, M. (1978). *Culture and Commitment. A Study of the Generation Gap*. University Press.

Mezirow, J. (1997). Transformative Erwachsenenbildung. Schneider-Hohengehren.

Müller, C., Schorch M., Struzek, D., Neumann, M. (2017). Technology Probes als Mittel zur Unterstützung der Technik-Aneignung. In M. Burghardt, R. Wimmer, C. Wolff, & C. Womser-Hacker (Hrsg.), *Mensch und Computer 2017 – Tagungsband. 10.–13. September 2017*, Regensburg, S. 87–93.

Nohl, A.M. (2017). *Interview und dokumentarische Methode. Anleitungen für die Forschungspraxis*. Springer VS.

Opielka, M., Erfurth, C. (Hrsg.) (2025). *Soziale Digitalisierung*. Springer VS. https://doi.org/10.1007/978-3-658-46328-1

Pelizäus-Hoffmeister, H. (2013). *Zur Bedeutung von Technik im Alltag Älterer. Theorie und Empirie aus soziologischer Perspektive*. Springer VS.

Pinch, T.J., Bijker, & W.E. (2012) The Social Construction of Facts and Artifacts. Or How the Sociology of Science and the Sociology of Technology Might Benefit Each Other. In W.E. Bijker, T.P. Hughes, & T.J. Pinch (Hrsg.), *The social construction of technological systems. New directions in the sociology and history of technology* (S. 11–44). MIT Press,

Pottharst, B. (2022). *Generation, Ungleichheit, Technik. Technikkompetenz im höheren Lebensalter*. Springer VS.

Pottharst, B., Altenhöner T. (2026). Exklusion durch Technik. In der Digitalität abgehängte ältere Menschen. In T. Middendorf & A. Parchow (Hrsg.), Ältere Menschen in prekären Lebenslagen. Theorien, Handlungsfelder und Fragestellungen für die Soziale Arbeit (S. 369–380), Beltz Juventa.

Przyborski, A., & Wohlrab-Sahr, M. (2014). *Qualitative Sozialforschung*. De Gruyter.

Richter, A., Denninger T., Dyk, S.V., Lessenich, S. (2014). Zur Neuverhandlung der Lebensphase Alter. Methodologische und methodische Überlegungen aus dispositivtheoretischer Perspektive. In A.V. Hülsen-Esch, M. Seidler, & C. Tagsold (Hrsg.), *Methoden der Alter(n)sforschung. Disziplinäre Positionen und transdisziplinäre Perspektiven* (S. 35–52), Transcript.

Rosa, H. (2016). *Resonanz. Eine Soziologie der Weltbeziehung*. Suhrkamp.

Rosa, H. (2024). *Beschleunigung. Die Veränderung der Zeitstrukturen in der Moderne*, 13. Aufl., Suhrkamp.

Röttger-Rössler, B., Scheidecker G., Funk L., Holodynski M. (2015). Learning (by) Feeling. A Cross-Cultural Comparison of the Socialization and Development of Emotions. *Ethos*, 43(2), 187–220.

Scheer, M. (2012). Are emotions a kind of practice (and is that what makes them have a history)?. A Bourdieuan approach to understanding emotion. In *History and Theory*, 51(2), S. 193–220.

Turner, J. (2007). *Human Emotions. A Sociological Theory*. Routledge.

Urban, M. (2017). 'This really takes it out of you!'. The senses and emotions in digital health practices of the elderly. *Digital Health*, 3, S. 1–16.

Van Dijk, J. (2020). *The Platform Society. Public Values in a Connective World*. Oxford University Press.

Van Dyk, S. (2020). Soziologie des Alters. 2. Aufl., Bielefeld, Transcript.

Van Gennep, A (2005). Übergangsriten. 3. Aufl., Frankfurt/Main, Campus.

Von Unger, H. (2014). *Partizipative Forschung. Einführung in die Forschungspraxis*. Springer VS. https://doi.org/10.1007/978-3-658-01290-8

Wanka, A., Urbaniak, A. (2023). Partizipative Alter(n)sforschung. Definitionen, Anwendungsfelder und Herausforderungen in unterschiedlichen Forschungsphasen. *Zeitschrift für Gerontologie + Geriatrie*, 56(5), 357–361.

Wetherell, M. (2012). *Affect and Emotion. A New Social Science Understanding*. SAGE.

Wolffram, A. (2006). Prozesse sozialer (Un-)Gleichheit durch Ko-Konstruktionen von Technik und Geschlecht. In K.S. Rehberg (Hrsg.), Soziale Ungleichheit, kulturelle Unterschiede. Verhandlungen des 32. Kongresses der Deutschen Gesellschaft für Soziologie in München (S. 3107–3169). Campus.

Wright, M.T., von Unger H., & Block, M. (2010). Partizipation der Zielgruppe in der Gesundheitsförderung und Prävention. In M.T. Wright (Hrsg.), *Partizipative Qualitätsentwicklung in der Gesundheitsförderung und Prävention* (S. 35-52). Hans Huber.

Florian Pap, B.A., Soziologie & Kulturanthropologie, M.A. (cand.) Sozialwissenschaftliche Nachhaltigkeits- und Transformationsstudien, Hochschule Bielefeld/AWO Kreisverband Bielefeld e. V.: Emotions- und Wissenssoziologie, interdisziplinäre Transformationsforschung, Digitalität und Ungleichheit.

Dr. Bill Pottharst, Hochschule Bielefeld, Fachbereich Sozialwesen, CareTechOWL: Gerontologie, Soziale Arbeit, Soziale Ungleichheit, Sozialer Wandel und Digitalisierung. Aktuelle Publikation: Pottharst, B., & Altenhöner, T. (2026). Exklusion durch Technik: In der Digitalität abgehängte ältere Menschen. In: Parchow, A. & Middendorf, T. (Hrsg.), *Ältere Menschen in prekären Lebenslagen – Theorien, Handlungsfelder und Fragestellungen für die Soziale Arbeit.* Beltz Juventa.

Potenziale soziologischer Reflexion

Sozialwissenschaften: Anwendungsorientierte Forschung zur Entwicklung praxisorientierter Aktivitäten für gesellschaftliche Herausforderungen

Antonius Schröder und Karina Maldonado-Mariscal

1 Einleitung

Gesellschaftliche Herausforderungen wie der Klimawandel, die digitale Transformation und die Qualifikationsanpassung in energieintensiven Industrien verlangen nach neuen Formen der Zusammenarbeit zwischen Wissenschaft, Wirtschaft, Politik und Gesellschaft. Diese sogenannte Triple Transition, die Verschränkung von ökologischer, digitaler und sozialer Transformation, erfordert einen grundlegend neuen Ansatz in der Gestaltung von Veränderungsprozessen.

Die Sozialwissenschaften spielen hierbei eine zentrale Rolle, da sie nicht nur die sozialen Dynamiken dieser Veränderungen erfassen, sondern auch praxisorientierte Lösungsansätze entwickeln können. Anwendungsorientierte Forschung ermöglicht es, technologische Innovationen mit sozialen Innovationen zu verknüpfen und dadurch nachhaltige Transformationsprozesse zu gestalten (Howaldt und Schwarz 2017).

Zentral für das Verständnis dieser Transformationsprozesse ist die Perspektive des sozio-technischen Systemwandels. Dieser Ansatz stellt den Menschen an die Spitze des Wandels, während Technologie und Organisation als nachgeordnete, dienende Elemente verstanden werden. Damit wird ein Paradigmenwechsel

A. Schröder (✉) · K. Maldonado-Mariscal
Technische Universität Dortmund, Sozialforschungsstelle, Dortmund, Deutschland
E-Mail: antonius.schroeder@tu-dortmund.de

K. Maldonado-Mariscal
E-Mail: karina.maldonado@tu-dortmund.de

B. Blättel-Mink et al. (Hrsg.), *Potenziale soziologischer Praxis*, Sozialwissenschaften und Berufspraxis,
https://doi.org/10.1007/978-3-658-51996-4_13

vollzogen: Nicht die technologische Entwicklung bestimmt die Gestaltung von Arbeit und Organisation, sondern menschliche Bedürfnisse, Kompetenzen und Werte bilden den Ausgangspunkt für die Entwicklung und Implementierung neuer Technologien und die Neugestaltung organisatorischer Strukturen.

In den vergangenen Jahrzehnten hat sich die Rolle der Soziologie und Sozialwissenschaften deutlich gewandelt: Von einer primär beobachtenden und analysierenden Disziplin entwickelte sich insbesondere die Sozialwissenschaft zunehmend zu einem aktiven Gestaltungsakteur gesellschaftlicher Transformationsprozesse. Dieser Wandel spiegelt sich sowohl in der akademischen Forschungslandschaft als auch in der beruflichen Praxis von Soziologinnen und Soziologen, Sozialwissenschaftlerinnen und Sozialwissenschaftlern wider. Anwendungsorientierte Sozialforschung bewegt sich dabei im Spannungsfeld zwischen wissenschaftlicher Rigorosität/Exzellenz und praktischer Relevanz, eine Balance, die zugleich Herausforderung und Chance darstellt.

Praxisorientierte Sozialforschung zielt darauf ab, wissenschaftliche Erkenntnisse unmittelbar in Handlungsstrategien zu überführen. Sie nutzt Methoden der partizipativen und transdisziplinären Forschung, etwa Co-Creation-Ansätze, um Akteure aus verschiedenen gesellschaftlichen Bereichen zusammenzubringen (Bergmann et al. 2010). Gerade Co-Creation-Prozesse ermöglichen dabei wechselseitiges Lernen zwischen unterschiedlichen Stakeholdern/Akteuren und schaffen die Voraussetzung für die Integration technologischer und sozialer Innovationen (Kohlgrüber et al. 2021). Diese Form der Forschung trägt dazu bei, komplexe Probleme wie z. B. Dekarbonisierung oder Fachkräftemangel integrativ zu bearbeiten (Schneidewind et al. 2018).

Dieser Beitrag beleuchtet die Entwicklung und das Potenzial praxisorientierter sozialwissenschaftlicher Forschung im Kontext aktueller gesellschaftlicher Transformationen. Dabei wird untersucht, wie sozialwissenschaftliche Expertise methodisch und konzeptionell in konkrete Handlungsstrategien übersetzt werden kann und welche Rolle neue Kooperationsformen wie Reallabore oder Innovationsökosysteme dabei spielen. Besonderes Augenmerk liegt auf der Verbindung technologischer und sozialer Innovationen als Schlüssel für nachhaltige Lösungen sowie auf der zunehmenden strategischen Bedeutung der Sozialwissenschaften in europäischen und nationalen Forschungsprogrammen.

Dabei gilt die Integration von technologischen und sozialen Innovationen als entscheidender Faktor für erfolgreiche Transformationsprozesse. Soziale Innovationen schaffen neue soziale Praktiken, etwa im Bereich Arbeitsorganisation oder Bildung, während technologische Innovationen neue Werkzeuge bereitstellen. Erst ihr Zusammenspiel, unterstützt durch gegenseitige Lernprozesse zwischen technologischen und sozialen Innovationsakteuren, ermöglicht nachhaltige

Lösungen für Herausforderungen wie Energieeffizienz oder Kreislaufwirtschaft (Kohlgrüber et al. 2021).

Ein Beispiel hierfür bietet das aktuelle Konzept Industrie 5.0, das den Menschen wieder stärker ins Zentrum industrieller Entwicklungen stellt. Es verbindet technologische Fortschritte, etwa durch künstliche Intelligenz oder Robotik, mit Werten wie Nachhaltigkeit, Resilienz und Inklusion (European Commission 2021). Industrie 5.0 verdeutlicht damit den Wandel von einer rein produktivitätsgetriebenen hin zu einer menschzentrierten Industriepolitik (Kopp und Schröder 2025).

Der Artikel gliedert sich wie folgt: Zunächst werden Ansätze und Methoden praxisorientierter Sozialforschung für den oben umschriebenen Rahmen vorgestellt (Kap. 2). Anschließend wird die notwendige Verbindung technologischer und sozialer Innovationen am Beispiel von Industrie 5.0 diskutiert (Kap. 3 und 4). Kap. 5 analysiert die Rolle europäischer und nationaler Forschungsprogramme, bevor ein Ausblick auf zukünftige Entwicklungen den Beitrag abschließt (Kap. 6).

2 Praxisorientierte Sozialforschung als Treiber industrieller (und gesellschaftlicher) Transformation

Die Herausforderung von Dekarbonisierung und Digitalisierung erfordert mehr als technologische Lösungen. Sie verlangt nach einem grundlegenden Wandel in der Art und Weise, wie Forschung betrieben wird und wie Wissen in konkrete Handlungsstrategien übersetzt wird. Praxisorientierte Sozialforschung hat sich in diesem Kontext als entscheidender Treiber für nachhaltige Transformationsprozesse etabliert, indem sie wissenschaftliche Erkenntnisse unmittelbar mit gesellschaftlichen und industriellen Herausforderungen verknüpft.

Transformative Forschung zielt darauf ab, gesellschaftliche Veränderungen durch die Bereitstellung von System-, Ziel- und Transformationswissen zu unterstützen und dabei verschiedene gesellschaftliche Akteure einzubinden (Schneidewind und Singer-Brodowski 2014). Diese Perspektive ist besonders relevant für energieintensive Industrien, die vor der Herausforderung stehen, ihre Produktionsprozesse aufgrund der Wettbewerbsbedingungen und der ökologischen Anpassungsnotwendigkeiten (hin zu regenerativen Energien) grundlegend zu transformieren.

Die sozialwissenschaftliche Forschung trägt dazu bei, Transformationsprozesse nicht nur technisch, sondern auch organisatorisch und kulturell zu gestalten.

In energieintensiven Branchen bedeutet dies die Entwicklung neuer Arbeitsmodelle in digitalisierten Produktionsumgebungen, die Förderung dezentraler und partizipativer Entscheidungsstrukturen sowie die Qualifizierung von Beschäftigten für neue Technologien wie Wasserstoffnutzung oder KI-basierte Prozesssteuerung. Transdisziplinäre Forschungsansätze ermöglichen es, diese Veränderungen gemeinsam mit Akteuren aus Industrie, Wissenschaft, Politik und Zivilgesellschaft zu gestalten und dabei sowohl technische als auch soziale Wirkungen zu berücksichtigen (Schneidewind et al. 2018; Bergmann et al. 2010).

Zentrale Konzepte sind hierbei Verbundsysteme bzw. Innovationsökosysteme, die als Plattformen für Kooperation dienen. Das Modell der Quadrupel Helix erweitert klassische Innovationsmodelle (Universität, Industrie, Staat) um die Dimension der Zivilgesellschaft und fördert dadurch eine breitere Legitimation und Akzeptanz von Innovationsprozessen (Carayannis und Campbell 2009). Innerhalb solcher Ökosysteme wird organisationales Lernen zu einem zentralen Mechanismus sozialer Innovation, der es ermöglicht, neue Praktiken zu entwickeln und zwischen verschiedenen Akteuren zu verbreiten (Behrend et al. 2023).

3 Industry 5.0: Menschzentrierte Industriepolitik für energieintensive Sektoren

Im Kontext energieintensiver Industrien eröffnet Industry 5.0 neue Perspektiven auf industrielle Modernisierung: Ziel ist eine nachhaltige Produktion, die ökologische Verantwortung mit menschlicher Teilhabe verbindet (European Commission 2021). Die Europäische Kommission definiert Industry 5.0 durch drei Grundprinzipien:

a) Human-centricity: Der Mensch steht im Mittelpunkt industrieller Prozesse.
b) Sustainability: Produktion muss ressourcenschonend erfolgen.
c) Resilience: Systeme sollen widerstandsfähig gegenüber Krisen sein.

Industry 5.0 verdeutlicht damit den Wandel von einer rein produktivitätsgetriebenen hin zu einer menschzentrierten Industriepolitik. Dieses Konzept ermöglicht eine neue Sichtweise auf die primär technologisch ausgerichtete Industrie 4.0, ohne für sich eine neue (technologische) Revolution zu beanspruchen. Mit diesem Ansatz verbunden ist, dass technologische Fortschritte wie künstliche Intelligenz oder Robotik ihre volle Wirkung nur entfalten können, wenn sie mit Werten wie Nachhaltigkeit, Resilienz und Inklusion verbunden werden (European Commission 2021). Dabei ist Industry 5.0 als ein sich entwickelndes Konzept zu verstehen, das als multidimensionales Innovationsökosystem sowohl zur Humanisierung der Arbeitswelt als auch zur Demokratisierung der sozial-ökologischen Transformation beitragen kann (Kopp und Schröder 2025). Diese Perspektive unterstreicht die duale Intention des EU-Konzepts: Einerseits sollen Human-Centricity, Nachhaltigkeit und Resilienz innerhalb des betrieblichen Rahmens gefördert werden, andererseits sollen Arbeits- und Produktionsprozesse nicht mehr primär den Interessen der Anteilseigner dienen, sondern im Sinne sozialer Innovationen zur Lösung gesellschaftlicher Probleme beitragen.

Technologische Fortschritte wie Digitalisierung oder Automatisierung sind nur dann erfolgreich, wenn sie durch soziale Innovation flankiert werden, also durch neue Formen der Zusammenarbeit, Kompetenzentwicklung und Organisationskultur. Dieser Ansatz steht im Einklang mit praxistheoretischen Überlegungen, die soziale Innovationen als neue Konfigurationen sozialer Praktiken verstehen (Howaldt und Schwarz 2010). In diesem Sinne sind auch berufliche Fähigkeiten und Qualifikationen ein integraler Bestandteil sozialer Praktiken und damit auch sozialer Innovation.

Gerade in energieintensiven Sektoren zeigt sich dieser Zusammenhang deutlich: Die Einführung zum Beispiel wasserstoffbasierter Produktionsverfahren oder digitaler Steuerungssysteme erfordert nicht nur technische Umrüstung, sondern auch soziale Lernprozesse innerhalb der Betriebe. Die systematische Analyse von Qualifikationsbedarfen in der Stahlindustrie zeigt, dass die Transformation sowohl digitale als auch grüne Kompetenzen erfordert, die in existierenden Aus- und Weiterbildungssystemen oft noch nicht ausreichend abgebildet sind (Maldonado-Mariscal et al. 2023; Kopp und Schröder 2025). Hier setzt anwendungsorientierte Sozialforschung an, sie begleitet Unternehmen bei der Gestaltung dieser „sozialtechnologischen Koproduktion“ durch transdisziplinäre Ansätze, die verschiedene Stakeholder in den Entwicklungsprozess einbeziehen (Bergmann et al. 2010; Kohlgrüber et al. 2021).

4 Verbindung technologischer und sozialer Innovation

Die Erfahrungen aus europäischen Forschungsprojekten zeigen, dass Co-Creation-Prozesse und organisationelles Lernen zentrale Mechanismen darstellen, um technologische und soziale Innovationen erfolgreich zu verbinden (Behrend et al. 2023; Kohlgrüber et al. 2021). Innerhalb von Innovationsökosystemen ermöglichen diese Prozesse den Wissenstransfer zwischen unterschiedlichen Akteuren und tragen dazu bei, dass neue Praktiken entwickelt und verbreitet werden können.

Die erfolgreiche Bewältigung der doppelten Transformation von Dekarbonisierung und Digitalisierung erfordert als drittes Element auch eine soziale Transformation. Ein integriertes Verständnis von technologischer und sozialer Innovation überwindet die bisher vorherrschende getrennte Betrachtung beider Innovationsformen; ihre volle Wirkung entfalten sie erst im wechselseitigen Zusammenspiel (Weber 2023; Kohlgrüber et al. 2021).

Technologische Innovation bildet zwar die Basis für Dekarbonisierung und Effizienzsteigerung, ihre Umsetzung hängt jedoch wesentlich von sozialen Faktoren ab: Akzeptanz neuer Technologien, Weiterbildungskonzepte und Vertrauen zwischen Akteuren sind entscheidend für erfolgreiche Transformationen. Soziale Innovationen schaffen dabei die organisatorischen, kulturellen und qualifikatorischen Voraussetzungen, damit technologische Neuerungen in der Praxis verankert werden können. Diese wechselseitige Abhängigkeit zeigt sich besonders deutlich in energieintensiven Industrien, wo die Einführung neuer Technologien wie Wasserstoff oder digitale Prozesssteuerung fundamentale Veränderungen in Arbeitsorganisation, Kompetenzprofilen und betrieblichen Praktiken nach sich zieht (Maldonado-Mariscal et al. 2023).

Der praxistheoretische Ansatz zur sozialen Innovation betont, dass technologische Artefakte erst durch ihre Einbettung in soziale Praktiken ihre Bedeutung erlangen (Howaldt und Schwarz 2010). In diesem Sinne sind technologische und soziale Innovationen als Ko-Evolutionsprozesse zu verstehen, in denen neue Technologien neue Praktiken ermöglichen und neue Praktiken wiederum die Entwicklung und Aneignung von Technologien vorantreiben (Weber 2023).

Aktuelle Forschungsarbeiten untersuchen, wie soziale Innovation als strategischer Faktor industrielle Nachhaltigkeit fördern kann (Schröder et al. 2024). Dabei werden Modelle entwickelt, um Qualifikationsprofile an digitale Produktionsformen anzupassen, um partizipative Innovationsprozesse zu etablieren und um regionale Netzwerke zwischen Unternehmen und Bildungseinrichtungen aufzubauen. Solche transdisziplinären Ansätze ermöglichen es, technologische Entwicklungen von Beginn an mit den erforderlichen sozialen Innovationen zu verzahnen (Bergmann et al. 2010).

Darüber hinaus ist die Einbindung der Nutzenden technologischer Entwicklungen und der Arbeitsplatzinhaber von entscheidender Bedeutung: nicht nur zur Entwicklung effektiver und akzeptierter Lösungen am Arbeitsplatz, sondern auch zur Entfaltung, Anpassung und Weiterentwicklung von Technologien am

Arbeitsplatz. Die Erfahrungen aus Co-Creation-Prozessen zeigen, dass wechselseitiges Lernen zwischen technischen Entwicklern und Anwendern eine zentrale Voraussetzung für die erfolgreiche Integration beider Innovationsformen darstellt (Kohlgrüber et al. 2021). In solchen Prozessen werden nicht nur *gemeinsam* technische Lösungen entwickelt, sondern gleichzeitig neue Formen der Zusammenarbeit, neue Kompetenzprofile und neue organisationale Routinen etabliert. Innerhalb von Innovationsökosystemen trägt organisationales Lernen dazu bei, dass diese neuen Praktiken über einzelne Organisationen hinaus verbreitet und institutionalisiert werden können (Behrend et al. 2023). So entsteht ein neues Verständnis industrieller Entwicklung: Technologie wird als Werkzeug gesehen, Menschen bleiben Gestaltende des Wandels. Dieses Verständnis entspricht dem Grundprinzip der Human-Centricity in Industrie 5.0 und unterstreicht die Bedeutung sozialwissenschaftlicher Forschung für die Gestaltung nachhaltiger Transformationsprozesse (Kopp und Schröder 2025).

Dieser Ansatz wurde bereits in mehreren Projekten operationalisiert. Stellvertretend werden im Folgenden der Forschungsansatz und die resultierenden Ergebnisse am Beispiel von zwei europäischen Innovationsprojekten dargestellt: COCOP: Coordinating Optimisation of Complex Industrial Processes; und Roboharsh: Robotic workstation in harsh environmental conditions to improve safety in the steel industry (Kohlgrüber et al. 2021; Colla et al. 2021).

Das Projekt COCOP verfolgt zwei zentrale Ziele: Erstens sollen die Arbeitsbedingungen von Anlagenbedienerinnen und -bedienern durch neue, unterstützende Prozesssteuerungswerkzeuge verbessert und ihre Kompetenzentwicklung gefördert werden. Zweitens wird die technologische Innovation als Teil eines sozialen Innovationsprozesses verstanden, der alle relevanten Stakeholder von Beginn an einbezieht und sowohl technische als auch menschliche Aspekte berücksichtigt. Übergeordnetes Ziel ist es, die Wettbewerbsfähigkeit der europäischen Prozess- und Automatisierungsindustrie zu stärken, Arbeitsplätze zu sichern und neue hochwertige IT-Produkte sowie damit verbundene Beschäftigungsmöglichkeiten in Europa zu schaffen.

Eine alle Produktionsprozesse umfassende digitale Prozesssteuerung ermöglichte nicht nur eine Optimierung des einzelnen Arbeitsplatzes von Anlagenbedienerinnen und -bedienern. Damit wurde auch eine Gesamtverantwortlichkeit für die Produktion und die erzeugten Produkte erreicht erreicht und die vorher nur auf den eigenen Bereich fokussierte Zuständigkeit überwunden. Dazu wurden auch Aspekte des Lernens sowie der Entwicklung fachlicher und sozialer Kompetenzen gezielt adressiert, um eine nachhaltige Kompetenzentwicklung innerhalb der Belegschaft zu fördern.

Die Ergebnisse dieses umfassenden sozialen und technologischen Prozesses verdeutlichen, dass eine unternehmensweite Optimierung nicht ausschließlich technische, sondern auch bedeutsame soziale Implikationen besitzt. Das erarbeitete COCOP-System wird von den Befragten als potenzielles Instrument zur Verbesserung der Arbeitsbedingungen, zur Förderung der bereichsübergreifenden Zusammenarbeit sowie zur Steigerung der Arbeitszufriedenheit eingeschätzt. Für eine erfolgreiche Implementierung werden insbesondere gezielte Schulungsmaßnahmen, die aktive Einbindung der Mitarbeitenden in Optimierungsprozesse sowie eine verstärkte organisatorische Unterstützung durch das Unternehmen als zentrale Erfolgsfaktoren genannt.

Roboharsh entwickelte eine neue Roboter assistierte digitale Wartungsplattform für ehemals rein manuelle Tätigkeiten mit gefährlichen und schweren Arbeiten an einem Hochofenkonverter. Das neue System ist das Ergebnis eines Co-Creation-Prozesses, bei dem die Mitarbeitenden von Anfang an in den Designprozess einbezogen wurden, gemäß dem Paradigma der sozialen Innovation, das technologische und soziale Entwicklung miteinander verbindet. Bezogen auf den sozialen und technologischen Innovationsprozess ist zu erwähnen, dass in kontinuierlichen Entwicklungsgesprächen die Arbeitsplatzinhaber hinzugezogen wurden: 68 % ihrer Vorschläge wurden von den Entwicklern aufgegriffen. Damit wurde sowohl die Effektivität des Systems als auch die praktische Anwendung durch die Einbindung der davon profitierenden Arbeitenden von Anfang an berücksichtigt. Von über 30 manuellen Tätigkeiten werden die allermeisten nun vom Roboter übernommen, gesteuert von den Beschäftigten am Arbeitsplatz. Nur 8 Tätigkeiten erfordern weiterhin das manuelle Eingreifen des Arbeiters vor Ort. Das führte zu einer vollständigen Veränderung des bisherigen (manuellen) Arbeitsplatzes zu einem mensch-zentrierten computergesteuerten Roboterarbeitsplatz. Die Ergebnisse zeigen, dass die menschenzentrierte Roboter-Arbeitsstation erfolgreich dazu beiträgt, mühsame, gefährliche und schwere Arbeitsabläufe zu reduzieren und die Gesundheits- und Sicherheitsbedingungen der Mitarbeiter zu verbessern.

5 Europäische Programme und nationale Strategien

Die zunehmende Bedeutung praxisorientierter Sozialforschung für industrielle Transformationsprozesse findet ihren Niederschlag in der strategischen Ausrichtung europäischer und nationaler Forschungsprogramme. Diese Programme erkennen an, dass technologische Innovationen allein nicht ausreichen, um die komplexen Herausforderungen von Dekarbonisierung und Digitalisierung zu bewältigen. Vielmehr bedarf es einer systematischen Integration sozialwissenschaftlicher Expertise in Innovationsprozesse.

Die Integration sozialwissenschaftlicher Perspektiven in europäische Forschungsprogramme spiegelt diesen Paradigmenwechsel wider. In Horizon Europe wird Industry 5.0 explizit als Leitkonzept gefördert, insbesondere im Cluster „Culture, Creativity and Inclusive Society" werden Projekte unterstützt, die soziale Aspekte industrieller Transformation adressieren (European Commission 2023). Diese programmatische Ausrichtung unterstreicht die Erkenntnis, dass soziale Innovation als gleichwertiger Partner technologischer Innovation verstanden werden muss (Weber 2023). Projekte, die soziale Innovation für nachhaltige Entwicklung nutzen, werden dabei nicht mehr als Begleitforschung, sondern als integraler Bestandteil von Innovationsprozessen gefördert.

Insbesondere die im EU Programm Horizont Europa verankerten Public-Privat-Partnerships energieintensiver Industrien „Processes for Planet"[1]und „Clean Steel Partnership[2]" betonen in ihren strategischen Forschungs- und Innovationsstrategien die Bedeutung gesellschaftlicher und sozialer Innovationen im Einklang mit zentralen technologischen Entwicklungen. Die Verzahnung digitaler, „grüner" und sozialer Transformationen wird auch durch die Skills Allianzen im Rahmen des Europäischen Pakts für Skills deutlich. Insbesondere die Europäische Stahl Skills Allianz (ESSA), die Allianz für Industrielle Symbiose (SPIRE-SAIS) und auch die Skills Allianz für die digitale, grüne und soziale Transformation energieintensiver Industrien (Skills4EII) unterstreichen die Notwendigkeit, in einem gemeinsamen (Industrie, Forschung und Bildung, Politik, und Zivilgesellschaft einbeziehenden) sozialen Innovationsprozess Qualifikationen bereits pro-aktiv, vorausschauend und kontinuierlich anzupassen. Diesbezügliche Allianzen werden im Rahmen der European Union of Skills[3] sowie des European Pact for Skills[4] unterstützt. So ist zum Beispiel Skills4EII aus dem Large Scale Partnership Energy Intensive Industries (LSP EII)[5] entstanden.

Ein gutes Beispiel dafür ist die im ESSA Projekt entwickelte „Zusatzqualifikation Wasserstoff", an der bereits im dritten Jahr talentierte Auszubildende eines Jahrgangs von thyssenkrupp Steel geschult und akkrediert werden (obwohl die entsprechende Anlage dazu sich noch im Bau befindet).

---

[1] https://www.aspire2050.eu/p4planet/about-p4planet

[2] https://www.estep.eu/clean-steel-partnership

[3] https://commission.europa.eu/topics/competitiveness/union-skills_de

[4] https://pact-for-skills.ec.europa.eu/index_en?prefLang=de

[5] https://pact-for-skills.ec.europa.eu/about/industrial-ecosystems-and-partnerships/energy-intensive-industries-large-scale-partnerships_en?prefLang=de

Auch nationale Strategien wie das BMBF-Programm „Sozial-ökologische Forschung" betonen zunehmend den Bedarf praxisnaher Kooperation zwischen Technikwissenschaften und Sozialforschung zur Bewältigung zentraler Herausforderungen energieintensiver Industrien. Diese Programme fördern transdisziplinäre Ansätze, die verschiedene Wissensformen und Akteure systematisch zusammenführen (Bergmann et al. 2010; Schneidewind und Singer-Brodowski 2014). Durch transdisziplinäre Verbundprojekte lassen sich technologische Exzellenz mit sozialer Verantwortung verbinden, ein Kerngedanke von Industry 5.0.

6 Fazit und Ausblick

Die vorliegende Analyse hat gezeigt, dass praxisorientierte Sozialforschung eine zentrale Rolle bei der Bewältigung der Dekarbonisierung und Digitalisierung im Sinne einer notwendigen sozialen Transformation in energieintensiven Industrien spielt. Die Kombination technologischer und sozialer Innovation erweist sich dabei als entscheidende Voraussetzung für effektive und nachhaltige Transformationsprozesse.

Die strategische Bedeutung dieser integrierten Perspektive zeigt sich besonders in energieintensiven Sektoren wie der Stahlindustrie. Hier werden nicht nur neue Technologien wie Wasserstoff eingeführt, sondern gleichzeitig neue Qualifikationsprofile entwickelt, partizipative Entscheidungsstrukturen etabliert und regionale Innovationsökosysteme aufgebaut (Maldonado-Mariscal et al. 2023; Kopp und Schröder 2025). Dabei wird deutlich, dass nachhaltige Transformationen nur gelingen können, wenn technologische Entwicklungen von Anfang an in einen sozialen Innovationsprozess eingebunden und mit den erforderlichen sozialen Innovationen verzahnt werden.

Die Förderung von Innovationsökosystemen, die nach dem Quadrupel Helix-Modell organisiert sind, trägt dazu bei, dass verschiedene gesellschaftliche Akteure systematisch in Transformationsprozesse eingebunden werden (Carayannis und Campbell 2009). Organisationales Lernen innerhalb dieser Ökosysteme ermöglicht es, erfolgreiche Praktiken zu verbreiten und nachhaltige Veränderungen zu institutionalisieren (Behrend et al. 2023). Co-Creation Prozesse zwischen Wissenschaft, Industrie, Politik und Zivilgesellschaft schaffen die Voraussetzungen für wechselseitiges Lernen und die Integration unterschiedlicher Perspektiven (Kohlgrüber et al. 2021).

Das Konzept Industry 5.0 bietet einen vielversprechenden Rahmen für diese integrierte Perspektive. Indem es Human-centricity, Sustainability und Resilience als gleichwertige Grundprinzipien etabliert, überwindet es die einseitige Fokussierung auf technologische und ökonomische Effizienz. Die Anerkennung, dass Menschen nicht nur Objekte, sondern Gestalter des Wandels sind, eröffnet neue Möglichkeiten für eine demokratische und sozial gerechte Transformation (Kopp und Schröder 2025).

Transformative Forschung, wie sie Schneidewind und Singer-Brodowski (2014) konzipiert haben, liefert die methodischen und konzeptionellen Grundlagen für diese neue Form der Wissensproduktion. Transdisziplinäre Ansätze ermöglichen es, unterschiedliche Wissensformen zu integrieren und gleichzeitig Transformationsprozesse aktiv zu gestalten (Bergmann et al. 2010). Partizipative Methoden wie Co-Creation gewährleisten, dass verschiedene Stakeholder ihre Perspektiven und ihr Wissen einbringen können und gemeinsam neue Lösungen entwickeln.

Diese programmatische Entwicklung signalisiert einen fundamentalen Wandel im Innovationsverständnis: Sozialwissenschaftliche Forschung wird nicht mehr nachgelagert betrieben, sondern von Beginn an als gleichberechtigter Partner in Transformationsprozessen verstanden (Weber 2023). Dies eröffnet neue Möglichkeiten für eine menschzentrierte und nachhaltige Gestaltung industrieller Entwicklung.

Für die Zukunft bedeutet dies, dass die Rolle der Sozialwissenschaften und der Soziologie sowie des praxisorientierten Berufsverbandes BSiD und seiner Mitglieder weiter gestärkt werden muss. Soziologinnen und Soziologen sind gefordert, ihre Expertise aktiv in Transformationsprozesse einzubringen und als Brückenbauer zwischen verschiedenen Akteuren zu fungieren. Die in diesem Beitrag dargestellten Konzepte und Ansätze zeigen, dass praxisorientierte Sozialforschung unverzichtbar ist, um die gesellschaftlichen Herausforderungen der Gegenwart und Zukunft zu bewältigen. Nur durch die systematische Integration sozialwissenschaftlicher Perspektiven kann eine Transformation gelingen, die nicht nur technologisch fortschrittlich, sondern auch sozial gerecht und ökologisch nachhaltig ist.

Literatur

Behrend, C., Kohlgrüber, M., Maldonado-Mariscal, K., & Schröder, A. (2023). Organisationelles Lernen als Soziale Innovation in Ökosystemen. In Soziale Innovationen in und von Organisationen: Sozialwissenschaftliche Studien zur Transformation von Organisation (S. 65–82). Springer. https://doi.org/10.1007/978-3-658-40695-0_5. Fachmedien Wiesbaden.

Bergmann, M., Jahn, T., Knobloch, T., Krohn, W., Pohl, C., & Schramm, E. (2010). *Methoden transdisziplinärer Forschung: Ein Überblick mit Anwendungsbeispielen.* Campus.

Carayannis E.G., & Campbell D.F.J. (2009). 'Mode 3' and 'Quadruple Helix': Toward a 21st Century Fractal Innovation Ecosystem. *International Journal of Technology Management*, 46(3/4), 201–234.

Colla, V., Matino, R., Schröder, A., Schivalocchi, M. und Romaniello, L. (2021) Human-centered robotic development in the steel shop: improving health, safety and digital skills at the workplace, *Metals*, Bd. 11, Nr. 4, Art. Nr. 647, 2021, https://doi.org/10.3390/met11040647

European Commission (2021). *Industry 5.0: Towards a sustainable, human centric and resilient European industry.* Publications Office of the European Union.

European Commission (2023). *Horizon Europe Work Programme 2023–2024: Cluster "Culture, Creativity and Inclusive Society".* Publications Office of the European Union

Howaldt, J., & Schwarz, M. (2010). "Soziale Innovation" im Fokus: Skizze eines gesellschaftstheoretisch inspirierten Forschungskonzepts. In J.Howaldt & H. Jacobsen (Hrsg.), *Soziale Innovation: Auf dem Weg zu einem postindustriellen Innovationsparadigma.* VS Verlag für Sozialwissenschaften.

Howaldt J., & Schwarz M. (2017). *Social innovation and its relationship to social change.* TU Dortmund University / Social Research Centre.

Kohlgrüber M, Maldonado-Mariscal K., & Schröder A (2021). Mutual Learning in Innovation and Co-Creation Processes: Integrating Technological and Social Innovation. *Front. Educ.* 6:498661. https://doi.org/10.3389/feduc.2021.498661

Kopp, R., & Schröder, A. (2025). Industry 5.0: making workers and civil society strong—a comprehensive approach for skill-based human centricity and stronger focus on social challenges. Matériaux & Techniques, 112(6), 604.

Maldonado-Mariscal, K., Cuypers, M., Goetting, A., & Kohlgrueber, M. (2023). Skills intelligence in the steel sector. *Machines, 11*(3), 335. https://doi.org/10.3390/machines11030335

Schneidewind U., Singer Brodowski M., Augenstein K., & Stelzer F. (2016). Pledge for a Transformative Science A conceptual framework. Wuppertal Paper (191), Wuppertal Institute for Climate, Environment and Energy.

Schneidewind U., Singer Brodowski M., Augenstein K., & Stelzer F. (2018). *Pioniere des Wandels: Wege zu einer transformativen Wissenschaft.* Metropolis Verlag.

Schneidewind, U., & Singer-Brodowski, M. (2014). *Transformative Wissenschaft. Klimawandel im deutschen Wissenschafts- und Hochschulsystem.* Metropolis.

Schröder, A., Cuypers, M., & Götting, A. (2024). From industry 4.0 to industry 5.0: the triple transition digital, green and social. In A. Schröder, C. Behrend, D. Stroud, L. Antonazzo, V. Colla, A. Goti, & M. Weinel (Hrsg.), *Industry 4.0 and the road to sustainable steelmaking in Europe.* Cham: Springer International Publishing, S. 35–51. https://doi.org/10.1007/978-3-031-35479-3_3

Weber, M. (2023). Social innovation and technological innovation. In J. Howaldt, & C. Kaletka, C. (eds.). *Encyclopedia of Social Innovation.* Edward Elgar Publishing. Pp. 83–88, https://doi.org/10.4337/9781800373358.ch15

Website *Processes for Planet*: https://www.aspire2050.eu/p4planet/about-p4planet

Website *Clean Steel Partnership*: https://www.estep.eu/clean-steel-partnership

Website *Union of Skills*: https://commission.europa.eu/topics/competitiveness/union-skills_de

Website *Pact for Skills*: https://pact-for-skills.ec.europa.eu/index_en?prefLang=de

Website *Large Scale Partnership Energy Intensive Industries*: https://pact-for-skills.ec.europa.eu/about/industrial-ecosystems-and-partnerships/energy-intensive-industries-large-scale-partnerships_en?prefLang=de

Antonius Schröder Diplom Sozialwissenschaftler, Technische Universität Dortmund – Sozialforschungsstelle. Aktuelle Publikation: Behrend, C., Kohlgrüber, M., Maldonado-Mariscal, K., & Schröder, A. (2023). Organisationelles Lernen als Soziale Innovation in Ökosystemen, in A. Schröer, A. Schröder, B. Blättel-Mink, & K. Späte (Hrsg.), *Soziale Innovationen in und von Organisationen* (S. 65–82), Springer VS. https://doi.org/10.1007/978-3-658-40695-0_5.

Dr. Karina Maldonado-Mariscal Dr. in Soziologie, Technische Universität Dortmund – Sozialforschungsstelle und Gastprofessorin in KTU, Litauen. Aktuelle Publikation: Behrend, C., Maldonado-Mariscal, K., & Schröder, A. (2022). Bridging social innovation in education and organisational learning, *European public & social innovation review,* Bd. 7, Nr. 1, S. 17–29, Juli 2022, doi: 10.31637/epsir.22-1.2.

Der soziologische (Neo-) Institutionalismus und seine Sicht auf das Verhältnis von Organisation und Gesellschaft. Eine kritische Analyse

Birgit Blättel-Mink

1 Einleitung

Beim Abschluss meiner Dissertation zum Thema „Dimensionen der Innovation" im Jahre 1992 hatte ich noch keine Ahnung von der Leistungsfähigkeit des soziologischen Neo-Institutionalismus. In meiner Dissertation, in der es unter anderem um die Frage ging, welche Gründe es für Wirtschaftsunternehmen gibt, Innovationen durchzuführen, war ich – vermutlich, weil der soziologische Neo-Institutionalismus in Deutschland noch nicht breit rezipiert wurde – nicht weitergekommen als bis zur Kontingenztheorie bzw. zum situativen Ansatz (vgl. Kieser 2019) in der Organisationstheorie. Demnach führen Unternehmen Innovationen durch, weil sie in turbulenten Umwelten agieren, die Innovationen erfordern. Zu solchen turbulenten Umwelten würde man heute beispielswiese digitale Plattformen zählen. Die Vertreter:innen der – tendenziell ökonomisch geprägten – Kontingenztheorie haben nicht gefragt, welches die relevanten Umwelten einer Organisation sind, und auch nicht, wie eine Wirkung der Umwelt in der Organisation prozessiert wird. Als ich nach meiner Promotion nach Irland ging, an ein Forschungsinstitut, welches sich exklusiv über EU-Projekte finanzierte, übernahm ich dort die Koordination eines Projektes zum Thema „Distant Learning" (also: Fernbildung im weitesten Sinne). In einem international vergleichenden Projekt ging es um die Frage, welche Faktoren gegeben sein müssen,

B. Blättel-Mink (✉)
Institut f. Soziologie, Fachbereich Gesellschaftswissenschaften, Goethe-Universität, Frankfurt am Main, Deutschland
E-Mail: b.blaettel-mink@soz.uni-frankfurt.de

B. Blättel-Mink et al. (Hrsg.), *Potenziale soziologischer Praxis*, Sozialwissenschaften und Berufspraxis,
https://doi.org/10.1007/978-3-658-51996-4_14

damit distant learning im regionalen bzw. nationalen Kontext erfolgreich implementiert werden kann. Dafür war es notwendig zu verstehen, welche strukturellen und kulturellen Merkmale Bildungseinrichtungen aufweisen. Der Artikel der Wahl fiel auf den Beitrag von John W. Meyer und Brian Rowan (1978) zur Funktionsweise von „educational organizations". Zentral ist hier die Annahme, dass es Organisationen gibt – in diesem Falle eben Bildungseinrichtungen, welche die institutionellen Rahmenbedingungen ihrer relevanten Umwelten widerspiegeln. Das heißt zum Beispiel, wenn die relevante Umwelt einer solchen Organisation Rationalität institutionalisiert hat, dann wird die Organisation alles tun, diese Rationalität strukturell zu reflektieren, um notwendige Ressourcen aus der Umwelt zu erhalten, eben um ihr Überleben zu gewährleisten. Damit, und das war damals der für mich interessante Punkt, wird auch Rationalität kontingent. Die Annahme von Max Weber, dass eine idealtypische bürokratische Organisation im Kern rational sei, wird damit kulturell relativiert. Bezogen auf unser damaliges Projekt formulierten wir die Annahme, dass curriculare Bildungspläne in den Klassenzimmern nicht notwendigerweise umgesetzt wurden. Jedenfalls sollte der sogenannte soziologische Neo-Institutionalismus – Neo- bzw. Neu, weil es nicht um die Rolle von Organisation und Gesellschaft insgesamt ging (vgl. zum Beispiel Webers Herrschaftskonzept und die Rolle bürokratischer Organisationen in der legalen Herrschaft), sondern erst einmal um die zu beobachtende Ähnlichkeit oder Isomorphie von organisationalen Strukturen – fortan ein wichtiges Werkzeug in meiner soziologischen Praxis werden. Im folgenden Beitrag werde ich den Ansatz in seinen zentralen Grundlagen darstellen und in einem nächsten Schritt dessen Aussagekraft beispielhaft prüfen. Abschließend wird der Ansatz noch einmal kritisch gewürdigt.

2 Der soziologische Neo-Institutionalismus – ein kurzer Abriss

Der soziologische Neo-Institutionalismus entwickelte sich in den USA auf Basis der Beobachtung, dass – wie bereits oben erwähnt – Organisationen ähnliche Strukturmerkmale aufweisen. Dabei gingen die Protagonist:innen nicht wie die – vorrangig wirtschaftswissenschaftlich geschulten – Vertreter:innen der in den 1970er Jahren die Debatte dominierenden Kontingenztheorie (vgl. Kieser 2019) davon aus, dass es die Umwelt bzw. die Situation ist, welche die Struktur einer Organisation determiniert. Zudem mangelte es der Kontingenztheorie ihnen zufolge an einem aussagekräftigen Konzept der Anpassung einer Organisation an die Situation. Meyer, Rowan und Kolleg:innen argumentierten, dass Regelmäßigkeiten in den Beziehungen zwischen Situation und Organisationsstruktur von Kultur zu Kultur unterschiedlich sind und dass Ähnlichkeiten bzw. Isomorphie einer Institutionenlogik folgen. Dazu gleich mehr. Damit wurde jedenfalls das – in gewisser Weise sakrosankte – Modell des:der rational handelnden Akteur:in infrage gestellt. „The new institutionalism in organization theory and sociology comprises a rejection of rational-actor models, an interest in institutions as independent variables, a turn toward cognitive and cultural explanations, and an interest in properties of supraindividual units of analysis that cannot be reduced to aggregations or direct consequences of individuals' attributes or motives". (DiMaggio und Powell 1991: 8)

Die Protagonisten dieses Ansatzes interessierten sich vielmehr für die Wirkmächtigkeit von Institutionen bzw. institutionalisierten Regeln.[1] „Sie setzten damit bei dem zentralen theoretischen Dilemma der Organisationstheorie an: einerseits scheint es unbestreitbar zu sein, dass Organisationen mit Strukturen und Verfahren rational-formaler Art umgehen und dass sie sich als historische Evolutionsprodukte eines umfassenden abendländischen Rationalisierungsprozesses im Sinne von Max Weber rekonstruieren lassen; andererseits stellt die Forschung immer wieder fest, dass intern in den Organisationen vielfach von formalen Regeln, Strukturen und Prozessen abgewichen wird, dass offensichtlich das tatsächliche Funktionieren von Organisationen sehr viel weniger rational ist als angenommen, dass häufig Organisationen gar nur deshalb funktionieren, weil und insofern sie von rationalen Prozeduren abweichen, sie bewusst verletzen." (Türk 1989: 36)

Richard W. Scott (1994 und 2007) unterscheidet regulative, normative und kognitive Institutionen. Mit regulativen Institutionen sind Gesetze und staatliche Verordnungen gemeint. Normative Institutionen entstehen über gesellschaftlich vorgegebene und von den Akteur:innen – idealerweise – verinnerlichten Normen und Erwartungen. Kognitive Institutionen entstehen aus kollektiven Konzeptionen der Wirklichkeitswahrnehmung. Am Beispiel der Gleichstellung der Geschlechter, welches weiter unten verhandelt wird, lässt sich gut zeigen, wie aus einer kognitiven Institution (hier: geschlechtsspezifische Arbeitsteilung) unter verändertem Vorzeichen eine normative, wenn nicht regulative Institution wird: die gesellschaftliche Gleichstellung der Geschlechter.

[1] „Institutionen lassen sich [...] allgemein als übergreifende Erwartungsstrukturen definieren, die darüber bestimmen, was angemessenes Handeln und Entscheiden ist. [...] Institutionen in diesem erweiterten Sinn prägen die Verhaltensweisen einzelner Gesellschaftsmitglieder und regulieren hierdurch das gesellschaftliche Miteinander." (Hasse und Krücken, 2005: 15).

Schauen wir uns das Organisationsverständnis im soziologischen Neo-Institutionalismus genauer an (vgl. Meyer und Rowan 1991; Powell und DiMaggio 1991). Organisationen sind offene soziale Gebilde, die auf Ressourcen aus relevanten Umwelten angewiesen sind. Dafür benötigen sie Legitimität, das heisst den Glauben der relevanten Umwelten daran, dass die Organisation ihren (institutionalisierten) Erwartungen folgt. Die adressierten Erwartungen geben vor, welche Strukturelemente und Organisationspraktiken als adäquate Mittel zur Erreichung bestimmter Organisationsziele dienen. Organisationen sollten eine möglichst genaue Vorstellung von den Umwelterwartungen haben (sog. Erwartungserwartungen; vgl. Luhmann 1984), um bereits im Vorfeld der Kooperation entsprechende Anpassungsleistungen zu erbringen. Diese Erwartungserwartungen werden intern als formale Organisationsstrukturen ausgebildet. Dabei gilt: Organisationen sind durch ihre Umwelt nicht determinierbar, weil sie soziale Erwartungsstrukturen nicht passiv empfangen und entsprechend intern abarbeiten, sondern diese immer nur gemäß ihrer eigenen subjektiven Situationsdeutung wahrnehmen, bewerten und verarbeiten.

Mit formalen Organisationsstrukturen verbinden wir häufig rationale Verfahren und Strategien. Zu denken ist hier an die öffentliche Verwaltung. Meyer, Rowan und Kolleg:innen haben jedoch festgestellt, dass sich formale Organisationsstrukturen nicht notwendig an der effektiven und effizienten Verwirklichung rationaler Organisationsziele orientieren. Es reicht aus, formale Strukturen zu implementieren, die nach außen Rationalität symbolisieren (sog. „Rationalitätsfassaden"). Damit werden „Mythen" zum Ausdruck gebracht, die in der gesellschaftlichen Umwelt institutionalisiert sind. Mythen sind dann unhinterfragte Selbstverständlichkeiten in einer zu bestimmenden Kultur.

Nun gibt es in der Regel nicht nur eine relevante Umwelt(organisation). Nicht selten stehen Organisationen vor dem Problem, mit inkonsistenten Erwartungen aus einer heterogenen Umwelt umgehen zu müssen. Die verschiedenen Umwelten lassen sich analytisch ausdifferenzieren in institutionelle und in technische Umwelten. Institutionelle Umwelten spiegeln institutionalisierte Regeln wider. „Institutionelle Organisationen", wie z. B. öffentliche Verwaltungen, Schulen oder soziale Verbände, aber auch große Wirtschaftsunternehmen, sichern ihr Überleben – also den Erhalt überlebensnotwendiger Ressourcen – dadurch, dass relevante Umwelten ihnen Legitimität zuschreiben. Hierzu zählt in westlichen Kulturen das Versprechen oder auch der Mythos der Rationalität. Organisationen hingegen, die sich eher in technischen Umwelten bewegen, wie kleine und mittelständische Privatunternehmen, sichern ihr Überleben durch effiziente und effektive Steuerung der Arbeits- und Austauschprozesse. Meyer, Rowan und Kolleg:innen sprechen hier von „kontextabhängigen Organisationen". Diese agieren marktabhängig und sind dementsprechend abhängig von der direkten Bewährung in der Umwelt. Der Fokus der weiteren Diskussion liegt auf institutionellen Organisationen.

Relevante Umwelten von (institutionellen) Organisationen stellen in der Regel, wie bereits angedeutet, keine homogenen Gebilde dar, sondern sie sind eher heterogen, d. h. die Erwartungen an institutionelle Organisationen können sich widersprechen. Man denke hier an die unterschiedlichen Erwartungen an Schulen zum Beispiel von Seiten der Eltern oder von Seiten des Arbeitsmarktes. Um es noch etwas zu verkomplizieren: Institutionelle Organisationen bewegen sich häufig nicht nur in institutionellen, sondern auch in technischen Umwelten, was mögliche Inkonsistenzen in den Erwartungen noch einmal verstärkt.

Wie gehen Organisationen mit solchen inkonsistenten Erwartungen um? Entkopplung („decoupling") und Vertrauen („logic of confidence") stellen Meyer, Rowan und anderen zufolge hier zentrale Strategien dar. Die Strategie des „decoupling" bedeutet, dass Organisationen ihre Formalstrukturen, welche institutionelle Erwartungen widerspiegeln, von den tatsächlichen Aktivitäten, die Effizienz- und Effektivitätskriterien unterliegen (in der Schule ist das das Klassenzimmer), abkoppeln. Diese Strategie verhindert eine Bewertung der formalen Strukturen eben nach Effizienz- und Effektivitätskriterien, sichert den Bestand an Legitimität von außen und ermöglicht es, dass sich die internen Aktivitäten dennoch an praktischen Erfordernissen, im Klassenzimmer etwa die Orientierung an den weniger leistungsfähigen Schüler:innen, orientieren. Typisches Merkmal einer Entkopplung ist, dass über die formalen Strukturen eine demonstrative Anpassung an Erwartungen signalisiert wird (sogenannte Fassaden), während die Kernaktivitäten der Organisation davon eher unberührt bleiben. Mit Erving Goffman (1959) lässt sich hier auch von Vorder- und Hinterbühne sprechen. Mit dieser Theater-Heuristik wird besonders deutlich, wie abhängig die Formalstruktur von der Aktivitätsstruktur (technische Ebene) ist. Ohne Maskenbilder:innen, Kostümbildner:innen, Intendant:innen, Souffleusen etc. geht gar nichts. Die zweite Strategie im Umgang mit inkonsistenten Erwartungen besteht darin, nach innen und nach außen ein Klima des Vertrauens in organisatorische Abläufe herzustellen. Dies setzt aber voraus, dass die Mitglieder der Organisation bei der Anwendung dieser Praktiken in dem Glauben bestärkt werden, in guter Absicht zu handeln. Beide Strategien sind für kontextabhängige Organisationen irrelevant, da sie nicht über die entsprechenden Ressourcen der Entkopplung verfügen. So wird beispielsweise ein kleiner Handwerksbetrieb genauso viele Frauen wie Männer beschäftigen, weil diese Zusammensetzung dem Betriebsklima dient. Er wird aber nicht in der Lage sein, eine Gleichstellungsbeauftragte einzustellen, die nicht direkt auf der technischen Ebene agiert.

Schauen wir uns das für die Schule als institutionelle Organisation etwas genauer an (siehe für das folgende Meyer und Rowan 1978). Relevante institutionelle Umwelten der Schule sind das Kultusministerium, die Schulbehörden, Eltern und Lehrer:innenverbände. Der Mythos der Schule besteht darin, dass sie Zertifikate nach gültigen Regeln des Erziehens und Unterrichtens produziert. Konkrete Inhalte wurden, zumindest bis zu dem eher schlechten Abschneiden von Schüler:innen in Deutschland in einzelnen Fächern im Rahmen der Pisa-Studie[2], weniger kontrolliert. Legitimation erhält die Schule durch (rationale) Verfahren, also curriculare Bestimmung der Lerninhalte, Benotung und die Vergabe unterschiedlicher Bildungszertifikate. Die auf Vertrauen basierende Entkopplung findet vor allem zwischen dem Klassenzimmer (technische Ebene) und dem Rektorat (formale Ebene) statt. Aktuell passt das Beispiel der Digitalisierung von Bildung. Wenn immer wieder festgestellt wird, dass die Schulen hier nicht sehr erfolgreich agieren – es fehlen Geräte, Lehrstoffe, Software, Wartungskompetenzen etc. – so rüttelt das doch nicht unbedingt an der Institutionalisierung von Digitalität (als Qualitätsmerkmal) im Bildungswesen.

Weitere Beispiele für institutionelle Organisationen sind Kliniken oder Hochschulen, die sich bereits auf den ersten Blick durch unterschiedliche Organisationseinheiten auszeichnen, die eine je spezifische Entkopplung aufweisen. In der Klinik sind es die Verwaltung einerseits und die Behandlungseinheiten andererseits; in der Hochschule sind es ebenfalls die Verwaltung (Präsidium bzw. Rektorat) einerseits und die Lehr- und Forschungseinheiten (Fakultäten oder Fachbereiche) andererseits. Die Debatte um die Organisationswerdung von Hochschulen – vor allem im Kontext der Bologna-Reformen oder der Lissabon-Strategie steht für den Übergang einer institutionellen Organisation in eine kontextabhängige, also in eine Organisation, die Formalstruktur und technische Ebene nicht mehr ohne weiteres trennen kann (siehe dazu das Beispiel in 3.2). In diesem Zusammenhang wird auch von der Ökonomisierung der Hochschulen gesprochen (siehe u. a. Münch 2011).

Vor allem Paul J. DiMaggio und Walter W. Powell (1983; 2000) untersuchen Strukturähnlichkeiten (Isomorphie) von Organisationen, die sich in ähnlichen Feldern bewegen – wie beispielsweise Schulen. Prozesse der strukturellen Anpassung von Organisationen an Organisationsumwelten werden über das Konzept des organisationalen Feldes genauer spezifiziert. Ihnen zufolge sind Strukturähnlichkeiten das Resultat von Homogenisierungsprozessen (aufgrund von Zwang, Mimesis oder normativem Druck) in einem organisationalen Feld. Organisationale Felder bilden „einen Kontext, in welchem das Zusammenwirken der

[2] https://pisa.dipf.de/de (letzter Zugriff am 4.2.2026).

individuellen Versuche, mit Ungewissheit und Zwängen rational umzugehen, in der Gesamtheit häufig zu einer Homogenisierung in Struktur, Kultur und Output führen“ (DiMaggio und Powell 2000: 148).

Die kulturelle Prägung von Organisationsmitgliedern, die von ehemals Umwelten (als Klient:innen oder als Kund:innen) zu Mitgliedern der Organisation werden, ist ein weiteres Thema in diesen Debatten. Organisationsmitglieder, so die Argumentation, tragen die gesellschaftlichen Normen und Werte in die Organisation hinein (vgl. Meyer und Jepperson 2000). Hier lässt sich sodann vermuten, dass Formalstruktur und technische Ebene weniger entkoppelt sind als häufig angenommen.

Im Folgenden will ich die eher abstrakten theoretischen Zusammenhänge an zwei Beispielen genauer untersuchen.

3 Organisation und Gesellschaft im Neo-Institutionalismus – zwei Anwendungsfälle

In einem Forschungsprojekt zum Thema nachhaltiges Wirtschaften in den 1990er Jahren trafen wir auf einen Einzelhändler, der sich das Thema Nachhaltigkeit zu eigen gemacht hatte und dieses auch nach außen kommunizierte. Er achtete beispielsweise sehr auf die Mülltrennung in seinen Filialen. Nun musste er aber feststellen, dass der Putzservice, den er eingestellt hatte, beim Müll einsammeln die Tüten wieder zusammenwarf. Auf Nachfrage seinerseits erntete er Unverständnis. Für den Putzdienst war das Zusammenwerfen des Mülls „rational“. Dieses Beispiel zeigt sehr gut, wie fragil strukturelle Fassaden sein können.

In meiner weiteren Forschung beschäftigten mich zwei Themen bzw. Fragestellungen, die durchaus in diesen Kontext passen. Warum geht es auf dem Feld ökologischer Innovationen – oder auch sozial ökologischer Transformation – nur schleppend voran, und warum stockt die Gleichstellung der Geschlechter an Hochschulen und in der Wissenschaft? Gründe, diese Themen zu verfolgen, gab und gibt es reichlich. In den 1990er Jahren wurden von großen Wirtschaftsunternehmen Umwelt- bzw. Nachhaltigkeitsberichte „erwartet“ und auch zunehmend erstellt – in der Regel auf freiwilliger Basis (also Mimesis oder normativer Druck). Allerdings wurde die Transparenz des Verfahrens kritisiert und damit auch die Wirksamkeit angezweifelt (Beispiele in Blättel-Mink 2001). Aktuell sei auf die Debatte um das umstrittene und revidierte Lieferkettengesetz verwiesen, welches im globalen Kontext Nachweise sozialer und ökologischer Nachhaltigkeit einfordert.[3] Auch im Falle der Gleichstellung von Frauen in Wissenschaft und Hochschule gibt es jahrzehntelange Debatten (vgl. u. a. Neusel und Wetterer 1999; Blättel-Mink et al. 2011), die mit Beginn der Gleichberechtigungspolitik des Bundes und der Länder in den 1990er Jahren ihren Anfang nahmen und heute zunehmend unter dem Label Diversität verhandelt werden.

Um beide Themen adäquat zu bearbeiten, genügt es selbstverständlich nicht, sich nur auf den soziologischen Neo-Institutionalismus zu beschränken. Meine weitere Perspektive war und ist hier die Innovationsforschung (siehe Blättel-Mink und Menez 2015). Für beide Themen gilt, dass es sich um externe und institutionalisierte Zumutungen bzw. Erwartungen an Organisationen handelt, Neuerungen einzuführen – entweder im Sinne von ökologischen Produkt- oder Prozessinnovationen oder im Sinne der Innovation Gleichstellungspolitik. Weder Nachhaltigkeit noch Gleichstellung sind konstitutive Merkmale von Organisationen. Schauen wir uns das etwas systematischer an.

3.1 Ökologische Innovationen in Wirtschaft und Gesellschaft[4]

Dass die Forderung nach Nachhaltigkeit und damit eben auch nach ökologischen Innovationen im Deutschland virulent wurde, liegt nicht zuletzt an der Gründung einer Grünen Partei im Jahre 1983, und damit der Institutionalisierung des Umweltschutzes.[5] Sowohl die produzierende als auch die Dienstleistungswirtschaft wurden mit Nachhaltigkeitserwartungen und -verordnungen konfrontiert – in dieser Zeit ging es vor allem um ökologische und noch kaum um soziale Nachhaltigkeit. Viele Unternehmen warnten vor zu vielen gesetzlichen Verordnungen und verwiesen darauf, dass Umweltschutz nicht mit zu hohen Kosten einhergehen darf. Umweltschutz muss vereinbar sein mit einer ökonomischen Logik. Gleichzeitig gab es immer neue Umweltskandale, die auch die kritische Verbraucher:innen aktivierten. Die Unternehmen mussten reagieren und taten dies vor allem mit der Einrichtung von betrieblichen/organisationalen Umweltbeauftragten und der Erstellung von Umwelt- bzw. Nachhaltigkeitsberichten. Aus

---

[3] https://www.deutschlandfunk.de/sozial-und-umweltstandards-was-im-neuen-lieferketten gesetz-100.html.

[4] Als Ausgangspunkt des Folgenden dienen eigene Erkenntnisse (siehe vor allem Blättel-Mink 2001; Blättel-Mink und Menez, 2015).

[5] Für die internationale Debatte zu Klimaschutz siehe auch Blättel-Mink 2020.

Perspektive des soziologischen Neo-Institutionalismus bedeutet dies: Organisationen sind offene soziale Gebilde, die Ressourcen aus ihrer Umwelt benötigen, um zu überleben. Wenn die relevanten Umwelten den Ressourcenfluss beziehungsweise die Legitimität von Nachhaltigkeitsaspekten abhängig machen, so werden die Organisationen danach streben, diese spezifischen Erwartungen zu erfüllen. Umweltbeauftragte sitzen an den Grenzstellen der Unternehmen/Organisationen und beobachten die Umwelten. Sie tauschen sich mit anderen Umweltbeauftragten aus und prozessieren die externen Erwartungen in die Organisation hinein. Im Ergebnis kommunizieren die Umweltbeauftragten – vor allem in Kooperation mit Presseabteilungen – die entsprechenden Aktivitäten der Organisation nach außen. Umweltberichte richten sich aber auch an die eigenen Mitarbeiter:innen. Dabei gilt, dass die Warnungen der Unternehmensleitung, wonach zu hohe Umweltschutzausgaben Arbeitsplätze kosten, die Betriebsräte und Gewerkschaften über viele Jahre für das Thema Nachhaltigkeit mehr oder weniger blind gemacht haben. Erst als die Energiekrise Arbeitsplätze gefährdete, setzten auch die Gewerkschaften auf ökologische Innovationen. Es gilt weiterhin, dass die technische Ebene kaum affiziert war. Wir erinnern uns an Berichte wonach viele Unternehmen in diesen Jahren ihre problematischen Unternehmensfelder eher ins Ausland verlagert haben als Innovationen im Betrieb einzuführen – denken wir vor allem an den Strukturwandel in der chemischen Industrie. Insgesamt lässt sich feststellen, dass der Umweltschutz die Organisationen/Unternehmen kaum durchdrungen hat. Sonst hätte man lange schon keine Verbrennerautos mehr hergestellt, hätte bereits in den 1990er Jahren damit begonnen, Handys und Smartphones zu bauen, die recycelbar sind, hätte Produkte hergestellt, die länger lebig sind, hätte viel früher auf regenerative Wärmeenergien umgestellt, Wasserkreisläufe eingeführt usw. Das bedeutet auch, dass die relevanten Umwelten sich über lange Zeit damit zufriedengeben, dass Umweltschutz kommuniziert wird, und damit einem Nachhaltigkeitsmythos erliegen. Dieser Befund hat sich auch in den Folgejahren immer wieder reproduziert. Aus Umweltberichten wurden Nachhaltigkeits- und später Corporate Responsibility Berichte. Die Erkenntnisse der Klimaforscher:innen drängten zum Handeln, die Ausrufung des Anhropozäns (siehe Politische Ökologie 2021) machte die Menschheit, spätestens seit der industriellen Revolution, verantwortlich für den Klimawandel. Aktuell nimmt auch der Rückgang der Artenvielfalt und der Diversität katastrophische Zustände an. Aber: solange es den Organisationen möglich ist, externe Erwartungen von internen Prozessen zu entkoppeln ist keine tatsächliche sozial-ökologische Innovation bzw. Transformation zu erwarten. Und: die Umwelten von Organisationen sind in der Regel andere Organisationen. Wenn also die öffentliche Hand Aufträge an die Wirtschaft vergibt, spielt die Nachhaltigkeit durchaus eine Rolle, denn auch dort gilt, die Umwelten erwarten Nachhaltigkeit. Dafür werden Umweltbeauftragte eingestellt, die wiederum externe Erwartungen nach innen kommunizieren – und so schließt sich der Kreis. Hinzu kommt, Organisationen sind hierarchische Gebilde. Innovationen von unten sind kaum vorgesehen. Das heißt, auch wenn die Mitglieder von Organisationen selbst Umweltschutz oder gar sozial-ökologische Transformation einfordern, vielleicht auch Ideen dazu intern kommunizieren, die Fassade steht. Und aktuell erodiert in diesem Feld gar die Erwartungsseite, wenn nachhaltige Produkte von Verbraucher:innen immer weniger eingefordert werden. Hier sei auf die aktuelle Diskussion zum „Ausstieg aus dem Verbrenneraus“ verwiesen.[6]

3.2 Gleichstellung der Geschlechter an der Hochschule[7]

Hochschulen als institutionelle Organisationen reflektieren gesellschaftliche Geschlechterverhältnisse. Das heißt, die gesellschaftliche Ungleichheit der Geschlechter wird auch an der Hochschule reproduziert. Auch wenn es der Frauenbewegung gelungen ist, Gleichberechtigung der Geschlechter im Grundgesetz zu verankern, so musste man in der Folge doch erkennen, dass diese sich nur schwer durchsetzen lässt. So wurde Im Jahre 1994 das Gleichstellungs*durchsetzungs*gesetz geschaffen. Aber es gilt auch heute noch in allen Organisationen, je höher die Position, desto geringer der Frauenanteil („leaky pipeline“) und, typische Frauenberufe werden in der Regel schlechter bezahlt als typische Männerberufe, und noch weiter: es besteht immer noch ein „gender pay gap“[8] in vergleichbaren Positionen. Dies gilt en gros auch an Hochschulen in Deutschland.[9] Differenzen ergeben sich entlang akademischer Disziplinen, also natur- gegenüber geistes- und gesellschaftswissenschaftlichen Fächern. Seit den 1990er Jahren gibt es universitäre Frauenbeauftragte. In den ersten Jahren

---

[6] Siehe https://www.br.de/nachrichten/deutschland-welt/abkehr-vom-verbrenner-aus-kritik-von-experten,V5R9ewp; Zugriff am 22.2.2026).

[7] Siehe für das folgende auch Funder und May, 2014.

[8] Vgl. https://www.destatis.de/DE/Themen/Arbeit/Verdienste/Verdienste-GenderPayGap/_inhalt.html (letzter Zugriff 3.2.2026).

[9] Vgl. auch https://www.bmftr.bund.de/DE/Forschung/Wissenschaftssystem/GleichstellungUndVielfaltInDerWissenschaft/gleichstellungundvielfaltinderwissenschaft_node.html; siehe auch: https://www.bpb.de/shop/zeitschriften/izpb/geschlechterdemokratie-342/307414/editorial/ (letzter Zugriff am 3.2.2026).

waren dies Professor:innen, der:die sich ehrenamtlich für die Gleichberechtigung einsetzten.[10] In der Folge wurden Gleichstellungsbüros eingerichtet mit einer Grundausstattung, die es heute mehr als je erfordert, dass auch auf diesen Stellen Drittmittelgelder beantragt werden müssen, um handlungsfähig zu sein. Aus Gleichberechtigung wurde Gleichstellung und schließlich Diversitätspolitik. Anders als bei der Umweltfrage betrifft dieses Thema Akteur:innen in der Organisation direkt. Das heißt, ein bestimmter Teil der Beschäftigten an der Hochschule erfährt Diskriminierung auf der technischen Ebene und fordert Gleichstellung ein. In den Fakultäten bzw. Fachbereichen gibt es häufig Frauen-/Gleichstellungs-/Diversitätsrät:innen, die Gleichstellungspolitik dezentralisiert durchzusetzen versuchen. Sie sollen in sämtlichen Berufungskommissionen vertreten sein – was nicht selten zur Überforderung führt – allerdings ohne Stimm- aber mit Vetorecht. Wir können von universitären Gleichstellungsstrukturen sprechen, die allerdings ähnlich wie im Feld der Nachhaltigkeit, eher einem (Egalitäts)Mythos entsprechen als tatsächlicher Durchdringung bis zur technischen Ebene. Der Egalitätsmythos kommuniziert Chancengleichheit der Geschlechter und behauptet Personalauswahl dann allein entlang von meritokratischen Leistungskriterien. Im Kontext der Thematisierung von Sorgearbeit an der „unternehmerischen Hochschule" habe ich gemeinsam mit Kolleginnen festgestellt, dass das wissenschaftliche Subjekt als akademische Persönlichkeit ungebunden und sorgen-frei nach wie vor männlich konnotiert ist (siehe Briken et al. 2018). Das heißt, die in der Gesellschaft vorherrschende Norm geschlechtsspezifischer Ungleichheit, oder: Arbeitsteilung, wird mit der institutionellen (interner und externer) Erwartung nach Gleichheit in gewisser Weise reproduziert. Dies lässt sich auch dadurch bestätigen, dass der Fokus von Gleichstellung nicht selten auf der (Un)Vereinbarkeit von Familie und Beruf liegt – ein Problem, dem sich nach wie vor in der Mehrheit Frauen zu widmen haben. Der legale Zwang zur Gleichstellung trifft auf die persistente kognitive Institution der geschlechtsspezifischen Arbeitsteilung in der Gesellschaft. Die Historikerin Karin Hausen (1978) machte in einer vielbeachteten Studie die gesellschaftliche Polarisierung der Geschlechtscharaktere verantwortlich für die Persistenz geschlechtsspezifischer Arbeitsteilung. Frauen und Männern wurden in einem langen historischen und machtvollen Prozess „natürliche" Merkmale zugeschrieben, die sie angeblich für gesellschaftliche Aufgaben prädestinieren. Damit wird die soziale Ungleichbehandlung der Geschlechter in die Moderne eingeschrieben.

[10] Zur rechtlichen Situation siehe: https://www.hof.uni-halle.de/fis/dokumentationen/gleichstellung/ (letzter Zugriff am 3.2.2026).

4 Kritische Würdigung

Nach der Hinführung zum soziologischen Neo-Institutionalismus, wollte ich in diesem Beitrag am Beispiel von zwei Themenfeldern, konkret: zwei gesellschaftlich wünschenswerten, aber defizitären Zuständen, aufzeigen, welchen Beitrag der soziologische Neo-Institutionalismus zum Verständnis dieser Sachverhalte leisten kann. Nach einer kurzen Würdigung dieses Ansatzes werde ich auf einige Kritikpunkte in der Debatte eingehen.

Das Hauptverdienst dieses Ansatzes besteht, da sind sich die an der Debatte Beteiligten einig, in der Infragestellung der bislang – und spätestens seit Max Webers Herrschaftssoziologie – unhinterfragten Gleichsetzung von Organisation und Rationalität. Damit verknüpft ist die stärkere Einbettung von Organisation in die Gesellschaft und die spezifische Bedeutung kultureller Verfasstheiten für das Überleben von Organisationen. Zugespitzt spricht Lynne Zucker (1983; vgl. auch Türk 2000) von der *Institution* Organisation und damit nicht zuletzt von einer Interdependenz zwischen Organisation und Gesellschaft. Das weitere unhinterfragte Verdienst des Ansatzes ist die Differenzierung in organisationale Formal- und Aktivitätsstruktur (auch: technische Ebene). Effizienz und Effektivität ist die Aufgabe der technischen Ebene, der Erhalt des Glaubens der relevanten Umwelten in das Funktionieren der Organisation in Übereinstimmung mit den eigenen Werten und Normen ist die Aufgabe der Formalstruktur. Institutionelle Organisationen wie Hochschulen oder große Wirtschaftsunternehmen können Fassaden aufbauen und damit nach außen die institutionelle Gleichschaltung der Organisation kommunizieren. Für meine beiden Beispiele lässt sich das gut belegen. Ökologische Innovationen beziehungsweise Nachhaltigkeit sind kein konstitutives Element wirtschaftlichen Handelns und widersprechen – sehr häufig – der ökonomischen Logik. Die externe Erwartung danach wird über Nachhaltigkeitsmythen erfüllt. Die Gleichstellung der Geschlechter widerspricht in gewisser Weise der auf geschlechtsspezifischer Ungleichheit basierenden Verfasstheit der modernen Gesellschaft. Organisationen als Teil der Gesellschaft reproduzieren via Formalstruktur und Egalitätsmythos diese Verfasstheit. Nach innen erfolgt in beiden Fällen eine Entkopplung der Formalstruktur von der technischen Ebene.

Inwieweit eine dauerhafte Entkopplung zwischen Struktur und Aktivitäten bzw. Handlung möglich ist, ist hingegen Thema des kritischen Diskurses (vgl. hierzu Senge und Hellmann 2006; Türk 2000) – und auch Streitpunkt im Neo-Institutionalismus selbst (siehe Meyer und Rowan 1991 versus DiMaggio und Powell 1983). DiMaggio und Powell zufolge kann sich Isomorphie auch homogenisierend auf die technischen Ebene/Aktivitätsstruktur auswirken. Damit wäre die Notwendigkeit der Entkopplung eher gering. Dies verweist bereits auf einen weiteren Kritikpunkt am Ansatz. Isomorphie wird (vor allem von DiMaggio und Powell) reduziert auf mimetische Isomorphie, d. h. auf die Übereinstimmung formaler Strukturen in einem organisationalen Feld aufgrund von Unsicherheit. Imitiert werden als erfolgreich wahrgenommene Strukturen im Feld. Isomorphie aufgrund von Zwang (also gesetzlichen Verordnungen) und aufgrund von normativem Druck (DiMaggio und Powell (1983) nennen hier vor allem professionelle Normen) werden kaum thematisiert. Auch das Feldkonzept, auf das ich in diesem Beitrag nicht näher eingegangen bin, wird als analytisch uneindeutig kritisiert.

Zentraler hingegen ist die Kritik, der Neo-Institutionalismus vermöge es nicht, Wandel zu erklären (vgl. Senge und Hellmann 2006). So lässt sich empirisch durchaus beobachten, dass Organisationen gegenüber externen Erwartungen Widerstand leisten, was mit der Initiierung institutionellen also gesellschaftlichem Wandel einhergehen kann. Aber auch die mangelnde Thematisierung von Wandel auf der technischen Ebene wird kritisiert – also Wandel durch Homogenisierung.

Der Neo-Institutionalismus kann verständlich machen, dass sich Organisationen formal an ihre Umwelten anpassen. Damit ist Wandel in diesem Ansatz eigentlich kein Thema. Zudem stellt das Zusammenspiel von legalen, normativen und kognitiven Institutionen einen, wie ich meine, hinreichenden Grund für Organisationen dar, sich, um ihr Überleben zu sichern, an für sie relevante Umwelterwartungen anzupassen – zumindest scheinbar. Woher könnte also Wandel kommen? Zum Beispiel dadurch, dass sich eine neue Organisationsform im Feld niederlässt (vgl. hierzu auch den Populationsökologischen Ansatz in der Organisationstheorie; Baum und Shipilov 2006). Als Beispiel zum Thema Nachhaltigkeit seien hier Genossenschafts- und Gemeinwohlbanken genannt, die auch auf der technischen Ebene soziale und/oder ökologische Nachhaltigkeitskriterien, unter anderem bei der Kreditvergabe, anlegen. In einem studentischen Lehrforschungsprojekt konnten wir feststellen, dass solche Banken tatsächlich stärkere innere Resonanz mit Nachhaltigkeitsvorstellungen erzeugen (Blättel-Mink et al. 2017). Mitarbeiter:innen berichteten, dass sie in dieser Bank arbeiteten, gerade wegen der Gemeinwohlorientierung. Damit verknüpft sein kann die höhere Fluktuation des Personals im Feld, und deshalb eine Anpassung auch der bisherigen Organisationsformen im Feld. Eine solche Diffusion ist jedoch bisher nicht geschehen. Finanzmarktorientierte Banken dominieren das Feld nach wie vor. Auch hier gilt: Nachhaltigkeit muss vereinbar sein mit der ökonomischen Logik. Also müssen sich Institutionen ändern? Hier verweise ich gerne auf Stephan Lessenich (2022) der zeigen kann, warum es so schwer ist, adäquat mit den vielfachen gesellschaftlichen Krisen umzugehen, dass Persistenz (kognitiver Institutionen), wenn nicht Regression (Beispiel: Fossile Mentalitäten) zu beobachten sind, und der als Lösung einfordert: „Veritable Transformation des gesellschaftlichen Imaginären: ein wahres Neudenken der kollektiven Möglichkeiten einer Befreiung von Zwängen, die uns immer noch als Freiheiten erscheinen – obwohl sie uns doch an eine Welt binden, die keine Zukunft mehr hat!" (Lessenich 2022: 130).

Ein weiterer Kritikpunkt am soziologischen Neo-Institutionalismus bezieht sich auf die mangelnde Thematisierung subjektiver Befindlichkeiten und intersubjektiver Konflikte. Di Maggio (1988) spricht von problematischer Mikrofundierung im Ansatz. Meyer und Jepperson (2002) verweisen auf die Verinnerlichung kognitiver Institutionen von Mitarbeiter:innen, was wiederum institutionellen Wandel eher unwahrscheinlich macht. Inwieweit der Versuch einzelner Vertreter:innen des Ansatzes, Anthony Giddens' Structurations Ansatz (Giddens, 1988; Powell und DiMaggio 1991) hier einzubeziehen, ertragreich ist, ist noch zu diskutieren. Maria Funder und Florian May schließen: „Akteure als reflexionsfähige Wesen mit Eigensinn, Widerstandskraft und der Fähigkeit zur Gegenwehr in das Konzept zu integrieren, wird daher eine anspruchsvolle Herausforderung für die zukünftige neo-institutionalistische Theorieentwicklung bleiben" (Funder und May, 2014: 214).

Die Auflistung dieser Kritikpunkte ist nicht vollständig. So wäre die mangelnde Thematisierung von Macht ein weiteres Thema, welches der soziologische Neo-Institutionalismus vernachlässigt (siehe hier auch Hasse und Krüger, 2025). So wäre die Frage nach Machtprozessen als mögliche Hinderungsgründe für die Durchsetzung von Gleichstellung in der Hochschule oder Nachhaltigkeit in der Wirtschaft soziologisch durchaus interessant. Ich würde hier jedoch eine andere Perspektive einnehmen, nämlich die mikropolitische Perspektive auf Organisation (siehe Crozier und Friedberg 1979; für das Thema Gleichstellung siehe Rastetter und Jüngling 2014; für Innovationen in der Wirtschaft siehe Fligstein und McAdam 2011). Damit will ich argumentieren, dass nicht jede Theorie alles verständlich machen kann und dass wir einen theoretischen Ansatz nicht überstrapazieren sollten. Mir war es für diesen Beitrag wichtig, den soziologischen Neo-Institutionalismus auf zwei Themen anzuwenden, die eigentlich nicht im Fokus der Protagonist:innen dieses Ansatzes stehen. Und, ich bin, so denke ich, weit gekommen im Verständnis des bisherigen Scheiterns.

Literatur

Alesi, B. & Kehm, B. M. (2010). *Internationalisierung von Hochschule und Forschung.* Arbeitspapier 209- Demokratische Hochschule. Hans-Böckler-Stiftung. https://www.boeckler.de/fpdf/HBS-004627/p_arbp_209.pdf (letzter Zugriff 27.3.2026)

Baum, J. A. C. & Shipilov, A. V. (2006). Ecological approaches to organizations. In S.R. Clegg, C. Hardy, T. Lawrence & W.R. Nord (eds.), *The Sage handbook of organization studies* (S. 55-110). Sage Publications.

Blättel-Mink, B. (2001). *Wirtschaft und Umweltschutz. Grenzen der Integration von Ökonomie und Ökologie.* Campus Verlag.

Blättel-Mink, B. & Menez, R. (2015). *Kompendium der Innovationsforschung* (2. Aufl.). Springer VS.

Blättel-Mink, B., Franzke, A. & Wolde, A. (Hrsg.). (2011). *Gleichstellung im Reformprozess der Hochschulen. Neue Karrierewege für Frauen?* Ulrike Helmer Verlag.

Blättel-Mink, B., A. Rau und S. Schmitz (2017). Arbeit in der Postwachstumsgesellschaft. In H. Diefenbacher, H., B. Held & D. Rodenhäuser (Hrsg.), *Ende des Wachstums – Arbeit ohne Ende? Arbeiten in einer Wachstumsgesellschaft* (S. 185–222). Metropolis Verlag.

Blättel-Mink, B. (2020). Das lange Ringen – Ein kurzer Abriss des (nicht wirklich erfolgreichen) Zusammenspiels von Forschung und Politik bei der Bekämpfung des Klimawandels. In *Klimakrise – Forschung Frankfurt* (S. 61–64). Wissenschaftsmagazin der Goethe Universität Frankfurt am Main.

Briken, K., Blättel-Mink, B., Rau, A. & Siegel, T. (2018). „Sei ohne Sorge". Vom Vermessen und Un/Sichtbarmachen akademischer Sorgearbeit in der neoliberalen Hochschule. In S. Hark & J. Hofbauer (Hrsg.), *Vermessene Räume, gespannte Beziehungen* (S. 311–339). Suhrkamp Verlag.

Crozier, M. & Friedberg, E. (1979). *Macht und Organisation: Die Zwänge kollektiven Handelns.* Athenäum Verlag.

Di Maggio, P. J. (1988). Interest and agency in institutional theory. In L. G. Zucker (ed.), *Institutional patterns and organizations* (S. 3-22). Ballinger Publications.

DiMaggio, P. J. & Powell, W.W. (1983). The Iron Cage revisited: institutional isomorphism and collective rationality in organizational fields. *American Sociological Review,* 48, 147-160. https://doi.org/10.2307/2095101

DiMaggio, P. J. & Powell, W.W. (1991). Introduction. In W. W. Powell & P. J. DiMaggio (eds.), *The New Institutionalism and organizational analysis* (S. 1-20). University of Chicago Press.

DiMaggio, P. J. & Powell, W.W. (2000). Das „stahlharte Gehäuse" neu betrachtet: Institutioneller Isomorphismus und kollektive Rationalität in organisationalen Feldern. In Müller, H.-P. Müller & S. Sigmund (Hrsg.), *Zeitgenössische amerikanische Soziologie* (S. 147–173). Springer VS, https://doi.org/10.1007/978-3-322-97358-0_7

Fligstein, N. & McAdam, D. (2011). Toward a general theory of strategic action fields. *Sociological Theory,* 29, 1–26. https://journals.sagepub.com/doi/10.1111/j.1467-9558.2010.01385.x

Funder, M. & May, F. (2014). Neo-Institutionalismus: Geschlechtergleichheit als Egalitätsmythos? In M. Funder (Hrsg.), *Gender Cage – Revisited. Handbuch zur Organisations-*

und Geschlechterforschung (S. 195–224). Nomos. https://doi.org/10.5771/9783845244617.

Giddens, A. (1988). *The constitution of society: Outline of the Theory of Structuration*. Univ. of California Press.

Goffman, E. (1959). *The presentation of self in everyday life*. Anchor Books.

Hausen, K. (1978). Die Polarisierung der „Geschlechtscharaktere". Eine Spiegelung der Dissoziation von Erwerbs- und Familienleben. In H. Rosenbaum (Hrsg.), *Seminar: Familie und Gesellschaftsstruktur. Materialien zu den sozioökonomischen Bedingungen von Familienformen* (S. 161–191). Suhrkamp Verlag.

Hasse, R. & Krücken, G. (2005). *Neo-Institutionalismus*. 2. erw. Aufl. transcript.

Hasse, R. & Krüger, A. K. (2025). Der Soziologische Neo-Institutionalismus – Weiterentwicklungen, Kritik und aktuelle Herausforderungen. In H. Delitz, J. Müller & R. Seyfert (Hrsg.), *Handbuch Theorien der Soziologie* (S. 535–552). Springer VS, https://doi.org/10.1007/978-3-658-31744-7_24-1

Kieser, A. (2019). Der Situative Ansatz. In A. Kieser & M. Ebers (Hrsg.), *Organisationstheorien* (S. 169–196). 8. Auflage, Verlag Kohlhammer. https://doi.org/10.17433/978-3-17-034897-4

Lessenich, S. (2022). *Nicht mehr normal. Gesellschaft am Rande des Nervenzusammenbruchs*. Verlag Hanser.

Luhmann, N. (1984). *Soziale Systeme. Grundriß einer allgemeinen Theorie*. Suhrkamp Verlag.

Meyer, J. W. & Rowan, B. (1978). The structure of educational organizations. In M. W. Meyer (ed.), *Environments and organizations* (S. 78-109). Jossey-Bass Publications.

Meyer, J. W. & Rowan, B. (1991). Institutionalized Organizations: Formal structures as myth and ceremony. In W. W. Powell & P. J. DiMaggio (eds.), *The New Institutionalism in organizational analysis* (S. 41-62). University of Chicago Press.

Meyer, J. W. & Jepperson, R. L. (2000). The "actors" of modern society: the cultural construction of social agency. *Sociological Theory* 18(1), 100–120. https://journals.sagepub.com/doi/10.1111/0735-2751.00090

Münch, R. (2011). *Akademischer Kapitalismus. Über die politische Ökonomie der Hochschulreform*. edition Suhrkamp

Neusel, A. & Wetterer, A. (Hrsg.). (1999). *Vielfältige Verschiedenheiten. Geschlechterverhältnisse in Studium, Hochschule und Beruf.* Campus Verlag.

Politische Ökologie (2021). *Menschengemacht. Vom Anthropozän und seinen Folgen*, 167 (4), oekom Verlag.

Powell, W. W. & DiMaggio, P.J. (eds.). (1991). *The New Institutionalism in organizational analysis*. Chicago University Press.

Rastetter, D. & Jüngling, C. (2014). Mikropolitik und Gender im Management: „Doing differences by emotion". In M: Funder, M. (Hrsg.), *Gender Cage – Revisited. Handbuch zur Organisations- und Geschlechterforschung* (S. 245–270). Nomos Verlag.

Scott, W. R. (2007). *Institutions and organizations: Ideas, interests, and identities*. Sage Publications.

Scott, W. R. (1994). Institutions and organizations: toward a theoretical synthesis. In W. R. Scott & Meyer, J. W. (eds.), *Institutional environments and organizations. Structural complexity and individualism* (S. 55–80). Sage Publications.

Senge, K. & Hellmann, K.-U. (Hrsg.). (2006). *Einführung in den Neo-Institutionalismus.* Springer VS.
Türk, K. (1989). *Neuere Entwicklungen in der Organisationsforschung.* Enke Verlag.
Türk, K. (2000). Organisation als Institution der kapitalistischen Gesellschaftsformation. In G. Ortmann, J. Sydow & K. Türk (Hrsg.), *Theorien der Organisation. Die Rückkehr der Gesellschaft* (S. 124–176) Westdeutscher Verlag. 2. Aufl. https://doi.org/10.1007/978-3-322-80840-0
Zucker, L. (1983). Organizations as institutions. In S. B. Bacharach (ed.), *Research in the Sociology of Organizations,* 2(1), 1–47.

Birgit Blättel-Mink, Prof. i.R. Dr., Dipl.-Soz., Professur für Soziologie mit dem Schwerpunkt Industrie- und Organisationssoziologie am Fachbereich Gesellschaftswissenschaften der Goethe-Universität Frankfurt am Main. Forschungsschwerpunkte: (Soziale) Innovation, Nachhaltiger Konsum, Transdisziplinarität und Gleichstellung an Hochschulen. Aktuelle Publikation: Blättel-Mink, B., & Brandl, B. (2025). Innovation in Business. In I. Schulz-Schaeffer, A. Windeler, & Blättel-Mink, B. (eds), Handbook of Innovation. Springer, Cham. https://doi.org/10.1007/978-3-031-25143-6_6-1.

Der Ethik-Kodex in der Soziologie: Professionalisierung und aktuelle Entwicklungen

Elisabeth M. Krekel

1 Zur Entstehungsgeschichte des Ethik-Kodex in der Soziologie

Die Entstehung des Ethik-Kodex geht zurück auf die von Dirk Käsler initiierte Ad-hoc-Gruppe „Ethische Fragen der Soziologie" im Rahmen des 25. Deutschen Soziologentages (heute: Kongress der Deutschen Gesellschaft für Soziologie) 1990 in Frankfurt (Käsler 1991; Lamnek 1992, S. 249). Die Gruppe stieß nicht zuletzt aufgrund der bereits im Vorfeld geführten Debatten über ethische Fragen in der Soziologie auf große Resonanz. Dies veranlasste die DGS dazu, eine Arbeitsgruppe zur Ausarbeitung eines Kodex ins Leben zu rufen. Dieser Gruppe gehörte u. a. auch Siegfried Lamnek an, der maßgeblich an der Entwicklung des Ethik-Kodex beteiligt und von 1991 bis 1992 auch Vorsitzender des Berufsverbandes war. Gemeinsam mit dem BSiD sowie der Gesellschaft für Soziologie in Ostdeutschland entstand ein Regelwerk, das sich am Code of Ethics der American Sociological Association (ASA) orientierte (Käsler 1991; Lamnek 1992, S. 249). 1992 wurde der Kodex von DGS und BSiD verabschiedet – die ostdeutsche Gesellschaft für Soziologie hatte zu diesem Zeitpunkt bereits ihre Auflösung beschlossen (Simon und Sparschuh 1992, S. 280) – und trat 1993 in Kraft.

Diese Entwicklung stand zugleich im Zeichen der Professionalisierung der Disziplin: „Die Mediziner, die Juristen, die Psychologen haben analoge Regelungen und verleihen damit ihrer Disziplin den superioren Status einer Profession. Es kann der Soziologie in gesellschaftlicher Kooperation und Konkurrenz zu diesen

E. M. Krekel (✉)
Königswinter, Deutschland

B. Blättel-Mink et al. (Hrsg.), *Potenziale soziologischer Praxis*, Sozialwissenschaften und Berufspraxis,
https://doi.org/10.1007/978-3-658-51996-4_15

Disziplinen nur hilfreich sein, sich vergleichbar darzustellen und ein entsprechendes Image zu produzieren.“ (Lamnek 1992, S. 252) Verbunden war dies mit der Gründung einer Ethik-Kommission mit einer entsprechenden Verfahrensordnung als Grundlage.

In der Medizin wurden erste Ethik-Kommissionen in den 1970er Jahren eingerichtet. Hintergrund war die Deklaration des Weltärztebundes in Helsinki aus dem Jahre 1964 zu ethischen Grundsätzen für die medizinische Forschung am Menschen: “The World Medical Association developed the Declaration of Helsinki as a statement of ethical principles for medical research involving human participants following the atrocities by physicians conducting unethical medical research during the Second World War. Since the World Medical Association first adopted the Declaration of Helsinki in 1964, researchers, ethics review committees, and governments around the world now rely on the document’s high-level enduring principles to guide fundamental ethical considerations and decision-making.”[1] Mittlerweile werden in Deutschland alle medizinischen Forschungsprojekte vorab von einer Ethik-Kommission begutachtet. Hierzu wurden an verschiedenen Institutionen Ethik-Kommissionen eingerichtet (Unger und Simon 2016, S. 7). Auch andere Disziplinen haben mittlerweile berufsethische Grundsätze formuliert.

Der Ethik-Kodex in der Soziologie soll vor allem „einen Leitfaden für ethisches Handeln formulieren, woraus zukünftig ein Problembewußtsein bei Soziolog/innen, eine Perspektiverweiterung und eine Schärfung der Sinne entstehen kann, die die Wahrscheinlichkeit der Abweichungen von den ethischen Vorstellungen reduzieren sollte.“ (Lamnek 1992, S. 252–253). Er soll somit eine verbindliche Grundlage für professionelles Handeln schaffen und Angehörigen des Faches Handlungssicherheit bieten. Gleichzeitig dient er dazu, unethisches Handeln sichtbar zu machen.

Besondere Bedeutung erhielt der Kodex im Zuge der zunehmenden außeruniversitären Berufstätigkeit von Soziologinnen und Soziologen sowie der damit verbundenen Professionalisierung. In diesem Kontext war es zentral, dass „die außeruniversitäre Praxis in entsprechender Weise einbezogen wurde“ (Lamnek 1992, S. 262). Der Ethik-Kodex leistet somit einen „wichtigen Beitrag zur Professionalisierung der Soziologie“ (Lamnek 2002, S. 257).

Vor diesem Hintergrund wurde zudem die Frage nach einem Zeugnisverweigerungsrecht für Soziologen*innen sowie einer verbindlichen Schweigepflicht diskutiert. Für bestimmte Berufsgruppen wie Psychologen*innen und Sozialarbeiter*innen ist eine Schweigepflicht explizit im Strafgesetzbuch (StGB § 203)

---

[1] Siehe hierzu: Declaration of Helsinki – WMA – The World Medical Association, abgerufen am 22.02.2026. Die letzte gültige Fassung ist von Oktober 2024.

geregelt.[2] Lamnek formuliert hierzu pointiert: „So ist z. B. nicht einzusehen, weshalb nach § 203 Abs. 1 Ziff. 1 StGB der Tierarzt eine Schweigepflicht hat, der Soziologe jedoch nicht." (Lamnek 1992, S. 266). Beide Soziologieverbände wurden daher aufgefordert, sich im Hinblick auf eine Gleichstellung mit anderen Berufsgruppen im Strafgesetzbuch zu engagieren (Lamnek 1994, S. 38–39). Zwar wurden die Begriffe sowie ein Verweis auf die entsprechenden Regelungen für andere Berufsgruppen in den Ethik-Kodex aufgenommen, jedoch wurde bisher keine Änderung erzielt und es kann nach wie vor „bei gegebener Rechtslage forschungsethisch gebotenes Schweigen (z. B. über straffälliges Verhalten von Studienteilnehmenden) für Forschende juristische Probleme und gegebenenfalls strafrechtliche Konsequenzen nach sich ziehen" (Rat für Sozial- und Wirtschaftsdaten (RatSWD) 2017, S. 21).

2 Inhalte und Leitprinzipien

Der Ethik-Kodex[3] macht deutlich, dass ethische Überlegungen und Entscheidungen in allen Phasen der Entstehung und Verbreitung soziologischen Wissens unverzichtbar sind. Er soll nicht nur für verantwortungsbewusstes berufliches Handeln sensibilisieren, sondern auch vor Erwartungen schützen, die zu ethischen Konflikten führen könnten. Dazu formuliert der Kodex Anforderungen für die soziologische Praxis, für Publikationen, für Begutachtungen sowie für den professionellen Umgang mit Studierenden, Mitarbeitenden sowie Kolleginnen und Kollegen.

- *Soziologische Praxis*

In der soziologischen Berufspraxis kommt der Wahrung von Integrität und Objektivität eine zentrale Bedeutung zu. Dies umfasst u. a. die transparente Offenlegung der theoretischen und methodischen Grundlagen sowie der Finanzierungsquellen, die Sicherstellung der Zugänglichkeit von Forschungsergebnissen und die Übernahme sozialer Verantwortung sowohl im Erkenntnisprozess als auch bei der praktischen Verwertung der gewonnenen Daten. Besonders wichtig ist der

---

[2] Neben „Arzt, Zahnarzt, Tierarzt und Apotheker" werden im § 203 StGB unter anderem auch „Berufspsychologen mit staatlich anerkannter wissenschaftlicher Abschlußprüfung" sowie als „staatlich anerkanntem Sozialarbeiter oder staatlich anerkanntem Sozialpädagogen" explizit genannt (§ 203 StGB – Einzelnorm, abgerufen am 22.02.2026).

[3] Siehe hierzu Ethik-Kodex: Ethikcodex – Das Netzwerk der praktischen Soziologie in Deutschland, abgerufen am 22.02.2026.

Schutz der Rechte der Teilnehmenden. Dazu zählen die Wahrung von Persönlichkeitsrechten sowie die Gewährleistung einer freiwilligen und informierten Zustimmung zur Teilnahme.

- *Publikationen*

Im Bereich der Publikationen stehen Fragen der Autorenschaft und des Urheberrechts im Vordergrund. Ebenso gilt es, übernommene Texte kenntlich zu machen und eingereichte Beiträge in Fachzeitschriften fair zu beurteilen.

- *Begutachtungen*

Im Kontext der Begutachtung geht es vor allem um die Sicherstellung von fairen und vertraulichen Prozessen und die Vermeidung von Interessenskonflikten.

- *Der berufliche Umgang mit Studierenden, Mitarbeiterinnen und Mitarbeitern sowie Kolleginnen und Kollegen*

Der berufliche Umgang umfasst zum einen die Verpflichtung der Lehrenden, sich für eine gute Ausbildung einzusetzen, Studierende zu fördern und Qualifikationsarbeiten zu unterstützen. Zum anderen sind bei Personalentscheidungen – etwa Anstellungen oder Berufungsverfahren – Gerechtigkeit und Objektivität maßgebend. Ebenso soll die Vereinbarkeit des Berufs mit Pflege- und Betreuungsaufgaben berücksichtigt werden.

Die im Ethik-Kodex für Soziologie formulierten Grundsätze beziehen sich sowohl auf die universitäre als auch auf die außeruniversitäre Forschung sowie auf soziologische Tätigkeiten in unterschiedlichen beruflichen Kontexten. Sie berühren verschiedene Regelungsbereiche, mit jeweils eigenen rechtlichen und normativen Vorgaben, etwa das Arbeitsrecht, den Datenschutz oder die Regeln guter wissenschaftlicher Praxis. Im Zentrum berufsethischer Überlegungen steht insbesondere die Verantwortung gegenüber den beteiligen Personen; im Kontext von Befragungen beispielsweise die informierte und freiwillige Teilnahme. Diese Verantwortung bildete auch den Ausgangspunkt der Diskussion über die Notwendigkeit eines Ethik-Kodex und ging mit einer zunehmenden Anerkennung der Selbstbestimmungsrechte der Teilnehmenden einher (Hopf 1991).

Während die Regeln guter wissenschaftlicher Praxis vor allem darauf abzielen, Forschung transparent, nachvollziehbar und vertrauenswürdig zu gestalten, regelt der Datenschutz den rechtlich einwandfreien Umgang mit den erhobenen

Daten, etwa durch Anonymisierung. Hierfür existieren übergeordnete gesetzliche Grundlagen wie die deutsche Datenschutz-Grundverordnung (DSGVO) und die europäische Datenschutzverordnung (EU-DSGVO) (Rat für Sozial- und Wirtschaftsdaten (RatSWD) 2017, S. 13–15).

Berufsethische Fragen werden dagegen weniger durch Gesetze als vielmehr durch die Fachdisziplinen selbst auf professioneller Ebene geregelt. Mit den von den Fachdisziplinen entwickelten ethischen Grundsätzen vollzieht sich somit ein Perspektivwechsel, der die Grundlage professionellen Handelns bildet.

Der Ethik-Kodex in der *Soziologie* „formuliert einen Konsens über ethisches Handeln innerhalb der professionellen und organisierten Soziologie in Deutschland. Er benennt die Grundlagen, auf denen die Arbeit der Ethikkommission beruht“ (siehe Präambel). Zu diesem Zweck richteten DGS und BSiD eine gemeinsame Ethik-Kommission ein,[4] deren Arbeit in einer entsprechenden Verfahrensordnung geregelt wird. Die Kommission setzt sich aus je zwei Mitgliedern beider Verbände sowie den jeweiligen Vorsitzenden ex officio zusammen. Ihre Aufgaben bestehen darin, die Vorstände beider Verbände in ethischen Fragen zu beraten, Verstöße gegen den Ethik-Kodex entgegenzunehmen und eine vermittelnde Lösung anzustreben.

Liegt ein Verstoß gegen den Kodex vor, so werden alle Beteiligten sowie die Vorstände der jeweiligen Verbände informiert und potenzielle Maßnahmen oder Sanktionen empfohlen. In den vergangenen Jahren haben sich wiederholt Mitglieder der Verbände an die Ethik-Kommission gewandt. Dabei ging es unter anderem um Autorenschaft, Zugang zum empirischen Forschungsfeld, Interpretation von Forschungsergebnissen oder Ablehnung von Beiträgen. Nicht in allen Fällen ist die Ethik-Kommission zuständig. In der Regel konnten die Fälle im Sinne des in der Verfahrensordnung formulierten Interessenausgleichs gelöst werden. Dies verdeutlicht, dass sich Mitglieder einerseits im Bedarfsfall auf den Ethik-Kodex berufen, andererseits aber auch, dass er allein durch seine Existenz „die intendierte generalpräventive Wirkung“ (Lamnek 1994, S. 26) entfaltet.

[4] Zu den aktuellen Mitgliedern der Ethik-Kommission siehe: https://www.soziologie-deutschland.net/ethikcodex/, abgerufen am 22.02.2025.

3 Ethik-Kodizes verwandter Disziplinen und Organisationen

Mittlerweile haben zahlreiche Fachdisziplinen sowie verschiedene universitäre und außeruniversitäre Institutionen eigene Kodizes verabschiedet. Einige Beispiele – insbesondere mit Bezug zur Soziologie – werden im Folgenden vorgestellt.

- *Akademie für Soziologie*

Als weitere soziologische Fachvereinigung hat die 2017 zur Förderung der analytisch-empirischen Soziologie gegründete Akademie für Soziologie (as) 2022 ebenfalls einen Ethik-Kodex verabschiedet. Zentrale Prinzipien sind: „In der wissenschaftlichen Praxis *lege artis* zu arbeiten“ (…), „Mit Forschungsressourcen verantwortungsvoll umzugehen (…), Ergebnisse ohne Auslassungen zu publizieren“ (…), „Die Persönlichkeitsrechte von Beforschten zu respektieren“ (…), „Den professionellen, respektvollen Umgang mit Kolleg:innen zu wahren“ (…).[5]

Damit verfolgt die Akademie das Ziel die Soziologie als wissenschaftliche Disziplin weiter zu professionalisieren.

- *Berufsverband Deutscher Psychologinnen und Psychologen e. V. (BDP) und die Deutsche Gesellschaft für Psychologie e. V. (DGP)*

Der Berufsverband Deutscher Psychologinnen und Psychologen e. V. (BDP) und die Deutsche Gesellschaft für Psychologie e. V. (DGP) haben gemeinsame berufsethische Richtlinien beschlossen, die zugleich die Berufsordnung des BDP darstellen.[6] Zentrale Inhalte sind die Wahrung der Rechte und der Würde des Menschen, die Sicherstellung der fachlichen Kompetenz in der Berufsausübung, die Verantwortung für die Folgen des eigenen Handels sowie die Integrität, etwa durch Offenlegung von Interessenkonflikten. Die umfangreichen Richtlinien enthalten zudem Aussagen zur Schweigepflicht, zur wissenschaftlichen Redlichkeit und zur gesellschaftlichen Verantwortung.[7]

---

[5] Siehe: Ethikkodex-der-AS_2022-01-31.pdf, abgerufen am 22.02.2026.

[6] Siehe: ethik-richtlinien-2016.pdf, abgerufen am 22.02.2026.

[7] Aufgrund der starken Ausprägung der forschungsethischen Standards sowie der Infrastruktur zur forschungsethischen Begutachtung in Deutschland wurde die Psychologie in den Stellungsnahmen des RatSWD ausgeklammert.

„Die Ethikkommission nimmt auf Antrag Stellung zur ethischen Vertretbarkeit der Ziele und Verfahrensweisen eines psychologischen Forschungsvorhabens bevor dieses durchgeführt wird. Sie sieht sich vornehmlich als beratendes Organ, durch dessen Voten die Verfahrensweisen psychologischer Forschungsvorhaben optimiert und professionalisiert werden.“[8]

- *Deutsche Vereinigung für Politikwissenschaften (DVPW)*

In Anlehnung an den Ethik-Kodex in der Soziologie plante die Deutsche Vereinigung für Politikwissenschaften (DVPW) ebenfalls einen Kodex (Lamnek 1994) – dessen aktuelle Fassung 2017 verabschiedet wurde[9] – und richtete eine Ethik-Kommission ein[10]: „Die Ethikkommission wird tätig, wenn sie wegen eines wissenschaftlichen Fehlverhaltens angerufen wird, das gegen den Ethikkodex verstößt. Dazu zählen insbesondere Verstöße gegen Objektivität in Forschung und Begutachtung, Verletzung des geistigen Eigentums (Plagiat), Diskriminierung von Studierenden und Mitarbeiter*innen sowie sexuelle Belästigung und sexualisierte Gewalt.“[11]

- *Wissenschaftszentrum Berlin (WZB)*

Als Institut zur Erforschung grundlegender gesellschaftlicher Entwicklungen zu den Themen Bildung und Arbeit, Migration, Demokratie, Märkte und Entscheidung, internationale Politik und Recht hat das Wissenschaftszentrum Berlin (WZB) 2016 „Leitlinien für Forschungsethik“ verabschiedet und eine interne Ethik-Kommission eingerichtet. Diese prüft Forschungsprojekte vor ihrer Durchführung und bewertet deren ethische Implikationen.[12] Aufgrund der Schnittstellen zwischen ethischen und datenschutzrechtlichen Fragestellungen ist auch der Koordinator für Forschungsdatenschutz Mitglied der Ethik-Kommission am WZB (Droß et al. 2025).

- *Institut für Arbeitsmarkt und Berufsforschung (IAB)*

---

[8] Ethikkommission, abgerufen am 22.02.2026.

[9] Siehe Ethikkodex: DVPW – Deutsche Vereinigung für Politikwissenschaft, abgerufen am 22.02.2026.

[10] Siehe Ethikkommission: DVPW – Deutsche Vereinigung für Politikwissenschaft, abgerufen am 22.02.2026.

[11] Ethikkommission: DVPW – Deutsche Vereinigung für Politikwissenschaft, abgerufen am 22.02.2026.

[12] Forschungsethik am WZB | WZB, abgerufen am 22.02.2026.

Als zentrales Forschungsinstitut zum Arbeitsmarkt hat das Institut für Arbeitsmarkt und Berufsforschung (IAB) einen Ethik-Kodex verabschiedet.[13] Ziel ist es, die Würde und Rechte der untersuchten Personengruppen in allen Phasen des Forschungsprozesses zu gewährleisten. Der Kodex dient den Forschenden als Richtschnur und Reflexionsquelle und soll für forschungsethische Fragen sensibilisieren.[14]

- *Deutsches Jugendinstitut (DJI)*

Als sozialwissenschaftliches Forschungsinstitut mit dem Schwerpunkt Kinder, Jugendliche und Familien hat das Deutsche Jugendinstitut (DJI) eine Ethik-Kommission eingerichtet, die Forschungsvorhaben mit sozialwissenschaftlichem, psychologischem oder erziehungswissenschaftlichem Schwerpunkt im Hinblick auf ethische und rechtliche Aspekte prüft. Die Kommission berät und unterstützt Forschende insbesondere hinsichtlich der Zumutbarkeit der Bedingungen für Studienteilnehmerinnen und -teilnehmer.[15]

- *Rat für Sozial- und Wirtschaftsdaten (RatSWD)*

Der Rat für Sozial- und Wirtschaftsdaten (RatSWD) ist ein unabhängiges Gremium aus empirisch arbeitenden Wissenschaftler*innen und Vertreter*innen zentraler öffentlicher Datenerhebungsinstitutionen in Deutschland. In seiner 5. (2014–2017) und 7. Berufungsperiode (2020–2023) setzte er Arbeitsgruppen zur Forschungsethik ein. Ziel war es, auf der Grundlage systematischer Bedarfsermittlungen konkrete Empfehlungen und Handreichungen für den Aufbau und die Arbeit lokaler Ethik-Kommissionen zu entwickeln.[16] Daraus gingen zahlreiche Materialien und Empfehlungen hervor.[17]

Die Beispiele verdeutlichen, dass die früheren Ethik-Kodizes vor allem der Professionalisierung der Fachdisziplin dienten und mit Diskussionen über wissenschaftliche Integrität sowie der Verantwortung gegenüber Gesellschaft und Studierenden verbunden waren. Gleichzeitig wurde die Freiheit der Wissenschaft

[13] Ethikkodex des IAB – IAB – Institut für Arbeitsmarkt- und Berufsforschung, abgerufen am 22.02.2026.

[14] Ethikkodex des IAB – IAB-Forum, abgerufen am 22.02.2026.

[15] Siehe: DJI – Ethikkommission, abgerufen am 22.02.2026.

[16] Forschungsethik in den Sozial-, Verhaltens-, Bildungs- und Wirtschaftswissenschaften – KonsortSWD, abgerufen am 22.02.2026.

[17] Abrufbar unter Best-Practice Forschungsethik – KonsortSWD, abgerufen am 22.02.2026.

im Kontext der Forschungsförderung betont. In den letzten Jahren ist zunehmend die Verpflichtung zum Nachweis einer forschungsethischen Begutachtung hinzugekommen, die insbesondere im internationalen Bereich von Förderinstitutionen und Publikationsorganen eingefordert wird.

4 Aktuelle Entwicklungen

Seit der Jahrtausendwende lässt sich ein deutlich gestiegenes öffentliches Interesse an ethischen Fragen beobachten. Vor diesem Hintergrund richtete die Bundesregierung 2001 den Nationalen Ethikrat ein, der 2008 durch den Deutschen Ethikrat abgelöst wurde. Mit seinen Stellungnahmen und Empfehlungen – beispielsweise zur Intersexualität oder Präimplementationsdiagnostik – soll er Politik und Gesellschaft Orientierung bieten.[18]

Auch in den Sozialwissenschaften ist der Bedarf einer ethischen Begutachtung im Vorfeld der Bewilligung und Förderung von Forschungsprojekten sowie für die Veröffentlichung von Forschungsergebnissen in nationalen und internationalen Fachzeitschriften deutlich gestiegen. Der RatSWD empfiehlt vor diesem Hintergrund „eine Infrastruktur zur forschungsethischen Reflexion zu etablieren" (Rat für Sozial- und Wirtschaftsdaten (RatSWD) 2017, S. 24). Neben der Stärkung ethischer Reflexivität und der Schaffung eines Forums für forschungsethische Debatten regt er die Einrichtung lokaler und überregionaler Ethik-Kommissionen an (RatSWD, 2017, S. 24 ff.).

Das 2003/2004 gegründete Netzwerk Ethik-Kommissionen in den Sozialwissenschaften (neks) stellt als ein überregionales Netzwerk einen weiteren Schritt zur Weiterentwicklung forschungsethischer Standards und zur Professionalisierung forschungsethischer Begutachtungen dar. Neks vereint Personen und Einrichtungen, die sich mit der Beratung und Begutachtung sozialwissenschaftlicher Forschung befassen, und fördert den Austausch zu ethischen Fragen, insbesondere im Kontext von Begutachtungs- und Beratungsprozessen.[19]

Auf einen zunehmenden Bedarf an forschungsethischer Beratung außerhalb der Medizin weist auch ein im November 2024 erschienener Artikel im Deutschen Ärzteblatt hin.[20] Gegen den dort formulierten Anspruch, allgemeingültige Standards auch für die nicht-medizinische Forschung zu entwickeln, hat das neks

---

[18] Vgl.: Deutscher Ethikrat | Deutscher Ethikrat, abgerufen am 22.02.2026.

[19] Siehe Home – neks.info, abgerufen am 22.02.2026.

[20] Ethikberatung bei nicht medizinischer Forschung am Menschen wird immer wichtiger – News – Deutsches Ärzteblatt, abgerufen am 22.02.2026.

eine ausführliche Stellungnahme abgegeben,[21] der sich die gemeinsame Ethik-Kommission von BSiD und DGS uneingeschränkt angeschlossen haben. Zentral ist dabei der Hinweis, den jeweiligen Gegenstandsbereich zu berücksichtigen und auf dieser Grundlage eine tragfähige Basis für einen interdisziplinären Austausch zu schaffen.

5 Fazit

Die Entstehung des Ethik-Kodex ist eng mit fachinternen Debatten über ethische Verantwortung verbunden, die Ende der 1980er- und Anfang der 1990er-Jahre an Bedeutung gewannen. Mit der Verabschiedung des gemeinsamen Kodex von BSiD und DGS im Jahr 1992 sollte ein verbindlicher Rahmen für verantwortungsvolles professionelles Handeln geschaffen und die Soziologie in ihrer gesellschaftlichen Rolle stärker an etablierten Professionen orientiert werden. Dies umfasste die Entwicklung berufsethischer Standards sowie die Professionalisierung der Disziplin und war auch eine Reaktion auf die wachsende außeruniversitäre Berufstätigkeit von Soziolog*innen.

Mit der daraufhin eingerichteten Ethik-Kommission wurde eine institutionelle Struktur für Beratung, Konfliktvermittlung und die Bearbeitung möglicher Verstöße geschaffen und sicherte so die praktische Wirksamkeit des Kodex. Im Vordergrund steht dabei der präventive Ansatz.

Inhaltlich betont der Kodex die Verantwortung der Soziologie gegenüber den beforschten Personen und der Gesellschaft. Zentrale Prinzipien sind Integrität, Objektivität, Transparenz und der Schutz der Rechte von Studienteilnehmenden, insbesondere durch informierte und freiwillige Einwilligung. Zudem regelt er Publikationspraxis, Begutachtung sowie den professionellen Umgang mit Studierenden, Mitarbeitenden und Kolleg*innen. Damit strukturiert der Kodex nicht nur wissenschaftliche Standards, sondern auch professionelles Handeln in verschiedenen Berufsfeldern.

Mit der zunehmenden Internationalisierung und Interdisziplinarität der Forschung gewinnt die Begutachtung von Projekten vor ihrer Bewilligung an Bedeutung. Universitäten und außeruniversitäre Einrichtungen richten daher vermehrt Ethik-Kommissionen ein. Angesichts zunehmender internationaler, methodisch vielfältiger und fachübergreifender Forschungsprojekte gewinnt damit auch der Austausch zwischen den Disziplinen an Bedeutung.

[21] Neks_Replik-Aerzteblatt.pdf, abgerufen am 22.02.2026.

Um den Empfehlungen des RatSWD zu entsprechen, braucht es daher nicht nur überregionale Dialogforen wie das neks, sondern auch interdisziplinär besetzte Ethik-Kommissionen, die den Anforderungen internationaler Forschung gerecht werden. Forschungsethik entwickelt sich damit zu einem gemeinsamen Reflexionsraum, der sowohl die Professionalisierung einzelner Fächer stärkt als auch den Herausforderungen einer globalen Wissenschaftslandschaft entspricht.

Literatur

Droß, P.; Finger, C. & Normann, Ch. (2025). Verantwortungsvolle Sozialforschung. Erfahrungen aus der WZB-Ethikkommission. *WZB Mitteilungen* (187).

Hopf, Ch. (1991). Zwischen Betrug und Wahrhaftigkeit – Fragen der Forschungsethik in der Soziologie. *Soziologie (2),* 174–191.

Käsler, D. (1991). Ein Ethik-Kodex für die Soziologie? *Soziologie (2)*, 137–141.

Lamnek, S. (1992). Zur Genesis und Geltung eines Deutschen Ethik-Kodex: eine qualitative Längsschnittanalyse. *Sozialwissenschaften und Berufspraxis* 15 (3), S. 249–268. PID: https://nbn-resolving.org/urn:nbn:de:0168-ssoar-35806

Lamnek, S. (1994). Konfliktregelung im außerrechtlichen Raum: ein Jahr Arbeit der Ethik-Kommission. *Soziologie* (2), S. 22–48. PID: https://www.ssoar.info/ssoar/handle/document/5704

Lamnek, S. (2002). Sein oder Sollen? Die Soziologie und ihr (problematisches) Verhältnis zur Moral. *Sozialwissenschaften und Berufspraxis* 25 (3), S. 249–263. PID: https://www.ssoar.info/ssoar/handle/document/3785

Rat für Sozial- und Wirtschaftsdaten (RatSWD) (2017). Forschungsethische Grundsätze und Prüfverfahren in den Sozial- und Wirtschaftswissenschaften. Forschungsethische Grundsätze und Prüfverfahren in den Sozial- und Wirtschaftswissenschaften – KonsortSWD, zuletzt abgerufen am 22.02.2026.

Simon, D.; Sparschuh, V. (1992). Soziologie und Ethik: oder was ist die ‚Moral' von der (DDR-Soziologie)-Geschichte? *Sozialwissenschaften und Berufspraxis* 15 (3), 269–282.

Unger, H. von; Simon, D. (2016). *Ethikkommissionen in den Sozialwissenschaften – Historische Entwicklungen und internationale Kontroversen.* Hg. v. RatSWD (RatSWD Working Paper Series, 253). https://doi.org/10.17620/02671.23

Prof. Dr. Elisabeth M. Krekel Vermessungstechnikerin, ehemalige Leiterin der Abteilung Berufsbildungsforschung und Berufsbildungsmonitoring im Bundesinstitut für Berufsbildung (BIBB). Aktuelle Publikation: Krekel, E.M., & Ulrich, J.G. (2021). Monitoring der Ausbildungsmarktlage. In L. Bellmann, K. Büchter, I. Frank, E.M. Krekel, & G. Walden (Hrsg.), *Schlüsselthemen der beruflichen Bildung in Deutschland. Ein historischer Überblick zu wichtigen Debatten und zentralen Forschungsfeldern* (S. 58–76). Babara Budrich.

Agile Professionalität. Zum Spektrum soziologischen Könnens

Katrin Späte

1 Einleitung

Im Rahmen des Austauschs über Spezifika soziologischen Könnens bzw. soziologischer Kompetenzen wird gerne der Vergleich mit solchen Disziplinen herangezogen, die oftmals auf zugehörige gesellschaftliche Handlungsfelder bezogen und damit klar professionalisiert sind wie etwa Jura, Lehramt, Medizin, Psychologie oder Sozialpädagogik. Gesellschaftlicher Nutzen und damit auch Relevanz dieser Professionen leuchten unmittelbar ein, besondere Argumentations- und Begründungsstrategien sind für diese Professionen nicht notwendig (Späte 2013, 30). Für alles mit Soziologie Assoziierte stellt sich dies jedoch etwas anders dar. Innerhalb der Soziologie sind Beiträge zu beobachten, in denen Beteiligte auf mangelnde öffentliche Anerkennung und Klischees über Soziologie aufmerksam machen. Nicht selten werden die Gründe dafür in der Multiparadigmatik des Fachs gesucht, zu wenig Einheitlichkeit zeichne die Disziplin aus, als Disziplin sei sie undiszipliniert (Späte und Kloth 2011; Kressin 2022). Anzutreffende Skepsis gegenüber der eigenen Disziplin und ihrer gesellschaftlichen Relevanz wird besonders deutlich im Diskurs über das Theorie-Praxis-Verhältnis in der Disziplin und damit in Verbindung stehenden Fragen nach einer beruflichen Orientierung und einer beruflichen Zukunft mit Soziologie außerhalb von Forschung und Wissenschaft. In einem Bericht über ein Lehrforschungsprojekt aus dem Jahr 1994 an der Freien Universität Berlin zur Frage des beruflichen Selbstverständnisses

K. Späte (✉)
Institut für Soziologie, Universität Münster, Münster, Deutschland
E-Mail: spaete@uni-muenster.de

B. Blättel-Mink et al. (Hrsg.), *Potenziale soziologischer Praxis*,
Sozialwissenschaften und Berufspraxis,
https://doi.org/10.1007/978-3-658-51996-4_16

von Soziolog:innen formulierte Jörg Strübing das Problem mit Blick auf die „Praxis“ so: „Was sind eigentlich die ‚Kompetenzpfunde‘, mit denen Absolventen der Soziologie auf dem Arbeitsmarkt wuchern können, und wo finden diese Kompetenzen in konkreten Tätigkeiten Verwendung?“ (Strübing 1997, S. 157). In den Selbstauskünften der Befragten steht nicht nur in dieser Forschungsarbeit die Methodenkompetenz an erster Stelle. Statistik beispielsweise ist untrennbar mit Soziologie verknüpft, auch wenn sie eine universelle wissenschaftliche Methode darstellt, eine Grundlage aller empirisch vorgehenden Wissenschaften ist, die Methodenkompetenzen werden als Alleinstellungsmerkmal oftmals explizit hervorgehoben: „Eine gute Methodenausbildung ist das größte Pfund – einige meinen sogar, das einzige – mit dem Sozialwissenschaftler und Soziologen auf dem Arbeitsmarkt wuchern können, wenn sie das Handwerkszeug praktisch beherrschen (Stichwort: Alleinstellungsmerkmal)“ (Band, 2004, S. 200; auch Engel 2002). Mit Lisa Kressin (2022) kann vermutet werden, dass der Stellenwert der Methoden in der Soziologie so hoch ist, weil sie sich vor dem Hintergrund ihrer Zwischenstellung als einer Sozialwissenschaft zwischen den Natur- und Geisteswissenschaften mit einem Methodenfokus deutlicher als „hard science“ darstellen kann:

> „Dabei ist gleichermaßen deutlich, dass die Methodenlehre zur Zeit ihrer Institutionalisierung entlang der historisch binären Ausdifferenzierung der Soziologie primär die Deutungen und Praktiken einer spezifischen Soziologie vertreten hat: die einer empirischen, die sich in ihrem Wissenschaftsverständnis am Ideal der Naturwissenschaften orientierte.“ (Kressin 2022, S. 122).

Die Klassifikation von Wissenschaften ist in diesem Zusammenhang ebenfalls interessant. Wer ordnet die Wissenschaften nach welchen Kriterien wie? In der BR Deutschland wird seitens der Deutschen Forschungsgemeinschaft e. V. (DFG) noch die Unterscheidung in Natur- und Geisteswissenschaften angewendet, die auf das Wirken von Wilhelm Dilthey zurückgeführt wird und elaborierte Diskussionen über die Qualitäten von „Geist“ aus philosophischer Sicht hervorbringt (Gethmann 2020, S. 23). Das Kriterium der Unterscheidung kann aber nur die Art und Weise des Forschungsgegenstandsbezugs sein (Gutmann 2005), nicht, das Erkenntnisinstrument selbst meinen, sonst müssten eigentlich alle Wissenschaften als *Geistes*wissenschaften gelten (Späte 2013, S. 30). In der Fachsystematik der DFG wird Soziologie im Unterschied zu Psychologie nicht erwähnt. Beide Disziplinen werden als Fachgebiete unter „Sozial- und Verhaltenswissenschaften“ geführt. Im Fachkollegium gibt es dann aber nicht „Soziologie“, sondern „Soziologische Theorie“ und „empirische Sozialforschung“ neben Publizistik und

Kommunikationswissenschaft sowie Politikwissenschaft. Die Einheit der Soziologie existiert damit zumindest in der Fachsystematik des Vereins Deutsche Forschungsgemeinschaft (noch) nicht. Die Systematik spiegelt sich dann auch teilweise in standortabhängigen Konventionen Studienabschlüsse in „Bachelor of Arts" (Geistes- und Sozialwissenschaften) und „Bachelor of Science" (Lebens- und Naturwissenschaften) zu unterscheiden. Ein Studienabschluss in Soziologie mit der Kennzeichnung „Bachelor of Science" wird vereinzelt angeboten. An der Universität Köln wird der Studiengang „Sozialwissenschaften" mit diesem Grad verliehen. Es ist die Frage, warum dies nicht an allen Universitätsstandorten so gehandhabt wird. Eventuell liegt es daran, dass der Bachelor of Arts die Bezeichnung mit der längsten Tradition seit Einrichtung von Universitäten in Europa ist.

„Hard sciences" führen auch zu „hard skills", solchen Kompetenzen, die durch ein Produkt wie ein programmierter, standardisierter Fragenbogen und dessen Auswertung deutlich zu Tage treten. Solche Kompetenzen können durch Kompetenzstufenmodelle eher messbar gemacht werden, sodass sie für Testung zugänglich gemacht werden können. Dazu zählen zum Beispiel mathematische Kompetenzen, Rechnen sowie Sprachkenntnisse, die in der bekannten internationalen Leistungsvergleichsstudie PISA über „Literacy" Konzepte (Brake 2003), zu Beginn auf Lesen und Schreiben bezogen, abgebildet werden und für die Statistik als „Statistical Literacy" oder auch „Data Literacy" bereits vorliegen (Huber 2025, S. 11). Anders liegt der Fall bei den sogenannten „soft skills" wie Kommunikations- und Teamfähigkeit, Kreativität, kritisches Denken, die in den letzten Jahren verstärkt als „futur skills"[1] für das kybernetische Zeitalter diskutiert werden und ohnehin fester Bestandteil eines Soziologiestudiums sein dürften. Leider spielen die durch das Studium der Methoden vermittelten Kompetenzen selbst, also die „hard skills", in Kressins Werk kaum eine Rolle. Ihre Forschungsarbeit fokussiert eher den Stellenwert der Methodenlehre für die Frage nach der Einheit oder der Vielfalt der Soziologie als wissenschaftliche Disziplin, der sie dann den Titel gibt „Disziplinierung durch Methode" (Kressin 2022). Die tatsächlichen Kompetenzen der Studierenden bleiben eher im Dunkelfeld, weil bisher keine empirischen Studien zum Kompetenzerwerb im Soziologiestudium existieren und es auch fraglich ist inwieweit dies mangels Kompetenzstufenmodellen über die Methodenausbildung hinaus überhaupt möglich wäre. Erste Ansätze für die Methodenlehre gibt es bereits seit zehn Jahren, zum Beispiel der Beitrag von Felix Wolter und Jürgen Schiener mit dem Titel „Auf dem

[1] Die „future skills" werden seit der Jahrtausendwende auch als „21st Century skills" diskutiert (Geisinger 2016).

Weg zum ‚Hochschul-PISA‘?“ (Wolter und Schiener 2014). Nicht zu vergessen ist in dieser Hinsicht auch die Diskussion über die Überarbeitung der Methodenausbildung vor dem Hintergrund der technologischen Entwicklung (Leitgöb et al. 2023) und der Rahmung von „Statistical Literacy“ als Schlüsselkompetenz für das 21. Jahrhundert (Huber 2025, S. 1). Aus meiner Sicht zeichnet sich soziologisches Können durch gedankliche und situationssensible Beweglichkeit, Agilität, aus, die zu einer jeweiligen, spezifischen Aufgaben- und Problembewältigung in konzeptioneller und/oder methodischer Sicht beiträgt. Wenn ich also im Folgenden trotz mangels passgenauer empirischer Fundierung des Erwerbs soziologischen Fachwissens und Könnens über statistische Kompetenzen (Kap. 2) hinaus soziologisches Können als agile Professionalität erkunde (Kap. 3), dann ist dies nur indirekt empirisch fundiert auf Basis der Sichtung der Leistungen soziologischer Forschung und der Verständigung darüber innerhalb des soziologischen Fachdiskurses selbst möglich.

2 Soziologisches Können

2.1 Zum Stand der fachlichen Diskussion

Zunächst ist festzustellen, dass der Austausch über soziologische Kompetenzen, die im Studium erworben werden in der deutschsprachigen Soziologie nicht so institutionalisiert ist wie beispielsweise im englischsprachigen Raum, allen voran, seitens der American Sociological Association (ASA), die mit der Zeitschrift „Teaching Sociology“ seit 1973 zur Verständigung über Lehrinhalte und Lernziele innerhalb der soziologischen Wissenschaftsgemeinschaft beiträgt und soziologisches Können damit einer Versprachlichung zuführt und auf diese Weise artikuliert. Die Diskussionen in der Zeitschrift sind thematisch fokussiert auf Fragen der möglichen Notwendigkeit eines soziologischen Kanons, „the core in sociology“ und den „learning goals“ bzw. „learning outcomes“ (Späte und Kloth 2011). Beides gehört zusammen, denn ohne Inhalte können weder Fachwissen noch Fachkompetenzen erworben werden.

Allgemein werden fachspezifische von überfachlichen Kompetenzen wie Kommunikations- und Teamfähigkeit, Selbstmanagement und etwa Organisationsvermögen unterschieden. Letzere werden in der Regel allgemein im Kontext eines akademischen Studiums fachunabhängig erworben. Dabei dürfte es durchaus auch bei den überfachlichen Kompetenzen fachspezifische Unterschiede geben, die aus den jeweiligen Fachkulturen der Disziplinen resultieren. Die fachlichen Kompetenzen werden wiederum seit den Bemühungen um die Vereinheitlichung des „Outcomes“ eines akademischen Studiums im europäischen Hochschulkontext an den Vorgaben des „Qualifikationsrahmens für deutsche Hochschulabschlüsse“ orientiert, der zuletzt im Jahr 2017 durch Beschluss der Kultusministerkonferenz aktualisiert wurde (KMK, 2017). Darin werden als Fachkompetenz die Kompetenzbereiche „Wissen und Verstehen“, „Einsatz, Anwendung und Erzeugung von Wissen“ sowie „Wissenschaftliches Selbstverständnis/Professionalität“ unterschieden. Dies gilt es dann jeweils für die einzelnen soziologischen Studienprogramme auszuführen. Insofern sie sich an der zuletzt herausgegebenen Empfehlung der Deutschen Gesellschaft für Soziologie e. V. (DGS) aus dem Jahr 2005 orientieren, sollten die Programme folgende Module enthalten, deren mögliche Inhalte auch angeführt wurden (vgl. Kaesler 2006, S. 1255 ff.):

- Einführung in das soziologische Denken: Grundlagen der Soziologie und Soziologische Grundbegriffe
- Geschichte und Theorien der Soziologie (Allgemeine Soziologie)
- Sozialstruktur und Gesellschaftsvergleich
- Methoden und Techniken der empirischen Sozialforschung
- Vertiefende Methodenausbildung und Empirisches Forschungspraktikum

Im Kern handelt es sich um die drei Bereiche Allgemeine Soziologie, Sozialstruktur und Methoden.

Im us-amerikanischen Kontext liegt seitens Susan J. Ferguson und William Carbonaro (2016) ein Vorschlag zur Messung von soziologischen Kompetenzen als „Sociological Literacy Framework“ vor. Sie unterscheiden darin fünf Kernkonzepte, die die soziologische Perspektive kennzeichnen: The Sociological Eye, Social Structure, Socialization, Stratification, Social Change and Social Reproduction. (Ferguson und Carbonaro, 2016, S. 145). Mit dem „Sociologcal Eye“ wird hier die Fähigkeit benannt soziologische Theorien und Annahmen zu erkennen in Abgrenzung zu anderen Sozialwissenschaften. Das ist eine etwas andere Herangehensweise als sie C. Wright Mills mit der „Sociological Imagination“ (1959) zum Ausdruck gebracht hat, mit der er ein Denken verstanden wissen wollte, dass die persönlichen, privaten Probleme in Verbindung bringt mit sozialen Strukturen und historischer Entwicklung (Mills 2000). Im deutschsprachigen Raum wurde die „Sociological Imagination“ u. a. seitens Oskar Negt als „soziologische Phantasie“ aufgenommen und für die gewerkschaftliche Arbeiterbildung fruchtbar gemacht (Negt 1972). Außerdem verwendet man gerne die Wendungen „soziologischer Blick“ oder auch „soziologische Brille“. Dies ist eine etwas andere Herangehensweise als die Unterscheidung der obengenannten Teilbereiche seitens der DGS. Mit der Überschrift „Sociological Toolbox“ weisen Ferguson und Carbonaro dann sechs „essentials competencies“ aus: die Fähigkeit soziologische Theorien anzuwenden, um soziale Phänomene zu verstehen (1), menschliches Verhalten und soziale Phänomene differenziert untersuchen zu können (2), wissenschaftliche Methoden anwenden, um die soziale Welt zu verstehen (3), die Qualität sozialwissenschaftlicher Methoden und Daten beurteilen können (4), sozialwissenschaftliche Daten gründlich analysieren (5) und schließlich soziologisches Wissens nutzen, um politische Debatten zu unterstützen und die öffentliche Debatte zu fördern (6). (Ferguson und Carbonaro, 2016, S. 152). Es ist die Frage wie tragfähig dieses „Sociological Literacy Framework“ ohne Operationalisierung sein wird, denn schließlich kommt es bei solchen Entwürfen darauf an, inwiefern darauf aufbauend potenziell Tests generiert werden können, die eben den Erwerb der genannten Kompetenzen, das Können, prüfen. Auf den Erwerb elaborierter sprachlicher Fähigkeiten werde ich in diesem Kontext nicht eingehen, weil der Erwerb einer elaborierten fachsprachlichen Kompetenz als Standard betrachtet werden kann und häufig in soziologischen Fachtexten zu beobachten ist. Zur Veranschaulichung soziologischen Könnens Phänomene zu versprachlichen, sei hier ein Beispielbefund von Schmitz und Schmidt-Wellenburg (2024, S. 322) aus ihrem Beitrag „Viele Theorien, ein Theorizing?“ angeführt:

> „Dass sich auf der Seite des rationalistisch-individualistischen Paradigmas auch jene Soziolog*innen befinden, die keine besonderen Theoriebezüge erkennen lassen […], kann als Ausdruck des Umstands interpretiert werden, dass die Praktiken der dort praktizierenden Kolleg*innen nicht selten auf individualistischen Schattenmethodologien der Alltagsheuristik […] aufruhen oder mit diesen vergesellschaftet sind.“

Aber vielleicht wäre es auch ein zielführender Ansatzpunkt ein Kompetenzstufenmodell „Fachsprache Soziologie“ zu entwickeln.

2.2 Messbarkeit soziologischer Kompetenzen

Einen Vorschlag „soziologische Basiskompetenzen“ näher zu bestimmen, haben Felix Wolter und Jürgen Schiener (2014) vorgelegt. Als mögliche Forschungsgegenstände kamen für sie Modulhandbücher, Lehrbücher, Veranstaltungspläne oder auch Experteninterviews mit Fachvertretern in Betracht (Wolter und Schriener 2014, S. 56). Eine Schwierigkeit stellte sich im Projekt allerdings schnell heraus:

> „Im Fall der Soziologie wird diese generell schon anspruchsvolle Aufgabe noch dadurch erschwert, dass es sich um eine methodisch und vom Wissenschaftsverständnis her paradigmatisch heterogene Disziplin handelt, deren inhaltliche Problemstellungen bzw. Lehr- und Forschungsgegenstände (Stichwort ‚spezielle Soziologien') zudem sehr weit gespannt sind, nur wenig aufeinander aufbauen und oft auch völlig unabhängig voneinander betrieben werden (‚gering strukturierte Domäne')." (Wolter und Schiener 2014, S. 56).

Sie ziehen bei ihren Überlegungen in Betracht, dass es eine soziologische Basiskompetenz sein könnte, „[...] schon einmal von Max Weber gehört zu haben [...]" (Wolter und Schiener 2014, S. 57). Die Forscher geben auch Einblicke in ihre Testkonstruktion und zeigen einige wenige Testitems. So gilt es mit multiple choice beispielsweise diese Aufgabe zu lösen:

> „Welche soziologische Forschungsmethode beschreibt der folgende Satz (Geertz 1985: 38) ‚Wir reden mit dem Bauer auf dem Reisfeld oder mit der Frau auf dem Markt, weitgehend ohne strukturierten Fragekatalog und nach einer Methode, bei der eins zum anderen und alles zu allem führt; wir tun dies in der Sprache der Einheimischen, über eine längere Zeitspanne hinweg, und beobachten dabei fortwährend aus nächster Nähe ihr Verhalten.'" (Wolter und Schiener 2014, S. 59).

Die Antwortmöglichkeiten für diese Aufgabe sind: Objektive Hermeneutik, Inhaltsanalyse, Ethnographie, Triangulation. Ich habe dieses Beispiel ausgewählt, um zu zeigen, wie kompliziert die Testentwicklung allein schon zur Messung von leichter operationalisierbaren Kompetenzen im Methodenbereich ist. Eine leichte Ablehnung seitens der Autoren für die qualitative Sozialforschung könnte mit der Auswahl dieses Zitats des Ethnologen Clifford Geertz („... nach einer Methode, bei der eins zum anderen und alles zu allem führt...") in dieses exemplarisch vorgestellte Item hineingelesen werden. Wolter und Schiener (2014) haben ihren Pilotversuch dabei in einer späteren Veröffentlichung noch um ein Kompetenzstrukturmodell für die empirischen Forschungsmethoden erweitert. Sie (Wolter et al. 2016) unterscheiden darin grundlegend die Dimensionen Data Collection (1) und Data Analysis (2). Data Collection (1) wird dabei weiter unterschieden in die Subdimensionen Survey designs, Sampling, Methods of collecting, Data und Measurement and Scaling, deren Verfügen wiederum in den Kompetenzbereichen „know/unterstand", „apply" und „evaluate/select" und drei Schwierigkeitsgraden (easy, middle, hard) unterschieden werden. Analog dazu wird Data Analysis (2) in die Subdimensionen Statistical laws and properties, notably statistical significance, Data analysis procedures and technical issues (software), Results of empirical analyses (univariate, bivariate, multivariate) aufgefächert. Für sämtliche Dimensionen werden dann Testitems konstruiert.

Ungleich schwieriger dürfte es werden, eine solche Strukturierung beispielsweise für ein Modul wie „Grundlagen der Soziologie und Soziologische Grundbegriffe" vorzulegen. Es bräuchte nicht so viele unterschiedliche Lehrbücher mit dem Titel „Grundlagen der Soziologie" oder „Einführung in die Soziologie", wenn es in der wissenschaftlichen Gemeinschaft einen hohen Konsens über die grundlegenden Fachbegriffe und Themen gäbe. Wie anschlussfähig hier der dargestellte Vorschlag von Ferguson und Carbonaro (2016) ist, ist ebenfalls fraglich. Die unterschiedlichen wissenschaftstheoretischen und methodologischen Positionen in der deutschsprachigen wissenschaftlichen Gemeinschaft sind so groß, dass sich einige im Jahr 2017 dazu entschlossen haben, neben der DGS einen weiteren fachwissenschaftlichen Verband zu gründen, die Akademie für Soziologie e. V. (as), die akzentuiert eine empirisch-analytische Soziologie vertreten möchte und damit implizit zum Ausdruck bringt, dass dies seitens der Deutschen Gesellschaft für Soziologie weniger der Fall sein könnte (vgl. auch Rosa 2026, 126). Stefan Hirschauer ordnet dies als einen „professionspolitischen Konflikt" (Hirschauer 2021, S. 46) ein, die Gründe sind vielfältig. Diesem Konflikt könne jedoch mit einer Offenheit für fachsprachliche „Mehrsprachigkeit" begegnet werden (vgl. ebd. S. 63). Allein für die Krönung von Klassikern konnte bereits Eva Barlösius (2004) einen gewissen Konsens in der westlich-mitteleuropäischen Soziologie ausmachen. An der Sichtbarmachung des Werks von Klassikerinnen wird immer noch gearbeitet (Holzhauser 2018). Die allgemeine Bedeutung der Klassiker für das Fach ist jedoch ungebrochen wie Nicole Holzhauser in ihrer Analyse feststellt: „Kurzum die Klassiker und Klassikerinnen gelten als unerlässliche Referenzpunkte der Disziplin, und zwar sowohl für aktuelle als auch für zukünftige Forschungen." (Holzhauser, 2025, S. 2). In den von Holzhauser berücksichtigten Studien zu den wichtigsten Werken steht Max Weber mit seinem Werk unangefochten an der Spitze, auch international herrscht ein Konsens über die Bedeutung dieses Werks (ebd., S. 10). Dagegen zeichnet Thomas Schwinn (2020) ein ambivalentes Bild einer möglichen „Klassikerdämmerung" zugunsten der empirischen Sozialforschung, insbesondere auch mit Blick auf die Rezeption des Werks Max Webers. Aber auch bei den als klassisch gesetzten Werken kommt es ja nicht darauf an, den Schöpfern zu huldigen und einen Starkult zu betreiben, was zuweilen beobachtet werden kann wie Fabian Anicker und André Armbruster in der Einleitung zum Sammelband „Die Praxis der Theoriebildung" schreiben: „Die wenigen in ihrer bahnbrechenden Bedeutung anerkannten und daher kanonisierten Theorien werden nicht selten als Genieleistungen von Einzelpersonen mystifiziert […].“ (Anicker und Armbruster 2024, S. 5). In der Auseinandersetzung mit diesen Werken müsste mithin stärker daran gearbeitet werden, freizulegen, was das Studium ihrer Arbeiten für den Kompetenzerwerb im Soziologiestudium, die Schulung soziologischen Könnens, jeweils zu leisten vermag, zum Beispiel im Hinblick auf Kontingenz- und Komplexitätsbewusstsein sowie Multiperspektivität (vgl. Kap. 3). In einer Befragung aus dem Jahr 2011 von 2.218 Studierenden der Soziologie zu ihren Theoriepräferenzen wurde jedenfalls herausgefunden, dass Studierende etwas lieber mit dem Werk von Pierre Bourdieu als mit dem Werk von Max Weber arbeiten (Lenger et al. 2014, S. 458). In einer weiteren Befragung von Soziologie Studierenden (1.245) aus den Jahren 2013 und 2015 stellte sich eine Präferenz für das Werk von Pierre Bourdieu, Max Weber und Niklas Luhmann heraus (Schneickert et al. 2019 et al., S. 342). Wenig populär dagegen ist bei den Studierenden in dieser Befragung das Werk dieser Soziologen: „Particularly unpopular among German sociology students seem to be the theories of George Homans, Auguste Comte, and Herbert Spencer […].“ (ebd.) Ebenfalls interessant in dieser Forschungsarbeit sind hergestellte Zusammenhänge zwischen Theorie- und Methodenpräferenzen. Bei einem quantitativen Schwerpunkt sind Präferenzen für das Werk von Auguste Comte, Emile Durkheim, Hartmut Esser und Talcott Parsons zu beobachten, während es bei einer Bevorzugung von qualitativen Methoden eher um Theodor Adorno, Judith Butler, Michel Foucault oder Karl Marx geht (Schneickert et al., 2019, S. 345). Dies korreliert zum Teil auch mit politischen Einstellungen bzw. Präferenzen der Studierenden, die in der Studie ebenfalls gemessen worden sind:

> “The figures show that left-wing students in general prefer Foucault, while male left-wingers tend to prefer Adorno and Marx and female left-wingers prefer Butler. […] Students who identify politically more centrist (“right”) tend to prefer the theories of Luhmann, Pareto, Parsons, Simmel, and Weber. Conservative females show a particular appreciation of Comte, Durkheim, Esser, Mead and Spencer.” (Schneickert et al., 2019, S. 345 f.)

Üblicherweise werden politisch-ideologische Präferenzen innerhalb der soziologischen Wissenschaftsgemeinschaft im bekannten Spektrum von Sozialismus über Liberalismus hin zu Konservatismus bis auf die Kritische Theorie eher weniger zum Thema gemacht, sondern schwingen eher über die Wahl der Forschungsthemen, der Theorien und damit auch der Methoden teilweise mit. Das Weber’sche Ideal der Werturteilsfreiheit gebietet es hier, solche Präferenzen nicht zu explizieren, weil sie dazu geeignet sind, den Wahrheitsanspruch wissenschaftlicher Leistungen infrage zu stellen.

3 Agile Professionalität

Viele grundlegende Kompetenzen, die überhaupt mit einem wissenschaftlichen Studium geschult und erworben werden, sind über die Fächerunterschiede hinweg miteinander vergleichbar. Es geht in allen Wissenschaften darum sich regelgeleitet der Wirklichkeit zuzuwenden, durch exakte Beobachtung, präzise Beschreibung, genaue Erfassung von Daten, differenzierte Analyse, kohärente Argumentation und plausible Begründung sowie tiefe Interpretation. Was nun das Eigene, das Spezifische der Soziologie im Vergleich mit anderen Wissenschaften ist, ist dass sie Soziales als strukturelles Phänomen überhaupt an erster Stelle differenziert zum Thema macht, die Komplexität von sozialem Handeln und sozialem Wandel beschreibt durch viele unterschiedliche Theorien und dies auf empirischer Grundlage mit wissenschaftlichen Methoden oder mit der Möglichkeit der empirischen Überprüfung bzw. Exploration. Soziologisch geschultes Denken zeichnet sich aus meiner Sicht eben durch eine gegenstandsangemessene Beweglichkeit aus, Agilität, ob es dabei um berufliche Aufgabenbewältigung und Problemlösung in Forschung und Wissenschaft oder in anderen beruflichen Kontexten handelt, ist in Bezug auf die Agilität sekundär. Insofern ist die bestehende Multiparadigmatik der Soziologie in Theoriebildung (vgl. zur Vielfalt soziologischer Theorien Schmitz und Schmidt-Wellenburg 2024) und Methoden (sowohl quantitative als auch qualitative) eine Stärke, die es einem Soziologen sogar erlaubt, dass „Gute und Schöne", „Glück und Unglück" wieder in die Soziologie zurückzuholen wie es Hartmut Rosa (2016) mit seiner „Soziologie der Weltbeziehung" macht. Im Kontext der Entstehung des Fachs um 1900 sieht Rosa eine Notwendigkeit für die Soziologie sich diszipliniert einerseits von der Philosophie abzugrenzen, die zuständig bleiben wird für die nähere Bestimmung des „Guten und Schönen" und der Psychologie andererseits, in deren Zuständigkeit die Bearbeitung psychischer Zustände fällt, insbesondere von „Glück und Unglück" (Rosa 2016, S. 37). Dies habe dazu geführt, dass Subjektives aus der „Mainstream-Soziologie" ebenso ausgegrenzt worden sei wie „[…] normative[n] Maßstäbe für die Beurteilung sozialer Verhältnisse […]" (Rosa 2016, S. 38). Vieles ist möglich, wird auch umgesetzt und genau darin kann meines Erachtens die Stärke soziologisch geschulten Denkens begründet werden. Die unterschiedlichen soziologischen Theorien könnten dahingehend befragt werden, auf welche Probleme sie jeweils Antworten geben. Was im Studium unterschiedlicher Theorien in jedem Fall geschult wird, sind sowohl ein Bewusstsein für Kontingenz, alles könnte auch anders sein, als auch ein Bewusstsein für Komplexität, vieles hängt mit vielem zusammen, kann aber durch Modellierung bzw. Theoriebildung sowie Struktur- und Typenbildung geordnet reduziert werden, sodass ein Orientierungswissen über das beobachtete Phänomen verfügbar wird.

3.1 Kontingenz- und Komplexitätsbewusstsein

Wenn auch der Kontingenzbegriff in verschiedenen Sinn- und Diskurszusammenhängen etwas anders nuanciert verwendet wird und er sogar als „Leitbegriff moderner Sozialtheorie" seitens Markus Holzinger (mit einem zeitdiagnostischen Wert) entfaltet worden ist (Holzinger 2015, S. 26 ff.), so orientiere ich mich hier schlicht an der einfachen Definition von Kontingenz als Begriff, um zum Ausdruck zu bringen, dass etwas auch anders sein könnte als es ist, eine Offenheit im Sinne des Möglichen, die sich jedoch vom rein Zufälligen unterscheidet. Dieses Verständnis von Kontingenz geht damit eher in Richtung der „Sociological Imagination" oder „soziologischen Phantasie" (vgl. Abschn. 2.1). Es geht mir bei der Verwendung des Begriffs Kontingenzbewusstsein demnach nicht um eine Großkategorie zur Anzeige eines Epochenwandels, wie Holzinger zum Beispiel zur Frage der Abgrenzung von Erster und Zweiter Moderne formuliert:

> „Das Kontingenzbewusstsein als Unterscheidungskriterium für eine neue Phase der Moderne oder gar den Begriff als Bezeichnung für einen Paradigmenwechsel oder eine epochale Diskontinuität zu benutzen, verkenne seine frühere Verbreitung und überbetone aktuelle Übergangsphänomene. Wie häufig werde die Einzigartigkeit gegenwärtiger Entwicklungen überschätzt." (Holzinger 2015, S. 18).

Es geht mir um die Verwendung des Begriffs „Kontingenz" als Reflexionskategorie zur Analyse des Sozialen. Dieses Verständnis möchte ich am klassischen Beispiel der Komplexität auf der Mikro-Ebene sozialer Interaktion zweier Personen (Ego und Alter) veranschaulichen, die von der Makro-Ebene der „Beobachtung" („Gesellschaft", „Diskurs") analytisch unterschieden wird. Interaktion wird definiert als Kommunikation von Anwesenden und Anwesenheit wiederum als körperliche Ko-Präsenz in einem gemeinsam geteilten Hier und Jetzt (Berger und Luckmann, 2000, S. 17)[2]. Die Interaktion kann analysiert werden als eine Situation, die durch doppelte Kontingenz, „double contingency", bedingt ist.

[2] Bezüglich der Definition von Interaktion in der Soziologie schließe ich mich der Position von Bettina Heintz (2014) an, das Kriterium der körperlichen Ko-Präsenz nicht aufzugeben, Interaktion nicht schlicht auf Ko-Temporalität zu verkürzen und demzufolge Interaktion und Tele(!)kommunikation weiterhin deutlich voneinander zu unterscheiden. Seit der Digitalisierung hat hier eine Vermischung stattgefunden, die aus soziologischer Sicht sehr bedenklich ist. Heintz schreibt dazu: „Mit dieser Verallgemeinerung dieses Interaktionsbegriffs wird

Zuerst erwähnt findet sich die doppelte Kontingenz in dem ersten Kapitel „General Statement“ von neun Autoren in dem von Talcott Parsons und Edward A. Shils im Jahr 1951 herausgegebenen Sammelband „Towards a General Theory of Action“:

„There is a double contingency inherent in interaction. On the one hand, ego's gratifications are contingent on his selection among available alternatives. But in turn, alter's reaction will be contingent on ego's selection and will result from a complementary selection on alter's part.“ (Parsons et al. 2013, S. 16).

Niklas Luhmann weist auf die These der „doppelten Kontingenz“ seitens Parsons et al. hin in seiner 1968 erschienenen Abhandlung über Vertrauen als Mechanismus zur Reduktion sozialer Komplexität. Mit der „doppelten Kontingenz“ wurde die Notwendigkeit von Normbildung zur Handlungskoordination aus einer rollentheoretischen Perspektive begründet (Luhmann 2000, S. 7). Allein schon beim Studium einer Analyse der Bedingungen einer einfachen Interaktion zwischen Alter und Ego wird damit sowohl ein Kontingenz- als auch ein Komplexitätsbewusstsein entwickelt. Die Forschung zur Interaktion in der Soziologie zeigt dabei bereits die unendliche Komplexität sozialen Handelns, verstanden als Vielfalt differenzierbarer Aspekte und ihrer Relationen. Diese Komplexität der Erforschung von Interaktion und die Vielfalt soziologischer Herangehensweisen dokumentiert Marion Müller (2024)[3] mit ihrem Lehrbuch „Einführung in die Interaktionssoziologie“. Müller arbeitet darin auch instruktiv heraus, welche Unterschiede zwischen Arbeiten bestehen, die einen Schwerpunkt auf Handlung, Kommunikation und Praxis oder auf Interaktion haben (Müller, 2024, S. 120 ff.).

Es ist leicht vorstellbar wie sich Kontingenz und Komplexität in Interaktionen und deren soziologische Beobachtungsmöglichkeiten erhöhen, sobald mehr Personen miteinander interagieren, zum einen im Hinblick auf die grundlegende Bedeutung des Dritten für die Sozialtheorie (Fischer 2022), zum anderen im Hinblick auf die Dynamik sozialen Handelns in Gruppenkonstellationen wie sie der Sozialpsychologe Kurt Lewin grundlegend erforscht hat. Kontingenzbewusstsein ist allerdings nicht nur wichtig in Bezug auf Interaktion, sondern auch in Bezug auf ihre Verstetigung im Sinne von Institutionalisierung (Berger und Luckmann,

---

das Kernelement des klassischen Interaktionsbegriffs außer Kraft gesetzt: das Eingebettetsein in einen gemeinsamen, allen Sinnen zugänglichen Wahrnehmungsraum.“ (Heintz 2014, S. 236).

[3] Müller zeichnet darin leider ein sehr starres Bild einer „normativen Rollentheorie“, die der Wirklichkeit pluralisierter, freiheitlicher Selbstverständnisse nicht mehr entspräche. Aus meiner Sicht bietet die klassische Rollentheorie nach wie vor durchaus viel Potenzial soziales Handeln und insbesondere Konflikte zu analysieren, beispielsweise wie Ute Gerhardt in „Rollenanalyse als kritische Soziologie“ (Gerhardt 1971) darbietet.

2000, S. 49 ff.). Erst da setzt der strukturbildende Aspekt an: die Beobachtung und Analyse der Aufdauerstellung von typischen Interaktionsmustern im Sinne des sozialisatorisch erworbenen Rollenhandelns („Das haben wir schon immer so gemacht“, „Das war schon immer so“) und wiederum ihre mögliche Wandelbarkeit durch Deinstitutionalisierung („Das kann man auch anders machen“, „Das könnte auch anders sein“). Kontingenzbewusstsein ist also nicht nur in Bezug auf die prinzipielle Freiheit sozialen Handelns wichtig, sondern auch in Bezug auf Institutionen, weil eben alles auch *anders sein könnte,* als es im Laufe der Geschichte institutionalisiert worden ist. Hier liegt ein Unterschied zwischen konservativen Haltungen des bewahrenden Tradierens und progressiven Haltungen des verändernden Neuerns. Das Kontingenzbewusstsein sollte sich allerdings nicht nur auf Institutionen der sozialen Welt beziehen, sondern auch auf Setzungen in Prozessen soziologischer Forschung. Böcker et al. unterscheiden dabei in Anlehnung an Alfred Schütz die Kontingenz in zwei Graden. Die Kontingenz ersten Grades beziehen sie auf die Kontingenz der sozialen Gegebenheiten selbst, die Kontingenz zweiten Grades auf Setzungen bzw. Entscheidungen im Forschungsprozess (Böcker et al. 2018, S. 22). Die Hervorhebung von Kontingenz als Dimension sozialen Handelns soll jedoch die Bedeutung der Folgen einer Situationsdefinition im Sinne des bekannten Thomas-Theorems nicht schmälern.

Es wäre aus kompetenzdiagnostischer Sicht darüber hinaus sehr interessant zu vergleichen wie sich das Kontingenz- und Komplexitätsbewusstsein in Abhängigkeit des Themas entwickelt, mit anderen Worten welchen Unterschied macht es eher über das Studium von Interaktionsanalysen zu gehen oder eher über das Studium von „Grand Theory“ wie bei Zeitdiagnosen oder modernisierungstheoretischen Arbeiten wie beispielsweise anhand Ulrich Becks Risikogesellschaft (Beck 1986) oder etwa Castells Netzwerkgesellschaft (Castells 2017).

3.2 Multiperspektivität und Perspektivwechsel

Wie bereits mehrfach erwähnt, wird die Multiparadigmatik in der Soziologie meinerseits weniger als Problem oder Schwäche, sondern als eine Stärke in Bezug auf soziologisches Können mit Blick auf die Entwicklung von Multiperspektivität gewertet. Durch die Auseinandersetzung mit verschiedenen Handlungstheorien, Gesellschaftstheorien, sozialstrukturanalytischen Modellen oder die Anwendung von qualitativen und quantitativen Methoden im Rahmen der Durchführung von Forschungsprojekten wird deutlich, dass es nicht die eine erschöpfende Beschreibung sozialer Wirklichkeit oder die eine alles beantwortende Theorie gibt. In einem Soziologiestudium werden standortabhängig verschiedene Theoriesprachen und damit eine Vielzahl theoretischer Perspektiven erlernt, mit denen sich je nach Forschungsproblem andere Dimensionen beleuchten lassen, je nachdem welches soziales Phänomen oder Problem genau in den Forschungsfokus gerückt werden soll. Mit dem weiter oben erwähnten Bild der „soziologischen Brille" könnte man es auch so ausdrücken, dass je nach Theorie- und Methodenwahl andere Gläser in die Brille eingesetzt werden, mit denen man dann mal dieses oder jenes besser bzw. präziser in den Blick bekommt. Und in unterschiedlichen beruflichen Praxen wird ohnehin häufig in multiprofessionellen Teams zusammengearbeitet, Akademiker:innen mit ganz unterschiedlichen Studienabschlüssen kommen zusammen und sehen sich damit konfrontiert bei aller Unterschiedlichkeit gemeinsam zur Aufgabenbewältigung und Problemlösung zusammenzuarbeiten. Insofern wird deutlich, dass auch die Multiperspektivität mit dem Kontingenz- und Komplexitätsbewusstsein in Verbindung steht. Wie groß die Vielfalt an „soziologischen Brillen" diesbezüglich ist, zeigen allein schon die zahlreichen Sektionen in der Deutschen Gesellschaft für Soziologie, die mit ihnen einhergehenden „speziellen Soziologien" und deren Forschungsleistungen, von der Vielfalt, die sich in der International Sociological Association spiegelt, einmal ganz abgesehen. Dies ermöglicht also bei Kenntnis unterschiedlicher Theorien und methodischer Versiertheit anlassbezogen eine Auswahl zu treffen, unterschiedliche Ansätze miteinander zu kombinieren wie es bei den Methoden (mixed methods, Triangulation) oder in der Theoriebildung der Fall ist, wenn verschiedene theoretische Konzeptionen miteinander verbunden werden. Die Einübung dieses Blickwechsels in Form von Perspektivübernahme, ob personen- oder themenbezogen, kann auch in transdisziplinären Projekten gut genutzt werden. Soziologisches Können zeichnet sich hier im Sinne eines Transdisziplinaritätspotenzials durch das *Bewusstsein* über unterschiedlich „disziplinierte" Perspektiven aus. Es kann reflektiert werden, dass den wissenschaftlichen Disziplinen jeweils andere Axiome und Paradigmen zugrunde liegen und wie diese Unterschiede eine gelingende Kommunikation über Fachgrenzen hinweg bedingen können. Steuerung und Moderation komplexer, problembezogener Interaktions- und Kommunikationsprozesse sind hier als eine Form sozial intelligenten Managements möglich (Späte 2013, S. 37).

4 Fazit

In diesem Beitrag habe ich Kontingenz- und Komplexitätsbewusstsein sowie Multiperspektivität als Facetten soziologischen Könnens hervorgehoben, weil sie aus meiner Sicht geeignet sind, Eigenarten soziologisch disziplinierten Denkens als spezifische Herangehensweise an die Erforschung von Phänomen der sozialen Welt in Interaktion und Kommunikation deutlich zu charakterisieren. Sie sind aus meiner Sicht auch deshalb geeignet, weil sie dabei helfen, die Multiparadigmatik in der Soziologie als Stärke reflektieren zu können. Darüber hinaus ist es ein Vorteil, dass sich Soziologie als Wissenschaft auch in dieser Form auf sich selbst beziehen kann. Insofern könnte man allgemein noch die regelgeleitete Reflexionskompetenz ergänzen, wobei die ja hoffentlich ohnehin fester Bestandteil allen akademischen Könnens ist.

Literatur

Anicker, F. & Armbruster, A. (2024). Die Praxis soziologischer Theoriebildung. In dies. (Hg.), *Die Praxis soziologischer Theoriebildung* (S.1–16), Springer VS,. https://doi.org/10.1007/978-3-658-44055-8

Band, H. (2004). Die Einführung sozialwissenschaftlicher Bachelor- und Masterstudiengänge und ihre Auswirkungen auf die Lehrgestalt der Soziologie. Humboldt Universität. https://doi.org/10.18452/9284

Barlösius, E. (2004). Klassiker im Goldrahmen. Ein Beitrag zur Soziologie der Klassiker. In *Leviathan*, 32 (4), 514–542.

Beck, U. (1986). *Risikogesellschaft*. Suhrkamp.

Berger, P. L. & Luckmann, T. (2000). Die gesellschaftliche Konstruktion der Wirklichkeit. Fischer.

Böcker, J., Dreier, L., & Jakob, M. (2018). Kontextsensibilität. Empirische Kultursoziologie als Forschungshaltung. In J. Böcker, L. Dreier, M. Eulitz, A. Frank und A. Leistner (Hg.), *Zum Verhältnis von Empirie und kultursoziologischer Theoriebildung*. Stand und Perspektiven, (S. 20–33). Beltz.

Brake, A. (2003). Worüber sprechen wir wenn von PISA die Rede ist? *In Zeitschrift für Soziologie der Erziehung und Sozialisation*, 23 (1), 24–39.

Castells, M. (2017). *Der Aufstieg der Netzwerkgesellschaft: Das Informationszeitalter*, Band 1, zweite Auflage, Springer VS. https://doi.org/10.1007/978-3-658-11322-3

Deutsche Forschungsgemeinschaft (2024). *DFG Fachsystematik der Wissenschaftsbereiche, Fachgebiete, Fachkollegien und Fächer für die Amtsperiode 2024–2028*. https://www.dfg.de/resource/blob/331944/fachsystematik-2024-2028-de.pdf

Engel, U. (Hg.) (2002). *Praxisrelevanz der Methodenausbildung*. Sozialwissenschaftliche Tagungsberichte 5. Bonn: Informationszentrum Sozialwissenschaften. https://nbn-resolving.org/urn:nbn:de:0168-ssoar-263414

Ferguson, S. J.,& William Carbonaro, W. (2016). Measuring College Learning in Sociology. In R. Arum, J. Roksa, & A. Cook (Ed.) in Improving Quality in American Higher Education: Learning Outcomes and Assessments for the 21st Century, (pp. 135–187). John Wiley & Sons.

Fischer, J. (2022). *Tertiarität*. Suhrkamp.

Gethmann, C. F.. (2020). Der Geist der Geisteswissenschaften zwischen Naturalismus und Mentalismus. In H. Joas & J. Noller (Hrsg.), *Geisteswissenschaft – was bleibt?* (S. 17-33), Karl Auer.

Gerhardt, U. (1971). *Rollenanalyse als kritische Soziologie*, Luchterhand.

Geisinger, K. F. (2016). 21st Century Skills: What Are They and How Do We Assess Them? *Applied Measurement in Education*, 29(4), 245–249. https://doi.org/10.1080/08957347.2016.1209207

Gutmann, M. (2005). Disziplinarität und Inter-Disziplinarität in methodologischer Sicht. *Technikfolgenabschätzung – Theorie und Praxis*, 14 (2), 69–74.

Heintz, B. (2014). Die Unverzichtbarkeit von Anwesenheit. Zur weltgesellschaftlichen Bedeutung globaler Interaktionssysteme. In *Zeitschrift für Soziologie*, Sonderheft „Interaktion, Organisation und Gesellschaft", 2014, 229–250.

Hirschauer, S. (2021). Ungehaltene Dialoge. Zur Fortentwicklung soziologischer Intradisziplinärität. In *Soziologie*, 50 (1), 46-65.

Holzhauser, N. (2024). Klassiker und Klassikerinnen der Soziologie: Zur empirischen Realität des soziologischen Kanons. *Soziopolis: Gesellschaft beobachten.* https://nbn-resolving.org/urn:nbn:de:0168-ssoar-92772-7

Holzhauser, N. (2018). Zur Marginalisierung von Frauen in der frühen deutschsprachigen Soziologie, untersucht am Handwörterbuch der Soziologie von 1931. In: M., Endreß & S. Moebius (Hg.), *Zyklos 4. Jahrbuch für Theorie und Geschichte der Soziologie* (S.101–120*)*. Springer VS, Wiesbaden. https://doi.org/10.1007/978-3-658-20477-8_3

Holzinger, M. (2015). *Kontingenz in der Gegenwartsgesellschaft*. Dimensionen eines Leitbegriffs moderner Sozialtheorie. transcript. https://doi.org/10.14361/9783839405437

Huber, S. (2025). *Professionelle Kompetenz von Lehrkräften der Statistik*. https://mediatum.ub.tum.de/1778966

Kaesler, D. (2006). Härtung oder Selbstauflösung der Soziologie? Die BA-/MA-Studiengänge an deutschen Hochschulen. In K. S. Rehberg (Hg.), *Soziale Ungleichheit, kulturelle Unterschiede: Verhandlungen des 32. Kongresses der Deutschen Gesellschaft für Soziologie in München.* Teilbd. 1 und 2. (S. 1247–1259), Campus. https://nbn-resolving.org/urn:nbn:de:0168-ssoar-144659

Kultusministerkonferenz der Länder (2017). *Qualifikationsrahmen für deutsche Hochschulabschlüsse.* Online: https://www.kmk.org/fileadmin/Dateien/veroeffentlichungen_beschluesse/2017/2017_02_16-Qualifikationsrahmen.pdf

Kressin, L. (2022). *Disziplinierung durch Methode.* Zur Bedeutung der Methodenlehre für das Fach Soziologie. transcript. https://doi.org/10.14361/9783839463277

Leitgöb, H., Petzold, K., Wolbring, T., & Blom A. G. (2023). Zur Neuorientierung der Methodenausbildung. In *Soziologie*, 52 (3), 330–339.

Luhmann, N. (2000). *Vertrauen.* Ein Mechanismus zur Reduktion sozialer Komplexität. Lucius&Lucius.

Mills, C. W. (2000). *The sociological imagination*, 40. Auflage. Oxford University Press.

Müller, M. (2024). Einführung in die Interaktionssoziologie. Beltz Juventa.

Negt, O. (1972). *Soziologische Phantasie und exemplarisches Lernen: zur Theorie der Arbeiterbildung*, vierte Auflage. Europäische Verlagsanstalt.

Parsons, T., Shils E. A., Allport G. W., Kluckhohn C., Murray H. A., Sears R. R., Sheldon R.C., Stouffer S.A. & Tolman E. C. (2013). 'Some Fundamental Categories of the Theory of Action: A General Statement', in T. Parsons & E. A. Shils (Hg.): Toward a General Theory of Action. (S. 3–29). Harvard University Press.

Rosa, H. (2026). *Situation und Konstellation.* Vom Verschwinden des Spielraums. Suhrkamp.

Rosa, H. (2016). *Resonanz: Eine Soziologie der Weltbeziehung*. Suhrkamp.

Schmitz, A., & Schmidt-Wellenburg, C. (2024). Viele Theorien, ein Theorizing? Eine Rekonstruktion des deutschen Feldes soziologischer Theorie. In F. Anicker & A. Armbruster (Hrsg.), Die Praxis soziologischer Theoriebildung (S. 311–347). Springer VS. https://doi.org/10.1007/978-3-658-44055-8

Schneickert, C., Lenger, A., Steckermeier, L.C. & Rieder, T. (2019). The Sociological Canon, Relations between Theories and Methods, and a Latent Political Structure: Findings from a Survey of Sociology Students in Germany and Consequences for Teaching. Teaching Sociology, Vol. 47(4), 339-349. https://doi.org/10.1177/0092055X19865

Schweickert, C., Lenger, A., Steckermeier, L. C., & Rieder, T. (2019). The Sociological Canon, Relations between Theories and Methods, and a Latent Political Structure: Findings from a Survey of Sociology Students in Germany and Consequences for Teaching. *Teaching Sociology*, 47 (4), 339-349. https://doi.org/10.1177/0092055X19865301

Schwinn, T. (2020). Klassikerdämmerung. 100 Jahre Max Weber im Kontext der Soziologiegeschichte und des aktuellen Zustandes unserer Disziplin. In *Kölner Zeitschrift für Soziologie und Sozialpsychologie*, 72 (3), 351–381. https://doi.org/10.1007/s11577-020-00709-9

Späte, K. (2013). An Grenzen arbeiten. Soziologische Beobachtungen zum Management disziplinierten Problemlösens am Beispiel des Konzepts „Transdiszplinarität". In A. D. Bührmann, M.Horwitz, S.Schlippenbach, & D. Stein-Bergman (Hg.): *Management ohne Grenzen* (S. 23–39). Springer VS. https://doi.org/10.1007/978-3-658-01262-5_2

Späte, K., & Kloth, S. (2011). Ewig undiszipliniert? Fachkompetenz in der Soziologielehre. In K. Späte (Hg.), *Kompetenzorientiert Soziologie lehren.* Dimensionen, Methoden, Perspektiven, (S. 11–31). Barbara Budrich,.

Strübing, J. (1997). Soziologie als Fiktion? Zum beruflichen Selbstverständnis berufstätiger Soziologen außerhalb der Universitäten. In *Sozialwissenschaften und Berufspraxis*, 20 (2), 154–171. https://nbn-resolving.org/urn:nbn:de:0168-ssoar-36623

Wolter, F., & Schiener, J. (2014). Auf dem Weg zum „Hochschul-PISA? Messung soziologischer Kompetenzen. In *Soziale Welt,* 65 (1), 47–73. https://www.jstor.org/stable/24754637

Wolter, F., Schiener, J., & Ehler, I. (2016). *Competence Assessment in Higher Education.* A Pilot Study on the Mesurement of Competencies in Empirical Social Research Methods among University Students. Karlsruher Institut für Technologie, Working Papers Series in Sociology, Nr.3. Online: https://www.soziologie.kit.edu/downloads/WP_Wolter%20Schiener%20Ehler_2016.pdf Zugriff: 12.12.2025

Dr. Katrin Späte, Soziologie, Institut für Soziologie an der Universität Münster; Vertretungsprofessuren in Gießen und Paderborn; Schwerpunkte Allgemeine Soziologie, Bildungssoziologie, Migrationssoziologie. Aktuelle Publikation: Späte, Katrin (2025). Transformation des Nationalstaats – Persistenz des Nationalen? In B. Blättel-Mink, C. Onnen, T. Noack, K. Späte & R. Stein-Redent (Hrsg.), *Transformationen in Krisenzeiten* (S. 53–72), Springer VS. https://doi.org/10.1007/978-3-658-46717-3_4.

FSC
www.fsc.org
MIX
Papier | Fördert gute Waldnutzung
FSC® C083411

Kolibri 360 GmbH
Ferdinand-Jühlke-Straße 7
99095 Erfurt, Deutschland
produktsicherheit@kolibri360.de